Persuasion: Social Influence and Compliance Gaining

(Fifth Edtion)

说服心理学

——社会影响与社会依从

（第五版）

[美] 罗伯特 · H. 加斯（Robert H. Gass）
约翰 · S. 赛特（John S. Seiter） 著

王晓波 译

中国轻工业出版社

图书在版编目（CIP）数据

说服心理学：社会影响与社会依从：第5版／（美）罗伯特·H.加斯（Robert H. Gass），（美）约翰·S. 赛特（John S. Seiter）著；王晓波译. —北京：中国轻工业出版社，2019.2（2023.1重印）

ISBN 978-7-5184-1994-4

Ⅰ. ①说… Ⅱ. ①罗… ②约… ③王… Ⅲ. ①说服–心理交往 Ⅳ. ①H019

中国版本图书馆CIP数据核字（2018）第130497号

总 策 划：石　铁

策划编辑：孙蔚雯　　责任编辑：孙蔚雯

责任终审：杜文勇　　责任校对：刘志颖　　责任监印：吴维斌

出版发行：中国轻工业出版社（北京东长安街6号，邮编：100740）

印　　刷：三河市鑫金马印装有限公司

经　　销：各地新华书店

版　　次：2023年1月第1版第2次印刷

开　　本：850×1092　1/16　印张：26.25

字　　数：428千字

书　　号：ISBN 978-7-5184-1994-4　　定价：82.00元

读者热线：010-65181109，65262933

发行电话：010-85119832　传真：010-85113293

网　　址：http://www.chlip.com.cn　http://www.wqedu.com

电子信箱：1012305542@qq.com

如发现图书残缺请拨打读者热线联系调换

171602Y2X101ZYW

译者序

本书作者Robert H. Gass是美国加利福尼亚州立大学从事传播学研究的名誉教授；John S. Seiter是美国犹他州立大学语言、哲学和传播学系的教授。他们两位多年来一直关注并致力于有关说服的理论成因和实践技巧的研究，本书将他们在这一领域的最新研究与当前社会的发展现状结合在了一起。

本书围绕“说服”这一主题展开，共16章，主要内容涉及：

- 研究说服的意义——因为它无处不在，所以必须对它有正面的认知和了解，包括对它的定义和判断标准，以及它的呈现过程；个体或品牌信誉在说服过程中所起的作用；
- 说服者的性格特质与说服达成之间的关系；对受众的心理分析和从众效应；说服的方式，包括直接的言语方式、视觉方式和非言语方式，以及间接的环境因素，比如颜色、音乐和潜意识等；
- 要确保说服的有效性，应当怎样构建说服信息；如何看待和应对说服中不可避免的谎言和欺骗；
- 说服中的道德考量，即为达到说服的目的，哪些做法是可为的，哪些是不可为的。

可以说，本书对说服做出了全方位的解读。而且，全书几乎没有晦涩难懂的术语，语言和论述通俗易懂，列举的事例也是众所周知的，还有不少诙谐风趣之处。因此，对读者来说，阅读本书不仅不吃力，而且应当很享受。

说服是我们每个人在生活和工作中都会时常遇到的。有时我们是主动的说服者，有时我们是被说服的人；有时它是显性的，有时它是隐性的。在一个人一生中，这样的经历数不胜数，甚至可以说，我们每天都生活在说服和被说服的环境中。然而或许很多人从未想过，说服虽然看似平常，但它其实是一门科学、一门艺术。有许多有关说服的理论和认知层面的东西需要我们了解，也有许多相关的应用技巧需要我们掌握，而这就是两位作者编写本书的目的。他们以我们的日常生活为背景，深入浅出地对说服进行了科学地解析，从而让我们认识到，说服虽然貌似可以无师自通，但它实际上是个技术活儿。一方面，作为说服者，如果你希望自己的说服是有效果的，并且合乎道德规范，那你应当对说服的动机、受众、目的、环境等逐一进行认真思考和分析，然后在此基础上找出最切实可行的策略和方式。在遵守道德原则的前提下，方能把脉受众的心理，充分利用和创造一切条件和可能性，达到说服对方的目的。它既需要你态度诚恳、构思巧妙，也需要你反应灵活，采用因人而异的方法。另一方面，作为受众，只要与人保持交流，只要生活在社会环境中，你就无法避免经历各种形式的公开或潜在的被说服的可能。特别是在媒体和互联网如此发达的当下，各类信息和广告无孔不入，让人避之不及，而且它们当中不乏大量骗人的谎言和言过其实的夸大。在这样的处境中，要做到保持冷静和理性，不轻易上当受骗，并不是件容易的事。这需要你从信息接收者的角度对说服有所了解，从中觉察说服者的真实企图、信息的可靠性以及其所采用的计谋，而这些单靠你的智慧是远远不够的，一定要有相关的理论知识作为基础，并借助科学的方法，才可能准确地辨别真伪，吸纳有益的建议，识破虚假的鼓吹。在本书中，作者站在不同的角度，通过科学的心理分析并结合大量的相关研究和调查，为读者提供了非常实用可行的建议，对于从事说服工作的职业人员（比如市场销售和广告商）和身处被说服环境中的公众（比如消费者和观众）都具有很好的启发和帮助。不仅让读者丰富了知识，也对其工作和生活起到了建设性的指导作用。

将这样一本书引进出版，对我国读者也是非常有意义的。除了上面所列举的益处外，它对于中国的现状还有一些特殊意义。这些年，由于无良商家不守诚信的做法、名人不谨慎的代言行为和广告商不负责任的宣传攻势，导致人们对说服产生了很不好的看法。在不少人心目中，说服几乎等于忽悠。一些说服者急于求成，不择手段，而受众在不假思索的状态下很容易上当受骗。结果在遭遇几次这样的经历后，公众也开始变得多疑，对任何内容的说服都不再接纳了。从而形成了一种恶性循环，让那些遵守道德原则、传播正面信息的说服者“躺着中枪”，给他们的工作增加了更大的难度，也让受众与许多有益的建议失之交臂。在这种情况下，本书的翻译出版可以起到一定的“拨乱反正”的作用。一方面，它能帮助说服者更科学地对待自己的工作——无论任务多么艰巨，只要是正当的，就可以按照书中提供的方法从理性、情感等多角度出发，根据环境和受众的具体情况合理设计策略，并通过锲而不舍地努力达到目的。另一方面，它还告诉公众不应当“一朝被蛇咬，十年怕井绳”，排斥或拒绝所有的说服信息。这本书可以增强读者的辨别能力，让人们对得到的信息进行理性科学地分析，从中甄别可信或可借鉴的信息。总之，这两位作者虽然是西方学者，但他们在说服方面的观念、建议和方法在我国都是可行的，可以提升我国读者对说服的认知，并且帮助人们在说服过程中采取更行之有效的方法。因此，我对能应出版社之约翻译这部作品感到荣幸，也衷心希望读者能从阅读中获益良多。

鉴于本人在说服研究方面的专业知识有限，对一些专业术语可能翻译得不够准确，对此也请读者多多谅解！

王晓波

2018年4月

前　　言

每当我们更新再版此书，我们都由衷地对在说服研究方面取得的新进展感到赞叹。在上一版中，我们重点介绍了新媒体的出现和普及，比如，博客世界（Blogosphere）、脸书网（Facebook）、推特（Twitter）、雅虎网络相册（Flickr）和优兔网（YouTube），我们特别强调了它们在*病毒式营销*和*口碑效应*中所发挥的影响。自上一版本出版以来，社交媒体的发展更加迅猛。优兔网上虽然仍有大量关于猫咪或其他宠物的视频，但它已经发展成视频新闻的重要来源，上面有对世界各地发生的各种事件的目击叙述和现场播报。*数码行动*让人们与视频中播出的事件贴得更近了，而*标签行动*则让人们可以用不超过140个字符就将一件事或者自己的看法发布出去。博客世界的功能相当于在线小报，经常涉及流行话题，有时也会纠正一些不实的说法。而一些网站则为普通人提供了一个平台，让他们也可以发起一些倡议或者提出改革建议。我们将在本书中进一步讨论社交媒体发挥的越来越重要的影响力，不过它们只是近年来发展中的一部分。这几年，草根运动也层出不穷，比如“茶党”的兴起和“占领华尔街运动”，它们采取的依然是“老式的”策略，比如静坐、抗议游行和非暴力反抗。此外，广告、市场营销和政治竞选等传统形式的说服方式仍在继续发展。但主流的说客们也与时俱进地更新了他们的策略，更加注重宣传品牌的*真实性*和*可靠性*，或通过*公益营销*来显示他们真的关心公益事业。他们开始在社交媒体上近乎实时地借助*舆情跟踪*的方式关注消费者、选民及其他人群的动向。TED［technology（技术）、entertainment（娱乐）、design（设计）的缩写］大会将老派的演讲与新技术结合起来，为普通大众提供了一个通过演讲、展示和艺术表演的方式分享和推广一些新理念的平台。

我们一如既往地认为，说服不仅是人与人互动过程中的一种非常有趣和受欢迎的传播方式，而且是必不可少的。我们希望读者能理解我们对这一领域的研究热情，并在阅读本书后也能对它的作用产生更深刻的认识。希望本书一方面使你们在日常生活中的说服努力取得最佳效果，另一方面能够让你们更有效地抵御来自他人的说服意图，特别是那些用意不良的意图。

目　录

为什么要研究说服

本章概览

本书的作者之一正与家人在海边度假。他坐在一张折叠椅上，聚精会神地阅读一本很精彩的书，但同时他也能听到头顶海鸥的叫声和海浪的冲击声。不过这些似乎没有影响他，他对周围发生的一切都置之不理，或者至少他想这么做。可是当他环视周边的景物时，他发现自己正遭到四面八方各种各样的信息的狂轰滥炸。距离他几米远的地方，有人开着一台大型收音机，节目中间穿插着五花八门的广告——比如订阅无线电话服务、推荐汽车保险公司或者试吃一种新推出的培根芝士汉堡。他附近还竖着一块警告牌，告诫游人不得在海滩上酗酒、乱扔玻璃制品或者抽烟。他旁边那家的孩子用来装玩具的塑料袋上印着沃尔玛商店的广告，而他们家用的野餐小冰箱的外面则是制造商易酷乐

(Igloo)的明显标识。

而这些不过是冰山的一角。头顶飞过的飞机机尾上挂着一面横幅，是为对方付费电话服务做的广告；救生塔上则是亨氏公司的商标；救生用的卡车是由丰田汽车公司特别设计和配置的，车身上明确写着“美国冲浪城官方指定急救车”的字样，冲浪城是加利福尼亚州的亨廷顿比奇市的绰号。天哪！难道如果被一辆非官方急救车营救就是一件丢人的事吗？

此外，还有试图在口头上施加的影响。他的儿子就极力诱惑他下水，“来吧，水不是那么冷。”但他知道其实不是那么回事，因为他儿子总是这样说，即使水已经非常冷了。他旁边的那家人则在请求他，“您能帮忙照看一下我们的东西吗？”作者心想，可能是我们一家人看上去都很可靠吧。而他妻子也问他，“你想沿着码头走走吗？听说那边有冻香蕉卖。”她知道他无法抵御这一诱惑。

上面列举的都是一些明显的带有说服倾向的信息，作者同时还注意到了大量意思比较隐晦的信息。不远处，一位女士正在给自己的脖子和肩膀涂防晒霜，这让作者意识到他也应当这么做。虽然她什么也没说，但不是也同样影响他了吗？附近还有一对夫妻在晒日光浴，两个人戴的帽子上都有耐克品牌的标识，他们这不也是在给这一品牌“做广告”吗？一个拿着冲浪板的年轻人刚从他身边跑过，朝大海跑去。他剃着光头，头上某些部位打了不少的洞，身上也刺了许多的文身。他的这副样子不是在宣扬一种价值观或品位吗？他不就是一种另类生活的活广告吗？当三个穿着比基尼泳装的女人走过时，海滩上所有的男人都不约而同地朝她们张望。这些男人是被“说服”了去转头，还是只是一个下意识的反应？海滩上还有两个皮肤晒成棕色、肌肉发达、有六块腹肌的男子在来回掷飞盘。作者看到他们后暗自下决心以后多做仰卧起坐。总之，海滩上明显带有说服倾向的信息和蕴含着说服倾向的信息太多了，多得就像沙滩上的贝壳。

上面这些例子反映了两种非常重要的现象：一种现象就是说服无处不在，无论我们身在何处，都在被各种试图影响我们的信息包围着，它们或直截了当，或含蓄隐晦；另一种现象则是很难非常肯定地界定什么是说服，什么不是。我们应当怎样区分说服与其他类型的传播方式？在本章，我们会先探讨第一种现象，了解一下说服为什么会具有无处不在的特质以及在实践时的基本原理。在下一章，我们会分析它的构成和与它相关的术语，比如社会影响和社会服从的益处。

目的和目标

这是一本关于说服的书，它既有学术方面的目的，也有实践方面的目的。在学术层面，我们要仔细审视说服有怎样的功能及其成因。在此过程中，我们还要获知研究人员在这方面的最新理论和发现。在实践层面，我们将通过大量的现实生活中的事例来说明这些理论和发现的实际意义，同时我们也要为大家提供一些有益的建议，比如，怎样成为一个高效的说服者，怎样抵挡别人想影响我们的意图，特别是那些不良意图。

如果你觉得学习怎样说服别人和避免被说服显得有些工于心计，那么请不要忘记，我们并不是生活在独角兽和彩虹的世界中。现实中到处都有说客的存在。你可以选择不去了解说服，但你绝对无法避开说服本身。

此外，关于说服，我们也不可能把一切都告诉你，因为在这方面没有人能知晓一切。在本书中，我们自始至终强调的一点就是：人是不容易被说服的，因为人类很复杂，他们不会那么听话。即使说客付出巨大的努力，对方仍可能非常固执、无法预知和难以对付。

说服不仅是一门科学，也是一门艺术。人性太复杂了，而我们对说服的了解又太有限，因此期待提前预知怎样施加影响保准成功、怎样可能失败几乎是不可能的。想象一下，虽然电视上播放的广告动辄是斥资数百万美元制作出来的，你是不是仍会换频道。一位广告制作人曾这样说过，“我花在广告上的钱有一半都被浪费了……可我又不知道是哪一半（引自 Berger，2011，p.1）。”再想一想，有多少竞选公职的候选人为了竞选花费了大量的时间和金钱，到头来却没有成功。还有，政府想说服市民戒烟、采取安全的性措施和开车时系安全带有多么困难。

说服作为一门科学尚处于起步阶段。虽然历史上富有争议的骗子、马戏师巴纳姆（P. T. Barnum）说过一句至理名言，“每一分钟都有人上当受骗”，但人有时也有非常惊人的感知能力。因此我们不由得希望，要是我们知道哪个按键是正确的，我们就有可能说服所有人。但是更经常发生的情况是，需要按的键不止一个，并且要按正确的顺序按下去，而这个顺序还经常会根据需要发生变化。即便如此，说服也绝不是一件完全凭运气的事情。对于它的科学研究从20世纪40年代就开始了，现在的我们已经对它有了许多认知[1]。而有关说服的文献记载甚至可以追溯到古希腊时代[2]。人们已经在这方面找到了一些策略和技巧，并对其效果的优劣进行了考证。说服者如果想对他人的思想达到奥威尔式的完全控制，恐怕不是一件容易的事情，但对于怎样打动别人至少是有许多已知的方法可学习和遵循的。在对此进行深入探讨前，我们先要纠正一个经常听到的关于说服的错误认知。

说服并不肮脏

这些年来对说服的研究受到一些负面宣传的影响。总的来说，大家似乎都承认这是一个很有意思的课题，可是也有一些人对其研究不太认可，因为他们觉得这令他们想到操控、欺骗或洗脑。的确，说服是起过不好的作用。阿道夫·希特勒（Adolf Hitler）、查尔斯·曼森（Charles Manson）、吉姆·琼斯（Jim Jones）、大卫·柯瑞许（David Koresh）、马歇尔·爱普尔怀特（Marshall Applewhite）和本·拉登（Osama bin Laden）都曾经是臭名昭著的说客——给他们的追随者们造成了极坏的影响[3]。但是我们不能因此就认为说服是一种肮脏的沟通方式；相反，我们发现，对说服的研究是很有意思和值得的，因为它是我们为交流而付出努力的一个重要支柱，所以我们迫切想对它有更多、更深入的了解。而且我们之所以对其感兴趣，部分原因正是由于发现它有时会被人别有用心地利用。针对这种情况，研究人员更有必要清楚地了解那些不道德的说客们在说服他人时采用了哪些卑劣的手段和方法。

说服是我们的朋友

说服不只是伪艺术家、骗子、密谋者和邪教教主使用的工具，诺贝尔和平奖得主和普利策获奖记者也都是出色的说服者。实际上，大多数“专业”说客所从事的即使不是非常受人尊敬的工作，至少也是能够被大众接受的。他们中有广告经理、竞选经纪人、明星代言人、牧师、议员、外交官、律师、电视购物主持人、游说者、调解人、媒体评论员、励志演说家、政治漫画家、新闻秘书、公共关系专家、广播节目主持人、招聘人员、销售人员、参议员、社会活动家、专栏作家以及许多其他的从业人员。

让我们先来看看说服的好的一面。说服能够促进国家间达成和平协议，并且有助于打开一些封闭的社交群体。它对慈善组织和活动募集善款的意义重大。社会需要说服司机在开车时系上安全带；还需要说服司机酒后不驾车。在建议那些药物成瘾的家庭成员寻求专业人员的帮助时，也得做说服工作。当一支球队在比赛中处于劣势时，教练需要通过说服来激励他们竭尽全力。父母在告诫孩子不能随便上陌生人的车或者不能让别人随便触摸他们时，也应使用说服这一工具。总而言之，说服是许多积极的亲社会努力不可或缺的一部分。可以这么说，我们在这个世界上所目睹的善行很少与说服无半点瓜葛。

因此，说服是一种常用的强有力的亲社会力量。在强调了说服所起的积极作用后，我们就不难理解研究说服的重要性了。所以，接下来我们要对其社会影响展开进一步的探讨。

说服无处不在：你可以跑开，但你无法躲起来

我们在前面已经提到，研究这一课题的一个主要原因就是：说服是人类各种沟通中的一个重要特征。因此，我们不能回避它，也不可能让它消失。就像在拉斯维加斯到处都有猫王的模仿者一样，说服在我们的生活中也无处不在。各种预测认为，普通人每天会在各个地方得到300 ~ 3000条信息[4]。说服不仅是一些人的工作，而且即使在我们与朋友、家人和同事进行日常交流时，它也常常现身。现在，说服的途径比以前更多了，你可以在TED演讲台上阐述你的宏伟想法、参加豆瓣网上的活动、发微博来呼吁改变。

口碑：什么是公众关注效应

在当今社会，人们很难避开“公众关注效应”，而且很可能会参与其中。据推测，一位普通的美国人每周会对一些具体的产品和服务做出大约60次的评价（Moore，2010）。于是口碑就显得无处不在，每天会由此产生多达33亿条信息（Berger & Schwartz，2011）。

公众关注效应策略为什么会这样流行呢？因为消费者越来越精明了，他们不再相信传统广告，他们更相信朋友，而不是广告业。结果，通过社交网络传播的信息变得更为有效，它就像往池塘里扔了一块石头，所激起的涟漪会在社交圈中迅速蔓延。

由于公众关注效应这一营销策略需要依靠朋友来传播信息，因此信息首先必须是真实的（Salzman，Matathia，& O’Reilly，2003）。在这种情况下，产品如果是自然或天然生成的而不是制作或精心设计的，是同行主动称颂的而不是企业赞助的，那它的口碑效果就会更成功。口口相传比起传统的广告和营销方式

有好几个优势：它主要是通过人与人之间的互动完成的（面对面、手机、邮件、短信等），这增加了它的真实性；它比传统媒体的营销方式更省钱，传播的时间也更持久；对年轻一代来说，这种公众关注效应比主流媒体的传播形式更具吸引力，因此也更有效果。

社交媒体：机器的崛起

说到社会影响的无处不在，恐怕没有什么地方能够表现得比新媒体更明显了。有些人几乎会把他们醒着的时间全都用来发微信、微博和博客，或者把自己对所有大事、小事的看法都发表出来。新媒体不仅是一种娱乐的新渠道，也是施加影响的重要媒介。当我们决定在脸书网上加某人为好友或者在推特上成为某人的粉丝时，正是影响在发挥作用。而平均每5条推特里就会有一条提到具体的品牌（Jansen，Zhang，Sobel，& Chowdury，2009）。

由于社交媒体具有如此强大的影响力，因此现在各个公司都非常在意舆情跟踪，即对社交媒体进行实时关注和测评，从中掌握大众的情绪反应。已经有软件可以不只基于推特发送的数量，而且依据它们引发的正面、中性或负面的反应来预测某人、某品牌或某个事件的未来走向（Benady，2012；Leonhardt，2011）。这些软件能够识别与情感、情绪和意见相关的词，然后根据它们来判断大众的立场和态度。

除了其在市场营销方面的潜能，推特还以一次仅140个字符的方式改变了国家的政治格局。社交媒体甚至在阿拉伯地区的政治运动中发挥了作用。

引爆点

与公众关注效应的营销方式有关的重要观念和原理在Malcolm Gladwell于2000年所著的畅销书《引爆点》（*The Tipping Point*）中有非常清晰的阐述。在书中，Gladwell将口碑比喻为一种病毒，信息通过它传播开来，直到最后整个社会都遭到它的“传染”。他在书中提出了“少数法则（the law of the few）”，即为数不多但颇具影响力的少数人能够引起公众对一个观念、一个品牌或一种现象排山倒海般的拥护。一旦某条信息获得了这样的契机，它就达到了引爆点，将产生强烈的感染力。但是在成为引爆点前，它先需要具备一些特质。

超级影响力

首先，从事这一工作的人必须是合适的人选。Gladwell认为，有三种类型的人可以胜任。第一类人是有专业技能的专家，他们属于业内人士。他们可以是有名的厨师、时尚达人、健身专家或者品酒的行家。他们无须富有或知名，但他们一定要走在潮流的前列。他们应当是行业的弄潮儿，或者称为第一批敢吃螃蟹的人，因为他们只要听到某个新鲜玩意，就敢于尝试。Kelly和Barry（2003）认为，"在每10个美国人中，通常总是由其中1个告诉另外9个应该投谁的票、去哪里吃饭和买什么东西。"

除专家外，第二类人就是出色的沟通者。沿用前面那个关于病毒的比喻，这些人就是病毒的载体。他们拥有非常广泛的社交网络，因此一旦他们从专家那里知道了"下一个大热门"是什么，他们马上就会把这一信息传播开来。由于人们的社交圈具有重叠性，因此信息在传播时会超越他们原来所属的圈层。

Gladwell认为的第三种人是推销者。他们先从沟通人员那里获得信息，然后就在自己的朋友圈里大肆宣扬。这些人会这样对他们的朋友说，"你一定要看这部电影""你应当去试试那家餐厅"，或者"你得读一下这本书"。

精心策划下一个热点

除了选对合适的人，要想让一个观念流行开来，还需要一些其他条件。其中，环境尤其重要，就是说在宣传某个观念时，必须找准时机和场合，比如，在人们普遍可以使用互联网前，借助社交网站进行推广就没什么实际意义。观念还必须具有黏性，即它本身就很有魅力，否则，人们不会被吸引，也不会拿它当回事（Heath & Heath，2008）。兰斯·阿姆斯特朗基金会设计的黄色手环就很有黏性，它使人们可以用这种简单的方式表达对征服癌症行动的支持。可扩展性也是一个必不可少的条件，因为这样才有益于加速观念、产品或信息的传播。此外，要使宣传更有成效，传播途径一定要简单、便捷、不费事（传播的便捷性），而且最好是免费的，比如，把想法通过邮件附件或链接的方式发送出去就非常方便容易。在这方面，花的时间、金钱和精力越多，获得的效果反而越不理想。

一段名为《达斯·维德孩子》的大众汽车视频广告是一个成功的案例，它在优兔网上获得了超过5000万的点击量。在这个视频中，一个穿着达斯·维德服装的孩子自以为拥有"原力"，能把一辆大众帕萨特汽车发动起来。但实际上，是孩子的父亲通过无钥匙点火系统将车子发动起来的。孩子吃惊的反应特别可爱。

不过，这无法保证所有类似的广告都能取得同样的效果，在大众汽车广告成功的背后是一大堆失败的案例。病毒式营销无疑具有极大的潜力，但它同时也是一种事先并无把握的策略，而且错失机会的概率远大于击中目标的可能性。

易传播还是无法预测？

虽然病毒式说服的方法应用得非常普遍，但这种方法本身很难预知，而且不容易复制。证明引爆点效果的大多是一些传闻逸事。许多信息确实会像病毒一样迅速传播开来，但它们在说服方式上很少是经过精心策划的。策划一个病毒式营销方案不是件容易的事情，谁也不敢保证一个点子能够引起关注。

口碑营销（Word of Mouth Marketing，WOMM）协会对于病毒式营销给出了一些建议。但是，病毒式营销这一概念本身就是一个矛盾的说法。它其实是提前策划好的，却要显得漫不经心；换句话讲，它是故作随意。当消费者看穿这一做法后，它的效果就会下降。而且在利用朋友当“托儿”这件事上，还存在道德争议。美国联邦贸易委员会（Federal Trade Commission，FTC）现在规定，在所有的线上代言或担保交易中，如果代言人从中获得了报酬，必须将此披露出来（Sprague & Wells，2010）。现在的情况是：一方面，传统的说服方式，比如广告和市场营销，不再像以前那么开门见山，直奔主题；另一方面，在一些看似不明显的情境中，说服也在发挥重要的作用。下面，我们就来了解以下三个领域的现状：游戏化、科学和艺术。

游戏化：《开心农场》成了摇钱树

几十年来，父母们都知道，要想让小孩子吃蔬菜，就要把吃饭时间变成一场游戏。父母每喂孩子一勺豌豆，都得说，“瞧，飞机来了。”现在，这种方法的现代版本——我们所称的游戏化——已经被广泛地用来刺激消费者的兴趣和参与意识（McGonigal，2011）。所谓游戏化就是将电子游戏的方法用在其他场合，增加消费者的参与兴致。因为人们都爱玩游戏，也都喜欢竞争。否则，他们为什么愿意一连花几小时玩像《愤怒的小鸟》《开心农场》和《单词接龙》这样的游戏？游戏具有娱乐性和挑战性，并且能带给人满足感。因此，将一份普通的工作变成一场游戏会让人觉得有趣和刺激。

游戏也能产生影响力。比如，为了建议人们走楼梯而不要坐电梯，大众汽车赞助了一款游戏。它把楼梯设计成钢琴键盘，人每上一个台阶，它就会发出一个不同的音符。结果，走楼梯的人数比以前增加了66%。再举一个例子，耐克公司对跑步进行了游戏化设计。他们在鞋上装了一个传感器，可以记录人跑步时的各种数据，包括距离、时间和燃烧掉的热量。跑步的人可以把这些信息上传到手机应用程序上，并与大家展开竞赛（Are you game? 2011）。通过积分、徽章、排行榜或其他刺激方式，游戏化能够让人们越来越投入。现在，这种方法已经被用于改进教育水平、提高工作效率、增加投票率以及加强公众对社会事业的认知和参与程度等方面。

不过，游戏化也不是没有遇到批评的声音。Ian Bogost 是一位研究电子游戏作为文化产品方面的专家，他在2011年时很谨慎地提醒人们注意，游戏化的实际结果是相关软件被不断开发出来。批评人士抱怨说，人们在游戏中挣积分和徽章的兴致大大削弱了学习、工作、锻炼或参与社会事业本身的意义。

说服在科学领域的作用

你或许不这样认为，但科学家真的也是说客（Glassner，2011）。时下正在展开的有关气候变化的辩论就对气候学家们的说服能力提出了挑战。虽然进化生物学家已经达成共识，即进化是一个事实而非理论，但在西方公立学校的课程设置方面，围绕着创世论与进化论的教学还是一直存在着很大的争议。甚至在化学、数学和物理这些所谓的硬科学领域，说服仍发挥着重要作用[5]。科学家们常常需要说服别人相信他们正在从事的研究是具有科学价值和社会意义的，而且他们要证明自己的理论比对手的理论更先进。在这方面，Thomas Kuhn（1970）认为，所有的科学家“为了证明自己的研究优于对手都需要采用说服的技巧”（p.151）。与他的观点类似，Mitroff（1974）也指出，“那种认为科学家绝对客观和不受束缚的想法太天真了……真正伟大的科学家……不仅有自己的观点，而且会坚定地捍卫它们”（p.120）。科学家们不仅需要做实验和报告其结果，同时还必须说服其他的科学家、资助机构和公众相信他们所从事工作的意义。

说服在艺术界的作用

另一个看似不那么需要说服的领域是艺术界。不是所有的艺术都是“为了艺术而艺术”，因为艺术不只具有审美和装饰的作用。艺术家们自己都有着强烈的观念，需要借助作品表达出来。以电影为例，像《死亡诗社》（*Dead Poets Society*）、《美丽人生》（*Life Is Beautiful*）和《辛德勒的名单》（*Schindler's List*）这样的影片，都充分表现了摄影机的力量。它们唤醒了观众的意识，改变了他们的态度或信仰，也让他们由此产生自己的看法。其他艺术形式也具备同样的说服能力。剧作家、画家、壁画家、雕塑家、摄影师和舞蹈家们都是通过自己的艺术表现形式将自己的政治和社会观点表达出来的。

我们再举一下绘画的例子。在博物馆里陈列的名画中，有许多都是画家出于社会良知创作出来的。画家不是用文字而是用绘制出的形象来表达对社会状况的看法，他们或针砭时弊，或试图改变现有的社会秩序。我们将在第十四章深入探讨这一话题，但在这里，我们先简单分析一下巴勃罗・毕加索（Pablo Picasso）的一幅作品《格尔尼卡》（*Guernica*）。透过这幅画，毕加索从道德层面对战争进行了控诉，并揭露了人与人之间残酷无情的行为。画面上有人和动物，他们是西班牙内战期间巴斯克镇的轰炸受害者，因此都呈现出痛苦、悲伤和饱受折磨的表情。正如 Von Blum（1976）所说，"这幅画绝对具有强烈的宣传目的，画家旨在揭露佛朗哥（Francisco Franco）挑起的法西斯叛乱的非人性和残忍"（p.92）。所以毕加索并不想画一幅"看上去很美"的画，他要发表道德声明。这幅画被一位艺术史学家赞誉为"现代派政治绘画领域最杰出的成就"（Clark，1997，p.39）。其实不只是毕加索，许多其他艺术家也都会透过艺术作品来表达有说服力的观点。

说服在其他看似无关场合中的作用

在许多其他场合也需要说服发挥作用，虽然在有些场合，这样的需求看似不明显。我们在这里也通过几个例子加以说明。社会科学家们研究过用汽车保险杠贴纸来表达政治主张的现象（Endersby & Towle，1996；Sechrest & Belew，1983）；学者们分析了代祷（为了另一个人而祈祷）对从病中康复的效果（Frank & Frank，1991；Hodge，2007）。有人调查了军队对社会影响的利用（Cialdini，2011；King，2010）；也有人重点关注了十二步疗法，比如匿名戒酒者互助会和其他自助类型的关怀小组（Kassel & Wagner，1993）。有一位学者专门研究了从戏剧中发现的劝说策略，比如莎士比亚的《哈姆雷特》（*Hamlet*）和易卜生的《玩偶之家》（*A Doll's House*）（Kipnis，2001）。还有一位作家调查了乞讨的各种风格和策略，试图从中找出哪种方式最有效（Robinson，Seiter，& Acharya，1992）。

怪异的说服方式

有时候，说服的方式会让人觉得不可思议。比如，得克萨斯州的 Dish 镇，以前叫克拉克镇，住在那里的居民之所以同意给小镇改名，是为了与美国卫星电视公司（Dish Network）做一笔交易。作为回报，美国卫星电视公司答应在10年里免费给那里的125位居民提供卫星电视服务。这一做法的反对者只有一个人，那是一位名叫克拉克的居民，因为这个镇子之前是以他的名字命名的。

为什么美国卫星电视公司和镇上的居民会答应做这样一笔交易呢？简而言之，就是考虑到公众关注效应。这一离奇古怪的交易起到了免费宣传的作用。镇长认为这个新名字能为他们吸引更多的客人。人们不禁想知道，小镇这样做时有没有考虑过底线。未来不会还有地方改名叫伟哥吧？

英国诺丁汉的曼斯菲尔德也发生过一件怪异的说服事件。当地的居民希望阻止吵闹的青少年夜晚在地下通道里游荡，他们想出的解决方案是安装明亮的粉色路灯。你可能会问，为什么是粉色的？因为粉色的光会把青春痘照得特别明显，而长着青春痘的孩子们不愿意被人看清楚。这个方案奏效了，孩子们不再待在街上了（Spotty Teens，2009）。

学者们有时也会调查说服的一些古怪之处。你知道吗？在参与调查的人中，那些摄入过咖啡因的人比没有摄入的人更容易被说服（Martin，Hamilton，McKimmie，& Terry，& Martin，2007）？现在你知道了吧，只要能引发参与者对某条信息的注意，他体内摄入的咖啡因就会促使他接受这一信息。还有研究人员发现，相较于只使用左手或右手的人，左右手都能用的人更容易被说服，也更容易上当受骗（Christman，Henning，Geers，Propper，& Niebauer，2008）。Brifiol和Petty在2003年发现，让人们做出上下点头（好像同意的样子）的反应时比让他们左右摇头（好像不同意的样子）时更可能说服他们。你或许会问，这些研究有什么意义吗？这样的研究表明，说服不仅很复杂，而且有着非常细微的差异。

既然说服可能出现在显而易见的需要它的场合，也可能出现在不那么明显的地方。在结束这一部分前，我们有必要探讨一下有关说服的另一个方面：人际交往的场合。

说服在人际交往场合中的作用

说服在人际交往场合中的作用同样不容小觑。虽然我们承认广告的力量很强大，但面对面的影响绝对更胜一筹。尽管人们会在传统广告或者新媒体上花掉很多钱，可是最具影响力的结果还是出现在人与人面对面的场景中，比如，90%的口碑推荐都发生在线下（Moore，2011）。每天在人际交往的场合中，我们会遇到无数带有说服性的请求。你的弟弟想让你快点从洗手间出来；一位无家可归的人向你乞讨一点零钱；你的父母竭力劝你不要打舌钉。还有更糟糕的，对你很重要的一个人竟然用很不雅的词定义你们之间的关系：其实没什么，对方只是想表达你们的关系不一般了。天哪！当然了，与此同时，我们也会说服别人，把他们当成我们的请求对象，对他们提出要求或请他们帮忙。

为什么人际交往中的影响力更为有效？因为它看上去更真诚，而说服的色彩又不那么明显。让我们来体会一下以下情景：

诱饵：你的朋友给你打电话，问你："嘿，周五晚上你打算干什么？"

表现出有兴趣：期待对方会邀请你去什么地方，于是你回答："没什么事，怎么啦？"

你上钩了："噢，我想问问你能来帮我搬家吗？"

当你在电视上看到广告时，你从一开始就明白赞助方是有所图的。但是在人际交往中，对方的动机可能不那么明显。因此大多数研究沟通的学者都认同，如果你想说服别人，最佳的方法是选择人际交往的场合。我们给你的建议是：下次如果你想晚点交论文，一定要亲自告诉你的教授！

探讨至此，说服在现实生活中的方方面面无孔不入已经显而易见了。Kenneth Burke（1945，1950，1966）曾多次撰文指出，人类从其本质上讲就有使用象征的特质。象征的一个重要特点就是带有说服他人的倾向。许多其他学者也持同样的看法。所以我们是象征的使用者，而象征的一个主要功能就是说服。

如果我们承认注重社会影响是人类象征行为一个基本且普遍的特征，那对说服进行深入的研究就非常有必要了。说服是人际交往时一个潜在但重要的驱动力。打个比方，如果不打开汽车的引擎盖看一下，你是无法知道汽车的运行原理的；同样的，如果不了解人类沟通的一个主要动机——说服——你也不可能透彻理解人类沟通的目的。

研究说服的四大益处

既然说服是人类生活中不可避免的一个方面，就应该对它有所了解。在这里，我们列举了研究说服的四个主要好处，即它具有工具性功能、知识和认知功能、防御功能和看穿真相的功能。下面，我们一一进行解释。

工具性功能：尽你所能

了解说服的一个充分理由就是它能让你成为一个更成功的说服者，我们将此称为说服的工具性功能，因为说服充当了一种工具或是达到目的的手段。我们将说服他人的能力看作沟通能力的一个重要方面。沟通能力指的是沟通的方式被认为是有效和妥当的（Spitzberg & Cupach，1984）。有效的沟通者具备实现目标所需的技能，从而能够针对特定的环境找到最适合的表达方法。

一位称职的说客应当知道怎样对他的对象做出准确分析，然后按照其思维方式将自己的信息传递出去。他应当清楚哪种策略是合适的而且成功的可能性最大。称职的说客还必须懂得怎样组织信息的内容以确保达到最佳效果。这些只是成功说服他人所需的一些技能。

不过，设法得到渴望的结果只体现了沟通能力的一个方面，沟通的过程也非常重要。一个有能力的说服者在说服过程中应当采取对方可接受的、适当的方法，这就意味着他必须非常熟悉当时环境下的社会和文化规范。比如，如果一个家长在看足球比赛时公开严厉地斥责自己的孩子，可能会被其他家长认为行为粗鲁。

我们深信，你对说服了解得越多，你在说服他人时就越得心应手。当然，任何人都做不到每一次尝试都成功。只要按照这里提供的原理和过程，并遵守我们提到的道德准则，你一定可以提升自己作为一个说服者的能力。

知识和认知功能：求知的大脑渴望知道得更多

了解说服的另一个原因是它能增加你在说服过程方面的各种知识和认知。培根说："知识就是力量"。多了解说服的运作体系是很有价值的。你或许并不打算进军广告业，但光是了解品牌的营销方式就很值得。你或许不想加入什么邪教组织（谁想啊？），但弄清楚是什么让人容易受邪教的影响是很有必要的。哪怕站在一个观察者的角度，了解这些课题也是很有意思的。

全面了解说服还有一个好处，就是帮你克服习惯化的说服方式。许多人都会觉得使用已经用过很多遍的策略和技巧更方便省事，而不管它们的效果如何。我们的沟通行为大多数时候是"无意识的"，而非有意的，也就是说我们不太注意自己是怎样与他人沟通的（Langer，1978，1989a，1989b）。就像跑步的人、游泳的人以及从事其他运动的运动员需要针对不同的环境来调整自己的呼吸一样，说服者——如果希望达到最佳的说服效果——也需要根据不同的对象和情境调整自己的方法。说服不是一种一成不变的沟通模式。

防御功能：躲闪和保护

了解说服的第三个原因在我们看来至关重要，即它能加强我们的*防御功能*。通过了解试图影响别人的某个方法为什么会成功或失败，你作为消费者对带有说服性质的信息就更具辨别能力了。如果你能看穿一些说服的伎俩，你就不会轻易上当了。有必要指出的是，人们通常会*低估*广告对自己构成的影响，却*高估*它对别人的作用，这种现象被称为*第三人效应*（Davidson，1983；Jensen & Collins，2008）。结果你可能就会比自己以为的更缺少抵御能力。

在本章中，我们会披露一些零售业、广告和营销中经常使用的说服技巧，比如，我们在班上把汽车销售人员背地里会被传授的营销方式告诉学生后，一些学生常常会承认说，“啊，是的，他们就是这样对我说的。”当然我们也不否认，有些销售人员可能也会利用我们在本书中给出的建议。不过我们认为，读者在阅读后会将我们的意见和建议作为武器来防御那些不道德的说服企图。例如，在专栏1.1中，我们提供了一些用于识别各种宣传手段的建议。在本书后面的章节中，我们还会提示你提防各种说客——包括狂热的宗教领袖、街边的乞丐和殡仪馆的经理——常用的伎俩。

专栏 1.1 | 说服与宣传和灌输的区别

什么是宣传（propaganda）和灌输（Indoctrination）？它们与说服有什么不同？在很大程度上，这是一个看法问题。人们倾向于将自己的信息视为说服，而将他人的信息看作宣传。对灌输的认知也是如此：我们会认为我们的政府对公民进行的是教育；而外国政府，特别是那些我们不喜欢的政府，对公民则是灌输。如果这样理解的话，宣传和灌输在大多数时候是带有贬义的，用来描述我们不认可的人所表达出的说服信息或立场。主张控制枪支的人称，美国枪支协会借助宣传工具阻挠对限制枪支销售进行立法。反对学校安排祷告的人认为，要求学生在课堂上祷告属于对他们强行灌输宗教。当被指控宣传时，普遍的反应都是证明自己只是在进行教育或提供信息。因此，一个试图影响他人的做法究竟是说服、宣传还是灌输，在很大程度上取决于倾听者的看法。

对宣传的定义有很多，而且内容迥异，但我们认为 Pratkanis 和 Aronson（1991）给出的定义准确地捕捉到了它的本质：

> 宣传最初被定义为传播带有偏见的观点和意见，并且常常会借助谎言和欺骗的手段。后来，这个词的意思有了发展，意指通过对人心理的分析和操控进行大规模的“建议”或影响。宣传是对观点的传播，但其终极目的是要让倾听者能“自愿”接受某一观点，好像那就是他自己的看法一样。（p.9）

不同的学者对宣传的性质和特点持有不同的认识（Ellul，1973；Jowett & O'Donnell ；1986；Smith，1989）。不过，在一些基本特点上，大多数学者的观点是一致的，下面就是它的一些基本特征：

- 宣传带有强烈的思想倾向。大多数学者都认同宣传不仅仅是为了传递信息，它的偏见色彩很严重，比如"左翼"或"右翼"的议题。善待动物组织(People for the Ethical Treatment of Animal)所发起的加强动物权利的活动就具有这一特点。从事宣传的人们并不想保持中立或客观，因为他们的工作就是倡导某一具体的议题。
- 宣传是以机构为单位的。大多数学者都同意宣传需要通过有组织的团体来进行，这个团体可以是政府机构、政治游说团体、私营企业、宗教小组或者社交活动群体。比如，反诽谤联盟就是一个组织，成立的目的是阻止对犹太人的诽谤和造谣中伤。虽然个体也可以使用宣传这一手段(父母可能会对孩子说，"圣诞老人只给听话的孩子送礼物")，不过这个词通常还是与机构所做的说服工作联系在一起的。
- 宣传意味着大规模的说服工作。大多数学者都认为宣传瞄准的是一大批目标人群，同时也需要依靠大众媒体来进行说服工作。由于它的目标人群人数众多，所以它的沟通方式只能借助大众传媒(电视、广播、宣传画、公告栏、电子邮件、群发邮件等)。也就是说，办公室里的一个员工在茶水间告诉另一个员工的消息或者他们之间的闲聊不能称为宣传，但是如果通过电子邮件的方式在公司内部散播传言就是宣传了。
- 宣传具有采用道德上令人质疑的方法施加影响的倾向。鼓吹者们可能会将结果置于首位，而把道德放在第二位来考虑。宣传的这一特征是人们在提到它时首先引发的联想，并且会对其产生负面的感觉。

那么鼓吹者一般会使用哪些令人质疑的策略呢？1937年成立的宣传分析研究所（Institute for Propaganda Analysis）列举了宣传时的七种常见策略，它们至今仍在被使用（Miller，1937）。它们是：表现得忠厚老实("我和你们是一样的")；证明("我看见外星人了，我肯定，当时我就站在这儿")；从众效应（大家都这么做）；摞牌（只呈现事情的一方面）；转移视线（从而产生正面或负面的联想，比如内疚等感受）；光辉泛化法（使用理想化的或者承载着重大意义的语言，比如"自由""自主权""家庭价值观"）；辱骂（"法西斯""环保说客""纳粹"）。

看穿真相的功能：查找真凶

研究说服的第四个原因是它能让你掌握看穿真相的本领——除错功能。在了解了人与人之间如何产生影响的实情后，可以去除你以前对各种"常识"的信以为真，以及有关说服的"过时"的认知。传统观念不一定永远正确，当它已经不符合现状时，有必要及时察觉。有些人始终固守有关说服的民间智慧，但它们其实已经被研究人员证实是明显错误的。比如，许多人相信，潜意识的信息是非常有用的，它们近似于催眠后的建议。但实际上，这样的说法纯属胡说八道，对此我们会在第十五章进一步阐明。

因此，真正重要的应当是本质上违反直觉的实证研究结果——它们与常识的意愿是相悖的。通过了解在说服方面的研究发现，读者可以学会分辨真伪和区别事实与假象。

基于上面的讨论，我们希望你会认同研究说服是有充分理由的，我们还希望已经说服你接受这一事实：研究说服是一种亲社会的努力。不过，这又将我们带回了前面提到的一点：不是所有的说服者都是严肃认真的。因此，我们有必要面对与研究说服有关的两个指责。

对研究说服的两个指责

了解说服会不会助长人们的操纵能力

我们已经涉及对说服研究的一个常见的指责，即它会助长人们在交流时更多地使用操控的做法。研究和实践说服时的道德考虑将留到第十六章中专门讨论。不过，在这里，我们先对此关注提出几点一般性看法。首先，我们在本书中重点聚焦说服的方式（说服是怎样起作用的）。我们不去讨论说服的方式是道德的还是不道德的，只是把它看作无道德标准的或者是道德中立的。也就是说，说服可以被视为是一种工具，比如锤子。与任何一种工具都一样，说服可以发挥良好的作用，也可能起到不好的作用。如果这听上去有点避重就轻，可以读一下下面这段话，这是亚里士多德在他的著作《修辞学》中的一段话：

> 如果认为对修辞的滥用会导致巨大的损害，那同样的指控也可用于所有好的东西（美德本身除外），特别是那些最重要的东西，比如力量、健康、财富和军事技能。如果使用得当，它们能带给人最大的祝福；而如果使用不当，它们就会造成极大的损害。（1355b）

与他这一说法类似的事实就是工具能发挥或好或坏的作用，主要取决于使用者的目的。我们认为首要且最重要的是，说服者的动机决定了他试图施加的影响是好还是坏、是对还是错、是道德的还是不道德的。我们始终认为说服者行为中的道德成分主要源自其在说服时所寻求的目的，所采用的方法只是第二位的。换句话讲，重要的不是说服者用了什么策略和方法，而是他为什么要使用它们。

举例来说，假设你问我们使用“恫吓影响”是否道德，我们可能会说，那得看是在怎样的情况下。如果用来警告性生活混乱的青少年若不采取保护措施很可能染上艾滋病，我们就倾向于认为这一做法无可厚非。但是如果一个恐怖分子在他的要求未得到满足前每隔1小时就要发出一次杀掉人质的威胁，我们会认为这属于非法的。在每一种具体情况下，说服者的动机会给使用恫吓“染上色彩”。这与我们所使用的工具比喻是一致的，恫吓影响就如同其他的说服策略，既会被用于好的意图，也会被用于坏的目的。

针对这一指责的第二个回应在之前已经提到了，即研究说服可以在一定范围内形成防御功能，因为它能教育人们擦亮眼睛，在说服性信息中进行甄别，成为有判断能力的消费者。比如，我们认为我们为大家提供的“购买新车或二手车的建议”(见专栏1.2)对于有购车意向的人来说就很有帮助，它们可以帮助这些人避免被销售商操控。通过增加对说服者的手法的了解，阅读本书能够提高你的警惕性，你也可以用书中的内容武装自己，识破并抵御那些无道德原则的说客们的伎俩。

第三个值得一提的回应是在谴责对说服进行研究时，反对操纵的说法实际上也在试图施加影响。声称说服具有操纵或侵犯性的信息本身，在提倡对说服进行“适可而止”的研究时，同样对他人形成了影响。如果有一组人声称他们最清楚应当怎样研究人与人之间的交流，那么事实上，他们自己已经站在了说服的讲台上。

专栏 1.2　购买新车或二手车的建议

考虑到当前的经济形势和汽车经销商们的处境，现在消费者买车比以前容易多了，反倒是汽车销售商们更迫切地希望把车卖出去。可是，汽车销售人员的名声实在不怎么样，特别是二手车销售人员。我们碰到过一些诚实、正直的销售人员，但也碰到过一些靠不住的家伙。由于汽车属于大件商品，因此在与销售人员沟通时，买方一定要谨慎，避免被误导。常言道：买者需自行当心。

1. 保持警惕。记住，在买车这件事情上，汽车销售商占据优势地位。它是高压销售的典型代表。那些销售人员是专业人士，而且他们天天卖车；你却是个新手。因此，你可以想象谁在这样的情景下更具有说服的经验？
2. 在去见汽车经销商之前，要做好功课。对你感兴趣的品牌和车型先要有所了解，而在试车之前则要先搞清楚它的性能、标准以及他人的评价。消费者报告是应当阅读的一份书面材料，因为它根据用户提供的数据对比了各种型号的车子的稳定性、安全性以及其他特征。研究表明，提前做好功课能帮你省不少钱(Seiter & Seiter，2005)。
3. 不动声色。如果你让销售人员看出你急于买车或者对某辆车很感兴趣，他就知道机会来了。一旦销售人员发现你偏爱某辆车，最终你很可能为它支付更高的价格。

4. 自己带个计算器。汽车销售人员会表现出价格由计算器说了算的样子（“嘿，咱们来看看这数字是怎样出来的”），言下之意就是那些数字都是不可商议或改变的。其实，每样东西都是可商议的！因此，你要亲自计算，看看算出来的数字是不是一样。如果不一样，就要问个究竟。
5. 一旦你进了停车处，销售人员就会竭力把你留在那里。他们会让你待在一个小隔间里，在整个商议期间会把你当成“人质”来对待。他们的心理战术就是要把你弄得疲惫不堪。在几小时的讨价还价后，你会变得筋疲力竭，于是很可能会屈服。他们还可能要你的车钥匙，号称要检查一下，看看它还值多少钱。一旦你的钥匙落入他们手里，你就别想脱身了。
6. 汽车销售人员一般不愿和你谈车的总价，而会选择与你探讨你能承担得起的月供金额。但是你应当把注意力放在以下四个方面：(1) 车的总价；(2) 贷款期限；(3) 按揭利率；(4) 月供金额。除非你对贷款期限已经很清楚了，否则不要只谈论月供金额（贷款 3 年、4 年、5 年等的实际情况）。如果你直截了当地告诉销售人员你每个月只能支付 300 美元，那他很可能会直接告诉你一个时间较长的贷款期，比如 4 年而不是 3 年。这样一来，在总价上你就得多支付好几千美元。
7. 在讨价还价的过程中，销售人员可能会离开房间几次，去请示“销售经理”，这其实都是设计好的。销售人员在未与那位神秘人物沟通前，不会答应你任何条件，因此他什么主也做不了；可另一方面，他们却会要你答应许多条件。所以不要上当！
8. 销售人员会把自己装扮成你最好的朋友，虽然你们其实刚刚认识。销售人员会尽可能找出自己身上与你相似的地方或者拼命讨好你（“你喜欢飞钓？我也喜欢。”“哎，你知道吗，我的孙女也叫‘菲菲’！”）在议价时，销售人员会假装站在你这一边，宁愿自己遭受损失（“哎呀，我的经理肯定会因为这笔交易踢我屁股的，可是谁让我喜欢你呢！”）记住，他们是一个团队的，只会合起来对付你，所以千万不要相信销售人员会真的为你着想。
9. 汽车销售人员会千方百计说服你答应买车（“你买这辆车有什么条件？只管告诉我，你想让我为这辆车做些什么？”）。他们常常会让你把你想出的价格写在一张纸条上或者一份报价单上，尽管这并不具有约束力（但它的确强化了你的心理承诺）。经销商还会让你坐进车里，试开一下，闻闻车内装饰的气味，因为这些也会从心理上让你觉得这辆车已经属于你了。
10. 如果你已经快要与他们成交了，或者正相反，这笔生意看似没戏了，这时会有另一位销售人员走进来接替谈判。对此你不必感到惊讶。他们通常都会派另一个人来结束交易（有点像棒球比赛中的替补投手）。
11. 谨防那些为招揽顾客而亏本出售的商品（在广告上标出一个令人难以置信的价格）。这也是一种典型的促销手段，目的就是把你诱惑到现场。可是等你到那儿以后，你就进入圈套了，你会发现那么低价的车其实只有一辆。然后他们会对你说，“不好意思，那辆车已经售出了……不过我还可以再给你推荐另一款很划算的车……”
12. 即使你同意了价格，交易也还没完！你还得应付那位可怕的“负责财务”的人。你会以为见他也就是签署一些文件，但是千万不要放松警惕，因为这个负责财务的人很可能会在此过程中以保险、防盗和贴膜等名目让你多掏好几千美元。
13. 贷款的利率与车的价格同样重要。在你从商店购车前，先要从银行或信贷联盟那里了解有关购车贷款的规定。它们的利率可能会低一点，而且你可以事先知道你到底要付多少钱。
14. 在去见汽车销售商之前，还要对一些汽车配置的价格货比三家，比如车内的音响。人们常常在买车时讨价还价，但对其他配置的价格就不当回事了，结果最终还是失去了争取到的优惠。记住，每样东西的价格都是可以商议的！

15. 不要事先让销售人员知道你打算以旧换新，否则你为买新车讨价还价省下的钱又会被你的旧车在折价时抵消掉。如果可能的话，最好自己单独去卖旧车。如果确实不可能，那一定要在你谈妥新车的价格后再提你打算卖掉旧车。

16. 不要买到次品。买二手车尤其有风险。本书的作者之一曾在亿贝网（eBay）上买过一辆二手跑车。他是怎样做到仅从网上的图片和描述就断定了这辆车的车况的呢？他查询了这辆车在路上的行驶历史，结果发现这辆车以前只有过一位车主；从未有过被盗、酒驾或召回的记录；车子的里程表读数准确；每年年检时都顺利通过了尾声排放检测。由于这辆车在美国另一个州，因此作者又花了150美元雇了一位机修工，对车子进行了一次"购买前的检查"。在买二手车时，我们强烈建议你也这么做，毕竟对普通消费者来说，如果只是打开引擎盖看看或者踢一下汽车轮胎，能了解到多少呢？

说服研究的结果会不会不一致或者令人困惑

对于研究说服的另一项指责是其研究发现很可能是互相矛盾的。对说服以经验为根据的调查并不一定会得出清晰一致的归纳或总结。说到说服，不存在能量守恒定律、热力学第二定律或者其他带有普遍性的明确定律。

首先，仅仅因为研究的结果常常有矛盾或者缺乏确定性就认为不值得对其进行研究的指责几乎不能成立；而且事实恰好相反：我们认为，正因为说服如此难以捉摸，才更值得仔细研究。这一指责暗含的意思是期望现实是——或者应当是——简单且不复杂的。可无论我们是否愿意，理解现实确实是一项艰巨的工作。正像我们在前面已经指出的那样，人类是很复杂的动物，我们在对信息做出反应时不太可能只出于一个原因。其实，这正是人类的优势，我们并不是易受骗、可预知或可操控的物种，这让我们很欣慰。

对这一指责的第二个回应很简单，即研究说服确实已经取得了一些重要的、相关的结论，你会在本书中发现许多这样的结论。更先进的统计分析技术，比如元分析[6]，能够纠正以前的文献中的一些不一致之处。在本书中，我们就引用了一些基于最新的元分析而获得的值得引起关注的结论。

在本书中，你还会注意到我们也采用了一些身处说服一线的人们的亲身经历，这样可以让你更真切地了解到在某一特定场景中，说服是怎样奏效的。我们与二手车销售人员、殡仪馆的工作人员、服装零售商、广告公司的职员、曾参加过狂热宗教团体的成员、上门推销员和电话销售员都进行过交流，目的就是（从最可靠的渠道）寻找说服奏效的真相。

对于使用说服时的道德关注

如果我们在本章结束时不对说服过程中的道德的重要性予以强调，就太不负责任了。我们要强调一点，说服的过程充满道德的考量，我们在下面的专栏1.3中列出了一些值得引起你深思的地方。我们的立场是：在你学习怎样成为一个更有效的说服者的过程中，一定要恪守道德原则。在本书的最后一章，我们将专门就书中给出的各种有关说服的策略和技巧所涉及的道德问题逐一给予解答。我们之所以到最后一章才进行全面审视，主要出于两个原因：首先，你必须先对说服有充分的了解，否则你无法真正理解它与道德的关联；其次，在你认真思考了我们告诉你的有关说服的方方面面后，你才能更准确地看待那些与其相关的道德问题。

专栏 1.3 | 说服是道德还是不道德？你自己决定

说明：针对下列每种情况，表明你的看法，即你认为说服者或其采用的说服方法是否道德。按五分制打分（1代表“非常道德”；5代表“非常不道德”）：

1. 一个学生在教授的办公室里装哭，目的是让教授心软，再给她一次补考的机会。她的这种做法道德吗？
2. 一位说服者提出了一个连他自己都不相信的观点，可是他认为他能让别人信服。这个观点并不是虚假或完全不成立的，只是说服者本人碰巧不认同。这样的说服道德吗？
3. 一位汽车销售人员向一位顾客强调他所考虑的那款车“比其他型号的车的马力更大，并且能行驶更多的里程”。但是这位销售人员没有向顾客提及相较于其他车型，这款车的可靠性和安全记录比较差。这样的说服方式道德吗？
4. 一位很有经验的律师虽然知道她的客户是有罪的，却成功地替他做了无罪辩护。这种做法道德吗？
5. 一位牧师告诉教会信徒，如果他们投票选某个候选人，就等于“给魔鬼的化身投票”；还说《圣经》要求忠实的信徒投票给另一个候选人。这是一种道德的说服方式吗？
6. 在一场争论中，一位说服者发自内心地认为她的观点是正确的，可是她所引用的事例和信息都不准确，并且已经过时了。这样的说服道德吗？
7. 父母采用恫吓的方法来说服他们的孩子打扫自己的房间。他们对孩子警告说，“如果你的房间很脏，圣诞老人就不会来给你送礼物了。”这样的做法道德吗？
8. 一个儿童麦片的包装盒上写着，“含有儿童所需的丰富维生素！”但是它并没有说麦片的含糖量也很高。这样的做法道德吗？
9. 一位新婚的丈夫非常生气，因为他妻子要与她的一些单身朋友去舞蹈俱乐部喝酒。他警告说，“如果你去那里，我就和我的一些朋友去脱衣舞夜总会。”这样的说服方法道德吗？
10. 在一场政治竞选中，一方对对手展开了一系列负面的广告攻击。其实，竞选负责人并不想这么做，可是选民调查显示，负面广告能够起作用，而那些“走正道”的广告却不行。这种做法道德吗?

总 结

希望我们已经使你相信：在人际交往中，说服无处不在，而且说服的能力是人类的一个重要特征。这一事实为我们研究说服提供了最强有力的理由。既然了解说服对我们来说具有工具性功能、知识和认知功能、防御功能和看穿真相的功能，我们就有充分的理由对其进行深入探讨。在本章的结尾处，我们还对当下有关说服研究的两项指责予以了反驳，希望它们本身就能够成为让你学习说服的富有说服力的案例。

最后，我们有没有提过，了解说服还是一件很有趣的事情?

参考文献

Are you game? (2011, September 30). *B&T Magazine, 62*(2751), 16-22.

Aristotle. (1932). *Rhetoric* (L. Cooper, Trans.). Englewood Cliffs, NJ: Prentice Hall.

Benady, D. (2012, March 23). Social media: How your research can get the most out of the world's biggest focus group. *BrandRepublic*.

Berger, A. A. (2011). *Ads, fads, and consumer culture* (4th ed.). Lanham, MD: Rowman & Littlefield.

Berger, J., & Schwartz, E. M. (2011). What drives immediate and ongoing word of mouth? *Journal of Marketing, 48,* 869-880.

Bogost, I. (2011, August 8). Gamification is bullshit.

Brinol, R, & Petty, R. E. (2003). Overt head movements and persuasion: A self-validation analysis. *Journal of Personality and Social Psychology, 84(6),* 1123-1139.

Burke, K. (1945). *A grammar of motives.* Englewood Cliffs, NJ: Prentice Hall.

Burke K. (1950). *A rhetoric of motives.* Englewood Cliffs, NJ: Prentice Hall.

Burke, K. (1966). *Language as symbolic action.* Berkeley: University of California Press.

Cambie, S. (2012). Lessons from the front line: The Arab Spring demonstrated the power of people—and social media. *Communication World, 29*(1), 28-32.

Christman, S. D., Henning, B. R., Geers, A. L., Propper, R. E., & Niebauer, C. (2008). Mixedhanded persons are more easily persuaded and are more gullible: Interhemispheric interaction and belief updating. *Laterality, 13(5),* 403-426.

Cialdini, R. B. (2011). Roots, shoots, and fruits of persuasion in military affairs. *Analyses of Social Issues and Public Policy, 11*(1), 27-30.

Clark, T. (1997). *Art and propaganda in the twentieth century.* New York: Harry N. Abrams Inc.

Davidson, W. P. (1983). The third-person effect in communication. *Public Opinion Quarterly, 47,* 1-15.

Ellul, J. (1973). *Propaganda: The formation of men's attitudes.* New York: Knopf.

Endersby, J. W., & Towle, M. J. (1996). Political and social expression through bumper stickers. *Social Science Journal, 33*(3), 307-319.

Frank, J. D., & Frank, J. B. (1991). *Persuasion and healing: A comparative study of psychotherapy* (3rd ed.). Baltimore, MD: Johns Hopkins University Press.

Gladwell, M. (2000). *The tipping point*. Boston: Little, Brown, and Company.

Glassner, B. (2011, March 14). How to help scientists and the public see eye to eye. *USA Today,* p.9-A.

Heath, C., & Heath, D. (2008). *Made to stick: Why some ideas survive and others die.* New York: Random House.

Hodge, D. R. (2007). A systematic review of the empirical literature on intercessory prayer. *Research on Social Work Practice, 17*(2), 174-187.

Jansen, B. J., Zhang, M., Sobel, K., & Chowdury, A (2009). Twitter tweets as electronic word of mouth. *Journal of the American Society for Information Science and Technology, 60*(11), 2169-2198.

Jensen, K., & Collins, S. (2008). The third-person effect in controversial advertising. *American Behavioral Scientist, 52,* 225-242.

Jones, J. P. (2004). *Fables, fashions, and facts about advertising.* Thousand Oaks, CA: Sage.

Jowett, G. S., & O'Donnell, V. (1986). *Propaganda and persuasion.* Newbury Park, CA: Sage.

Kassel, J. D., & Wagner, E. F. (1993). Processes of change in Alcoholics Anonymous: A review of possible mechanisms. *Psychotherapy, 30,* 222-233.

Keller, E., & Barry, J. (2003). *The influentials.* New York: The Free Press.

King, S. B. (2010). Military social influence in the global information environment: A civilian primer. *Analyses of Social Issues and Public Policy.*

Kipnis, D. (2001). Influence tactics in plays. *Journal of Applied and Social Psychology, 31*(3), 542-552.

Kourany, J. A. (1998). *Scientific knowledge: Basic issues in the philosophy of science.* Belmont, CA: Wadsworth.

Kuhn,T. S. (1970). *The structure of scientific revolutions* (2nd ed.). New York: Springer-Verlag.

Kurtz, B. (1997). *Spots: The popular art of American television.* New York: Arts Communications.

Langer, E. J. (1978). Rethinking the role of thought in social interaction. In J. H. Harvey, W. J. Ickes, & R. F. Kidd (Eds.), *New directions in attribution research* (Vol. 2, pp. 35-58). New York: John Wiley & Sons.

Langer, E. J. (1989a). *Mindfulness*. Reading, MA: Addison-Wesley.

Langer, E. J. (1989b). Minding matters. In L. Berkowitz (Ed.), *Advances in experimental social psychology* (Vol. 22, pp. 137-173). New York: Addison-Wesley.

Laudan, L. (1984). *Science and values.* Berkeley: University of California Press.

Leonhardt, D. (2011, March 27). A better way to measure Twitter influence. *New York Times Magazine,* p. 18.

Longino, H. (1990). *Science as social knowledge: Values and objectivity in scientific inquiry.* Princeton, NJ: Princeton University Press.

Martin, K. D., & Smith, N. C. (2008). Commercializing social interaction: The ethics of stealth advertising. *American Marketing Association, 27*(1), 45-56.

Martin, P. E., Hamilton, V. E., McKimmie, B. M., Terry, D. J., & Martin, R. (2007). Effects of caffeine consumption on persuasion and attitude change: The role of secondary tasks in manipulating systematic message processing. *European Journal of Social Psychology, 37,* 320-338.

McGonigal, J. (2011). *Reality is broken: Why games make us better and how they can change the world.* New York: Penguin Press.

Miller, C. P. (1937). How to detect propaganda. *Propaganda analysis.* New York: Institute for Propaganda Analysis.

Mitroff, I. I. (1974, November 2). Studying the lunar rock scientist. *Saturday Review World,* pp. 64—65.

Moore, J. (2010, August 16). Four WOM Statistics.

Moore, J. (2011, May 10). Bringing SEXY back to offline word of mouth. Presentation at the WOMMA School of WOM, Chicago.

Pratkanis, A. R., & Aronson, E. (1991). *Age of propaganda: The everyday use and abuse of persuasion.* New York: W. H. Freeman.

Robinson, J. D., Seiter, J. S., & Acharya, L. (1992, February). *I just put my head down and society does the rest: An examination of influence strategies among beggars.* Paper presented at the annual meeting of the Western Communication Association, Boise, ID.

Rosseli, F., Skelly, J. J., & Mackie, D. M. (1995). Processing rational and emotional messages: The cognitive and affective mediation of persuasion. Journal of Experimental Social Psychology, 31, 163-190.

Salzman, M., Matathia, I., & O'Reilly, A. (2003). *Buzz: Harness the power of influence and create demand.*

New York: John Wiley & Sons.
Savir, U. (2012, January 20). The Facebook revolution. *The Jerusalem Post,* p.24. Retrieved on March 6, 2012, from Lexis-Nexis Academic.
Sechrest, L., & Belew, J. (1983). Nonreactive measures of social attitudes. *Applied Social Psychology Annual, 4,* 26-63.
Seiter, J. S., & Seiter, D. L. (2005). Consumer persuasion: The use of evidence when negotiating the price of a new *automobile .Journal of Applied Social Psychology, 35*(4), 1197-1205.
Smith, T. J. (Ed.). (1989). *Propaganda: A pluralistic perspective*. New York: Praeger.
Spitzberg, B. H., & Cupach, W. R. (1984). *Interpersonal communication competence.* Beverly Hills, CA: Sage.
"Spotty teens deterred from underpasses by acne light." (2009, March 25). *The Telegraph.*
Sprague, R., & Wells, M. E. (2010). Regulating online buzz marketing: Untangling a web of deceit. *American Business Law Journal, 47*(3), 415-454.
Von Blum, R (1976). *The art of social conscience.* New York: Universe Books.

注　释

1. 对说服的科学研究始于20世纪四五十年代。当时出于战争的需要，卡尔·霍夫兰（Carl Hovland）设立了耶鲁态度研究项目，因为美国政府想知道怎样对影响军队士气的敌方宣传攻势予以反击，以及怎样能让战俘轻易地被洗脑。
2. 亚里士多德的《修辞学》是一本经历了时间考验的名著。该书写于公元前4世纪，一直以来，它对我们理解说服产生了深远的影响。直至今日，书中的许多洞见和观察仍被认为是精准到位的。
3. 这里需要指出的是，在这些人中，除希特勒外，其他那几个貌似有魅力的领导者都只是昙花一现，我们并没有因他们的蛊惑而上当。这就说明，整体来讲，人类不那么容易上当。
4. Rosseli、Skelly和Mackie（1995）指出，"即使按最保守的估计，普通人每天仅从大众媒体上就会接收300～400条带有说服性质的信息"（p.163）。Kurtz（1997）说，电视观众通常每天要在电视上看超过150条广告，包括推介即将播出的节目。1周下来，所收看的广告的数量不下1000个（Adapted from Berger，2011，p.7）。Dupont（1999）说，我们生活在"一个每天都可能接触3000条广告信息的世界里"（p.14）。Jones（2004）则将广告信息的数量锁定在每天300～1500条，但他也承认有人估计该数目高达3000，他本人觉得这个数目是凭空想象出来的（p.12）。Berger（2011）在未列明出处的情况下报告说，"有人甚至估计我们每天接收的商业信息多达15 000条"（p.101）。

   不过，我们对这些估计持怀疑态度，因为它们毕竟属于未经核实的数据。至少，对普通人接收到的带有说服性质的信息数量的估计有推断的成分，通常也没有说明推断所依据的标准。此外，这些估计还经常自相矛盾。比如，Berger（2011）认为，"在美国，广告公司花在每个美国人身上的广告费用差不多有800美元"（p.101）。Dupont（1999）却称，"在美国，每年用于每个男人、女人和孩子身上的广告费用接近400美元"（p.8）。如果这两个数字中有一个是对的，那么哪个对呢？

5. 在本书中，我们没有足够的篇幅来深入探讨这一话题，但是只要提一下传统的科学实在论的概念已经遭到反实在论阵营的围攻就够了（参见Kourany，1998）。反实在论的人士认为，科学既不是绝对客观的，也不是完全公正的，它在很大程度上受到价值观的影响（参见Laudan，1984；Longino，1990）。
6. 元分析是一种统计方法，即研究人员把许多单独进行的调查结果综合起来，将它们视为一个更大的研究项目进行审核。元分析能够从不同的研究中找出规律、发现趋势，同时对这些研究中明显不一致的地方予以纠正。

第二章

说服是什么

本章概览

说服方面的纯粹和边缘案例	**说服的语境**
定义说服的限制标准	**说服的可行定义**
意向性	**什么不属于说服**
效果	**说服的双重过程**
自由意志与意识	说服的详尽可能性模型
象征性行为	说服的启发式系统模型
人与人之间的和个体内心的	说服的单一模型
有关说服范围的模型	

说服是什么？它的广义和狭义的概念分别是什么？说服从总体上讲是不是人际交往的一个子集，就像棒球属于体育项目的一个子集？或者它应当被理解成所有人际交往中的一个要素，就像每个体育比赛都需要协调一样？不同的作家对说服的概念会有不同的理解，这点毫不奇怪，因此会对它给出不同的定义。在本章中，我们将探讨一些对说服的定义，并基于五个限制性标准提出我们自己对其含义广泛且意义深远的概括。我们还会提供自己设计的说服模型（Gass & Seiter，1997，2000，2004），并且考查三个由他人提出的模型（Chaiken，1979，1987；Eagly & Chaiken，1993；Petty & Cacioppo，1986a，1986b；Kruglanksi & Thompson，1998a，1999b）。

你或许已经在一些场合遇到过对说服非同寻常的使用。比如，我们有一个朋友在建筑行业工作，他总是把他使用的大锤称为他的“说服者”，因为他在切割木板时总会留得过长，而不是过短，然后他就必须用锤子把它“说服”到位。再比如，你一定看过反映黑帮的电影。影片中的黑帮老大会命令他的心腹把某个人带出去“轻轻做点说服工作”，其实就是打一顿。虽然我们通常不会把砍木头或者打人与说服联系在一起，但平时我们还是会赋予这个词许多不同的意思。思考专栏2.1中假设的情境，试着回答这些情境中的“说服”是什么？在那些情境中，你认为哪些属于说服？

专栏 2.1　说服是什么？

1. 玛芬上车后注意到车子前排的一个座位上坐着一个脏兮兮的举止怪异的人，于是她选择坐在车子后面的座位上。那个人“说服”她坐在那儿了吗？
2. 偏执狂本尼是一次公园集会的主要演讲者，该集会的目的是为美国纳粹党招募更多的成员。许多人在听了本尼的演讲后都非常排斥，他们变得比参会前更加反对纳粹了。本尼“说服”他们了吗？
3. 在夜校连续3小时的授课过程中，霍赫姆教授无意中停顿了一下，这时他恰好听到一个学生的肚子发出咕咕的叫声。于是教授决定是时候让班上的学生们休息一会儿了。那个学生“说服”霍赫姆教授了吗？
4. 巴布斯站在街角，观察着路人。她最先看到的三个人都穿着印有政治或社会口号的运动衫，第四个经过的人只穿了件纯白色的T恤衫。前三个人会“说服”巴布斯吗？第四个人会吗？
5. 谢尔登在新年时下决心开始节食。为了提醒自己不要再吃零食了，他在自己的冰箱上贴了一张露出六块腹肌的男士的图片。后来每当他想吃冰激凌时，他就会看看那张图，然后改吃一个苹果。谢尔登“说服”自己了吗？
6. 布巴在超市里犹豫买哪个牌子的啤酒。他在认真对比了两个牌子后选择了一个进口品牌。他并不知道另一位顾客一直在观察他。后来那位顾客也走向货柜，选了同样的品牌。在这种情形下，“说服”发生了吗？
7. 特鲁迪是一个大一新生，她遇到了麻烦。她刚意识到哲学课的一份学期论文已经到交期了。情急之下，她向辩论队的队长雷克斯求助，问他能不能帮她。雷克斯答应给她一份自己2年前写的并且得了A的论文，但条件是特鲁迪得和他上床。雷克斯是不是在使用“说服”？

准确定义说服所面对的另一个困难是说服还有许多不同的叫法，包括建议、洗脑、胁迫、劝说、使人相信、教育、灌输、影响、操控和宣传。至于它们究竟是说服的代名词，还是仅仅是有关联的词，取决于每个人对说服给出的定义。

定义一个概念就如同筑一道围墙。筑围墙的目的是为了把一些东西圈在里边，而将另一些东西拦在外面。同样的，下定义也是将一个概念的部分含义包括在内，而将其他内容排除在外。人类交流中的哪些属性应当被划归到说服的“围墙”里取决于筑墙人所筑围墙的大小和形状。庆幸的是，我们可以通过聚焦两个重要因素对各种定义进行分类。这就是我们接下来要讨论的。

说服方面的纯粹和边缘案例

第一个考虑因素是人们是否对纯粹说服或有界限的说服案例感兴趣。所谓纯粹说服是指那些大多数人都认同的显而易见的说服案例。比如，所有人都认为总统的竞选辩论、电视广告、律师向陪审团的陈词属于典型的说服案例。这样的例子之所以被称为“典型案例”（O'Keefe，2002；Simons，1986），是因为它们正是我们只要一想到说服，脑海中就会浮现的情景。另一些情形则通常处在我们所界定的说服的边缘或外围，因此我们将其称为边缘说服案例。比如，不会人人都认为光是看见一个流浪汉就会“说服”他们绕道而行；也不会人人都认可一些非随意的举动（如打嗝、眨眼或睁大眼睛）构成了“说服”。这些例子不是那么明显，带有很大的不确定性。在定义上出现差异的很大原因是一些作者只在意纯粹说服；也有一些作者对有界限的说服也很关注。这方面没有什么对错之分，只涉及作者给说服下定义时的范围大小。下面这个说服范围的预设模型（图2.1）反映了方法上的区别[1]。如同模型中的阴影所暗示的，纯粹说服与边缘说服之间的分界线是模糊的，而非清晰可见的。

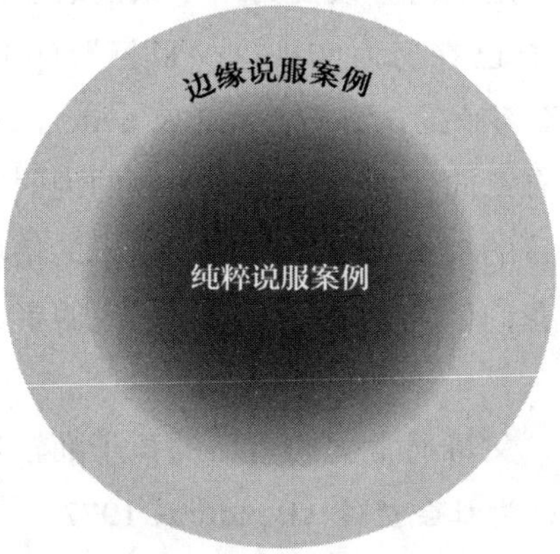

图2.1
说服的预设模型

虽然我们不认为可以对说服给出唯一的、准确的定义，但我们仍觉得有必要对说服做出一个关乎当代的并且具有实用价值的解释。这样一个存在于当下的定义应当对在人际交往中发现的言语、非言语以及语境方面的线索都予以考虑；同时它也应当注意到面对面施加影响时有许多细微的或隐含的线索。所谓隐含的线索指的是交流时不经意的甚至是无意识的表现。比如，文化因素可能会影响一个人对说服策略的选择，对此，或许就连他本人都没有觉察（Wiseman et al.，1995）。而类似的隐含的交流方式其实是极其普遍的（Langer，1978，1989a，1989b；Roloff，1980），并且是说服的一个重要组成部分。我们在后面提供的有关说服的定义和模型会将这些因素都考虑进去。

定义说服的限制标准

定义说服时要考虑的第二个因素是构成某个定义基础的限制标准。在定义说服时，不同的学者使用了不同的检测方式。我们从搜集到的各种定义中归纳出了五个基本标准（Gass & Seiter，2004），下面就对它们逐一进行阐述。

意向性

说服一定是有意识或有目的的吗？存在“意外”说服的可能吗？许多论述说服的作者采取以出发点为中心的观点，聚焦说服者的意图，并以此来定义说服。Perloff（2010）就持这种观点，他强调，“说服绝对带有精心策划并试图影响他人的目的。说服者一定是打算改变另一个人的态度或行为的，而且他本人至少在一定程度上清楚自己在努力实现这一目标”（p.12）。在一些作者看来，意向性是区分说服和*社会影响*的试金石（Gass & Seiter，2000，2004）。

纯粹说服显然是带有意向性的。当提到明显的说服案例时，我们倾向于认为它发生在一个人带有目的性地极力影响另一个人的情境中。但是边缘说服案例又是怎样的情形呢？我们认为在这种情况下，说服者大多没有意识到他们试图施加影响。

举一个简单的例子，父母通常会向自己的孩子灌输信仰、价值观和正当的行为模式，这种现象被称为*社会塑造*（Bandura，1977），但是他们意识不到在自己的言谈举止间，有多少东西被孩子采纳了。估计任何一个为人父母者都会承认，他们“教给”孩子的许多东西都是在没有意识的潜移默化中完成的。另一个类似的例子涉及*社会化*过程。从孩子出生的那一刻起，他们就处在性别角色、文化习俗、宗教信仰以及社会和经济习惯的社会化的过程中，这其中有些是有意识的，但更多的是无意识的。

意图标准难以界定的另一个原因是人们并不总是知道自己具体在寻求怎样的结果，尤其是在人与人面对面的时候，更是带有很大的自发性。社会影响可能会在我们与他人的交流中自然而然地出现，而非提前计划或深谋远虑的结果，说服有时只是碰巧发生的而已。

意图标准界定方面的第三个困难是，在一些场合下，说服的对象是无意中被影响的。设想这样一个情境：两个人讨论着在赛马比赛中该对哪匹马下注，其中一位告诉另一位了一个内部消息，有一匹马“肯定会赢”。这时，旁边有人在无意中听到了他们的谈话，于是也对那匹马下了注。在这种情况下，说服者并没有打算影响第三方，可实际上后者仍被影响了。有两项研究（Greenberg & Pyszczynski，1985；Kirkland，Greenberg，& Pyszczynski，1987）都清楚地表明意外接收者效应的存在。在研究中，研究人员刻意制造了一个环境，让第三方在无意中听到了对非裔美国人带有种族歧视的诽谤。两项研究的结果都显示，在无意间听到的种族诽谤会导致第三方对被诽谤的人产生较低的评价。这里有一点应当引起注意，如果按照意图标准来定义说服，就会让说服者无须为无意间表达的信息所引发的后果负责。如果所传递的信息产生了不良的后果，其发出人可以拒绝承担任何责任，宣称“我没想那么做。”

第四个难点在于弄清楚说服者的真正意图。有时候，说服者所陈述的意图与他的真实意图是有差距的。在这种情况下应该由谁做出判断？说服者？倾听说服信息的人？还是第三方？

最后一点，在实际的人际环境中对意图做出准确判断尤其不容易，因为双方很可能都有设法影响对方的企图。如果有两个交流主体，谁的意图更会被看重？我们认为，在现代概念中，人际交往是一种互动关系，而基于意图对说服做出的定义在这种情况下是不适用的。这种定义所暗含的从说服信息的发出者到接收者间单方面的说服观点忽视了彼此互相产生影响的可能性。

效果

效果标准提出了这样一个问题：如果没有人被说服，那说服究竟发生了没有？有些作者对说服采取了面向接收方的定义，因而将其限定在接收方在一定程度上发生了改变或受到影响的范围内。Daniel O’Keefe（2002）在强调这一观点时这样写道：

> 说服这一概念中必须包含成功的因素。比如，说“我说服他，可是没有成功”是没有意义的。你可以说，“我试着说服他，但没有成功。”可如果只简单地说，“我说服他”只能意味着你已经成功地影响了对方。（p.3）

虽然我们承认对说服下这种定义有其合理的地方，但我们认为这样定义说服也是有问题的。我们的观点是，即使一个人与他人交流的结果很糟糕，他仍然进行了交流。同样的，我们认为哪怕说服的结果是无效的，一个人仍然对他人进行了说服。这方面的例子有很多。一位销售人员或许没能谈成一笔交易，可他仍然尽力推销了。一位舞蹈演员或许舞跳得不怎么样，总是踩到同伴的脚，可他还是进行了舞蹈表演。总之，一个人只要做了某件事，无论做得好与坏，他都应被认为已经参与了这一活动本身。

效果标准重在把说服当成一种产品予以强调，可是这种导向与将人际交流视为一个过程的现代观点太不相符了。如果我们认为说服只是一个结果或一件事，那么效果标准无疑完全成立。但我们更愿意将说服理解为人们从事的一项活动。这不仅仅是语义上的含糊其词。只有将说服视为一个过程，学者和研究人员们才更可能了解它的运作方式或者怎样使它奏效，因为这些都体现在过程中而非简单的结果上。

这一标准的第二个不足之处与前面提到的意图标准一样，即它只是从说服信息到接收人地单方面地定义说服，而在人与人面对面交流时，不是只有一个说服信息的发出者和一个接收人那么简单。双方可能同时参与说服过程，他们互相影响，互相适应，并且根据对方的反应适时地调整自己的策略（Prislin et al.，2011）。

效果标准的第三个问题是衡量说服的效果通常很难，有时甚至是不可能的。比如，Rotzoll 和 Haefner（1996）就认为只有20% ~ 40% 的广告是有效果的；其余60% ~ 80% 也属于说服，但它们只能算是无效的说服。事实上，衡量说服结果的能力可能完全取决于一个人对所使用工具（规模、研究方式、销售数据等）的感性认识。此外，如何界定一个说服的企图是成功的还是失败的？对方在态度或行为方面做出了多大的改变才算发生了说服？对于那些偶尔出现的说服结果事与愿违的现象——说服者得到了一个与其意图完全相反的效果——又该做何解释？我们认为，这些问题反映了依赖效果确定标准所固有的捉摸不定的因素。

与意图标准一样，我们承认纯粹说服案例通常可以依据它们的整体效果进行评估。不过即便如此，说服也不是一件要么完全成功，要么一无所获的事。而如果希望侧重边缘说服案例，我们必须接受只达到了一部分说服效果的情况与其说是例外，不如说是规律。同时也要注意，在将意图作为标准和将效果作为标准方面，也存在一些矛盾之处，即说服的结果并不总如我们最初设想的；而最初设想的也并不总能实现。

自由意志与意识

许多作者赞同的一个观点是，说服与胁迫间有明显的区别。这一观点也是从接收者的角度出发的，但它侧重强调接收者是否意识到了自己正在被说服，以及自己接受或拒绝该说服信息的自由度。这些作者认为，说服应当是非胁迫性的。正如 Herbert Simons（1986）所言，“说服是一种能使人产生某种倾向的影响，但不能是强加于人的”（p.22）。Richard Perloff（2010）在论及说服时也同意这样的说法，他说，说服需要“一种自由选择的气氛”（p.12）。

如果一个人没有觉察到带有影响的企图正在自己身上发生，他就不会有意识地抵挡它。因此，知觉是自由选择的前提。但是，我们也承认，说服确实会在接收者没有意识到的状况下发生。比如，Ackerman、Nocera 和 Bargh（2010）发现，对求职者的评价很可能以一种重要却无意识的方式受到影响。实验的参与者被要求对求职者的简历做出评价。一些参与者阅读了别在厚剪贴板上的简历；另一些则阅读了别在薄剪贴板上的简历。实验的结果非常有意思，那些被别在厚剪贴板上的简历整体上得到了更高的评价，而且实验参与者往往评价得更认真。也就是说，剪贴板的厚度转化成了对求职人员的可靠度的判断。因此我们的建议是，如果你想被别人认为更“庄重”，那就把你的简历打印在比较厚重的纸上，或者可能的话，把它凿进石头里。

事实上，许多施加影响的企图之所以能成功，恰恰是因为它们发生在对方的认知较低的状态下。比如，消费者们通常会很清楚产品植入（让产品出现在电影和电视节目里）是一种普遍现象，但他们并未真正意识到这种做法有多么盛行，更别提觉察到每一处产品植入了。借助社交网络的说服，比如口碑，会通过貌似不经意的方式而非刻意安排的方式传递出来。一个人可能会从朋友那里收到一个有趣网站的链接，这时他并不会意识到那个网站其实是一个商家开发的营销工具。

你或许认为说服与胁迫是两回事，截然不同；但在我们看来，它们是近亲，并未处在完全不同的两极。Powers（2007）同意这样的说法，她提出了下面这些问题：

> 一段带有胁迫意味的宣告会告诉你其实还有别的选择吗？或者其他的选择现实吗？人们会为了避免被指控胁迫而将所有的选项都告诉对方吗？提供选项时会以公平为基础吗？接受的人对这些选项又有多

少真正的认知？由谁来决定什么是可行的选项？（p.128）

其实我们应当承认，在日常生活中，在我们遇到的影响力最大的企图中既包括说服的因素，也包括胁迫的因素。在生活中，人们很少能完全自由地做出一个未受任何约束或影响的选择，几乎每个选项的背后都有其他的牵扯。人在面对面的时候尤其如此。如果一个朋友向你借20美元，你可以拒绝，但这很可能导致彼此交恶。

不过，另一方面，绝对胁迫式的影响企图也很少见。比如，把枪对着另一个人的脑门似乎是一个明显的胁迫行为，对此我们基本是承认的，可是如果被威胁的人并不相信枪里有子弹呢？或者如果被威胁的人认为威胁他的人只不过是在虚张声势呢？要取得成功，威胁——包括暴力威胁——必须被认为是真实的。所以，即使在那些看似显而易见的胁迫案例中，也有说服的成分在里面。反过来，即使在似乎毫无争议的说服案例中，也可能有胁迫的因素。总之，在我们看来，问题不在于某种情形是属于说服性的还是胁迫性的，而在于该情形具有怎样的说服性或胁迫性。

象征性行为

有些作者认为，说服的过程以象征性的表述开始和结束，这其中包括相关的语言和充满意味的行为，比如非暴力反抗和抗议游行。它将说服的方式或渠道作为限制标准。Gerald Miller（1980）是持这一观点的代表，他写道："说服需要依靠象征性的交易，在大多数的情况下，语言是说服性交易的必要组成部分……"（p.5）。

将说服限制在象征性行为范围的作者担心，如果没有这样一个限制，人类所有的行为都可能被解释成说服。他们的担心不无道理，可是如果把说服的传播途径限制在语言和象征方面，会导致对说服形成更不统一的观点。我们认为，只将说服定义在语言和明显的象征符号范围内会遗失许多部分。大多数杂志中的广告使用的是图片而非文字。事实上，一项研究发现，只有不到10%的人会去读广告中的文案（Starch，cited in Dupont，1999）。电视广告的情况也是如此。因此，如果将说服限于广告中的文字而不考虑图像或图片所起的作用似乎太武断了。无论是杂志里的广告还是电视中的广告，起到说服作用的是整个广告。

我们还认为，有时候，说服过程中最具诱惑力的地方恰恰体现在一些非言语行为中，而它们并不属于象征行为。比如，对有关欺骗的生理反应的研究显示，各种无意识的非言语暗示（比如眨眼、微笑和瞳孔放大）都是撒谎的信号（DePaulo，Stone，& Lassiter，1985）。我们将在第十二章中专门探讨欺骗这种说服形式。对于来源可信性的研究还表明，身体特征，比如身高或容貌，也会在判断来源是否可信时产生影响（Chaiken，1979）。这方面的内容我们将在第四章中讨论。此外，我们认为，说服也可能发生在只有单纯非象征行为的环境中。当篮球运动员做假动作欺骗对方的防守队员时，我们会认为他是在说服该防守队员采取错误的行动。假动作只是一个行为，但球员要通过兜售这个行为来让对方的防守队员上当。

我们认为，如果将对说服的研究只局限在象征性的表述上会导致对这一课题不够全面的理解，因为说服涉及的不只是语言或象征符号，它需要借助一系列因素才能起作用。有意思的是，许多作者虽然只承认象征性行为，却会在他们的论述中讨论许多行为中的非象征方面，比如我们刚才提到的那些。

人与人之间的和个体内心的

在说服的过程中需要几个演员的参与？最后有必要提一下的限制标准是，说服是需要至少两个人参与，还是一个人也能完成。一些学者认为，说服就像跳探戈一样，必须得有两个人（Bettinghaus & Cody，1994；Johnston，1994）。我们同意跳探戈需要两个人，但不认为说服也需如此。事实上，我们认为自我说服是一种非常普遍的现象（Aronson，1999）。一个人经常需要为他自己想做的某件事拼命找出合理的理由，比如挥霍本应用来租房子的钱去买音乐会第一排的票。在这种情形下，人们会说服自己做他们想做的事情。

我们也赞同说服需要“两人甚至更多人”的观点，但我们再一次认为这取决于是只想探讨纯粹说服案例，还是也想兼顾边缘说服案例。我们完全同意对于纯粹说服案例来说，应当有一个人去说服另一个人。可如果我们把边缘说服案例也考虑在内，我们认为个体有时会试着自己说服自己。

有关说服范围的模型

在讨论了有关说服的五个限制标准后，我们现在提供一个综合模型（见图2.2），它包括了有关说服的纯粹案例和边缘案例（Gass & Seiter，1997，2000，2004）。与前面的预设模型一样，圆圈的中心部分是纯粹说服案例，也就是我们认为的说服的核心部分；圆圈的外围则是边缘说服案例。此外，圆圈还被分成了五个扇形，分别代表我们前面讨论过的五种限制标准。每个扇形里靠近中心的部分属于该标准中的纯粹说服案例的特点；靠外的部分则属于边缘说服案例的特点。与图2.1一样，两个圆圈中间的阴影部分意味着纯粹说服与边缘说服之间的区别是模糊的。

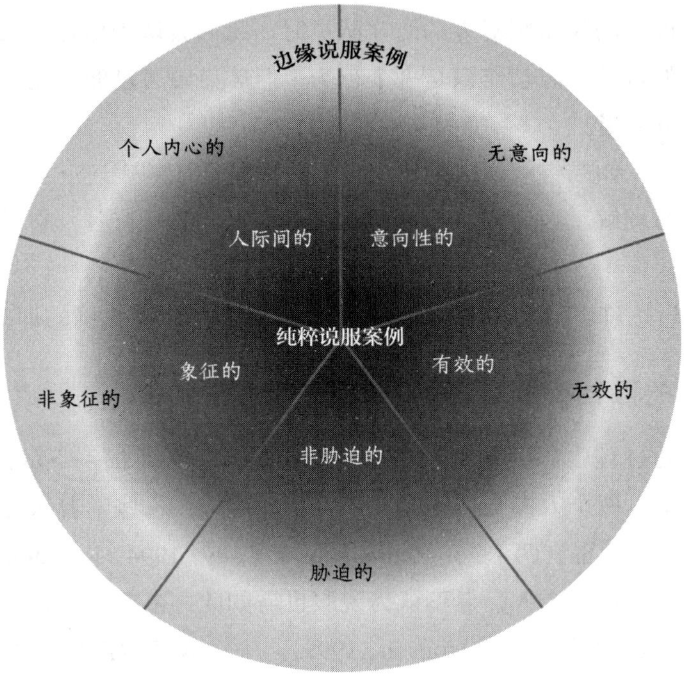

图2.2
关于说服的综合模型

通过这个综合模型你可以发现这样一个事实：五个扇形对应了五种不同的定义，每个扇形里又分了内层和外层。以来源为导向的定义将说服限制在了“有意向和无意向”的扇形里的内层。基于接收者的定义把说服置于“效果和无效”扇形的内层。另一个以接收者为基础的定义则倾向于将定义与“自由选择和胁迫”的内层相对应。

从这个模型中你还会看到，有些定义同时与几个扇形有关，而另一些定义只基于某一种限制标准。有必要指出的是，所有对于说服的定义——包括我们自己即将给出的说服定义——都是用语言表达的；也就是说，它们存在于文字世界中。因此，某一特定情景中是否涉及说服不取决于事实，而取决于判断。

我们更愿意从一个更广阔的视角看待说服，即既包括纯粹说服，也包括边缘说服。我们倾向于认为说服有时是无意向的；有时它没有可识别的效果；人们并不总是清楚发生的事情；它常常会带有一些胁迫的成分；在表达时不只借助象征符号；人们的确有时会陷入自我说服的状态。我们在后面的章节中所讨论的话题都处于该模型的外圈。如同我们已经指出的那样，我们发现，说服过程中最具诱惑的地方往往出现在那里。因此我们坚定地认为，要想对说服有全面充分的了解，就必须对内圈、外圈都予以考虑。

说服的语境

与对说服的定义一致，我们将社会影响视为是一个进行中的过程，但是迄今，我们建立的模型还处于相对静止的状态，因此我们必须为说服加入最后一个特征，以体现它是一个过程的本质，而这一特征就是说服的语境。说服发生的语境（比如在一个小组内、通过大众传媒、在一个组织机构中等）是极其重要的，因为它将决定了整个交流过程的性质。如果是在面对面的场合，影响就是相互的、双向的。而在广告里，影响更可能是单向的，即从广告商到消费者（消费者当然可以给出反馈，但将是滞后的）。每一个语境都有其特别之处，会在说服者选择说服方式时形成一定的局限性。

谈到语境，我们并不单指当时在场的交流人数，虽然这当然是一个重要因素。交流的语境还包括交流是同步进行的还是错时进行的。所谓同步交流就是指信息的发出和接收在同一时间发生，最典型的例子就是面对面互动。错时交流则是指交流过程中需要你来我往，会有一些延时，比如发邮件或短信。

另一个与语境有关的因素是交流时言语暗示与非言语暗示的比例。一份印刷的纯文字广告只能依靠言语暗示（文字）去说服别人。一张只印有图像的海报只能依靠非言语暗示去说服别人。通常，最具说服力的信息既包含言语暗示，也包含非言语暗示。在某个场景中，言语暗示与非言语暗示的比例会对说服过程造成一定的限制。

还有一个语境因素是在说服过程中使用媒介的种类和特点。电视广告、广播广告、杂志广告和电视营销属于传统的媒体说服方式。新媒体媒介则包括博客、脸书、推特和优兔等。面对面交流，比如挨家挨户地上门推销或乞讨，是不需要媒介的。与其他语境因素一样，不同的媒介方式也会使说服的过程存在局限性。

参与者的目的也是一个语境因素。通常，但不一定总是如此，参与者在进入交流场景时，脑海中是有具体目标的（Dillard，1990，1993，2004；Dillard，Segrin，& Harden，1989）。Canary 和 Cody（1994）将这些目标细分成了三类：自我表征目标、关系目标和手段目标。自我表征目标与印象管理有关，人们期望在别人那里留下一个关于自己的好形象。关系目标与人们对彼此关系的期待有关——怎样发展关系、改善关系、改变关系，等等。手段目标则是在劝说方面的企图。人们的目标可能会在说服的过程中遇到阻挠或变数。

语境方面的最后一个因素是会对说服过程产生影响的社会文化因素。来自不同文化的人们在说服别人或被别人说服时会采用不同的方式（Ma & Chuang，2001）。比如，研究发现，有些文化更愿意通过非直接的方式来劝说别人（暗示、让你产生内疚感、遵守群体规范等）；而另一些文化更喜欢通过直接的方式说服别人（直接提出请求、发出要求等）（Wiseman et al.，1995）。不同的文化传统在施加影响时会对什么方式是所期待的或可接受的产生迥然不同的影响。

需要指出的是，所有这些语境因素都会在某一说服情境中发挥作用，它们会以这样或那样的方式对说服加以限制。语境是所有因素间关系的综合反映。我们提供的最后一个模型（图2.3）揭示了语境对说服的影响（Gass & Seiter，1997，2000）。总之，语境对特定说服过程的性质起到了决定作用。

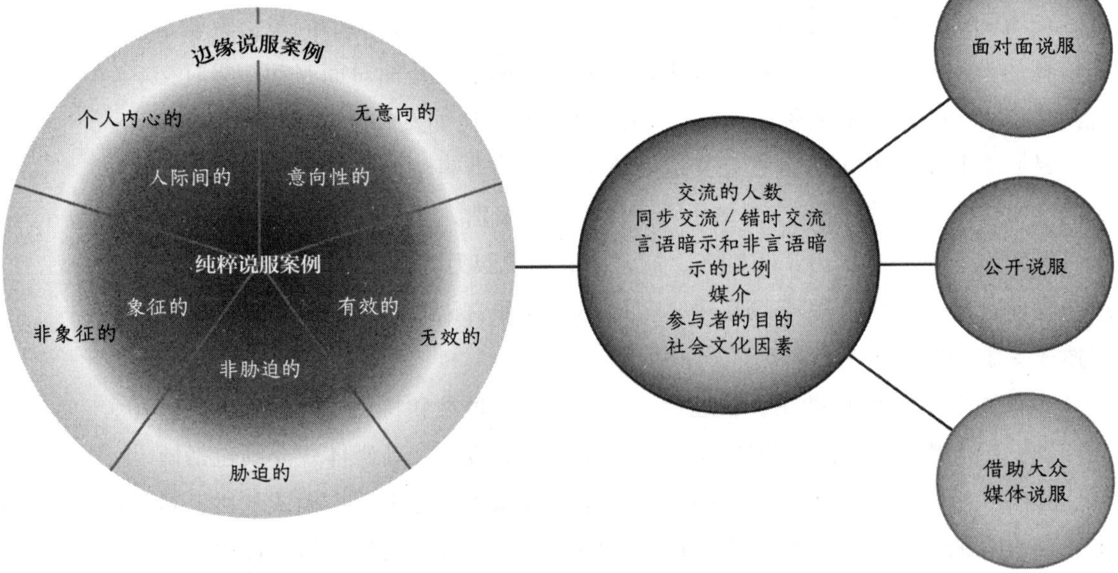

图2.3
关于说服的完整模型。这个图反映了三种主要的说服场景

说服的可行定义

最后将给出我们对说服的定义。我们的观点是，说服是需要一个或多个人的介入，在一个特定的交流语境的范围内参与构建、加强、修改或消除某些想法、态度、意图、动机或行为的活动。这一定义的优势在于囊括所有说服类型——既包含纯粹说服，又包含边缘说服。这一定义特别强调说服是一项活动或一个过程，它是由人来完成的。它还明确指出，在面对面的交流中，说服是双向的，每一方都有机会向其他方施加影响。针对我们的定义，我们还想强调说服并不仅仅是想改变自己或他人的想法，虽然这的确是它的核心内涵（Miller, 1980），但它也意味着要提出新的观念或态度，并且巩固、加强或夯实信息接收人已经持有的一些观点，同时试图去除或打消另一些想法。匿名戒酒者互助会的做法就属于后者，它要求酗酒者消除别人或者环境要为他们酗酒成瘾的行为负责的观念。

如果我们的定义显得太宽泛，那是因为我们认为说服这一话题本身涉及的范围就很广。我们希望本书不仅探讨了说服的核心内容，也能涉及它的外围。我们所举的大部分事例会聚焦纯粹说服，但有时也会涉足其比较模糊的外层边缘，因为我们发现，一些边缘说服案例也非常有趣，而且我们相信你也会这样认为。

什么不属于说服

因为我们的定义比较宽泛，你或许会问，“那么什么不属于说服？”现在我们就来回答你的疑问。我们的观点是，在所有的交流过程中，说服的成分即使不是100%出现的，也会出现在大多数情形下，真正重要的是看这些说服成分呈现的程度。我们认为，绝大多数的人际交流都带有施加影响的可能性。当然，你可以在交流时选择不带说服成分或潜在说服成分的部分，只侧重于交流中的其他方面。但即便如此，说服仍然可能存在。所以我们说，应当关注的不是某个交流场景中是否有说服的成分，而是说服是怎样在该场景中施加影响的。

交流时，除说服外的许多其他特征也会引起人的注意。比如，你可以在不考虑说服的状态下审视自我表现和关系满意度。你可以琢磨有效的倾听技巧而无须在意所听的信息是否带有说服性。你可以分析对方的非言语暗示而不理会其说服的内容。你可以在不介入说服的情况下观察他人在冲突中是怎样保存颜面的。因此，即使交流时有说服的成分，它们也完全可以不成为关注的重点，你可以只注意其他方面而将它排除在外。

虽然我们认为几乎所有的人类交流都具有说服的可能性，但我们也不认为它与人的所有行为都有关。比如，呼吸这个动作——呼气和吸气——本身似乎并不想说服我们什么，虽然在某些特殊情况下可能带有说服的意图（比如，假装喘不过气时）。绊倒在岩石上也是一个与说服无关的动作，虽然在某些时候也可能有说服目的（比如，假装笨拙）。我们不认为折磨是一种说服的手段，尽管美国前副总统迪克·切尼（Richard Bruce Cheney）可能不同意这样的说法。因此，我们没有将人的许多行为与说服联系起来，除非它们本身还有一些附加条件。也就是说，我们不认为人所做的所有事都与说服有关。

出于现实的原因，我们在本书中也排除了对一些交流形式的考虑。比如，我们没有涉及人与动物相互说服的可能性，尽管这一现象或许存在。我们没有探讨催眠的影响力，也没有将超自然力量或通过通灵进行的说服考虑在内。我们听说有些肿瘤患者试图与癌症“交流”并“说服”它移出身体，但我们没有涉及这一话题，只是将其看作一种形式的自我说服。我们也没有将恐怖主义当作说服的方式，虽然它的确是一种有意识改变人的观念的做法。由于篇幅所限，还有许多有意思的话题未能展开讨论，比如遗传学和神经心理学在说服过程中所起的作用。所以，虽然我们筑的围栏已经够大的了，但还是遗漏了人类交流的许多方面。

说服的双重过程

现在我们已经明确了对说服的认识。接下来，我们要了解一下它的功能。为此，我们会向大家简要介绍两个比较流行的关于说服的模型。它们都被称为双过程模型（Chaiken & Trope，1999），因为它们认为说服是通过两条基本路径发挥作用的。这两个模型有许多相似之处，而且在我们看来，它们对于解释人们对说服性信息的觉知和加工过程非常有帮助。

说服的详尽可能性模型

Richard Petty 和 John Cacioppo（1986a，1986b）提出的详尽可能性模型（elaboration likelihood model，ELM）是有关说服的文献中被引用得最多的一个

模型[2]。他们在这一模型中针对说服提出了两条基本路径：第一条路径被称为中央路径，有时也称为中央处理，涉及认知精加工，即认真思考信息包含的内容、观点和细节，并且仔细审视它提供的证据和推理；第二条路径被称为周边路径，有时也称为周边处理，侧重与信息内容貌似没有直接关系的暗示，比如，将来源的外在吸引力、所提供论据的数量或者一个朗朗上口的顺口溜作为做决定的基础。按照详尽可能性模型，这两条路径代表了一个精细连续体的两极（Petty, Rucker, Bizer, & Cacioppo, 2004）。在一极，人只有很低的精细加工能力，甚至没有精细加工能力；而在另一极，人的精细加工能力很高。

我们举一个例子来进一步说明这两个基本路径。假设雷克斯和特鲁迪正在餐厅约会。特鲁迪对健康非常在意，因此她要特别认真地研究菜单，对每道菜的脂肪含量和热量都要仔细查看。当服务员来给他们点菜时，她问，"你们的意大利面是用什么油烹制的？"听上去，她好像很挑剔，可实际上她正在进行中央处理，在积极思考菜单上的内容。可是雷克斯只醉心于特鲁迪的美貌。他几乎没看菜单，当服务员问他想点什么时，他说，"她点什么，我就点什么。"他的做法就属于周边处理，他的决定源自与菜单无直接关系的其他暗示。

Petty 和 Cacioppo（Petty, Kasmer, Haugtvedt, & Cacioppo, 2004）承认平行加工的可能性，即可同时使用两种路径。比如，在人们判断网站的可信度时，通常既会考虑它的页面布局和设计（周边暗示），也会认真研究其内容（中央处理）（SanJose-Cabezuo, Gutierrez-Arranze, & Gutierrez-Cillan, 2009）。不过，Petty 和 Cacioppo（1986a, 1986b）仍认为，在中央处理和周边处理之间，人们会有所权衡的，然后更偏重其中一条路径。而人们究竟会做出哪种选择取决于两个基本因素。第一个因素是个体参与中央处理的动机，因为中央处理需要人付出更多的脑力劳动。如果一个人本身就有很强烈的动机，他会更愿意采取中央处理的路径，这意味着他将深度参与某一话题或事务，因为它对他来说有很重大的影响。如果一个人对某一话题或事务不愿介入太多，他就不太可能选择中央处理的路径，而更倾向周边处理的路径。比如，选民如果对候选人的执政理念不甚了解，那么相较于对候选人比较了解的选民，前者可能会更在意这些政治家的外表（Lenz & Lawson, 2011）。

决定一个人选择中央路径还是周边路径的第二个因素是他处理信息的能力。对于中央处理，一个人不仅要有想这么做的愿望，还要具备相应的能力。有些人擅长理解不同的观点、概念和事情；有些人则在某些领域拥有更多的知识和技能。一个人只有在动机和能力兼备的状况下才可能通过中央路径来应对带有说服性的信息；如果他缺乏动机或能力，他就只能借助周边路径了。

除了能力和动机外，许多其他因素也会对个体的选择产生影响，包括：注意力分散，比如背景音乐分散了注意；时间限制；个体的情绪；被称为*认知需要*的人格特质。认知需要与一个人是否愿意思考问题有很大关系，我们将在第五章深入探讨人的这一特质。

不同的处理路径对说服结果的持续时间也有影响。研究人员发现，借助中央路径的说服一般可以持续比较长的时间；而通过周边路径的说服则维持不了太长时间（Petty，Haugtvedt，& Smith，1995）。这一点应该是合乎情理的：因为只有对观点进行了认真思考后，我们才可能消化吸收它们。与之相类似的是，通过中央处理产生的说服结果比通过周边处理产生的说服结果更能抵御反向影响的企图，因为如果我们对某个观点已经想通想透了，就不会再摇摆不定了。研究人员还发现，当信息接收人对一条信息持不接受的态度时，他如果采取中央处理的路径，就要动脑筋思考自己为什么反对，然后想出许多反驳的理由；可是如果依赖于周边处理的方式，他对该信息就说不出什么反对的观点。在说服别人时，一条有益的建议就是，如果希望说服的效果持久，你需要让对方先认真思考。

说服的启发式系统模型

与详尽可能性模型有许多相似之处的另一个有关说服的模型是由 Shelley Chaiken 和 Alice Eagly 提出的*启发式系统模型*（heuristic systematic model，HSM；Chaiken，1987；Chaiken，Liberman，& Eagly，1989；Chaiken & Trope，1999；Eagly & Chaiken，1993）。与详尽可能性模型一样，启发式系统模型也建立在个体会借助两种信息处理模式的假设之上。一种模式称为*系统处理*，侧重于深思熟虑，大体相当于详尽可能性模型中的中央处理；另一种模式称为*启发式处理*，主要依靠思维捷径，借助于决策原则或启发式线索来简化思维过程。所谓*决策原则*，可以举一个简单的例子，一个人在决定买什么电视时只考虑它的品牌（“索尼电视非常可靠”）。所谓*启发式线索*，也举一个例子，一个人在买酒时会只因一种酒的瓶子比另一种酒的瓶子漂亮而选择它。启发式线索基本等同于详尽可能性模型中的周边处理。

Chaiken 和 Eagly 的模型承认，对信息的*同步处理*现象很常见，即信息同时穿越启发式和系统处理两条路径。与详尽可能性模型一样，启发式系统模型也认为，动机和能力是启发式或系统处理过程中的两个决定因素。迄今为止，这两种模型都面临着一个挑战，即在同步处理方面的实验证据较为有限，至少在实验室里对说服进行研究时遇到的情况是这样的（Booth-Butterfield et al.，1994；Chaiken et al.，1989）。

启发式系统模型的另一特点是充分性原则，即当人们做出决定时，一般需要知道多少就知道多少，不必知道得比需要的多，也不应比需要的少。一方面，人们愿意花时间和精力来关注他们认为值得关注的东西；另一方面，他们又不愿花更多的时间和心思为每一个细节伤脑筋。因此，他们会设法平衡启发式处理和系统处理两个过程，为遇到的事情找到最佳的应对方案。

我们还是举例来说明吧。假设欧文正打算买一台数码相机，可他对这玩意并不在行，于是他可能会采取下面两个方案中的一个。方案一是他可能采取系统处理的路径，仔细阅读相机的说明书。如果他认为自己确实需要一台数码相机（动机），而他又缺乏必要的知识（充分性原则），那么他或许会这么做。不过这样一来，他就得花时间收集信息，把情况了解清楚（能力）。反之，他也可以选择启发式处理路径，听从朋友的建议，然后做出决定（"兰斯对照相机非常在行"）；或者，他可以基于启发式线索做出决定，比如根据相机的品牌（"佳能是最好的牌子"）。如果他不是那么迫切地需要一台数码相机（它不过就是个电子玩具——动机一点也不强烈），或者他不认为自己能够了解有关相机的信息（缺乏能力），他就很可能采取启发式处理的做法。

详尽可能性模型和启发式系统模型对于解释和预测人们对说服性信息的反应都是很有帮助的。事实上，研究者已经对这两个模型进行了几十项研究，旨在测试其解释和预测的功能，研究的结果非常认可它们的效用。虽然这两个模型也遇到了一些批评之声（Kruglanski & Thompson，1999a，1999b；Mongeau & Stiff，1993；Stiff & Boster，1987），但我们可以非常肯定地讲，它们在相关文献中得到了大量的支持。在本书中，我们所引申和发展的原理都与它们有关。由于我们会多次提及这两个模型，因此先对其基本概念有所了解，会对后面的阅读很有帮助。

说服的单一模型

与说服的双重过程模型不同的另一类模型是由 Arie Kruglanski 和 Erik Thompson 提出的单一模型（unimodel）（Kruglan Thompson ski & Thompson，1999a，1999b）。Kruglanski 和 Thompson 的假设是，对于说服的信息处理并不存在两条路径，而是只有一条路径。按照单一模型，中央处理与周边处理并没有太大的区别，它们几乎可被视为一条路径。Kruglanski 认为，详尽可能性模型和启发式系统模型在处理信息时所谓的不同路径其实源自信息本身。对内容多且复杂的信息当然需要做更多的思考；而对内容少且简单的信息就没必要多考虑了（Erb，Pierro，Mannetti，Spiegel，& Kruglanski，2007；Kruglanski et al.，2006；Pierro，Mannetti，Erb，Spiegel，& Kruglanski，2005）。

单一模型对说服进行了简化处理，可我们还是认为在处理说服性信息时，存在一些完全不同的方法（Petty，Wheeler，& Bizer，1999）。比如，对于希望引发人的恐惧情绪的广告，有的消费者会做出非常情绪化和本能的反应；而有的消费者的反应会很理智和谨慎。不过即便如此，单一模型还是针对双重过程提模型出了一些重要的质疑，一些学者对于双重过程是否有足够的实证证据支持表示怀疑（Booth-Butterfield et al.，1994）。

总 结

本章在一开始首先提出了说服的预设模型，对纯粹说服与边缘说服进行了区分。对于如何定义说服，我们给出了五个限制标准，并在我们自设的说服模型后给出了含义广泛、意义深远的说服定义。最后，我们又简要介绍了 Petty 和 Cacioppo 提出的关于说服的详尽可能性模型，以及 Chaiken 和 Eagly 提出的启发式系统模型。作为双重过程模型的代替方案，我们也介绍了单一模型。

参考文献

Ackerman, J. M., Nocera, C. C., & Bargh, J. A. (2010). Incidental haptic sensations influence social judgments and decisions. *Science, 328*, 1712–1715.

Aronson, E. (1999). The power of self-persuasion. *American Psychologist, 54*(11), 875–884.

Bandura, A. (1977). *Social learning theory*. Englewood Cliffs, NJ: Prentice Hall.

Bettinghaus, E. P., & Cody, M. J. (1994). *Persuasive communication* (6th ed.). Fort Worth, TX: Harcourt Brace.

Booth-Butterfield, S., Cooke, P., Andrighetti, A., Casteel, B., Lang, T., Pearson, D., & Rodriguez, B. (1994). Simultaneous versus exclusive processing of persuasive arguments and cues. *Communication Quarterly, 42*, 21–35.

Canary, D. J., & Cody, M. J. (1994). *Interpersonal communication: A goals–based approach*. New York: St. Martin's Press.

Chaiken, S. (1979). Communicator physical attractiveness and persuasion. *Journal of Personality and Social Psychology, 37*, 1387–1397.

Chaiken, S. (1987). The heuristic model of persuasion. In M. P. Zanna, J. M. Olson, & C. P. Herman (Eds.), *Social influence: The Ontario Symposium* (Vol. 5, pp. 3–39). Hillsdale, NJ: Erlbaum.

Chaiken, S., Liberman, A., & Eagly, A. H. (1989). Heuristic and systematic information processing within and beyond the persuasion context. In J. S. Uleman & J. A. Bargh (Eds.), *Unintended thought* (pp. 212–252).

New York: Guilford Press.
Chaiken, S., & Trope, Y. (Eds.). (1999). *Dual-process theories in social psychology*. New York: Guilford Press.
DePaulo, B. M., Stone, J. I., & Lassiter, G. D. (1985). Deceiving and detecting deceit. In B. R. Schlenker (Ed.), *The self and social life* (pp. 323–370). New York: McGraw-Hill.
Dillard, J. P. (1990). Primary and secondary goals in interpersonal influence. In M. J. Cody & M. L. McLaughlin (Eds.), *Psychology of tactical communication* (pp. 70–90). Clavendon, U.K.: Multilingual Matters.
Dillard, J. P. (1993). A goal-driven model of interpersonal influence. In J. P. Dillard (Ed.), *Seeking compliance: The production of interpersonal influence messages* (pp. 41–56). Scottsdale, AZ: Gorsuch, Scarisbrick.
Dillard, J. P. (2004). The goals-plans-action model of interpersonal influence. In J. S. Seiter & R. H. Gass (Eds.), *Perspectives on persuasion, social influence, and compliance gaining* (pp. 185–206). Boston: Allyn & Bacon.
Dillard, J. P., Segrin, C., & Harden, J. M. (1989). Primary and secondary goals in the interpersonal influence process. *Communication Monographs, 56*, 19–39.
Dupont, L. (1999). *Images that sell: 500 ways to create great ads*. Sainte-Foy, Quebec, Canada: White Rock Publishing.
Eagly, A. H., & Chaiken, S. (1993). *The psychology of attitudes*. New York: Harcourt, Brace, Jovanovich.
Erb, H. P., Pierro, A., Mannetti, L., Spiegel, S., & Kruglanski, A. W. (2007). Biased processing of persuasive evidence: On the functional equivalence of cues and message arguments. *European Journal of Social Psychology, 37*, 1057–1075.
Gass, R. H., & Seiter, J. S. (1997, November). *On defining persuasion: Toward a contemporary perspective*. Paper presented at the annual convention of the Western Communication Association, Monterey, CA.
Gass, R. H., & Seiter, J. S. (2000, November). *Embracing divergence: A reexamination of traditional and nontraditional conceptualizations of persuasion*. Paper presented at the annual convention of the National Communication Association, Seattle, WA.
Gass, R. H., & Seiter, J. S. (2004). Embracing divergence: A definitional analysis of pure and borderline cases of persuasion. In J. S. Seiter & R. H. Gass (Eds.), *Perspectives on persuasion, social influence, and compliance gaining* (pp. 13–29). Boston: Allyn & Bacon.
Greenberg, J., & Pyszczynski, T. (1985). The effect of an overheard ethnic slur on evaluations of the target: How to spread a social disease. *Journal of Experimental Social Psychology, 21*, 61–72.
Johnston, D. D. (1994). *The art and science of persuasion*. Madison, WI: William C. Brown.
Kirkland, S. L., Greenberg, J., & Pyszczynski, T. (1987). Further evidence of the deleterious effects of overheard derogatory ethnic labels: Derogation beyond the target. *Personality and Social Psychology Bulletin, 13*(2), 216–227.
Kruglanski, A. W., Chen, X., Pierro, A., Mannetti, L., Erb, H.-P., & Spiegel, S. (2006). Persuasion according to the Unimodel: Implications for cancer communication. *Journal of Communication, 56*, S105–S122.
Kruglanski, A. W., & Thompson, E. P. (1999a). Persuasion by a single route: A view from the Unimodel. *Psychological Inquiry, 10*, 83–109.
Kruglanski, A. W., & Thompson, E. P. (1999b). The illusory second mode or, the cue is the message. *Psychological Inquiry, 10*(2), 182–193.
Langer, E. J. (1978). Rethinking the role of thought in social interaction. In J. H. Harvey, W. J. Ickes, & R. F. Kidd (Eds.), *New directions in attribution research* (Vol. 2, pp. 35–58). New York: John Wiley & Sons.
Langer, E. J. (1989a). *Mindfulness*. Reading, MA: Addison-Wesley.
Langer, E. J. (1989b). Minding matters. In L. Berkowitz (Ed.), *Advances in experimental social psychology* (Vol. 22, pp. 137–173). New York: Addison-Wesley.
Lenz, G. S., & Lawson, C. (2011). Looking the part: Television leads less informed citizens to vote based on candidates' appearance. *American Journal of Political Science, 55*(3), 574–589.
Ma, R., & Chuang, R. (2001). Persuasion strategies of Chinese college students in interpersonal contexts. *Southern Communication Journal, 66*(4), 267–278.
Miller, G. R. (1980). On being persuaded: Some basic distinctions. In J. P. Dillard & M. P. Fau (Eds.), *Persuasion: New directions in theory and research* (pp. 3–16). Thousand Oaks,, CA: Sage.
Mongeau, P. A., & Stiff, J. B. (1993). Specifying causal relationships in the Elaboration Likelihood Model. *Communication Theory, 3*, 65–72.
O'Keefe, D. (2002). *Persuasion: Theory and research*. Thousand Oaks , CA: Sage.

Perloff, R. M. (2010). *The dynamics of persuasion: Communication and attitudes in the 21st century* (4th ed.). New York: Routledge/Taylor & Francis.

Petty, R. E., & Cacioppo, J. T. (1986a). The Elaboration Likelihood Model of persuasion. In L. Berkowitz (Ed.), *Advances in experimental social psychology* (Vol. 19, pp. 123–205). New York: Academic Press.

Petty, R. E., & Cacioppo, J. T. (1986b). *Communication and persuasion: Central and peripheral routes to attitude change*. New York: Springer-Verlag.

Petty, R. E., Haugtvedt, C., & Smith, S. M. (1995). Elaboration as a determinant of attitude strength: Creating attitudes that are persistent, resistant, and predictive of behavior. In R. E. Petty & J. Krosnick (Eds.), *Attitude strength: Antecedents and consequences* (pp. 93–130). Mahwah, NJ: Erlbaum.

Petty, R. E., Kasmer, J. E., Haugtvedt, C. P., & Cacioppo, J. T. (2004). Source and message factors in persuasion: A reply to Stiff's critique of the Elaboration Likelihood Model. *Communication Monographs, 54*, 233–249.

Petty, R. E., Rucker, D., Bizer, G., & Cacioppo, J. T. (2004). The Elaboration Likelihood Model of persuasion. In J. S. Seiter & R. H. Gass (Eds.), *Readings in persuasion, social influence, and compliance gaining* (pp. 65–89). Boston: Allyn & Bacon.

Petty, R. E., Wegener, D. T., Fabrigar, L. R., Priester, J. R., & Cacioppo, J. T. (1993). Conceptual and methodological issues in the Elaboration Likelihood Model of persuasion: A reply to the Michigan State critics. *Communication Theory, 3*(4), 336–362.

Petty, R. E., Wheeler, S. C., & Bizer, G. Y. (1999). Is there one persuasion process or more? Lumping versus splitting in attitude change theories. *Psychological Inquiry, 10*, 156–163.

Pierro, A., Mannetti, L., Erb, H. P., Spiegel, S., & Kruglanski, A. W. (2005). Informational length and order of presentation as determinants of persuasion. *Journal of Experimental Social Psychology, 41*, 458–469.

Powers, P. (2007). Persuasion and coercion: A critical review of philosophical and empirical approaches. *HEC Forum, 19*(2), 125–143.

Prislin, R., Boyle, S. M., Davenport, C., Farley, A., Jacobs, E., Michalak, J., Uehara, K., Zandian, F., & Xu, Y. (2011). On being influenced while trying to persuade: The feedback effect on persuasion outcomes on the persuader. *Social Psychological and Personality Science, 2*(1), 51–58.

Roloff, M. E. (1980). Self-awareness and the persuasion process: Do we really *know* what we're doing? In M. E. Roloff & G. R. Miller (Eds.), *Persuasion: New directions in theory and research* (pp. 29–66). Beverly Hills, CA: Sage.

Rotzoll, K. B., & Haefner, J. E., with Hall, S. R. (1996). *Advertising in contemporary society: Perspectives toward understanding*. Urbana: University of Illinois Press.

SanJosé-Cabezudo, R., Gutiérrez-Arranze, A. M., & Gutiérrez-Cillán, J. (2009). The combined influence of central and peripheral routes in the online persuasion process. *CyberPsychology & Behavior, 12*(3), 299–308.

Simons, H. W. (1986). *Persuasion: Understanding, practice, and analysis* (2nd ed.). New York: McGraw-Hill.

Stiff, J. B., & Boster, F. J. (1987). Cognitive processing: Additional thoughts and a reply to Petty, Kasmer, Haugtvedt, and Cacioppo. *Communication Monographs, 54*, 250–256.

Wiseman, R. L., Sanders, J. A., Congalton, K. J., Gass, R. H., Sueda, K., & Ruiqing, D. (1995). A cross-cultural analysis of compliance-gaining: China, Japan, and the United States. *Intercultural Communication Studies, 5*(1), 1–17.

注 释

1. 20 多年前，Simons（1986，p.116）介绍了一种有关说服的同心圆模型，他用不同的圆圈代表纯粹说服、边缘说服和无说服。我们的预设模型（图 2.1）参考了他的这一模型结构。

2. 并不是所有的学者都对 Petty 和 Cacioppo 的模型表示赞同。Mongeau 和 Stiff

（1993），还有 Stiff 和 Boster（1987），都对他们的模型在理论和实践方面的局限性提出了批评。针对这些批评，Petty 和 Cacioppo 也做出了回应（Petty，Wegener，Fabrigar，Priester，& Cacioppo，1993；Petty，Kasmer，Haugtvedt，& Cacioppo，2004）。

第三章

态度与一致性

本章概览

如果有人说，“梅布尔要态度”，你可能会认为她任性或者脾气不好，但实际上，在社会科学家眼中，态度这个词的意思与我们平常的理解是不一样的。社会科学家们长期以来一直对研究与态度相关的各类话题很感兴趣。Prislin 和 Crano（2008）甚至说，社会科学家们“在过去的半个多世纪里始终与态度保持着忠贞的浪漫关系”（p.3）。到现在，蜜月也没有结束，态度仍是理解说服的一个至关重要的因素。

为什么态度对理解说服如此重要？原因在于态度能够帮助我们预知、解释和改变行为。就像烘焙师在烘焙面包时需要用酵母作催化剂一样，说服者也需要借助态度来让信息接收者发生改变。因此，对态度的理解是所有说服秘诀中的关键要素。出于这一原因，本章将专门讨论态度。让我们从思考“态度是什么”开始。

如何用不超过 20 个字给“态度”下个定义

社会科学家们已经达成共识，一致认为态度是一种“心理倾向，通过对某一客体在一定程度上赞同或不赞同的评价而表现出来”（Eagly & Chaiken，1993，p.1）。让我们进一步仔细地审视这一定义中的几个重点。首先，态度以可预知的方式反映了回应事情的倾向。对于在生活中需要采取的每个行动，我们没有时间都事先经过认真思考，因此态度就为我们提供了指导行为的心理模板。

这并不是说在态度与行为间有一一对应的关系。一个人可能会对减轻体重持赞成态度，但他未必因此选择节食。不过在很大程度上，我们的态度的确与我们的行为相互对应。比如，相较于反对控枪法的人，赞同控枪法的人不太可能拥有枪支。人们显现出的态度可以用来预测其环境行为、消费行为、选举行为、避孕行为、吸毒行为、种族歧视行为以及许多其他行为（Holland，Verplanken，& van Krippenberg，2002）。

态度的第二个特征是它反映了对事情赞同或不赞同的评价，这一评价维度是态度定义中最核心的部分（Dillard，1993）。如果一个人说，“我受不了酸味酱”或者“我喜欢咸味酱”，他就是在表达自己对两种沙拉酱的态度。态度在程度和强度方面有着很大的差异，所以不是所有的态度都是一样的。强烈的态度，无论是正面的还是负面的，都更容易让人预测其对应的行为，同时也更不太可能令其发生改变。

态度的第三个特征是它总是针对一个态度客体。态度可以存在于记忆中，也可以当即形成（Argyrious & Melawar，2011），但无论是哪种情形，它都针对一个客体。这一客体可能是另一个人、一个观点、一项政策、一件事或一个场景。对于一件复杂的事情，态度可以是多重的。

该怎样测量态度

如果你想知道你有多重，你可以站到秤上称；如果你想知道你有多高，你可以用尺子量。可是如果你想测出一个人的态度，你该怎么做呢？态度显然无法直接观察出来，它们存在于人的心里。社会科学家们发明了测量态度的显性和隐性方法[1]，下面就让我们逐一进行了解。

显性方法：自陈量表

测量态度的一种方法就是通过自我报告直接向他人提问。由于回答者知道自己的态度正在被测量，因此自陈量表被认为是对态度的显性测量（Petty，Fazio，& Brinol，2009）。利克特量表和语义差异量表是两个使用得最普遍的自陈量表。

利克特量表

Rensus Likert 在1932年发明的等距量表（也叫利克特量表）至今仍被人们广为使用。利克特量表是由一系列对于态度客体的陈述以及其后从“强烈赞同”到“强烈反对”的选项组成的（见图3.1）。答卷人的态度通过对表中所有陈述的答复的平均值体现出来。该量表在设计和使用方面都很简便，因此在学术界、政府部门和企业界都广受好评。你或许已经回答过这样的量表了。

“媒体带有自由主义偏见。”

________	________	________	________	________
强烈赞同	赞同	中立／没有意见	不赞同	强烈不赞同

或者：

“应当允许非法移民获得驾照。”

________强烈赞同
________赞同
________中立／没有意见
________不赞同
________强烈不赞同

图3.1
利克特量表的例子

语义差异量表

1957年，Charles Osgood、Percy Tannenbaum 和 George Suci 发明了语义差异量表，并将其作为测量态度的一种工具。你或许对该量表的名称不太熟悉，但你很可能已经用这种方法测量过自己的态度了（见图3.2）。语义差异量表基于人对单词内涵意思的定义，通常由一系列成对的反义形容词构成，比如，光明—黑暗、快—慢、开心—悲伤等。在完成这一量表时，回答者需要审视每一对形容词之间的“语义”空间，然后选出最能体现他对这一概念态度的那个区间，回答者的整体态度通过其所有选项的平均值反映出来。

美国保守派广播脱口秀主持人拉什·林博（Rush Limbaugh）

专业	____	____	____	____	____	____	____	不专业
放松	____	____	____	____	____	____	____	紧张
勇敢	____	____	____	____	____	____	____	胆小

图3.2
语义差异量表的例子

视觉导向量表

除上述两种量表外，研究者借助自我报告还发明了一些其他的视觉导向的方法来测量人的态度。视觉量表能够让回答者很容易地归纳自己的态度，因为他们可以从量表中“看到”他们的态度。比如，*视觉模拟量表*（visual analog scale，VAS；Flynn，van Schaik，& van Wersch，2004），就只要求回答者在一系列选项中选出符合自己态度的量表。制作这样的量表时，可以借助网络工具（Reips & Funke，2008）。简单地画出人的面部表情也属于视觉量表的范畴，这些表情反映了对态度客体不同程度的赞同或不赞同，从微笑到皱眉（见图3.3）。

测量态度时可能出现的偏差

虽然显性方法通常比较容易操作，但它们也不是没有缺点。借助自我报告的前提是人们清楚他们的态度，同时愿意且能够将它们报告出来。自我报告的一个局限性被称为*社会期望偏差*。当人们知道他们的言语或行为要被公开的时候，他们可能会刻意展示自己认为的社会认可的行为规范。比如，在求职面试

图3.3
视觉导向态度量表的例子

From Shavitt, S., & Brock, T.C. (1994). Persuasion: *Psychological Insights and Perspectives*. Published by Allyn & Bason, Boston. Reprinted by permission from the author.

时，求职者为了赢得面试官的好感，可能会表示出一些“政治正确”的态度。

第二个可能出现的偏差与无态度有关。由于人们不愿意表现出无知或无思想，因此他们常常会在被问到对某件事的态度时，当即随便编造一个！他们担心如果说“我不知道”或“我不在意”，会让他们看上去很无知。比如，当晚间新闻的主持人吉米·坎摩尔（Jimmy Kimmel）问街上的路人觉得米歇尔·奥巴马（Michelle Obama）和安·罗姆尼（Ann Romney）谁在第一夫人辩论中表现得更好时，一些人表达了强烈的看法，可事实是根本就没有这场辩论。

第三个偏差与观点有关。让一个人自我报告的前提是他必须很清楚自己的态度，但遗憾的是，回答者常常并没有自己的想法。比如，有些人可能并不清楚自己在种族歧视、性别歧视或同性恋问题上持怎样的态度。

隐性方法：你的脑子里在想些什么

为了规避上面提到的偏差，社会科学家们越来越多地依靠隐性方法来测量态度（Goodall，2011；Wittenbrink & Schwartz，2007）。这些方法认为，无意识的态度能够被捕捉到，这就可以减少回答者有意识制造带来的偏差（Petty，Fazio，& Brinol，2009）。下面，我们就来讨论一下具体方法。

内隐联想测验

隐性方法中最知名的就是*内隐联想测验*（implicit association test，IAT；Greenwald，McGhee，& Schwartz，1998）。在测验过程中，回答者被要求在面对一系列快速的单词联想问题时，需按下计算机键盘上相应的键，回答者做出的快速判断能够表明他们的基本态度。

举例来讲，假设你想了解经理们是否对超重的员工怀有负面看法，你会发现在做内隐联想测验时，相较于看到正面属性的词（比如，"高兴" 或 "有能力"），持负面态度的经理在给负面属性的词（比如，"懒惰" 或 "不开心"）归类时，由于脑海中有一个胖子的形象，动作会更快。类似的，喜欢偏瘦类型的经理由于会将正面的词与一个身材纤细的人联想在一起，所以他们在为正面的词归类时，动作会很快。回答者按键的速度能够揭示他们对自己的见解的联想强度。为了检测人们在性别、年龄、体重、宗教、族群、残疾以及许多其他方面的隐性态度，研究者设计了很多内容的内隐联想测验。

其他隐性方法

隐性方法还有很多，包括*情感错误归因程序*（affect misattribution，AMP）和*评价启动*（evaluative priming；Fabrigar，Krosnick，& MacDougall，2005；Fazio & Olson，2003）。在这里，我们没有足够的篇幅对它们逐一展开讨论。但这些方法有一个共同之处，那就是它们都深挖了人们不能或不愿袒露的真实态度。正因如此，隐性方法与显性方法并不总能得出同样的结果也就不足为奇了，但这会让一些人不禁发问，"到底哪一个才是真正的态度？"（Greenwald，Poehlman，Uhlmann，& Banaji，2009）。答案为两个都是。对于凭本能做出的判断，隐性方法更可靠一些；而对于需要深思熟虑的判断，显性方法能获得较好的结果。

测试态度时更迂回的方法

除了显性和隐性方法，还有许多其他不那么科学的方法也可以用来推断人们的态度，包括通过外表、联想和行为进行推断。

以貌取人——外表

态度可以根据外表进行推断。事实上，人们一直在这么做。以识别同性恋行为的能力为例，在受控的研究中，观察人员可以通过面部线索、姿势、手势和步态较为准确地判断男性和女性的性取向（Rule，Ambady，& Hallett，2009）。再比如，观察人员仅凭照片就能猜出候选人所属的政党，其准确率远超人们的想象（Rule & Ambady，2010；Rule，Ambady，Adams，& Macrae，2008）。

但是，仅仅依靠外表线索就做出判断也是有风险的，它容易让人犯“一概而论”的错误。比如，不是每个穿着连帽衫的小混混都是罪犯，就如同特雷沃恩·马丁（Trayvon Martin）* 枪击案最终的悲剧结果证明的那样。

一丘之貉——联想

俗话说，“你可以通过一个人身边的人判断他是怎样的人。”比如，一个喜欢打猎的人可能会加入全国枪支协会，而一位癌症幸存者可能参加坚强生活基金会组织的自行车旅行活动。无论是在职场，还是在某个机构中，人们都愿意与自己志趣相投的人在一起。政治家们发现，观点接近的人容易聚在一起，于是他们就采用成立“投票联盟”的方式来讨好选民。

所有这些都与说服有关吗？通过了解工会、专业协会、教会和其他机构成员们所持的观点，政治家们可以投其所好，刻意设计自己向目标人群传递的信息。市场营销人员则会采用一种被称为市场细分分析的方法，针对不同的消费者群体的特殊需求展开广告攻势，比如针对足球妈妈、赛车爸爸或者千禧一代。我们将在第五章专门讨论这一话题。

但是基于联想推断态度的方法也存在局限性。人们加入某个团体时可能出于各种原因，其中一些原因可能与这个团体公开宣称的目标毫无关系。

---

* 2012 年 2 月 26 日，在美国佛罗里达州的桑福德，17 岁的非裔男孩特雷沃恩·马丁被社区看守人乔治·齐默曼（George Zimmerman）怀疑“形迹可疑”，并在近处用枪击中其胸部，导致无辜的非裔男孩身亡。——译者注

你即你所为——行为

推断他人的态度还常通过快速瞥一眼他们的行为（Ambady，2010）。一个人公开的行动、举止、习惯和非言语暗示也可以被用来推断他的态度。如果一个人参加了同性恋权利游行，就证明他是赞同同性婚姻的。如果一个人买了交响乐团的季票，那么可以肯定地认为他是喜欢古典音乐的。事实上，一个人想隐藏自己的态度是很难的，因为他的行为会把它泄露出来。俗话说得好，“行动比言语更响亮”。

不过，根据行为推断态度也会遇到许多挑战。Kim 和 Hunter 在1993年进行了一项包括100多例“态度—行为”研究的元分析，对于理解态度对行为的影响和行为对态度的影响很有帮助。他们发现，在许多案例中，针对特殊行为，研究人员在选择应当对应的态度时准确率并不高。如果所使用的测量态度的方法的确与某一具体行为相关，那么*态度—行为一致性*（attitude-behavior consistency，ABC）就非常高。过往的研究认为，态度—行为一致性差的原因是没有找到行为应当真正对应的态度。因此，这方面要注意的底线是行为绝对可以反映态度，但需仔细地确认清楚，该行为究竟与哪个态度有关系。专栏3.1在提升态度与行为的一致性方面提供了一些建议。

专栏 3.1 | 态度什么时候与行为一致？

如果一个去看电影的人选择了一部动作冒险类的影片而非喜剧影片，并不意味着他只喜欢看前一类而非后一类电影。我们究竟应当在什么时候期望态度与行为一致呢？在下列情况下，态度与行为一致的可能性很大：

所涉及的态度非常明显而不是较含蓄的。明显的态度让人更容易预测行为，而如果态度较含蓄，人们就可能使用相反的方法，即凭着行为去推断态度（Holland，Verplanken，& Van Knippenberg，2002）。如果一位女性的前三个男友蓄着长头发，她可能就会认为，“我想我比较喜欢头发蓬松的家伙。”

不要将多重态度与单一态度混淆。比如，一个人对待“移民”问题不太可能只有一种态度，来自一个国家的移民可能比来自另一个国家的移民更受欢迎。针对某一具体情况，在特定的地方和时间并且只测量单一态度时，其与行为的一致性会很高。

应当使用“多重行为准则”。给予人们多个不同的机会来测试他们的态度，这样能够确保态度与行为间更契合。一次性的测试是不可靠的。比如，如果你想评估一个人对无家可归者的态度，你应当观察他在不同场合下针对不同的无家可归者的行为。

态度建立在个人经历的基础上。基于个体直接经验的态度更可能与其实际行为相吻合。二手态度，即通过媒体形成的或经别人告知的，并不能准确预测其行为。

借助处于价值体系核心位置的态度更容易推断行为。这些态度比那些处于次要位置的态度能更准确地预测一个人的行为。一个人如果对“忠实婚姻”持肯定态度，基本上就可以知道他在夫妻关系方面的行为，这比预测他是否喜欢在比萨饼里放菠萝容易多了。

态度的生理测量

情绪常常伴随生理反应出现。不过到目前为止，识别情绪在生理和神经方面的反应的努力还未产生明确的结果（Fabrigar，Krosnick，& MacDougall，2005；Petty & Cacioppo，1983）。研究人员已经对这些现象进行了研究：觉醒时的瞳孔放大、测量皮肤电导率变化的皮肤电反应（galvanic skin response，GSR）、检查面部微瞬间运动的面肌电图（electromyogram，EMG）和测量大脑皮层附近的电活动的事件相关电位（event related potential，ERP）。

这些检测都遇到了一个问题，即它们都对态度呈现双方向的指征——既可能是正面的反应，也可能是负面的反应。比如，当一个人看到他喜欢的某个人时，他的心跳会加快，这无疑是一个正面反应；可当他碰到一个不喜欢的人时，心跳同样会加快，这又成了负面的反应了。

近来，大量研究转而采用功能性核磁共振成像（functional magnetic resonance imaging，fMRI），并以此作为测试态度的一种方法（Cacioppo，Berntson，& Decety，2012；Falk，Berman，Mann，Harrison，& Lieberman，2010；McDermott，2009）。脑部不同区域的神经活动会对外界刺激产生不同的反应。比如，正面、积极的信息大多由右脑负责处理；而负面、不好的信息多由左脑处理。不过，目前非常有价值的结果似乎还没有找到。2008年，美国总统选举时，用功能性核磁共振成像对摇摆选民进行的预测就出现了失误，把没有希望的候选人当成了可能的获胜者（Iacoboni et al.，2007；Mind Games，2007）。因此，虽然它作为测量态度的工具很被看好，但它显然还没有完全做好准备（Jack & Appelbaum，2010；Tingley，2006）。

需要记住的一点是，态度越复杂，想把它简化成纯粹的生理现象就越困难。现阶段，相较于其他测量态度的“低技术含量”的方法，生理测量的方法看来还不够可靠，也很难操控。

理性行为理论

理性行为理论（theorty of reasoned action，TRA）是由 Martin Fishbein 和 Isaac Ajzen 发明的。他们的这一理论对于解释态度和意图对行为所起的作用非常有帮助（Ajzen & Fishbein，1980；Fishbein & Ajzen，1975；Fishbein & Ajzen，2010）。理性行为理论为说服过程提供了一个非常理性的模型，因为它认为人是理性的决策者，会充分利用自己获得的所有信息。

我们认为，理解这一理论最简便的方法就是从终点开始，然后反向推导（见图3.4）。该理论的终点就是人的公开行为，也就是他实际所做的。但是人的行为又是怎样形成的呢？该理论假定，意图是行为的最佳指南。如果你知道一个人打算去理发，那几乎可以肯定他会这么做。当然，意图并不总能导致行为的发生。不过，一些实证研究已经证明了理性行为理论的这一假设是成立的（Ajzen & Fishbein，1973；Kim & Hunter，1993；Sheppard，Hartwick，& Warshaw，1988）。

针对行为的态度

再继续反向推导，理性行为理论认为，意图本身是另外两个成分的结果。第一个是人针对正在考虑中的行为的态度（见图3.4）。比如，在推测比约恩玩滑板时会不会戴头盔时，对戴与不戴这一行为的最佳指南是他是否有这样做的意图，而他的意图实际上又受到他对戴头盔的态度的影响。如果他对戴头盔持正面看法（它看上去很酷，它能带给人安全），那么他戴头盔的意图会很强烈。如果他对戴头盔的感觉不好（戴上它太热了，它会把头发弄乱），那么他戴头盔的意图可能比较小。

该理论还认为，比约恩对行为（戴头盔）的态度将基于他对实施这一行为所产生结果的认知和他对结果的评估。具体来讲，比约恩或许认为如果他戴头盔，他的朋友们会取笑他，这就是一个负面的结果。但他也可能认为如果戴上头盔，他的父母会觉得他很小心，这样就会同意他去滑板公园里玩了，这就是一个正面的结果。根据理性行为理论，比约恩对这些结果的认知和评估会助他形成对戴头盔这一行为的态度。

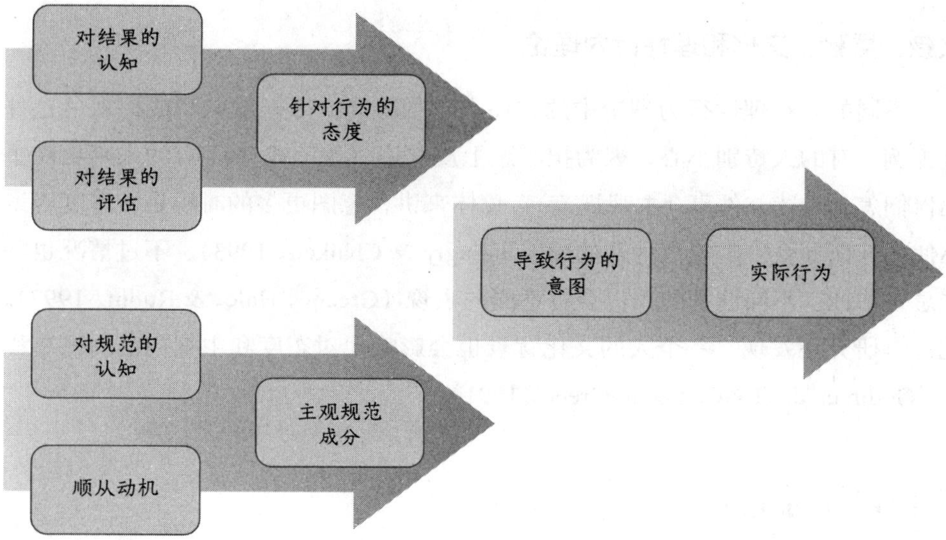

图3.4
理性行为理论

Adapted from Ajzen, I., & Fishbein, M.(1980). *Understanding attitudes and predicting social behavior*. Englewood Cliffs, NJ: Prentice Hall.

主观规范

最后一点，理性行为理论还认为，意图还会受到另一个成分的影响，即主观规范(见图3.4)。主观规范是一个人对别人——特别是与他有关的个体或团体——如何看待该行为的认知。因此，比约恩会考虑别人——他的朋友们、他的父母和其他玩滑板的伙伴——如何看待戴头盔这一行为，从而形成他对此行为的主观规范。根据理性行为理论，主观规范本身基于两个因素：个体的规范认知和顺从动机。规范认知源自那些与他有关的他人给予他的社会压力。还是拿比约恩的这个例子来说，戴不戴头盔很可能要看来自同伴或父母的压力。顺从动机则取决于个体在多大程度上愿意服从与他相关的他人给他施加的压力。在比约恩的例子中，指的就是他愿意服从朋友或父母期望的动机。因此，比约恩的主观规范来自他对别人对戴头盔行为看法的认知和他想满足他们期望的愿望。

图3.4依照上面的叙述对理性行为理论的基本要素进行了说明。该理论已经得到了各种话题和情形的检验，被证明对于预测意图在与健康有关的行为中所起的作用尤其有帮助（Albarracin，Johnson，Fishbein，& Muellerleile，2001；Weber，Martin，& Corrigan，2007）。

女孩、男孩、文化和理性行为理论

不同的人在理性行为理论中的关注点不尽相同。以把皮肤晒成棕褐色这件事为例，有的人特别小心，因为担心患上皮肤癌（态度成分）；有的人则更注重同伴们怎么看待这件事（主观规范）。总体来讲，意图更多的时候是被态度因素驱使的，而非受主观规范因素的影响（Eagly & Chaiken，1993）。不过情况也并非总是如此。不同性别的人也会有不同的表现（Greene，Hale，& Rubin，1997）。此外，研究还发现，一个人的文化背景也会影响他对态度和主观规范的侧重程度（Godin et al.，1996；Lee & Green，1991）。

计划行为理论

计划行为理论（theory of planned behavior，TPB）是理性行为理论的扩展（Ajzen，1985，1991），它在理性行为理论的基础上又加入了第三部分：认知行为控制（Ajzen，Albarracin，& Hornick，2007）。理性行为理论假设人可以掌控自己的行为，而计划行为理论则认为行为并不总是由意志决定的。

有几个因素会对人的认知行为控制产生阻碍。首先是内部因素，比如缺乏相关的知识和技能导致某人无法实施一个预期的行为。其次是外部因素，比如有限的资源或者情有可原的环境也会影响某人实施预期行为。

如果说服者希望取得成功，就需要提振信息接收者的认知行为控制能力，即让对方相信自己可以实施说服者建议的行动（Ajzen，2002）。一个方法就是找到克服这些障碍的方法。假设一位内科医生建议患者多运动，他对患者说，“尝试一下慢跑。”可是患者抱怨说，“我做不到，因为我的膝盖会疼。”这时医生可以这样说，“那在这种情况下，你就试着快走，或者用一种椭圆训练机，或者游泳，它们不会让你的膝盖感到不适。”医生的这种劝说能够让患者觉得常规运动在他可控的范围内。

计划行为理论在现实生活中已经得到了对各种话题所进行的研究的证实（French & Cooke，2012；Milton & Mullan，2012）。研究表明，增加认知行为控制比单凭借理性行为理论能更好地解释行为意图（Armitage & Connon，2001；Godin & Kok，1996；Madden，Ellen，& Ajzen，1992）。

态度的持续

关于态度，我们想谈论的最后一点是它的持续性。态度是灵活的，并且会随着时间发生变化。它虽不会像情绪那样瞬息万变，但两者都不是一成不变的。有时候，一个人的态度会因一个简单的说服性信息而发生改变；可有时候，他的态度又可能保持数年不变。是什么原因使得一些态度持久，一些态度却转瞬即逝呢？

我们在上一章里讨论了 Petty 和 Cacioppo 提出的说服的详尽可能性模型（ELM，1986a，1986b），它对这一问题给出了很有用的回答。经由中央处理形成的态度——比如，那些经过深思熟虑和仔细推敲后得出的看法——比根据周边处理利用思维捷径形成的态度更持久和不易动摇（Petty，Cacioppo，Strathman，& Priester，2005）。原因是对一件事或一个想法的积极思考似乎可以把由此产生的态度深深地“根植”于头脑中。而周边处理无须付出太多的脑力劳动，因此形成的态度也就可能昙花一现[2]。

如果你是一位说服者，那么这对你来说意味着什么？如果你希望传递给对方的信息能够对他的态度产生持久的影响，那么你在设计和传递它的时候就应当设法做到促使对方用中央处理的方式（也就是积极思考的方式）来应对它。怎样才能鼓励对方采用中央处理的方法呢？增强对方的参与意识是一种方法，向对方解释为什么某个话题或事情与其有关并会对其本人产生怎样的影响，可以加大对方采用中央处理的动机。按照对方的理解能力调整信息的内容也能增加他使用中央处理的可能性。总之，只要你能让你的倾听者积极思考你信息的内容，你就很可能让他长久地而非暂时地改变态度。

作为联想网络的态度：你的大脑就是一张网

我们对事情的各种态度是互相交织的。在某些方面，我们的态度、信仰和价值观就像蜘蛛网一样连接在一起。如同蜘蛛网上最后结出的丝线，它们在微妙的平衡中彼此相连。也就是说，态度存在于微妙的联想网络中（Tesser & Shaffer，1990）。个体可能意识到了这种种关联，也可能并没有意识到。多数时候，这些联想网络以隐性的方式运作——就是说，个体其实并不清楚。态度的改变会对其他态度、信念、意见和价值观产生影响。就像轻轻抖动一下蜘蛛网，一个态度的波动就能触发其他认知结构的反应。大脑内部的这些反应对个体来说或许微不足道，或许意义重大。

制造有利的联想：抖动蜘蛛网

一家公司的代言人是一只带有澳洲口音的卡通壁虎，为什么大家都愿意在这家公司买汽车保险？或者，为什么一种洗衣剂将它的标识印在赛车上之后，人们就愿意买它？态度的联想网络对于这样的影响起了非常重要的作用。一言以蔽之，说服者极力在这些网络中制造连接，他们想把自己试图传递的信息与良好的态度联系在一起，同时尽量避开不利的态度。

品牌与品牌塑造：这就是生活！

制造有利于联想的最明显的例子就是品牌塑造。品牌塑造的目的是为产品设计一个清晰的形象，并且让人由此产生好的联想，它的形象可以是有形的，也可以是无形的。不同的品牌会令消费者浮现不同的联想。沃尔玛吸引人的地方是它那里的商品的高性价比；而诺德斯特龙百货店则以其商品优秀的品质和良好的服务树立了口碑。

现在我们就来看看这些联想是怎样被塑造出来的。以功能饮料红牛以例，当你想到红牛时，你会有怎样的联想？你是不是会想到速度、危险或者冒险？一项研究（Brasel & Gips，2011）发现，消费者在提到功能饮料时，会使用诸如亢奋、速度、极限和危险等词。再看一下红牛赞助的活动也有助于理解他们的目的。红牛赞助的大多是极限运动，比如户外探险、山地自行车赛、攀岩和其他重力运动。如果你参加的是从山上往下冲的雪橇比赛，你赛前很可能会喝上一罐红牛。通过品牌塑造，这种饮料就与这种体育项目联系在一起了。

再举一个啤酒广告的例子。广告的场景通常都是人群，一般是男性，三五成群地聚在一起喝着啤酒，非常开心地参与各种社交活动（从来不会是一个人单独喝！）。这样的广告会让你产生怎样的联想？啤酒＝有趣，就是这么简单的一个公式，喝啤酒能让人开心并且交到朋友。这一联想给人的印象太深刻了，以至有些人觉得在橄榄球周日超级杯大赛、圣帕特里克节、五月五日节（一个墨西哥节日）、劳动节或国庆日时如果没有啤酒，简直难以想象。无啤酒，无朋友。

你穿的是什么品牌？个性品牌

有些品牌有自己的个性——输入了消费者认同的人的个性。品牌会被设计得令人感到可靠、有趣、酷、兴奋、精细、性感或者特别方便实用。Aaker在1997年发明了品牌个性量表，根据一些基本特性，比如真实感、令人兴奋的程度、效用、精细化和耐用性，对品牌进行打分。此外，一个品牌的个性也会对消费者产生“感染”作用（Park & John，2010）。比如，在维多利亚商店购物后，女性可能会认为自己更有魅力、更性感或者更迷人了。

有些消费者会将某个品牌视为自己最好的朋友（Fournier，1998）；也有些人认为品牌就代表了他们（Belk，1998）。这样的品牌充当着自我表达的工具（Swaminathan，Stilley，& Ahluwalia，2009）。一些消费者甚至会把品牌的标识文在自己的身体上（Orend & Gagne，2009）。

品牌塑造也可以通过其他方式进行。有些品牌称得上激动人心，它们令消费者羡慕，并且渴望拥有，它们代表了一种理想。劳力士（Rolex）手表、维京（Viking）炉灶和古驰（Gucci）手袋就属于这类品牌。玛莎·斯图尔特品牌也非常令人向往。虽然很少有女性会真的按照她的杂志中介绍的复杂菜谱做菜，但她们都觉得自己也可以这么精致。这类品牌的商品通常都特别昂贵，于是一些消费者只好去买廉价的仿冒品。

可靠性：保持真实

品牌塑造的另一个途径就是确保其真实性，即强调品牌的真实、可靠和货真价实。Etsy网站就专为这样的正宗品牌提供平台。正宗品牌可以是手工制作的，比如微酿啤酒和手工奶酪。它们应当是环保的，比如那些“从农场到餐桌”的餐厅和精品自行车。这些品牌的背后常常有一个故事或一段经历，而且它们非常重视品牌创立者或公司的价值理念。本杰瑞（Ben & Jerry's）冰激凌就是一个例子。正宗品牌的商品都希望拥有自己忠实的客户群体，德芙（Dove）巧克力发起的“真实的美”广告宣传就是为了达到这一目的。

善因营销：让人感觉良好的因素

许多消费者希望能让这个世界变得更美好。公司要销售商品，何不将消费者的购买行为与做一些善事结合起来呢？*善因营销*（cause-related marketing，CRM）能够让消费者通过自己的购买行为而对自己产生良好感觉。他们觉得自己不只是在购物，还在为一个崇高的事业尽一份力。“全球化思考，本土化采购”的广告宣传就体现了这样的意图。

假设你是一个很有责任感的消费者，正打算买一杯高档咖啡，那么为什么不买一杯慈善组织“乐施会”指定的“公平贸易”咖啡呢？做一件好事能够带给人心理上的安慰。美国运通公司的红色产品计划、耐克公司以坚强活着为主题的产品和苏珊·G. 科曼（Susan G. Komen）创立的乳腺癌防治基金会的粉红丝带系列产品都采取了这一策略。

善因营销是企业社会责任的一部分。企业如果希望得到公众的好评，就要懂得回馈社会，做慈善事业。但是，虽然“购物就是做慈善”（Einstein，2012）这一理念似乎对消费者、公司和慈善机构来说是一个多赢的做法，但它也有不好的一面。一种被称为“道德许可”的观点认为，如果一个人买了善因产品，他很有可能就不会再为这一慈善事业捐款了（Krishna，2011a，2011b），因为他会觉得“我已经做了一件好事了”。实际上，购买时，在1美元中可能只有几美分真正捐给了慈善机构，而如果直接捐1美元给慈善机构也要比这强许多。

大量使用口号

培养良性联想的另一个途径就是大量使用口号。Harkansky（2002）特别强调了口号在说服时的重要性，他说，“离开了口号，政治会变得很糟糕，广告根本就存在不下去，宗教也会陷入麻烦”（p.75）。来看看以下广告口号，请留意针对每种产品而设计的积极联想。

“当你来到这里，你就到家了。”（橄榄园餐厅）

“冠军们的早餐。”（惠帝斯麦片）

“国营农场就是你的好邻居。”（国营农场）

“我们的灯会一直为你亮着。”（6号汽车旅馆）

口号将产品与优良的品质联系在一起，假以时日，它们会深深根植在接收者的心中了。然后，当你想在美好的、放松的环境中吃顿好饭菜时，你会选择哪里呢？

赞助

还有一种方法可以把产品和服务与正面的态度联系在一起，即通过赞助的方式。我们在前面提到的红牛赞助极限运动的例子就属于此类。现在，大多数重要的体育赛事都是由企业赞助的：它们为比赛提供资金；作为回报，它们可以将自己的产品与比赛联系起来。在美国，几乎每个体育场和棒球场都有一个企业作为其赞助商。

显然，并不只是广告商极力想把自己的产品与好的联想捆绑在一起。政治人物在竞选时会亲吻孩子，吃选民自制的小吃，或者站在国旗旁。这些无疑都是为了给自己树立积极、爱国的形象。负面的政治攻势又称“抹黑”，会起到反作用，即候选人会拼命让其对手陷入负面联想中。

因此，说服的一项重要原则就是要在态度与态度的客体间建立正面联结。说服者会通过兜售一个形象或一种生活方式来建立这样的联结。当你买某个产品时，你其实也是在买它所代表的形象（Fournier，1998）。可事实上，你真的需要与你的信用卡建立一种关系吗（“我的信用卡，我的城市”——美国运通）？你真的想让品牌来定义你的生活吗（“你说普拉达吗？”）？有时候，斩断广告商极力建立的关系也是很有必要的。

心理一致性

现在，让我们将注意力转向态度与说服的另一个重要方面：心理一致性。人们希望保持一致，他们不希望被别人认为表里不一。这些简单的原理构成了一系列理论基础，通常被称为“态度转变”或“认知一致性”理论（Festinger，1957；Heider，1958；Osgood & Tannenbaum，1955）。一致性最初被认为是一种“驱动还原”理论，但后来又被发现与社会动机也有关系。也就是说，它不仅受内驱力影响，也会管控面部表情，并竭力打造一个正面的自我形象（Greenwald & Robin，1978；Matz & Wood，2005；Scher & Cooper，1989）。因此，个体间在对一致性的需求和对非一致性的容忍方面会有很大的不同。研究还表明，这其中或许还有文化因素（Kitayama，Snibbe，Markus，& Suzuki，2004）。虽然不同的理论在实施时会出现方法上的不同，但我们在本书中还是将它们的基本原则集中在一起，从而呈现一个更一致的观点。这一原则看似基础，但意识到大多数人努力在思想、言语和行为方面保持一致，有助于更深入地了解社会影响的过程。

一致性能够带给人内心的平静

如果我们的态度、理念、价值观和行为是一致的，生活就会极为愉快；反之，如果我们的思想、言语和行为不一致，就会在心理上产生不适感。以吸烟者为例：一方面，他们忍不住吸烟；另一方面，他们也知道吸烟会引发癌症。这就让他们在心理上感到很不舒服。再以父母分居或离异的孩子为例，这些孩子常常陷入心理冲突的状态中，因为他们无法理解为什么他们爱着的两个人不愿意待在一起了。

由不一致导致的心理不适在不同情形下的程度是不一样的，主要取决于所涉及的态度的重要性。如果涉及的事情相对来说不算大（比如，一个人喜欢在超市用塑料袋装东西，但是他也清楚用纸袋其实更环保），那么心理不适感也就不严重。如果涉及的事情很重要，而且态度又与核心信念或价值观密切相关，就会对心理造成巨大冲击（比如，一位十几岁女孩的妈妈非常珍视生命，可是她得知她女儿刚刚做了流产手术）。

要理解心理一致性的本质和结果，态度理论学家们发明了一种用图形描述相容与不相容态度状态的方法。比如，假设玛芬认为自己是一个坚定的动物生命权利的捍卫者，可是在外出购物时，她发现了一件真皮夹克，看上去实在“酷极了”。这时，她对动物权利的态度与拥有一件皮夹克的想法就处于冲突状态。图3.5描述了她的这种心理困境。

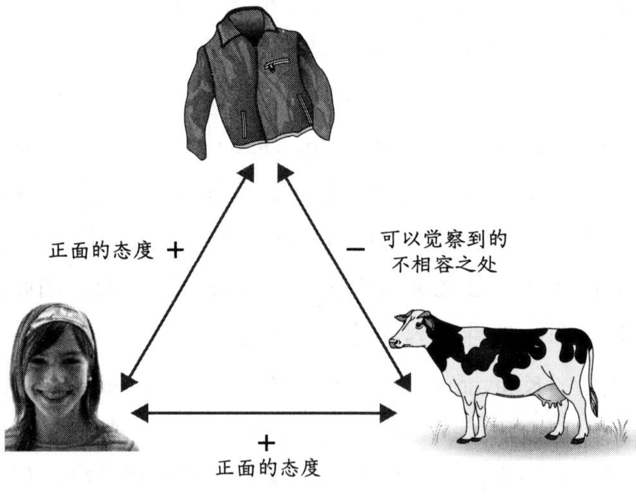

图3.5
玛芬的困境：一致性理论的一个实例

按照一致性理论，不论玛芬做出怎样的决定，她都会经历心理上的压力。如果她买下那件皮夹克，她就违背了她对待动物的原则；如果她不买那件夹克，她就失去了一个能让自己显得很酷的机会。玛芬的例子绝对不是个案。我们都会遇到这种态度、信念和行为出现矛盾的时候，但是由于心理不一致是件令人不快的事情，因此当它出现时，我们会刻意回避、否认、减弱或去除这种不一致。

保持一致性的方法

当不相容出现时，人们应当怎样化解呢？人们通常不会按符合逻辑的方法维持或恢复心理上的一致性，而是会寻求让他们在心理上感到满意或安慰的方法。继续借用玛芬的例子，学者们给出了一些解决不一致的可能的路径：

1. **否认**：否认或者忽视不一致的存在。“我一点也不喜欢那件夹克。”或者，“我现在确实不需要那件夹克。”
2. **寻找理由**：为自己的行为找理由或借口。“那头牛已经死了，所以怎么处理它还有什么区别吗？”或者，“迟早都会有人相中这件衣服并把它买走的。”
3. **讨价还价**：在冲突中竭力找到妥协办法。“我要买这件夹克，然后去动物收容所做义工。”
4. **区别对待**：将冲突的态度区分开来。“这件夹克是用牛皮做的，牛并不是濒危动物，它和买一件用小海豹皮或者斑点猫头鹰羽毛做的衣服不是一回事。”
5. **超越**：将焦点放在更大或更高层面。“没有人是完美的，我们偶尔都会屈服于诱惑。”
6. **修正一个或两个态度**：纠正态度使它们达到统一。“我应当更现实一些，客观看待保护动物权利。”
7. **沟通**：尽可能劝说别人改变或者说服别人接受自己做了正确的事情。“如果朋友们看到我穿着这件新夹克，我会说服他们，让他们相信我不是一个伪君子。”

当然，上面列举的只是人们设法消除认知失调的方法。在设法推测人们可能会采用的方法时，一个不错的经验法则就是知道人们会遵循效率原则，即他们倾向于使用可能最有效的方法来减少失调。换句话讲，他们在恢复一致性时会尽可能寻找阻力最小的路径。比如，人们更可能选择改变一个不那么重要的态度以达到一致性，而不是选择改变核心观念。

营销策略：怎样做到鱼与熊掌兼得

现在你已经对一致性理论的性质有了一定的了解，接下来我们就看一下如何将其用到说服中。假设你现在在一个超市里，你很想吃冰激凌，可是你又在节食。完全没有问题！你可以买一种脂肪和热量含量都很低的牌子。事实上，由于现代技术的不断进步，可供你选择的冷冻甜食品种有许多，包括冰牛奶、冰冻酸奶、适合糖尿病患者吃的冰激凌、水果冰沙和不含脂肪和牛奶的食品。你可以想想在商场里还有多少其他种类的商品能够达到“鱼与熊掌兼得”的要求。几乎在每一层货架上，你都会看到标着“清淡”“不含脂肪”“不含胆固醇”“高纤维”“低热量”“富含钙”和“纯天然”等字样的食品。在这些食品背后的营销策略就是让消费者觉得购买的食品与他们对健康和营养的认知是一致的。

品牌忠诚度：不接受代替品

品牌忠诚度从另一个角度对心理一致性进行了诠释。广告商旨在让我们在换品牌时产生心理不适感。通过在我们身上灌输品牌忠诚度，广告商们希望打消我们改换品牌的念头。我们已经被美国广告业训练得只使用一种牌子的汽油，只绑定一家长途电话运营商，只吃一种止痛药或者只认准一种型号的汽车。看看下面这些口号吧：

“出门时别忘记带上它。”（美国运通）
“无法比拟。”（悍马汽车）
“只有吉普。”（吉普汽车）
“如果你真的在意，就要送最好的。”（Hallmark 贺卡公司）

这些口号显然都在竭力培养消费者的品牌忠诚度，让他们在有换品牌的想法时产生强烈的心理不适。

用不超过 24 个字的篇幅告诉我们你为什么喜欢这本书

加强品牌忠诚度的另一做法是让消费者积极参与。观众可以通过发信息的方法给“美国偶像”投票。有时候，如果为某个产品给电台打电话或写文字评论还能赢得一份奖品。无论能否得到奖品，单是打电话、写评论或者发信息的这一行为就能增进个体的忠诚度，因为积极参与会让人建立一种归属感。

通过商品营销也能提升消费者对商品的忠诚度。当人们穿着带有品牌标识的衣服时（一件湖人队的球衣、一顶保时捷的运动帽、一件芬达吉他的T恤衫），不仅起到了活广告的作用，也让人们沉浸在自我说服的状态中。

本书的一位很容易上当受骗的作者就曾屈服于商品营销的压力。他很喜欢蓝多湖（Land O'Lakes）黄油上的印第安少女标识，因此当他得知只要收集三个证明购买过蓝多湖品牌商品的印章，就可以只花7.95美元买两个蓝多湖的杯子后，他无法抵挡这一诱惑了。他从吃人造黄油改成了吃纯黄油，而且在后来的3个月里，他只买蓝多湖牌的黄油（这样才能收集够三个证明印章）。后来他发现，他弄丢了一个印章，他特别沮丧。他就此放弃了吗？没有！他又去商店买了一包他其实完全不需要的黄油，只为集齐三个证明印章！现在他感到很得意，因为他拥有了一对蓝多湖的杯子，上面有印第安少女的标识。让我们看看从这个案例中能学到些什么：

- 商品营销方案让作者积极参与了加强品牌忠诚度的过程。其实那些杯子本身并不值钱，作者是靠花钱拥有了当蓝多湖品牌的忠实消费者的资格。
- 商品营销方案在3～4个月的时间里锁定了作者的品牌忠诚度。虽然作者后来还又改回吃人造黄油了，但只要他需要买纯黄油，他还是会买蓝多湖牌子的（毕竟他家里有两个杯子在不时地提醒他）。

商品营销能够增强消费者的归属感

Photo by Robert Gass

- 如果没有杯子的诱惑，作者不会买那么多黄油。事实上，在收集第三个印章时，他不得不到处寻找可以让黄油派上用场的地方。

应当承认，这位作者有点太缺乏自制力了，但这恰恰是品牌忠诚度的魅力所在。当我们被某个品牌搞得神魂颠倒时，完全无法理性地思考和行动。

不一致营销

但是，也有一些广告宣传——尤其是针对新产品或市场份额较小的产品的广告——会采用相反的策略，竭力劝说我们尝试新品牌。他们知道消费者已经习惯了固定的消费产品或模式，于是他们千方百计地让消费者产生心理不平衡的感觉。他们希望我们重新审视常年使用的产品和服务。看看下面这些广告口号：

"不同凡想。"（麦金塔计算机）
"不是只有小面包。"（塔可钟快餐店）
"与众不同的公司，与众不同的汽车。"（土星汽车）
"我真应该喝 V8！"（V8 蔬菜汁）

设计这些口号的出发点是：虽然消费者可能已经有了既定的消费模式，但要设法让他们打破惯性，尝试其他品牌。许多其他类型的广告攻势也是建立在这种心理不一致的基础上的。

利用不一致

一致理论不仅适用于广告商、营销人员和其他"专业"说服人员，你也可以将其运用于你的说服信息中。当你想这么做时，一种方法就是让你的信息与你的听众的参照系处在同一层面。当我们为他人做衣服时，量体裁衣肯定比让他改变自己的身材来迎合你的衣服容易得多。同样的，如果想成功地说服他人，不能指望他改变态度去迎合你的立场，而是应当调整你的信息内容去适应他的观念。一个孩子对妈妈建议："今天咱们不上学了，去动物园吧，因为在动物园也能得到许多教育！"她这么说就是在迎合妈妈的价值体系。这类调整是说服的关键，我们将在第五章中专门讨论。

应用一致理论原理的另一种做法是提前强调信息接收者的态度中可能存在的不一致的地方。如果你能揭示对方态度中存在着不相容之处，你或许能促使他按照你建议的方向做出改变。不过，在使用这一方法时要特别谨慎。因为如果你的要求过多，他非但不会改变，还可能转而不接纳你。

认知失调理论

假设你是苹果品牌产品的粉丝，但同时你也知道组装苹果产品的工人们的生活环境很差，你会把你的那些 iPod、iPhone 和 iPad* 扔掉吗？如果你认为你是一个正直的人，你会对自己非法下载音乐的行为感到不安吗？或者你会为自己使用盗版软件和全然不顾版权法找充足的理由吗？人们常常在一些事情上陷入矛盾的状态，出现言行不一的现象。比如，许多选民一方面说他们反对“大政府”和联邦救济，另一方面一直在获得政府的帮助。根据一份美国全民调查显示（Mettler，2011），44% 的社会保障受益人和40% 的医疗保险受益人声称他们没有得到过任何类型的政府帮助！

人们为什么会持这样看似矛盾的观点呢？他们又为什么会做出那些虚伪的行为呢？Leon Festinger 提出的*认知失调理论*（cognitive dissonance theroy，CDT）很好地诠释了人们是怎样在自己心里或在别人面前将互相矛盾的决定和行为合理化的（Cooper，2007；Festinger，1957，1964；Festinger & Carlsmith，2007；Harmon-Jones & Harmon-Jones，2008）。该理论的基本观点是，一个人在做出决定或者实施行为后，会担心自己的决定或行为是否正确，因此他会千方百计地减少可能出现的失调。因为这一观点，认知失调理论也常常被称为“决策后的理论”。不过，想到要做出艰难的决定也会导致失调的出现。该理论有趣的地方是它对人们怎样化解其焦虑的阐述。比如，他们可能会采用“酸葡萄”策略。就像伊索寓言里的那只狐狸，它一次又一次地够树上的葡萄，却怎么也够不到，于是它得出结论说，“它们很可能是酸的。”

认知失调与买方的悔恨

认知失调理论与买方的悔恨现象有密切关系。假设一位顾客刚花了一大笔钱买了一台很大的平板电视，可是几周后他就发现有一种更新、更好的型号上市了，而且价格便宜许多。为了消除自己的疑虑，买方会采取减少认知失调的

---

* iPod——苹果品牌的多媒体播放器，iPhone——苹果品牌的智能手机，iPad——苹果品牌的平板电脑。——译者注

策略。选择性接触就是这样一种方法，即只寻求能引起共鸣的信息，而避开那些不和谐的信息。比如，那位买电视的顾客会只读那些推荐他所购买的品牌的广告和文章，而避开介绍其他品牌的广告和文章。认知失调并不是一种非此即彼的现象，它会有各种程度的表现。一个人所经历的失调的多寡被称为失调的量级。花8000美元买了一台质量并不可信的等离子电视带给人的失调感远远超过花8美元看一场不那么好看的电影所产生的失调感。

候选项的极端化

在做一个艰难的决定时，人们倾向于一旦做出决定就将另一个候选项极端化。假设劳拉需要在苹果手机和安卓手机间做出选择，这很难，因为两种手机各有利弊。因此，一旦劳拉做出选择，她就会更加看重自己所选的，同时贬低那个没有被选中的。这样就把起初艰难的选择变成了显而易见的无须动脑的事情，这是一种自我辩解的做法（Tavris & Aronson，2007）。在黑与白之间做出判断很容易，可如果把它们置于灰色阴影中就不那么容易了。这就解释了为什么有些选民刚开始时对选哪个候选人很纠结，可一旦投了票，他们就会坚定地支持自己选出的候选人（Besley & Joslyn，2001）。

认知失调、自我形象和文化

认知失调从本质上讲属于人的内在心理，比如当一个人陷入道德困境时。当一个人的自我形象与其所持的信念、态度或行为不一致时，也会导致认知失调。比如，一个人认为自己没有任何偏见，可是如果他在听到一个带有种族歧视、性别歧视或同性恋歧视的笑话时忍不住笑了起来，他就可能经历认知失调。文化因素也会引起失调。对于美国人和来自个人主义文化的人来说，失调大多是由个体自身引发的；但对于亚洲人和来自偏重集体主义文化的人来说，失调更多是由于社会因素造成的（Hoshino-Browne，Zanna，Spencer，Zanna，Kitayama，& Lackenbauer，2005；Kitayama et al.，2004）。一些研究认为，亚洲人对不一致表现出了更多的包容（Aaker & Sengupta，2000；Nisbett，2003）；但另一些研究得出了相反的结论（Xie，Jang，& Cai，2007）。也有证据表明，失调是一种文化方面的普遍现象（Egan，Santos，& Bloom，2007）。

影响失调量级的因素

对于认知失调，研究人员归纳了四种类型（Beaurois & Joule，1999；Harmon-

Jones & Mills, 1999)。第一种是自由选择造成的失调，它认为一个人在做决定时遇到的选项越多，需要经历的失调也越多。但 Cooper（2007）强调，失调只会在人做决定时就预见了其可能产生的负面结果的状况下出现，否则人事后完全可以说“我怎么知道会出现这种结果？”第二种是理念不一致造成的失调，它认为当一个人遇到与其所持理念相反的信息时，会引发失调。个体会对与自己的理念体系相矛盾的信息采取忽视或曲解的方式，而不予以接受或者选择性接触。第三种类型被称为诱发依从，即当一个人被迫做某事时，他一般不会产生失调感，因为他会说，“我没有选择啊。”第四种则与付出的合理性有关，即它重点聚焦为做出选择所付出的时间和努力：付出越多，失调也越多。

失调与说服：当它们在一起时

说服性的信息可以根据信息接收者的实际情况进行设计，从而增加或减少对方的失调感。有时候，说服者可能想激起接收者的失调感，目的是为了让他重新思考自己的既定选择；或者，与之相反，说服者为了让接收者觉得他所做的决定是合理的，会竭力消除他的失调感。在后一种情况下，说服者会让接收者相信他做对了，而且没有其他更现实的选择了。最近的研究表明，因认知失调理论导致的态度转变能够产生持久的效果（Senemeaud & Somat, 2009）。

禁果：心理阻抗

2003年，芭芭拉·史翠珊起诉了一位摄影师，因为他沿加利福尼亚海岸线航拍了一组照片，包括芭芭拉在马里布的房子，然后把它们发到网上了。起诉之前，几乎没什么人注意那些照片，可是起诉这件事曝光后，人们反而蜂拥上网查看（Arthur, 2009），有近50万人登录了那个网站一窥究竟。后来，法官驳回了这项诉讼。类似的，当美国电影协会起诉海盗湾网站，指控其非法下载电影后，该网站反而变得比以前更热闹了（Sullivan, 2009）。试图在网上封锁消息的做法往往会适得其反，Mike Masnick 把这种现象称为“*史翠珊效应*”。

当人们认为他们的自由受到威胁时，他们往往会反抗。如果你告诉一个小孩不要碰某个玩具，他肯定不会把自己脏兮兮的小手从玩具上挪开。如果你告诉你十几岁的女儿你不接受她新交的男朋友，她反而会更喜欢他。这种在觉得自由遭到侵犯后而做出的防御性反应被称为*心理阻抗*（psychological reactance；Brehm, 1966；Brehm & Brehm, 1981），它其实就是你所知道的“逆反心理”。

心理阻抗对说服既可以起到正面作用，也可以起到反面作用。假设一位妈妈想让她3岁的非常挑食的女儿吃西兰花，她可以对孩子发出控制型信息，比如，“你吃完西兰花以后，才可以坐在这边来。”但是这种做法也可能完全不起作用，孩子或许会噘着嘴在餐桌旁待1小时也不肯吃。因此，妈妈也可以利用孩子的逆反心理，对她说，“梅布尔，你是不可能在1分钟内吃完西兰花的，完全不可能。”然后孩子为了证明自己，就会接受挑战。

大量对乱扔垃圾行为的研究发现，负面的或者惩罚性信息（“不许乱扔垃圾”或者“乱丢垃圾，后果自负”）实际上使乱扔垃圾的现象增多了；而如果用客气一点的信息（“请将垃圾丢在垃圾桶里”），效果反而会好很多（Hansmann & Sholz，2003；Horsley，1988；Huffman，Grossnickle，Cope，& Huffman，1995）。简而言之，请求比命令更有效果。心理阻抗也被用于评估其他各种话题，包括酗酒（Dillard & Shen，2005）、使用安全套（Quick & Stephenson，2007）、吸毒（Burgoon et al.，2002）、传播健康信息（Miller，Lane，Deatrick，Young，& Potts，2007）和吸烟（Miller，Burgoon，Grandpre，& Alvaro，2006）。认为受到威胁而做出消极回应的可能性也因人而异，个体间的差异可以通过心理阻抗量表进行测评（Hong，1992；Hong & Fadda，1996）。

为了避免出现事与愿违的结果，说服者在使用控制型信息时要特别谨慎。如果一个政治家对选民说，“你必须投票赞成这一提案，它是唯一的方案。”他实际上很可能遭遇选民对其进行否决的风险。说服者应当学会善用人的心理阻抗，要给予信息接收者充分自由的决定权。因此，政治家可以这样对选民说，“我赞成这一方案，不过你应当自己做决定。”这么说就不会招致反感。说服者还可以利用人的心理阻抗来反击对手。比如，候选人可以说，“我的对手想限制你们的医疗保健选项，但我希望你们能够自己选择医疗保健服务商。”在第八章中讨论稀缺性原理时，我们将继续探讨心理阻抗这一话题。

反态度辩护：唱反调

改变他人态度的一个更好的办法是让他自己说服自己，可以通过让他介入所谓的*反态度辩护*（counterattitudinal advocacy，CAA）来实现。反态度辩护需要一个人（通过口头或者书面的方式）提出并阐述一个与其现有观点不一致的信息。比如，让一个人声称自己赞同死刑，而事实上他在此之前是反对死刑的。研究表明，在介入反态度辩护后，一个人的态度很可能会朝着你所倡导的方向发生改变（Festinger，1957；Kelman，1953；Preiss & Allen，1998；Senemeaud & Somat，2009）。不过需要提醒你注意的是，人的态度不可能马上发生彻底的反转，它会在一定程度上有所改变，比如从一开始的坚决反对转变为有所接纳。

针对这一现象，认知失调理论给出的解释是，反态度辩护可以在个体内部引发心理冲突，他会意识到自己所持的观念和态度与自己的公开行为是不一致的，而解决这一冲突的办法就是让自己的观念和态度变得与自己的公开行为更趋一致，最终导致态度彻底改变。这为说服提供了一条行之有效的方法，即让对方自己说服自己，而说服者只需设法让他表现出与其态度相反的言行。通过让对方花一点时间进行角色扮演或者故意唱反调就能达到目的。相关研究已经证明，态度的确会随着反态度辩护的进行而发生转变。不过在使用这一技巧时，最重要的是要让对方主动选择而非强迫他这么做。Preiss 和 Allen（1998）进行的元分析显示，主动参与反态度辩护是该策略奏效的关键。

我全力以赴：加强承诺意识

承诺与说服携手并进。当人们对某一理念、团体、事业或决定做出承诺后，他们会发现自己很难改变主意。举例来说，在赛马比赛中，一旦人们对某一匹马下了注，他们会更加坚定地相信这匹马一定会赢（Knox & Inkster，1968）。那些愿意花自己的时间为政治竞选助阵的志愿者们都会高估他们的候选人获胜的可能性。承诺越公开，人在心理上会越坚定。

承诺可以让人“停不下来”

在电影《锡杯》（*Tin Cup*，1996）中，罗伊是个很有天赋的高尔夫球手，可是运气一直非常差。但在重出江湖参加美国公开赛时，为了追求完美的技术，他宁可扔掉赢取冠军的机会。最终，他虽然输掉了比赛，却充分证明了自己。我们平时在生活中也需要时不时地学学罗伊。Robert Cialdini（1993）很风趣地形容承诺有时能让人“停不下来”。他的意思是，一旦我们全情投入某个事业，我们的决心就会更加坚定。即使行动的初衷已经减弱、改变，甚至不复存在了，立场仍不会变。

不由自主

本书的作者之一就有过一次这样的经历。这位作者想在他房子的后院建一面挡土墙，他最初的预算是1000美元。在与几个承包商沟通后，他发现如果建一面石墙而不是砖墙，他得花3000 ~ 4000美元。于是他与其中一个报价最低的承包商签了合同，决定花3000美元建一面用河石砌的挡土墙。在正式开工的前几天，这位作者又有了一个想法。他觉得，既然已经费了这么大劲，花了这么多钱，为什么不再建一个可供看书的凹台呢？而这时，他妻子又建议说，最好再增加一些台阶，这样上下更容易些。结果，3000美元一面的墙又涨到了4000美元。

但是事情至此仍未结束。墙建好后，作者又置办了洒水车，并进行了园林绿化，因为他认为，墙修得这么漂亮，再花点钱让它成为后院的亮点是完全值得的。最终，一面预算仅为1000美元的墙实际上花费了4500美元。一旦作者启动了这项工程，他致力于精心打造一面石墙的梦想就让他欲罢不能了。当然，他很喜欢这面墙，所以他就停不下来了，结果让他花了一大笔钱。

继续白扔钱

我们可能也都有过这样的经历。如果你有一辆性能不稳定的汽车，你就得不停地为修理它而花钱，而且每一次在修理刹车或者消声器时都期望这是最后一次。修理费用在不断增加，直至最后甚至超出了汽车的转售价值。这时，车主会住手吗？不可能。当车子又出了毛病时，他会变得比以往更坚定。他会想，“我已经为这辆车花了2000美元了，我不能现在放弃它。”赌徒在赌球时输了，到了下周，他会把赌注加倍，因为他自认为这次肯定会赢，可是他又输了。这时，他会学聪明些赶快止损吗？不会的。他会比以往更肯定他赌的那支球队能赢，而且每输一次他的决心反而会增添几分。

一旦我们投入了时间和精力，并且全心全意地献身于某项事业、某个人、某个想法、某个项目或某个团队，我们就不会轻易放手。即使我们产生了其他想法，我们也会抑制它们。我们会为坚持自己最初的信念找一个又一个理由。

记住，大部分的前期承诺都是不必要的，不过是说服者在利用我们。其实，只要一些简单的行为就够了，比如举手、在请愿书上签字或者填一份表格。承诺让我们停不下来的原因是我们很容易被自己说服。一旦我们身陷其中，我们就不愿再了解和思考其他的可能性了，更不愿再采取其他行动了。因此，我们需要保持警惕，不仅要提防他人试图让我们越陷越深，也要提醒自己别不能自拔。

在结束本章节前，我们还想从有关承诺和一致性的讨论中指出几个值得引起重视的地方。第一，如果你实在不愿做某件事，就不要让说服者“诱使”你投入其中。直截了当地说，“我需要想一想”，或者“我想先考虑一下其他选项”，又或者“请你不要逼我匆忙做决定好吗？”第二，如果你确实没有打算或想法，就不要公开做承诺，因为那样会把自己逼到死角。你可以说，“不好意思，我不愿意”，或者“这次我不得不说‘不’了。”第三，如果你已经做了一个轻率的承诺，就坦率地承认，并且看看应当怎样纠正。千万不要因为顾及面子而坚持一个愚蠢的决定。在买东西时，要提前问清楚有关退货和退款的规定。

总　结

态度是研究说服时的一个重要概念。它既可能被直接观察到，也可能需要通过各种显性和隐性的方式推断或测量，最常见的是通过标准化的量表测量。理性行为理论以及与其相伴的计划行为理论为态度和意图对行为的引导作用提供了有用、理性的模型。人的态度与其行为密切相关，特别是若态度是通过中央处理的方式而非周边处理的方式所形成的；而且通过中央处理形成的态度也更加坚定，不容易改变。我们还讨论了态度存在于联想网络中这一事实，以及广告商们会借助联想为其产品或服务树立良好的形象。人们都倾向于在其态度、观念和行为上保持一致性。基于此，说服者会调整其信息内容达到强化信息接收者的一致性感觉或故意制造不一致。认知失调是一致性理论中的一种特殊类型，它解释了人们在做出决定后拼命证明其合理性的原因。说服者也可以利用人的心理阻抗来达到说服的目的。基于认知失调理论，还有两个重要的施加影响的做法：一个是反态度辩护；另一个是让对方做出承诺，特别是当众做出承诺。

参考文献

Aaker, J. L. (1997). Dimensions of brand personality. *Journal of Marketing Research, 34*(3), 347–356.

Aaker, J. L., & Sengupta, J. (2000). Additivity versus attenuation: The role of culture in the resolution of information incongruity. *Journal of Consumer Psychology, 9*, 67–82.

Ajzen, I. (1985). From intentions to actions: A theory of planned behavior. In J. Kuhl & J. Beckmann (Eds.), *Action control: From cognition to behavior* (pp. 11–39). New York: Springer-Verlag.

Ajzen, I. (1991). The theory of planned behavior. *Organizational Behavior and Human Decision Processes, 50*, 179–211.

Ajzen, I. (2002). Perceived behavioral control, self- efficacy, locus of control, and the theory of planned behavior. *Journal of Applied Social Psychology, 32*, 665–683.

Ajzen, I., Albarracín, D., & Hornik, R. (Eds.). (2007). *Prediction and change of health behavior: Applying the reasoned action approach*. Mahwah, NJ: Lawrence Erlbaum Associates.

Ajzen, I., & Fishbein, M. (1973). Attitudinal and normative variables as predictors of specific behaviors. *Journal of Personality and Psychology, 27*, 41–57.

Ajzen, I., & Fishbein, M. (1980). *Understanding attitudes and predicting social behavior: Attitudes, intentions and perceived behavioral control*. Englewood Cliffs, NJ: Prentice Hall.
Albarracín, D., Johnson, B. T., Fishbein, M., & Muellerleile, P. A. (2001). Theories of reasoned action and condom usage: A meta-analysis. *Psychological Bulletin, 127*(1), 142–161.
Ambady, N. (2010). The perils of pondering: Intuition and thin slice judgments. *Psychological Inquiry, 21*, 271–278.
Armitage, C. J., & Conner, M. (2001). Efficacy of the theory of planned behaviour: A metaanalytic review. *British Journal of Social Psychology, 40*, 471–499.
Argyriou, E., & Melewar, T. C. (2011). Consumer attitudes revisited: A review of attitude theory in marketing research. *International Journal of Management Reviews, 13*, 431–451.
Arthur, C. (2009, March 19). The Streisand effect: Secrecy in the digital age. *The Guardian, U.K.*, p. 6.
Beauvois, J. L., & Joule, R. V. (1999). A radical point of view on dissonance theory. In E. Harmon-Jones & J. Mills (Eds.), *Cognitive dissonance: Progress on a pivotal theory in social psychology* (pp. 43–70). Washington, DC: American Psychological Association.
Besley, R., & Joslyn, M. (2001). Cognitive dissonance and post-decision attitude change in six presidential elections. *Political Psychology, 22*, 521–540.
Belk, R. W. (1988). Possessions and the extended self. *Journal of Consumer Research, 2*(2), 139–68.
Brasel, S. A., & Gips, J. (2011). Red Bull "give you wings" for better or worse: A doubleedged impact of brand exposure on consumer preference. *Journal of Consumer Psychology, 21*, 57-64.
Brehm, J. W. (1966). *A theory of psychological reactance*. San Diego, CA: Academic Press.
Brehm, J. W., & Brehm, S. S. (1981). *Psychological reactance: A theory of freedom and control*. San Diego, CA: Academic Press.
Burgoon, M., Alvaro, E. M., Broneck, K., Miller, C., Grandpre, J. R., Hall, J. R., & Franck, C. (2002). Using interactive media tools to test substance abuse prevention messages. In W. D. Crano & M. Burgoon (Eds.), *Mass media and drug prevention: Classic and contemporary theories and research* (pp. 67–87). Mahwah, NJ: Lawrence Erlbaum.
Cacioppo, J. T., Berntson, G. G., & Decety, J. (2012). A history of social neuroscience. In A. W. Kruglanski & W. Stroebe (Eds.), *Handbook of the history of social psychology* (pp. 97–110). New York: Psychology Press.
Cialdini, R. B. (1993). *Influence: Science and practice* (3rd ed.). LaPorte, IN: HarperCollins.
Cooper, J. (2007). *Cognitive dissonance: Fifty years of a classic theory*. Los Angeles, CA: Sage.
Dillard, J. P., & Shen, L. (2005). On the nature of reactance and its role in persuasive health communication. *Communication Monographs, 72*, 144–168.
Dillard, P. (1993). Persuasion past and present: Attitudes aren't what they used to be. *Communication Monographs, 60*(1), 90–97.
Eagly, A. H., & Chaiken, S. (1993). *The psychology of attitudes*. New York: Harcourt, Brace, Jovanovich.
Egan, L. C., Santos, L. R., & Bloom, P. (2007). The origins of cognitive dissonance: Evidence from children and monkeys. *Psychological Science, 18*(11), 978–983.
Einstein, M. (2012). *Compassion, Inc.: How corporate America blurs the line between what we buy, who we are, and those we help*. Berkeley: University of California Press.
Fabrigar, L. R., Krosnick, J. A., & MacDougall, B. L. (2005). Attitude measurement: Techniques for measuring the unobservable. In T. C. Brock & M. C. Green (Eds.), *Persuasion: Psychological insights and perspectives* (2nd ed., pp. 17–40). Newbury Park, CA: Sage.
Falk, E. B., Berkman, E. T., Mann, T., Harrison, B., & Lieberman, M. D. (2010). Predicting persuasion-induced behavior change from the brain. *Journal of Neuroscience, 30*(25), 8421–8424.
Fazio, R. H., & Olson, M. A. (2003). Implicit measures in social cognition research: Their meaning and use. *Annual Review of Psychology, 54*, 297–327.
Festinger, L. (1957). *A theory of cognitive dissonance*. Stanford, CA: Stanford University Press.
Festinger, L. (1964). *Conflict, decision and dissonance*. Stanford, CA: Stanford University Press.
Festinger, L., & Carlsmith, J. M. (2007). Does cognitive dissonance explain why behavior can change attitudes? In J. A. Nier (Ed.) *Taking sides: Clashing views in social psychology* (2nd ed., pp. 74–91). Dubuque, IA: McGraw-Hill.
Fishbein, M., & Ajzen, I. (1975). *Belief, attitude, intention, and behavior: An introduction to theory and research*. Reading, MA: Addison-Wesley.
Fishbein, M., & Ajzen, I. (2010). *Predicting and changing behavior: The reasoned action approach*. New

York: Psychology Press.

Flynn, D., van Schaik, P., & van Wersch, A. (2004). A comparison of multi-item Likert and visual analogue scales for the assessment of transactionally defined coping function. *European Journal of Psychological Assessment, 20*, 49–58.

Fournier, S. (1998). Consumers and their brands: Developing relationship theory in consumer research. *Journal of Consumer Research, 24*, 343–373.

French, D. P., & Cooke, R. (2012). Using the theory of planned behaviour to understand binge drinking: The importance of beliefs for developing interventions. *British Journal of Health Psychology, 17*, 1–17.

Godin, G., & Kok, G. (1996). The theory of planned behavior: A review of its applications to health-related behaviors. *American Journal of Health Promotion, 11*, 87–98.

Godin, G., Maticka-Tynadale, E., Adrien, A., Manson-Singer, S., Williams, D., & Cappon, P. (1996). Cross-cultural testing of three social cognitive theories: An application to condom use. *Journal of Applied Social Psychology, 26*, 1556–1586.

Goodall, C. E. (2011). An overview of implicit measures of attitudes: Methods, mechanisms, strengths, and limitations. *Communication Methods & Measures, 5*(3), 203–222.

Greene, K., Hale, J. L., & Rubin, D. L. (1997). A test of the theory of reasoned action in the context of condom use and AIDS. *Communication Reports, 10*, 21–33.

Greenwald, A. G., McGhee, D. E., & Schwartz, J. K. L. (1998). Measuring individual differences in implicit cognition: The implicit association test. *Journal of Personality and Social Psychology, 74*, 1464–1480.

Greenwald, A. G., Poehlman, T. A., Uhlmann, E. L., & Banaji, M. R. (2009). Understanding and using the implicit association test: III. Meta-analysis of predictive validity. *Journal of Personality and Social Psychology, 97*(1), 17–41.

Greenwald, A. G., & Ronis, D. L. (1978). Twenty years of cognitive dissonance: Case study of the evolution of a theory. *Psychological Review, 85*(1), 53–57.

Hansmann, R., & Scholz, R.W. (2003). A two-step informational strategy for reducing littering behavior in a cinema. *Environment and Behavior, 35*(6), 752–762.

Harmon-Jones, E., & Harmon-Jones, C. (2008). Cognitive dissonance theory: An update with a focus on the action-based model. In J. Shaw & W. Gardner (Eds.) *Handbook of motivation* (pp. 71–83), New York: Guilford Press.

Harmon-Jones, E., & Mills, J. (Eds.). (1999). *Cognitive dissonance: Progress on a pivotal theory in social psychology*. Washington, DC: American Psychological Association.

Heider, F. (1958). *The psychology of interpersonal relations*. New York: John Wiley & Sons. Holland, R. W., Verplanken, B., & Van Knippenberg, A. (2002). On the nature of attitude– behavior relations: The strong guide, the weak follow. *European Journal of Social Psychology, 32*, 869–876.

Hong, S. M. (1992). Hong's Psychological Reactance Scale: A further factor analytic validation. *Psychological Reports, 70*, 512–514.

Hong, S. M., & Faedda, S. (1996). Refinement of the Hong psychological reactance scale. *Educational and Psychological Measurement, 56*, 173–182.

Horsley, A. D. (1988). The unintended effects of a posted sign on littering attitudes and stated intentions. *Journal of Environmental Education, 19*(3), 10–14.

Hoshino-Browne, E., Zanna, A. S., Spencer, S. J, Zanna, M. P., Kitayama, S., & Lackenbauer, S. (2005). On the cultural guises of cognitive dissonance: The case of easterners and westerners. *Journal of Personality and Social Psychology, 89*, 294–310.

Huffman, K. T., Grossnickle, W. F., Cope, J. G., & Huffman, K. (1995). Litter reduction: A review and integration of the literature. *Environment and Behavior, 27*, 153–183.

Iacoboni, M., Freedman, J., Kaplan J., Jamieson, K. H., Freedman, T., Knapp, B., & Fitzgerald, K. (2007, November 11). "This is your brain on politics." *New York Times*, Sec. 4, p. 14.

Jack, J., & Appelbaum, L. G. (2010). "This is your brain on rhetoric": Research directions for Neurorhetorics. *Rhetoric Society Quarterly, 40*(5), 411–437.

Kelman, H. C. (1953). Attitude change as a function of response restriction. *Human Relations, 6*, 185–214.

Kim, M., & Hunter, J. E. (1993). Attitude–behavior relations: A meta-analysis of attitude relevance and topic. *Journal of Communication, 43*(1), 101–142.

Kitayama, S., Snibbe, A. C., Markus, H. Z., & Suzuki, T. (2004). Is there any "free choice"? Self and dissonance in two cultures. *Psychological Science, 15*(8), 527–533.

Knox, R. E., & Inkster, J. A. (1968). Postdecision dissonance at post time. *Journal of Personality and Social Psychology, 3*, 319–323.

Krishna, A. (2011a). Can supporting a cause decrease donations and happiness? The cause marketing paradox. *Journal of Consumer Psychology, 21*(3), 338–345.

Krishna, A (2011b, October 16). Philanthropy and marketing: Buying products linked to good causes makes us feel better, but who really benefits? *The Toronto Star*, p. A–15. Retrieved on April 4, 2012 from Lexis-Nexis Academic search engine.

Lee, C., & Green, R. T. (1991). Cross-cultural examination of the Fishbein behavioral intention model. *Journal of International Business Studies, second quarter*, 289–305.

Likert, R. (1932). A technique for the measurement of attitudes (special issue). *Archives of Psychology, 22*, 1–55.

Madden, T. J., Ellen, P. S., & Ajzen, I. (1992). A comparison of the Theory of Planned Behavior and the Theory of Reasoned Action. *Personality and Social Psychology Bulletin, 18*(3), 3–9.

Masnick, M. (2005, January). Since when is it illegal to just mention a trademark online? *Techdirt.*

Matz, D. C., & Wood, W. (2005). Cognitive dissonance in groups: The consequences of disagreement. *Journal of Personality and Social Psychology, 88*(1), 22–37.

McDermott, R., (2009). The case for increasing dialogue between political science and neuroscience. *Political Research Quarterly, 62*(3), 571–583.

Mettler, S. (2011). *The submerged state: How invisible government policies undermine American democracy.* Chicago: University of Chicago Press.

Miller, C. H., Burgoon, M., Grandpre, J., & Alvaro, E. (2006). Identifying principal risk factors for the initiation of adolescent smoking behaviors: The significance of psychological reactance. *Health Communication, 19*, 241–252.

Miller, C. H., Lane, L. T., Deatrick, L. M., Young, A. M., & Potts, K. A. (2007). Health messages: The effects of controlling language, lexical concreteness, and the restoration of freedom. *Human Communication Research, 33*, 219–240.

Milton, A. C., & Mullan, B. A (2012). An application of the theory of planned behavior—A randomized controlled food safety pilot intervention for young adults. *Health Psychology, 31*(2), 250–259.

Mind games: How not to mix politics and science. (2007, November 22). *Nature, 450*(7169), 457.

Nisbett, R. E. (2003). *The geography of thought*. New York: Free Press.

Orend, A., & Gagné, P. (2009). Corporate logo tattoos and the commodification of the body. *Journal of Contemporary Ethnography, 38*(4), 493–517.

Osgood, C. E., & Tannenbaum, P. H. (1955). The principle of congruity in the prediction of attitude change. *Psychological Review, 62*, 42–55.

Osgood, C. E., Tannenbaum, P. H., & Suci, G. J. (1957). *The measurement of meaning*. Urbana: University of Illinois Press.

Park, J. K., & John, D. R. (2010). Got to get you into my life: Do brand personalities rub off on consumers? *Journal of Consumer Research, 37*(4), 655–669.

Petty, R. E., & Cacioppo, J. T. (1983). The role of bodily responses in attitude measurement and change. In J. T. Cacioppo & R. E. Petty (Eds.), *Social psychophysiology: A sourcebook* (pp. 51–101). New York: Guilford Press.

Petty, R. E., & Cacioppo, J. T. (1986a). The Elaboration Likelihood Model of persuasion. In L. Berkowitz (Ed.), *Advances in experimental social psychology* (Vol. 19, pp. 123–205). New York: Academic Press.

Petty, R. E., & Cacioppo, J. T. (1986b). *Communication and persuasion: Central and peripheral routes to attitude change*. New York: Springer-Verlag.

Petty, R. E., Cacioppo, J. T., Strathman, A. J., & Priester, J. R. (2005). To think or not to think: Exploring two routes to persuasion. In T. Brock & M. C. Green (Eds.), *Persuasion: Psychological insights and perspectives* (pp. 81–116). Thousand Oaks, CA: Sage.

Petty, R. E., Fazio, R. H., & Briñol, P. (Eds.). (2009). *Attitudes: Insights from the new implicit measures*. New York: Psychology Press.

Preiss, R. W., & Allen, M. (1998). Performing counterattitudinal advocacy: The persuasive impact of incentives. In M. Allen & R. Preiss (Eds.), *Persuasion: Advances through metaanalysis* (pp. 231–239). Cresskill, NJ: Hampton Press.

Prislin, R., & Crano, W. D. (2008). Attitudes and attitude change: The fourth peak. In W. D. Crano & R. Prislin

(Eds.), *Attitudes and attitude change* (pp. 3–15). New York: Taylor & Francis.

Quick, B. L., & Stephenson, M. T. (2007). Further evidence that psychological reactance can be modeled as a combination of anger and negative cognition. *Communication Research, 34*(3), 255–276.

Reips, U.-D., & Funke, F. (2008). Interval-level measurement with visual analogue scales in Internet-based research: VAS Generator. *Behavior Research Methods, 40*(3), 699–704.

Rule, N. O., & Ambady, N. (2010). Democrats and Republicans can be differentiated by their faces. *PLoS ONE*, 5(1), e8733.

Rule, N. O., Ambady, N., Adams, R. B., Jr., & Macrae, C. N. (2008). Accuracy and awareness in the perception and categorization of male sexual orientation. *Journal of Personality and Social Psychology, 95*, 1019–1028.

Rule, N. O., Ambady, N., & Hallett, K. C. (2009). Female sexual orientation is perceived accurately, rapidly, and automatically from the face and its features. *Journal of Experimental Social Psychology, 45*, 1245–1251.

Sharkansky, I. (2002). Slogan as policy. *Journal of Comparative Policy Analysis: Research and Practice, 4*, 75–93.

Scher, S. J., & Cooper, J. (1989). The motivational basis of dissonance: The singular role of behavioral consequences. *Journal of Personality and Social Psychology, 56*, 899–906.

Sénémeaud, C., & Somat, A. (2009). Dissonance arousal and persistence in attitude change. *Swiss Journal of Psychology, 68*(1), 25–31.

Sheppard, B. H., Hartwick, J., & Warshaw, P. R. (1988). The theory of reasoned action: A meta-analysis of past research with recommendations for modifications and future research. *Journal of Consumer Research, 15*, 325–343.

Sullivan, T. (2009, April 22). "The Pirate Bay case: Not necessarily a victory for Hollywood." *Christian Science Monitor*, p. 6.

Swaminathan, V., Stilley, K. M., & Ahluwalia, R. (2009). When brand personality matters: The moderating role of attachment styles. *Journal of Consumer Research, 35*(6), 985–1002.

Tavris, C., & Aronson, E. (2007). *Mistakes were made* (but not by me). New York: Harcourt.

Tesser, A., & Shaffer, D. R. (1990). Attitudes and attitude change. *Annual Review of Psychology, 41*(1), 479–523.

Tingley, D. (2006). Neurological imaging as evidence in political science: A review, critique, and guiding assessment. *Social Science Information, 45*(1), 6–33.

Weber, K., Martin, M. M., & Corrigan, M. (2007). Real donors, real consent: Testing the theory of reasoned action and organ donor consent. *Journal of Applied Social Psychology, 37*(10), 2435–2450.

Wittenbrink, B., & Schwartz, N. (2007) *Implicit measures of attitudes*. New York: Guilford Press.

Xie, X., Jang, A., & Cai, D. A. (2007, November 15). *Are Asians really okay with contradictions? Using dissonance to explain cultural differences in responding to contradictions*. Paper presented at the annual meeting of the National Communication Association, Chicago, IL.

注 释

1. 隐性与显性的区别并不是一成不变的。有些显性态度可能是由一种近似于自发的、即时的方式引发的；而对于有些隐性态度，人们也是可以感受到的。
2. 这一解释与我们将在第九章中讨论的预防接种理论的发现高度一致。如果想给信息接收者灌输某种想法并让他们反对相反的论调（提前让他们知道一点他们将会听到的观点，并且告诉他们如何应对反对的观点），就得要求他们积极思考所灌输信息的内容。他们在经过动脑筋思考后，再遇到相反的论调时就更具抵抗能力。

信 誉

本章概览

巴拉克·奥巴马（Barack Obam）拥有它，天体物理学家奈尔·德葛拉司·泰森（Neil deGrasse Tyson）也拥有它；约翰·F. 肯尼迪（John F. Kennedy）和罗纳德·里根（Ronald Reagan）拥有它。不幸的是，阿道夫·希特勒也拥有它。马丁·路德·金（Martin Luther King）博士拥有它，黛安娜王妃也拥有它。至于唐纳德·特朗普（Donald Trump）和奥普拉·温弗瑞（Oprah Winfrey）是否拥有它，取决于你问了什么人。上面提到的这些人拥有的是超凡的个人魅力。超凡的个人魅力用来形容某个人拥有某种难以准确描述的魅力或吸引力。我们可以说这样一个人具有磁性性格或者一种应对自如的社交能力（Riggio，1987，2010）。

但是要描述这种具有超凡个人魅力的人非常困难，因为它没有一个清晰、准确的意思，而只是一个模糊的概念。因此，说服研究者更倾向于使用另一个不同但相关的概念——精神气质（ethos），又称信誉。精神气质与超凡魅力有一些相似之处，但是超凡魅力表现为一种难以捉摸、无法形容的特质，而精神气质可以较准确地定义和测评。在本章中，我们要探讨精神气质或者信誉的概念，以及它与说服的关系。我们先来讨论信誉，因为它与名星代言人和发言人密切相关。接着，我们会对信誉给出定义，分析其基本特征，并且探讨构成信誉的潜在维度。然后，我们会考虑按照 Petty 和 Cacioppo（1986）的详尽可能性模型来阐释信誉是怎样发挥作用的。我们还会审视一种被称为“睡眠者效应”的现象。最后，我们将讨论信誉在组织和人际交往环境下的实际应用。

名人的销售力：答案在名人本身

你知道大约每四次广告宣传和每五个商业广告中就会出现一位名人吗（Solomon，2009；Spry，Pappu，& Cornwall，2011）？你知道在所有的广告支出中，有大约10% 的费用付给了这些明星代言人吗（Agrawal & Kamakura，1995）？仅耐克一家公司，每年花在明星代言方面的费用就高达5亿美元（Bruno，2011）。那些拥有高 Q 分值（就是其销售商数）[1]的明星和运动员们能够凭借广告代言收入数百万美元。难怪 Berger（2011）称我们现在生活在一个追星的时代。

想到在明星身上花那么多钱，你禁不住会问，他们真的有用吗？在一次民意调查中，当被问及这一问题时，只有3% 的受访者回答说他们会因为明星的推荐而尝试某一新产品（“Study finds…,” 2000）。但是这其中可能有*第三人效应*，该效应认为人们觉得媒体在他们身上发挥的作用远远低于在别人身上产生的效果（Jensen & Collins，2008；Shin & Kim，2011）。不过，也有人认为明星代言正在失去影响力，因为消费者更愿意相信社交网络而非这些代言人（Weir，2011）。

但是即便如此，仍有足够多的证据证明名人们还是起了一定的作用。一项由 Spry、Pappu 和 Cornwall（2011）发起的研究发现，代言人的信誉能够对品牌的价值产生重大影响，它指的是能够提升品牌的附加值。根据 Elberse 和 Verleun（2012）进行的一项调查研究，平均来讲，名人代言能够使销售提高约20%。与既有品牌相比，名人代言的效果在新产品和服务的推广上最为明显（Kumkale，Albarracin，& Seignourel，2010）。如果名人不能创造利润，广告商们是不会用他们的。

匹配假设：为什么乔纳·希尔不能给露华浓做代言人

*匹配假设*认为，代言人必须与其所代言的品牌非常“契合”（Kamins &

Gupta，1994；Koernig & Boyd，2009；Till & Busler，2000）。贾斯汀·比伯（Justin Bieber）拥有大量年轻的粉丝，这使他成为提前保护类护肤品的最佳人选。德怀特·霍华德（Dwight Howard）的运动天赋使他非常适合为运动饮料佳得乐（Gatorade）和维他命水（Vitamin Water）做广告。选择好莱坞演员安吉丽娜·朱莉（Angelina Jolie）而不是真人秀的草根明星史努基（Snooki）给路易·威登代言也是有充分理由的。而说到让史奴基蹿红的电视真人秀节目《泽西海岸》（*Jersey Shore*），据说 Abercrombie & Fitch 品牌（简称 A&F）向迈克尔·索伦蒂诺（Michael Sorrentino）支付了一笔钱，要求他不要在这档真人秀节目中穿他们品牌的衣服，因为 A&F 认为，该明星与他们的品牌实在不相称（Horowitz，2011）。

对于名人需与其所代言的品牌相符的一个解释来自*意义转移观点*。按照这一观点，代言人的公众形象会投射到其所代言的品牌上，然后该品牌的形象又会与消费者的自我概念结合在一起（McCracken，1986，1989）。举例来说，在美国运通的广告片《我的生活，我的卡》中，美国著名主持人艾伦·德杰尼勒斯（Ellen DeGeneres）一直在跳舞，这很容易受到那些具有独立思想、主张“我的生活我做主”的消费者的认可，因为他们认为德杰尼勒斯有自己的事业，并且非常成功。

昙花一现

用非常有名的明星、运动员或其他名人也有不利的一面。如果这个名人突然陷入丑闻或者法律诉讼怎么办？奥运会金牌得主迈克尔·菲尔普斯（Michael Phelps）被拍到吸食大麻后，他为谷物早餐品牌家乐氏（Kellogg's）代言的广告瞬间就化为乌有了。菲尔普斯后来又与快餐连锁店赛百味（Subway）签约了。泰格·伍兹（Tiger Woods）的性骚扰案使他的三个主要赞助商 EA 体育、耐克和百事可乐丢掉了4%的市值（根据 Knittel & Stango 提供的数据）。在歌手克里斯·布朗（Chris Brown）被指控对他的女友蕾哈娜（Rihanna）施暴后，用他做广告的绿箭口香糖也损失惨重。麦莉·赛勒斯（Miley Cyrus）继在演唱会上出洋相后，又在19岁生日聚会时拍摄的录像中承认自己也吸毒，这令她失去了不少光彩。优能洗眼液（Visine），你还对她感兴趣吗？

上面这些例子清楚地表明，如果明星、运动员、记者或者政治家被丑闻玷污了，他们所代言的品牌的信誉也就跟着遭殃了（Till & Shimp，1998）。为了避免因使用现实中的名人而承担风险以及庞大的费用支出，许多公司会选择用虚构的人物代言。加拿大食品品牌捷密娜婶婶（Aunt Jemima）绝对不会卷入内部交易；Geico 保险公司不必担心为其广告代言的壁虎有一天会因性侵犯而被捕；威猛先生（Mr Muscle）永远不可能在激素使用试验中被查出阳性反应；为饼干代言的卡通形象 Keebler 精灵也肯定不会在突击检查中被发现藏有儿童色情的内容。在了解了过分依赖信誉作为说服工具的弊端后，我们需要更仔细地搞清楚信誉究竟是什么以及它是怎样发挥作用的。

信誉是什么

O'Keefe（2002）将信誉定义为“由主体（信息的接收者）做出的有关传播者可信度的判断”（p.181）。我们建议将组织也包括传播者的范围内，因为私营公司和政府部门也需要保护其形象，它们也希望得到好评。此外，在面对面时，双方的信誉都面临着考验，因为在互动时，每一方都既是信息的发出者，又是接收者。

信誉是一个基于接收者的概念

O'Keefe 定义中的一个重要特点是认为信誉是一个基于接收者的概念，也就是说，信誉存在于旁观者的眼中。比如，在某个人看来，希拉里・克林顿（Hillary Clinton）是可靠的，而另一个人却认为美国阿拉斯加州州长莎拉・佩林（Sarah Palin）更值得信赖。即使是说唱歌手也需要“街头信誉”，或者说给人一种危险感（弹痕或者刀伤可以起到这样的作用）。简而言之，如果这些人是可以信赖的，那是因为我们认为他们有良好的信誉。修正一个古老的哲学问题，假设有人问，“如果一个提供消息的人站在森林中，周围没有一个人看到他，他有信誉可言吗？”我们的回答是否定的。提供消息的人自身都拥有不同的能力和特征，但这些能力和特征的价值需要由接收者来确定。信誉说到底是一个知觉现象。

信誉是一个多维度的概念

信誉的第二个重要特点是它不是一个单维度的概念，也就是说，它不是由一个因素构成的。信誉体现的是他人在传播者身上看到的多特征综合体，所以说它是一个多维度的概念。打个比方可以解释得更清楚一些。假设你要给运动下定义，你不可能只选出一个特点作为运动的全部。运动需要力量、协调、韧性和快速反应，等等。同样的，信誉也不是传播者所拥有的单一特质，而是各种特质的结合。我们在后面会逐一讨论具体特质。

信誉是一种情境或语境现象

信誉的第三个特点是它是一种情境或语境现象。在某个情境中受到推崇的传播者特质可能在另一个情境中会遭到痛斥。因此，说服者的信誉会随着听众或场景的变换而发生改变。全国枪支协会的负责人如果面对喜欢打猎和钓鱼的人发表讲话，肯定会大受欢迎，可如果他面对的是动物权利捍卫者，他就可能受到充满敌意的对待。你自身的信誉也会因情境的改变而发生变化，你可能会在某个环境中（比如工作中、家庭中、朋友面前或学校里）赢得更多的信誉。

信誉是变化的

信誉会随时间发生变化。乔治·W. 布什（George W. Bush）的信誉在美国入侵阿富汗后一路上扬，可等到卸任时，其公众支持率却是历届总统中最低的。事实上，布什获得的最高和最低支持率相差如此悬殊实在令人感到怀疑（Gass & Seiter，2009；Thee-Brenan，2009）。不过，重要的是承认信誉是变化的：它会随着时间而起伏波动，有时甚至可能在讲话、推销或者给董事会做报告的过程中就发生了变化。

可信度的因素分析法

就如同厨师会对获奖食谱的成分感兴趣一样，对说服进行研究的研究人员也竭力想找出它的“成分”，或者信誉的基本面。事实上，早在公元前380年，亚里士多德就在其所著的《修辞学》中称，“激发演说家信心并且诱惑我们相信一件事的，除去证据，就是好的判断能力、好的道德品质和好的意愿”（1378）。亚里士多德的说法基本上是准确的。

20世纪六七十年代，研究人员已经开始使用一种被称为因素分析的统计方法来检测信誉的基本面或其成分了。在那个时期，围绕着信誉究竟有几个基本面以及它们都是什么，出现了许多争议（Cronkhite & Liska，1976；Pornpitakpan，2004）。后来的研究虽然没能澄清所有争议，但对绝大多数问题都给出了解答。

信誉的主要基本面

现在已经有足够肯定的证据证明信誉有三个基本面，它们与评估信息的来源息息相关。除此以外，还有一些针对具体情境的二类基本面。如果你希望增加自己的信誉度，你首先应当聚焦主要的基本面，对二类基本面可视具体情况而定。专栏4.1是测量这些基本面时所涉及的方面。

专栏 4.1 | 测量信誉的双极形容词及语义差异量表

主要基本面：

专业技能（又被称为能力或资格）

有经验的 / 没有经验的
博学的 / 无知的
训练有素的 / 未受培训的
合格的 / 不合格的
娴熟的 / 不熟练的
智慧的 / 不明智的
专业的 / 非专业的
有能力的 / 无能力的
聪明的 / 愚蠢的

诚信（又被称为性格、安全性或正直的人品）

诚实的 / 不诚实的
值得信赖的 / 不值得信赖的
豁达的 / 心胸狭窄的
公正的 / 不公正的
公平的 / 不公平的
无私的 / 自私的
有节操的 / 无节操的
道德的 / 不讲道德的
真实的 / 虚伪的

友善

关心我 / 不关心我
在意我的兴趣 / 不在意我的兴趣
不以自我为中心 / 以自我为中心
关注我 / 不关注我
敏感的 / 不敏感的
善解人意 / 不善解人意

二类基本面

外向

怯懦的 / 勇敢的
多话的 / 安静的
温柔的 / 攻击性的
爱讲话的 / 沉默的

镇静

镇定的 / 焦虑的
放松的 / 紧张的
沉着的 / 不安的
兴奋的 / 控制的

社交

和蔼可亲的 / 易怒的
开心的 / 闷闷不乐的
友好的 / 不友好的

来源：Adapted from McCroskey, J. C., & Yong, T. J. (1981). Ethos and credibility: The construct and its measurement after three decades. Central States Speech Journal, 32, 24-34; and McCroskey, J. C., & Teven, J. J. (1999). Goodwill: A reexamination of the construct and its measurement. Communication Monographs, 66, 90-103.

专业技能

信誉的第一个主要基本面是专业技能（McCroskey，1966；Pornpitakpan，2004）。要想让人觉得可信，说服者必须对其所讲述的内容了如指掌，或者至少要表现得如此。有时候，像医学博士、博士或者注册会计师这样的学历或者职称能够赋予说服者相当的可信度。不过，你也需要谨慎，因为并不是所有这样的头衔都名符其实。比如，广播电台脱口秀节目主持人劳拉医生（Laura Schlessinger）就不是医生。她只是在生理学方面拿过一个博士学位，尽管有时她称自己是“精神病学家”。当技术类人员在电话簿的黄页上登广告时，他们通常会称自己拥有资格证书并且从业多年。他们这么做也是为了提升自己的信誉。

其实，如果希望被别人视为专家，你不一定要拥有高学历、执照、证书或者得到特殊培训。比如，在匿名戒酒者互助会，如果有人曾酗酒长达20年，但已成功戒酒10年，他就会被别人视为在这方面很有经验和方法的人。这样一位会员非常清楚应该告诉大家什么，因为他有亲身经历（Denzen，1987；Robertson，1988）。就连占星师、算命先生和巫师都竭力想让自己显得非常专业。有一个巫师网站声称，“不要付钱给那些假巫师，我们才是真正拥有资格认证的巫师，静候与您在网上进行交流。”

很有趣的一点是，信息提供者的专业技能有时与他试图说服的内容并不属于一个领域。比如，网球名将玛丽亚·莎拉波娃（Maria Sharapova）并不是电器方面的专家，可是她为三星手机的代言非常成功。用名人代言能够产生光环效应，导致他们的信誉被用在新的、与其专业无关的领域了。

Bruce Rind（1992）进行的一项研究表明，光环效应不只限于名人。在研究中，一位实验助手故意走近商场食品货柜附近的顾客，并鼓动他们买彩票。有一次，他向顾客展现了令人惊叹的计算能力（这位实验助手使用了一个暗藏的接收器，通过它可得到正确答案）；另一次，他让自己表现得像个傻子，计算能力糟糕透顶；还有一次，他根本没有声称自己具有非凡的计算能力。相较于其他两次，当这位实验助手表现出令人瞠目的计算技能时，顾客们马上购买了大量的彩票。其实，购买彩票与那位实验助手出色的计算技能之间毫无关系。由此看来，专业技能，哪怕是无关的技能，都对说服极具价值。不过，需要提醒的一点是，购买彩票相对来讲是一件小事，我们认为对于更复杂的事情，接收者们还是非常看重相关的专业技能的。

虽然我们倾向于认为专业技能可以带给人高度的自信，但情况并非总是如此。如果信息的提供者已经享有很高的信誉，那么即使对于自己不太肯定的东西，他也能够施加很大的影响力；反之，如果信息的提供者尚未树立起什么信誉，他就必须非常有把握才可能更有说服力（Karmarker & Tormala，2010）。

诚信

信誉的第二个主要基本面是诚信（McCroskey，1966；Pornpitakpan，2004）。信息的提供者可能看上去很博学，可是如果你不认为他很真实或者值得信赖，又会怎样呢？如果你的汽车需要换刹车片，你肯定不仅想找一个称职的技工，一定还希望他诚实可靠。因此，要想取得成功，说服者必须给人留下诚实正直的印象。

或许你已经注意到了，有些报纸和杂志上的广告会特别加注一个“如电视所见”的标识，这样做的目的就是建立信任感，因为许多消费者会不假思索地以为只有信誉好的公司才敢在电视上做广告。这一点也同样适用于黄页广告中出现的基督徒标识。消费者们通常会认为，如果一个电工、水管工或木匠是基督徒，他就不太可能欺骗他们。这样的“符号推理”有它的优势，可是如果一个没有节操的技术人员也使用基督徒的标识去愚弄顾客，骗取他的信任呢？股票经纪人和投资顾问伯纳德·麦道夫（Bernard Madoff）在被曝光操纵了庞氏骗局前，看上去很可信，可是后来他被指控诈骗了投资者们650亿美元。专栏4.2严肃地提醒了人们在对陌生人建立信任前必须非常小心谨慎。

专栏 4.2 | 光环下面有犄角吗？

1978年4月7日，12岁的女孩金柏莉·林奇（Kimberly Leach）的尸体在佛罗里达州苏万尼河州立公园附近被找到了。她是泰德·邦迪（Ted Bundy）杀害的最后一个人。1989年1月24日，这个臭名昭著的连环杀手因杀害金柏莉·林奇和另两名女性而被执行死刑。他供认，他至少还杀了另外35个人。这些被害者中的许多人都是被他用一个看似非常简单的方法引诱到他车里的：他假装受了伤，让受害者帮他把他的东西拿到车里。泰德·邦迪怎么可能欺骗了那么多的女性呢？根据认识邦迪的作家安·鲁尔（Ann Rule，1989）所述：

> 泰德小时候一直被人们认为是一个无可挑剔的儿子和无可挑剔的学生，他参加过童子军。成年后，他又被视为天才，而且长得像电影明星一样英俊。他很可能将加入共和党，同时他还是一位敏感的社会工作者、崭露头角的律师、值得信赖的朋友和未来注定会成功的年轻人。

从这样的描述或他的照片不难发现，泰德绝对不像连环杀手，而这也正是他的危险之处。我们常常会因为某人看上去很可靠而信任他，良好的形象和表达方式会形成一种光环，阻碍我们发现下面可能潜藏的犄角。而且愚弄我们的不只是这些光环，有时候，他人讲话的方式、着装或者他们认识什么人也会让我们对他们产生信任感。

怎样才能避免光环效应引发的问题呢？我们能够提供的最好的建议是你小时候就知道的：第一，“不要以貌取人”；第二，“不要和陌生人讲话”。

友善

信誉的第三个主要基本面就是友善。以前，人们普遍认为信誉只有两个主要基本面，但是近年来，McCroskey 和 Teven（McCroskey & Teven，1999；Teven & McCroskey，1997）已经获得了可靠的研究成果，证明信誉还有第三个主要基本面。事实上，McCroskey 和 Teven 将友善称为信誉“被遗失的一个方面”，因为它本来就是亚里士多德对信誉的定义的一部分。

McCroskey 和 Teven（1999）认为，友善是能够知觉到的关怀，也就是说，信息的提供者非常关心和在意接收者，对其表现出了良好的善意。它可以通过对接收者想法、感受或需要的理解显现出来；也可以借助共情向对方表达，即对对方的感受或境遇给予感同身受的认同。在对方试图沟通时做出回应也是友善的一种表现。当一个人说，“我知道你从哪里来”，或者“我完全能理解”，或者“我非常同情你的感受”时，他就是在向对方表达友善。

在上面讨论的信誉的三个主要基本面中，专业技能对说服所起的作用可能最大。Wilson 和 Sherrell（1993）没有对友善的效用进行专门的研究，但他们通过元分析发现，专业技能对说服的作用远超诚信、吸引力和相似性。不过，究竟哪个基本面对说服的结果最重要，还取决于说服的具体内容以及发生的具体情境。

信誉的二类基本面

研究人员发现，信誉的一些其他基本面与具体环境的关联非常紧密。其中之一被一些人称为*活力*（Berlo et al.，1969），被另一些人称为*外向*（Burgoon，1976；McCroskey & Young，1981），与信息提供者是否表现得有活力、热情和精力旺盛有关。唐纳德·特朗普在他的电视节目《学徒》（*The Apprentice*）中就表现得活力四射。当然，像吉利安·迈克尔斯（Jillian Michaels）这样著名的健身教练是不会表现出暮气沉沉或没精打采的。而在一些情境中，确实需要信息提供者表现得活泼和充满朝气。不过，如果一个人过于兴奋和多动，尤其是在错误的时间，也可能会失去信誉（Burgoon，1973）。重要的是，信息提供者的活力要与其所处场合的氛围相契合。

信誉的另一个二类基本面是状态（Miller & Hewgill，1964）。在一些场合，我们希望信息提供者保持镇定、冷静和克制。特工 007，也就是詹姆斯·邦德这个人物，就展现出了这种特质。切斯利·苏伦伯格（Chelsey.B.Sullenberger）机长，即萨利机长，安全地将美国航空公司的1549班机降落在哈德逊河旁，他在面临严峻考验时也保持了镇定自若。美国联邦航空局提供的飞行记录显示，萨利机长“面对危及生命的压力，表现得沉着冷静”（McShane，2009，p.12）。而另一方面，如果信息提供者惊惶失措，表现出紧张或不安的状态，他就会失去信誉。当汤姆·克鲁斯（Tom Cruise）在奥普拉的沙发上表现得坐立不安，却声称他很爱凯蒂·霍尔姆斯（Katie Holmes）时，观众觉得他一点也不可信。

信誉还有一个二类基本面，就是社交，它指的是信息提供者是否对他人友好或者招人喜爱。在我们看来，演员保罗·路德（Paul Rudd）、艾玛·汤普森（Emma Thompson）、拉什达·琼斯（Rashida Jones）、汤姆·汉克斯（Tom Hanks）、瑞茜·威瑟斯彭（Reese Witherspoon）和魔术师约翰逊都具有这一特质，还有许多人也很容易与别人接近。Sanders（2006）强调说，友好、共情和真诚对于说服他人非常有帮助。社交能力对于与人打交道的职业来说尤其重要，比如销售、法律、教育、社会工作等。

因素分析法与现实世界

我们已经花了大量的精力来研究信誉，那么我们所讨论的那些特点在现实世界中成立吗？答案是非常肯定的。Kouzes 和 Posner（2011）对此进行了30多年的研究，采访了担任领导职务的数千人。结果证实，受到钦佩的人都是有能力的、诚实的并且能鼓舞他人的。Kouzes 和 Posner 特别指出，在这些人身上同时有上述几种特质，“诚信就意味着诚实；专业技能就意味着有能力；活力就意味着能鼓舞他人。换句话讲，已证实，人们希望领导人是讲信誉的”（p.16）。

作为周边暗示的信誉

在对信誉做出详细解释后，我们要将注意力转向它对说服能起到怎样的帮助。要探讨这一问题，我们需要回到在第二章中介绍过的 Petty 和 Cacioppo 的详尽可能性模型。根据这一模型，说服有两个明显不同的路径：中央路径和周边路径。中央路径涉及思考，或称认知精加工；周边路径则只凭借思维捷径，或称启发式线索。

Petty 和 Cacioppo 将信誉划归为说服的周边暗示。当某一信息对于接收者来说没什么利害关系时，他们关注的动机就比较低，于是他们就可能选择周边路径。通常来讲，如果接收者本人没有过多地参与某件事，信息提供者的信誉就会对他施加很大的影响力。信誉对于高度参与其中的接收者来说作用不大，但如果接收者的介入程度较低，信誉就会发挥神奇的作用（Benoit，1987）。介入程度低的接收者更可能服从信息提供者，因为他们不想花工夫自己思考。说得直白一点，这样的接收者比较懒惰，不愿动脑子。虽然信誉被划归为周边暗示，但我们绝不能轻视它的重要性，它仍是一个很关键的周边暗示。

如果你极力说服接收者，可他们认为你的信誉程度不够高，你应当充分利用上面提供的信息。你要尽一切可能让他们参与该事件或话题，向他们解释为什么这件事与他们有关，强调它会对他们产生的直接影响。如果你能让你的目标听众更多地介入该事件或话题，他们会更关注信息本身，而不太在意你的信誉。

抢占先机非常重要

信息提供者应当在什么时候展示其专业技能呢？在传递一个带有说服性质的信息的开始阶段还是结束时？研究结果强烈建议，信息提供者必须在陈述说服信息前表现出自己的专业技能，这样才能让信誉在说服过程中发挥作用（Benoit & Strathman，2004；Nan，2009；O'Keefe，1987）。如果他事后才这么做，信誉就几乎起不到任何作用。比如，一些研究发现，如果信息提供者在陈述完说服信息后才展示其专业技能，那么无论他的信誉度是高还是低，都不会对说服产生影响（O'Keefe，1987；Ward & McMinnies，1974）。Benoit和Strathman（2004）认为，这是因为信誉会影响接收者对信息的处理，也就是说，在他们思考说服信息时，会将信息提供者的信誉一并考虑在内。

睡眠者效应

传统观点认为，说服信息的影响会随着时间而减弱（Hovland，Lumsdaine，& Sheffield，1949；Stiff，1994）。一段时间后，接收者会忘记谁说了些什么，说服的作用也就渐渐消失了。但是，睡眠者效应认为，在适当的情况下，信息延迟产生的影响可能会比其最初的影响更有效果（Kumkale & Albarracin，2004）。也就是说，信息或许会在接收者身上持续发酵。更特别的是，睡眠者效应还认为，相较于享有高信誉度的信息提供者，如果信息提供者的信誉度比较低，那么随着时间的推移，其说服性反而会增加。这听上去有点匪夷所思吗？可在一定程度上的确如此，因为研究人员已经对睡眠者效应进行了长达50多年的跟踪记录（Hovland et al.，1949）。不过对于睡眠者效应，确实需要做一些解释。

假设一位听众从一个信誉度很高的信息提供者那里听到了一则带有说服性的信息，另一位听众也听到了同样的信息，但他是通过折扣线索听到的，因此信息来源的信誉度很低。所谓*折扣线索*就是包含一个免责声明，明确告知有关信息提供者、信息本身或者两者的负面内容。举例来说，第一组人听到这样一则消息：水果和蔬菜在运往市场之前应当先接受辐照，目的是杀死可能附着的细菌。第二组人也听到了这则消息，但同时还听到一个免责声明，声称该信息是一个农业产业的说客起草的，他真正关心的是产业的利润，而不是消费者的安全。显然，这样一个免责声明会对信息的效果产生不利影响，就好像给它带了一副枷锁。此后，研究人员对这两组人对辐照产品的态度进行了测评。

起初，第一组人对辐照产品的态度明显好于第二组人，毕竟他们是从信誉度高的信息提供者那里得到这条信息的。但是过了一段时间后，情况发生了改变。第一组人的正面态度逐渐减弱了，而第二组人在经过分离处理后，即接收者在脑海中将信息与其提供者进行了分隔，可能只记住了信息本身，而不再记得折扣线索了。如果你听到有人说，"我好像在哪儿听说过……"，或者"我好像在哪儿看到过……"，你就应该明白这是分离在起作用了。一旦信息与其提供者分隔开来，枷锁也就去掉了。结果，第一组人的正面态度渐渐消退，第二组人的态度却变得越来越积极。瞧，这就是睡眠者效应。

虽然睡眠者效应已经在实验室的研究范围内得到了展现（Kumkale & Albarracin，2004），但仍很难建立一个连贯、可信的基础，因为只有一些研究可以证实上面提及的那种绝对睡眠者效应（见图4.1）（Gruder et al.，1978；Watts & Holt，1979；Watts & McGuire，1964）。所谓*绝对睡眠者效应*就是：一方面，对高信誉度的信息提供者提供的信息会渐渐失去青睐；另一方面，低信誉度的信息提供者提供的信息会在一段时间后受到青睐。而其他研究只显示了相对睡眠者效应（见图4.1），即随着时间的推移，人们对从两种途径获得的信息不再那么重视了，不过相较于从低信誉渠道获得的信息，那些从高信誉渠道获得的信息更不被看重了（Allen & Stiff，1989，1998）。还有一些研究则根本没有发现睡眠者效应（Allen & Stiff，1989，1998）。所以说，睡眠者效应还不够定型。

但是，有证据表明，虚构的叙述能够引发睡眠者效应（Appel & Richter，2007）。因为，一段时间后，人们可能会忘记哪些是事实，哪些是虚构出来的，进而开始相信虚构的情节。如果你是一位说服者，这对你来说意味着什么呢？

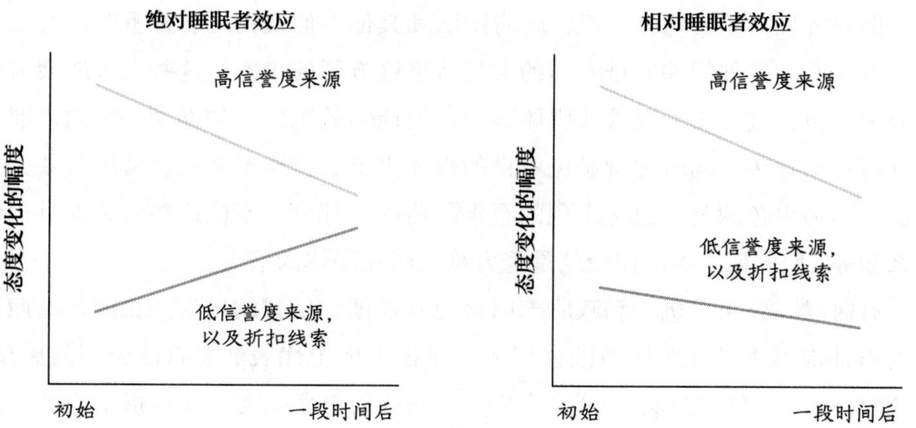

图4.1
绝对睡眠者效应和相对睡眠者效应

在现实中，一位普通的说服者很难像实验室研究人员那样满足睡眠者效应必需的所有条件。这一策略有太多的“如果”，所以很难推荐给普通说服者。我们的建议是，你还是应当尽可能地提升自己的信誉度，这对你获得更好的说服效果更有帮助。

信誉与形象管理

至此，我们已经认真讨论了信誉与人的关系，但我们认为，其实信誉这一概念与公司、机构、政府部门、社会团体以及其他组织也有关系。这些团体都非常在意自己在公众和各种场合里的形象，非常希望树立正面形象。事实上，在很大程度上，他们的能量和影响力与他们的形象和名誉息息相关。因此，我们认为，建立信誉对组织和对个体同样重要。例如，英国在第二次世界大战时的海报“保持冷静、继续前行”就是为了鼓舞全国民众的士气而设计的。

这方面还可以再举一些例子，比如，许多大型公司组织的慈善活动，麦当劳专门为那些出不了医院的孩子及其家人建立的麦当劳儿童之家，国家足球联盟为联合慈善总会慷慨捐款，以及许多公司都为愿望成真基金会献计出力。这些公司或机构在这样做的时候都竭力证明他们是社区里的好公民，做善事能够提升公众对他们的认知。我们绝对不是说公司赞助公益事业是虚伪的表现，也不是说公司的利他行为完全是利益驱使，但我们的确想指出，慈善行为非常有利于建立良好的公共关系。

形象管理对于公司、组织、政府团队和其他类似机构都非常重要，所以他们会设立专门的部门并安排专门的人员从事这方面的工作。这些人可能会被称为公关人员、宣传员、喉舌或媒体顾问，但他们的工作目的都是一样的，即充分进行正面宣传，同时尽量避免不良的媒体报道。就连军队也会聘用公共关系官员，因为出色的公关也是出色的军事战略的一部分。不论这些公关人员担任什么职务，他们最主要的使命就是努力维护所在团体的信誉。

有时候，公司、机构和政府部门会犯有损他们信誉的错误。比如，墨西哥湾的石油泄漏事件让英国石油公司成了海报上那个代表邪恶石油公司的男孩。William Benoit（1995）将出错后的补救做法称为*形象恢复*，并且指出为此所做的努力必须极具说服力（p.6）。由于形势所迫，公司和机构不得不设法尽快恢复形象的事例比比皆是。跨国保险及金融服务机构集团美国国际集团（American International Group，AIG）因在银行业崩溃中所起的恶劣作用而备受指责；美国中央情报局的形象由于轻信了伊拉克拥有大规模杀伤性武器的假情报而黯然失色；而美国职业棒球大联盟则因普遍使用类固醇被曝光而变得灰头土脸。

Benoit（1995）注意到，为挽回形象的防御战非常普遍，它们都旨在修复遭到玷污的形象，重建公司、机构或部门的信誉。Benoit 还特别给出了一些与恢复形象有关的策略。当然，究竟应当使用怎样的策略还取决于具体的环境和情况以及形象受损的程度。

现在我们已经很清楚了，信誉不仅对个体非常重要，对公司和机构也同样重要。而且我们觉得，适用于个体的信誉的主要基本面同样适用于公司。至于前面讨论过的信誉的二类基本面，在涉及公司和机构时，可能会有所不同。不过，即使在研究个体信誉时，二类基本面也不是总会涉及，它们还有待学者的深入研究。

人际信任、印象管理、面子和重要性

普通人不可能为保持一个正面的公众形象而雇用一个公关公司或者聘请一个公关人员，但是他们会参加公关活动。他们会通过印象管理和面子来发挥自己的公关功能。

印象管理理论（Tedeschi & Reiss，1981）试图解释人们是怎样为自己树立一个正面形象的[2]。个体都希望别人对自己形成好印象，换句话说，他们希望被认为是可靠的。个体想通过努力说正确的话和做正确的事来掌控别人对自己的印

象。“政治正确”的行为就属于这样的印象管理。

我们的观点是，当一个人在进行印象管理时，其实就是在做说服的工作，因为他正在试图影响别人对他的印象。与此同时，他对别人企图给他施加的影响也没有抵抗能力，因为人们为了提升自我形象，通常会几乎无条件地接受别人带有说服性的要求。比如，青少年们，特别是10岁出头的孩子们，都希望自己“看上去很酷”。如果一个孩子能让另一个孩子相信某种穿着或某个动作会使其看上去“很酷”，后者就很可能会模仿这样的穿着或行为。我们中的多数人只要翻翻自己上中学时的相册就会发现，我们都受到了那个时代的潮流和时尚的影响。

印象管理还涉及人的面子功夫，这是Erving Goffman（1967，1974）发明的一个词。一个人的“面子”指的是他在别人眼中的社会地位，而面子功夫则是需要将自己的社会地位和社会价值与他人的协调一致（Ting-Toomey，1988，1994；Ting-Toomey & Kurogi，1998）。比如，做了失礼的事情就会让一个人丢面子，这时他需要通过面子功夫来帮自己挽回形象。威胁或者挑战他人会使对方丢面子，这时对方又会通过面子功夫为自己挣回面子。

与印象管理一样，我们认为面子功夫从本质上讲也属于说服的范畴。它以目标为导向，与他人进行交流，寻求具体的结果，即“满足自己面子的需要或对方面子的需要”（Cupach & Imahori，1993，p.117）。比如，考虑一下邀请别人外出约会和谢绝别人的约会请求所涉及的社交礼节。邀请和谢绝都具有说服的性质，而且都涉及面子。虽然面子和面子功夫与信誉的概念不完全一样，但我们认为它们之间的关联性还是很密切的。保全一个人的面子，在别人眼里其实差不多就是维护其信誉。

增加信誉的策略

我们已经了解了信誉和它所能发挥的作用，那么为了让说服取得更好的效果，你应当做些什么来提升自己的信誉呢？下面提供了一些总的指导原则，可以帮助你提高信誉。但是，需要记住的是，由于信誉是一个基于接收者的概念，因此在一个听众或观众那里奏效的方法不一定适用于另一个听众或观众。

1. **听从童子军的格言：做好准备**。在表达之前，一定要做好最充分的准备和设计。不仅要清楚地梳理自己的立场，也要提前想到别人可能会提出的质疑。

如果你看起来对自己所说的都不很明白，那你的信誉肯定会大受影响。研究证明，比起有条理的信息，杂乱无章的信息远没有任何说服力（McCroskey & Mehrley，1969；Sharp & McClung，1966）。

2. **为你的观点引用证据，但一定要说明出处。**在总结使用证据的效果时，Reinard（1988）说，几乎在所有的情形下，引用证据并且说明出处都能极大地提升讲话人的信誉。这一建议尤其适用于信誉度低的信息提供者。
3. **提前说出自己或引用方在该话题或事项方面的资历和专业技能。**切记，专业技能是信誉的一个主要基本面，所以如果希望借助信誉增加说服效果，就一定要在传递信息前先展示提供者的资历。如果你在某个话题或事件方面具有专业技能，就要让你的听众知道。如果你不具备相关的技能，就不要过多地解释自己的欠缺，相反，你可以告诉对方你正对此越来越有兴趣。此外，你也不妨做这样的考虑：既然你对于这个话题几乎一无所知，就不要主动去说服他人。
4. **尽量通过向听众展现你的诚实和真挚来建立他们对你的信任。**一种做法是表现出你具有很好的道德品格；另一种做法是明确告知对方虽然采纳你的建议对你是有益的，但对对方也是有好处的，保持一致是一件双赢的事。
5. **要向你的听众表现出友善。**不要显得很冷淡或漠不关心，应当表现得你很关心对方，理解他们的想法和处境，并且对他们的感受和观点感同身受。交流时注意听他们所说的并及时做出回应。比如，如果听众问了你一个问题，你在回答时可以这样开始，“如果我没听错，你是想知道……”；然后结束时可以这样说，“我解答了你的问题吗？”
6. **增添你的个人魅力。**个人魅力或者社交能力是信誉的二类基本面之一，它对你和你想传递的信息非常有影响。一些人认为，个人魅力是情商的一种表现（Sanders，2006）。增添个人魅力的方式有很多，表现出热情、亲近、保持微笑、记住别人的名字、倾听别人说话、向别人表达感谢并真诚地接受对方的赞誉以及诚恳和真挚都会对你有帮助。
7. **针对不同的听众、话题和场景，选取不同的语言和表达方式。**你需要根据不同的听众选择你的语言表达方式，因为不同的听众有着不同的需求。总的说来，结结巴巴、停顿、忘词和声音忽高忽低对树立你的信誉都不利（Berger，1985，1994；Miller & Hewgill，1964）。说话过程中频繁使用“嗯”“啊”及其他类似的停顿词也会影响信誉。过多地使用俚语、俗语或拾人牙慧的说法也会令你的信誉打折扣。

8. **避免有气无力的沟通方式，最好使用充满自信的表达法。**有气无力的沟通方式包括：在句尾附加一个问句（“那个电影很不错，你不这么认为吗？”）；说话时表现出犹豫（“嗯”“啊”）；说话时使用过多的不确定词（“有点”“可以说”“或许”“可能”）；负面的断言（“这个可能听上去很傻，但是……”）。语言表达无力会让对方感到你在这一关系中把自己置于一个较低的社会地位。我们将在第七章探讨语言在说服中的作用时继续讨论这一话题。
9. **间接地强调你与对方具有相似之处能够提升你的信誉。**听众一般比较容易认同与其经历相似的人提供的信息。O'Keefe（2002）给出了两个与相似和影响有关的重要提醒。第一，他强调，所谓的相似必须与谈论的话题或事情有关。比如，如果你说，“嘿，知道吗，我也是天秤座！”是没什么意义的，除非你们正在谈论的话题涉及占星术、星象或其他类似话题。第二，他指出，所涉及的相似之处应当是正面的，而不是负面的。比如，如果你告诉一个新认识的人，“我也曾因为在商店偷东西被抓过”，并不能使他对你倾心，即使他可能也犯过类似的错误。
10. **如果你认为你在别人眼中的信誉度不够高，就尽量让听众介入事件本身，并重点采用中央路径来说服他们。**记住，如果听众能深度参与所谈论的话题，他们就会更聚焦在信息的内容上，而非信息提供者的信誉上。当你感到你的目标听众怀疑你的信誉时，直截了当地告诉他们该话题或事情与他们有怎样的关系，然后重点关注信息的内容，就可以将听众引向中央处理的路径。
11. **让另一个已经享有很高信誉度的人引见你或者为你背书。**这是一个在选举中常用的方法。当销售人员需要依靠别人推荐时，他们也会采用这一方法。这个技巧能让信息借力于做引见或背书的那个人已拥有的信誉度。通过背书和引见来获得信誉是说服的周边路径。

总 结

我们已经知道，信誉是一个非常复杂的概念。但是对于它，有一条极其重要的原则是说服者们必须牢记的：如果你想成为一名成功的说服者，你一定要拥有信誉，它对说服很有帮助。信誉是一个能够被感知的东西，因此拥有高信誉度的信息提供者比信誉度低的信息提供者更有影响力，这是一条与说服有关的普遍规则。

在此基础上，我们必须强调信誉是一种复杂且多面的情景交际现象。它不可能装在瓶子里出售，也不可能从自动售货机处购买。在许多说服情境中，如果信息提供者刚开始没有表现出信誉，他就根本无法完成说服任务。信息提供者的信誉如果较低，接收者就会对其置之不理，对他提供的信息也根本不予理睬。有一个关于怎样成为百万富翁的笑话："其实很简单，首先，得到一百万，然后……"对于怎样借助信誉来增加说服的成功率，我们会给出几乎同样的建议："其实很简单，首先，获得许多信誉，然后……"

参考文献

Agrawal, J., & Kamakura, W. A. (1995). The economic worth of celebrity endorsers: An event study analysis. *Journal of Marketing, 59*(3), 56–62.

Allen, M., & Stiff, J. B. (1989). Testing three models for the sleeper effect. *Western Journal of Speech Communication, 53*(4), 411–426.

Allen, M., & Stiff, J. B. (1998). An analysis of the sleeper effect. In M. Allen & R. W. Preiss (Eds.), *Persuasion: Advances through meta-analysis* (pp. 175–188). Cresskill, NJ: Hampton Press.

Appel, M., & Richter, T. (2007). Persuasive effects of fictional narratives increase over time. *Media Psychology, 10*, 113–134.

Aristotle. (1954). *Rhetoric* (W. R. Roberts, Trans.). New York: Random House.

Benoit, W. L. (1987). Argumentation appeals and credibility appeals in persuasion. *Southern Speech Communication Journal, 52*, 181–187.

Benoit, W. L. (1995). *Accounts, excuses, and apologies: A theory of image restoration strategies*. Albany: State University of New York Press.

Benoit, W. L., & Strathman, A. (2004). Source credibility and the elaboration likelihood model. In J. S. Seiter & R. H. Gass (Eds.), *Readings in persuasion, social influence, and compliance gaining* (pp. 95–111). Boston: Allyn & Bacon.

Berger, A. A. (2011). *Ads, fads, and consumer culture* (4th ed.). Lanham, MD: Rowman & Littlefield.

Berger, C. R. (1985). Social power and interpersonal communication. In M. L. Knapp & G. R. Miller (Eds.), *Handbook of interpersonal communication* (pp. 439–499). Newbury Park, CA: Sage Publications.

Berger, C. R. (1994). Power, dominance, and social interaction. In M. L. Knapp & G. R. Miller (Eds.), *Handbook of interpersonal communication* (2nd ed., pp. 450–507). Newbury Park, CA: Sage Publications.

Berlo, D. K., Lemert, J. B., & Mertz, R. J. (1969). Dimensions for evaluating the acceptability of message sources. *Public Opinion Quarterly, 33*, 563–576.

Bruno, C. (2011, October 11) The perfect job to deal with disgrace: Advertising. *Ad Nauseum.*

Burgoon (Heston), J. K. (1973, April). *Ideal source credibility: A reexamination of the semantic differential.* Paper presented at the International Communication Association Convention, Montreal, Quebec.

Burgoon, J. K. (1976). The ideal source: A reexamination of source credibility measurement. *Central States Speech Journal, 27*, 200–206.

Cronkhite, G., & Liska, J. (1976). A critique of factor analytic approaches to the study of credibility. *Communication Monographs, 43*, 91–107.

Cupach, W. R., & Imahori, T. T. (1993). Identity management theory: Communication competence in intercultural episodes and relationships. In R. L. Wiseman & J. Koester (Eds.), *Intercultural communication competence* (pp. 112–131). Newbury Park, CA: Sage.

Denzen, N. K. (1987). *The recovering alcoholic*. Newbury Park, CA: Sage.

Elberse, A., & Verleun, J. (2012). The economic value of celebrity endorsements. *Journal of Advertising Research, 52*(2), 149–165.

Gass, R. H., & Seiter, J. S. (2009). Credibility and public diplomacy. In N. Snow & P. M. Taylor (Eds.), *The public diplomacy handbook* (pp. 154–165). New York: Routledge.

Goffman, E. (1967). *Interaction ritual essays on face- to-face behavior*. Garden City, NY: Anchor Books, Doubleday.

Goffman, E. (1974). *Frame analysis: An essay on the organization of experience*. Cambridge, MA: Harvard University Press.

Gruder, C. L., Cook, T. D., Hennigan, K. M., Flay, B. R., Alessi, C., & Halamaj, J. (1978). Empirical tests of the absolute sleeper effect predicted from the discounting cue hypothesis. *Journal of Personality and Social Psychology, 36*, 1061–1074.

Horowitz, B. (2011, August 8). Abercrombie reaches for PR heaven: Wants its clothes off "Jersey Shore." *USA Today*, p. 1-B.

Hovland, C. I., Lumsdaine, A., & Sheffield, F. (1949). *Experiments on mass communication*. Princeton, NJ: Princeton University Press.

Jensen, K., & Collins, S. (2008). The third-person effect in controversial product advertising. *American Behavioral Scientist, 52*(2), 225–242.

Kamins, M. A., & Gupta, K. (1994). Congruence between spokesperson and product types: A match-up hypothesis perspective. *Psychology & Marketing, 11*(6), 569–586.

Karmarkar, U. R., & Tormala, Z. L. (2010). Believe me, I have no idea what I'm talking about: The effects of source certainty on consumer involvement and persuasion. *Journal of Consumer Research, 36*(6), 1033–1049.

Knittel, C. R., & Stango, V. (in press). Celebrity endorsements, firm value and reputation risk: Evidence from the Tiger Woods scandal. *Management Science*.

Koernig, S. K., & Boyd, T. C. (2009). To catch a tiger or let him go: The match-up effect and athlete endorsers for sport and non-sport brands. *Sport Marketing Quarterly, 18*, 25–37.

Kouzes, J. M., & Posner, B. Z. (2011). *Credibility: How leaders gain and lose it, why people demand it*. San Francisco, CA: Jossey-Bass.

Kumkale, G. T., & Albarracín, D. (2004). The sleeper effect in persuasion: A meta-analytic review. *Psychological Bulletin, 130*(l), 143–172.

Kumkale, G. T., & Albarracín, D., & Seignourel, P. J. (2010). The effects of source credibility in the presence or absence of prior attitudes: Implications for the design of persuasive communication campaigns. *Journal of Applied Social Psychology, 40*(6), 1325–1356.

McCracken, G. (1986). Culture and consumption: A theoretical account of the structure and movement of the cultural meaning of consumer goods. *Journal of Consumer Research, 13*, 71–84.

McCracken, G. (1989). Who is the celebrity endorser? *Journal of Consumer Research, 16*, 310–321.

McCroskey, J. C. (1966). Scales for the measurement of ethos. *Speech Monographs, 33*, 65–72.

McCroskey, J. C., & Mehrley, R. S. (1969). The effects of disorganization and nonfluency on attitude change and source credibility. *Speech Monographs, 36*, 13–21.

McCroskey, J. C., & Teven, J. J. (1999). Goodwill: A reexamination of the construct and its measurement. *Communication Monographs, 66*(1), 90–103.

McCroskey, J. C., & Young, T. J. (1981). Ethos and credibility: The construct and its measurement after three decades. *Central States Speech Journal, 32*, 24–34.

McShane, L. (2009, February 6). "Caught on tape! Super-cool Sully." *Daily News*, p. 12.

Miller, G. R., & Hewgill, M. A. (1964). The effect of variations in nonfluency on audience ratings of source credibility. *Quarterly Journal of Speech, 50*, 36–44.

Nan, X. (2009). The influence of source credibility on attitude certainty: Exploring the moderating effects of source identification and individual need for cognition. *Psychology and Marketing, 26*(4), 321–332.

O'Keefe, D. J. (1987). The persuasive effects of delaying identification of high- and lowcredibility communicators: A meta-analytic review. *Central States Speech Journal, 38*, 63–72.

O'Keefe, D. J. (2002). *Persuasion: Theory and research* (2nd ed.). Thousand Oaks, CA: Sage.

Petty, R. E., & Cacioppo, J. T. (1986). *Communication and persuasion: Central and peripheral routes to attitude change*. New York: Springer-Verlag.

Pornpitakpan, C. (2004). The persuasiveness of source credibility: A critical review of five decades' evidence. *Journal of Applied Social Psychology, 34*(2), 243–281.

Reinard, J. C. (1988). The empirical study of the persuasive effects of evidence: The status after fifty years of research. *Human Communication Research, 15*, 3–59.

Riggio, R. E. (1987). *The charisma quotient*. New York: Dodd, Mead Publishers.

Riggio, R. E. (2010, February, 15). Charisma? What is it? Do you have it? *Psychology Today*.

Rind, B. (1992). Effects of impressions of amazement and foolishness on compliance. *Journal of Applied Social Psychology, 22*(21), 1656–1665.

Robertson, N. (1988). *Getting better: Inside Alcoholics Anonymous*. New York: Morrow.

Rule, A. (1989). *The stranger beside me*. New York: Signet.

Sanders, T. (2006). *The likeability factor: How to boost your L-factor and achieve your life's dreams*. New York: Three Rivers Press.

Sharp, H., & McClung, T. (1966). Effects of organization on the speaker's ethos. *Speech Monographs, 33*, 182–183.

Shin, D.-H., & Kim, J. K. (2011). Alcohol product placements and the third-person effect. *Television & New Media, 12*(5), 412–440.

Solomon, M. R. (2009). *Consumer behavior: Buying, having, and being*. Upper Saddle River, NJ: Pearson Education/Prentice Hall.

Spry, A., Pappu, R., & Cornwall, T. B. (2011). Celebrity endorsement, brand credibility, and brand equity. *European Journal of Marketing, 45*(6), 882–909.

Stiff, J. B. (1994). *Persuasive communication*. New York: Guilford Press.

"Study finds ads induce few people to buy." (2000, October 17). *Wall Street Journal*, p. B10.

Tedeschi, J. T., & Reiss, M. (1981). Identities, the phenomenal self, and laboratory research. In J. Tedeschi (Ed.), *Impression management theory and social psychological research* (pp. 3–22). New York: Academic Press.

Teven, J. J., & McCroskey, J. C. (1997). The relationship of perceived teacher caring with student learning and teacher evaluation. *Communication Education, 46*, 1–9.

Thee-Brenan, M. (2009, January 17). "Poll finds disapproval of Bush unwavering." *New York Times*, p. A–11.

Till, B. D., & Busler, M. (2000). The match-up hypothesis: Physical attractiveness, expertise, and the role of fit on brand attitude, purchase intent, and brand beliefs. *Journal of Advertising, 29*(3), 1–13.

Till, B. D., & Shimp, T. A. (1998). Endorsers in advertising: The case of negative celebrity information. *Journal of Advertising, 27*(1), 67–82.

Ting-Toomey, S. (1988). Intercultural conflict styles: A face-negotiation theory. In Y. Y. Kim & W. Gudykunst (Eds.), *Theories in intercultural communication* (pp. 213–235). Newbury Park, CA: Sage.

Ting-Toomey, S. (1994). *The challenge of facework: Cross-cultural and interpersonal issues*. Ithaca, NY: SUNY Press.

Ting-Toomey, S., & Kurogi, A. (1998). Facework competence in intercultural conflict: An updated face negotiation theory. *International Journal of Intercultural Relations, 22*, 187–225.

Ward, C. D., & McGinnies, E. (1974). Persuasive effect of early and late mention of credible and noncredible sources. *Journal of Psychology, 86*, 17–23.

Watts, W. A., & Holt, L. E. (1979). Persistence of opinion change induced under conditions of forewarning and distraction. *Journal of Personality and Social Psychology, 37*, 778–789.

Watts, W. A., & McGuire, W. J. (1964). Persistence of induced opinion change and retention of inducing message content. *Journal of Abnormal and Social Psychology, 68*, 223–241.

Weir, T. (2011, January 17). Endorsers lose influence. *USA Today*, p. 3-C.

Wilson, E. J., & Sherrell, D. L. (1993). Source effects in communication and persuasion research: A meta-analysis of effect size. *Journal of the Academy of Marketing Science, 21*, 101–112.

注　释

1. Q 分值是由市场评估公司测算出来的，它对人的 1800 多种人格特质进行了评定。
2. 印象管理理论也被称作身份管理理论（identity management theory，IMT），它是由 William、Cupach 和 Todd Imahori 在 1993 年提出的。

第五章

传播者的性格与说服能力

本章概览

个体因素与说服

年龄与说服的关系：求求你了，好不好嘛

性别差异与说服的关系：时代在变，它们间的关系没什么变化

族群、文化与说服的关系："我"和"我们"的不同视角

智商与说服的关系：阿呆和阿瓜

心理和沟通的状态与特质

自尊与说服的关系：感觉有点自卑

焦虑与说服的关系：生活在恐惧中

对一致性的偏好：我什么也不会改变

自我管控与说服：追求向上

自我卷入：不会退让半步

事件卷入：这事和我有什么关系

教条主义、威权主义和社会治安：人的惯性思维很难改变

认知复杂性与认知需要

说服和攻击：棍棒和石头

受众分析与适应

关注周围的环境

了解受众所想

清楚受众状态和特征的重要性

不要忘记受众的人口学特征

几年前，在距离本书的作者之一的住处不远的地方，发生了一件奇怪的事情，事情的主人公名叫布鲁斯·延森（Bruce Jensen）。延森的"妻子"因涉嫌非法使用信用卡被囚3年后，警方发现"她"其实是个男的（Groutage，1995）。当延森获知这一消息后，他完全懵了。警方不得不用尽一切办法让他相信这是真的，这可不是什么有趣的事。将这一消息告知延森的侦探格兰特·霍奇森（Grant Hodgson）说，"我向许多囚犯的家属下达过死亡通知，比这容易多了"（Groutage，1995，p.2）。

延森自己是这样叙述的：他与费利克斯·尤里奥斯特（Felix Urioste）是在网上认识的，当时他说自己是一位女医生，名叫莉莎。他们约会了1个月，然后尤里奥斯特声称怀上了双胞胎，于是他们就结婚了。后来尤里奥斯特又称那两个

孩子流产了。延森说他一点也不知道尤里奥斯特是个男的，因为他从未见过裸体的他。尤里奥斯特服用激素让自己看上去像个女的，同时他称自己不能有正常的性生活，因为他以前被强奸过（Groutage，1995）。

听上去完全不可信对吗？如果你和我们一样，你在听完这件事后一定会觉得很可疑。可是官方说，他们在经过仔细调查后认为，延森绝对是个好人，他只是令人难以置信的天真（Groutage，1995）。我们想象在你认识的人里面，很可能也有这种极易上当受骗的人。确实，时常会有一些可怜的傻瓜被“尼日利亚王子”这类垃圾邮件所骗。

但是，虽然有些人看起来比其他人更容易被说服，可真要找出原因或性格因素并不容易。说服是一件非常复杂的事情，人也一样。不过，即便如此，人在说服互动过程中的一些特点也不能被忽视。所有的传播者在性别、年龄、个性和背景方面都具有独特性，而它们对于理解社会影响的性质是很重要的。

在本章中，我们将探讨传播者的性格在说服过程中所起的作用。虽然我们不可能涉及所有被研究过的人的性格，但我们会讨论一些在过去的研究中已经被证明对社会影响有重要作用的个性。然后，我们将探讨说服者在对听众进行说服时应当采用怎样的方法。在开始之前，我们有必要再提醒大家一遍，如同前面几章所言，说服是双向的，因此当我们使用传播者性格这一术语时，绝不是局限于一个人。在说服过程中，所有交际者的性格都在我们讨论的范畴内。

个体因素与说服

如果有人让你用10个词来形容你自己，你很可能会用一些反映个体信息的词语。个体特征包括年龄、性别、族群和智力水平等，下面我们会对它们逐一进行讨论。

年龄与说服的关系：求求你了，好不好嘛

英语中有一个短语——“就像从小孩子手里骗走一颗糖那么容易”，说明孩子是最容易被说服的对象。而研究也表明，事实的确如此：孩子们完全不能识破说服的花招，因为他们对说服的本质和企图缺乏理解能力（McAlister & Cornwell，2009）。这样的研究结果实在令人感到紧张，而且事实上，我们也确实听到过一些小孩被犯罪分子欺骗或引诱的事件（更多的内容见专栏5.1）。

专栏 5.1 “绝不要接受陌生人给的糖果”

> 我非常肯定这样的事情不可能发生，毕竟，我是位生活在纽约城里的妈妈，而且非常了解街区的情况。我经常写文章建议孩子的爸爸妈妈们注意孩子的安全。不用说，我也一直极认真地这样告诫自己的孩子，以致我丈夫认为我简直有点偏执狂，我女儿也不止一次在我总是重复那些警告时冲我翻白眼。这就是为什么一个春天的下午当我看到我那一头红发的小儿子和他的朋友跟着一个陌生人走出公园时，我会感到无法言说的难过。（Rosen，1994，p.108）

马杰里·罗森（Margery Rosen）是幸运的，因为她看到的场面不过是一次非正式的实验。为了检验她对孩子的培训的效果，她让肯尼斯·乌登（Kenneth Wooden），一位专门研究性犯罪者如何引诱孩子的专家，去试着说服她的孩子与他一起离开游乐场。乌登轻而易举地做到了。他告诉孩子们，他丢了一只小狗，如果他们能帮他找到小狗，他会给他们钱。于是罗森的孩子和其他几个参与实验的孩子都跟他走了（Rosen，1994）。

许多孩子都没有罗森实验中的这几个孩子那么幸运。根据估算，每4个女孩和每6个男孩中就有一个在18岁前遭到过性虐待（Centers for Disease Control and Prevention，2005）。很显然，孩子是最容易被说服的，而且结果时常很悲惨。考虑到这一现状，肯尼斯·乌登在1988年说，“教孩子学会识破猥亵者们可能使用的诡计可以使他们免受伤害，甚至避免死亡”（p.149）。

为了防止孩子们受到猥亵，乌登采访了已被宣判有罪的猥亵者、皮条客和杀手，从中总结出了他们常对孩子们使用的一些伎俩。对于这些伎俩，他说，“教孩子这些常识是确保他们安全的基本保证，所以每个家长不是应该这么做，而是必须这么做”（Wooden，1998，p.149）。因此，如果你认识的人里有人是孩子的家长，或者你自己就是家长，乌登在这里简要列举了一些坏人惯用的伎俩以及相应的防范措施（1995；Dickinson，2002；Rosen，1994，Wooden，1998）：

1. 援助的诱惑。前面提到的那个丢失小狗的例子就属于这一类。恋童癖者会让孩子给他指路、帮着拿东西或者提供其他类型的帮助。因此应当告诫孩子在车上要与陌生人保持距离，同时让他们告诉来寻求帮助的人去找成人求助。
2. 权威的诱惑。有些猥亵者在引诱孩子时会扮成警察或其他权威人物。如果有这样一个人对孩子说“跟我来”，孩子应当找一个成人来验证他的身份。
3. 情感或爱的诱惑。一些恋童癖者会通过向孩子表现出爱和感情来达到引诱他们的目的。父母应当知道，75% ~ 80% 的性犯罪罪犯都是孩子认识甚至信任的。因此要提醒孩子提防那些总想长时间单独与他们待在一起的成人，而且成人如果有任何不当举止，要马上告知父母。在这方面，父母要相信直觉。
4. 贿赂的诱惑。孩子常常会从猥亵者那里得到一些礼物。父母如果发现孩子有新玩具，要仔细询问。老话说，“绝不要接受陌生人给的糖果”，这话到今天依然有效。
5. 自我 / 名声的诱惑。青少年有时会受到模特工作或选美比赛的诱惑，而且他们会瞒着父母去做这样的工作或参加这样的比赛。出于安全的考虑，父母应当陪孩子去这样的场合，鼓励他们把真相讲出来，并且检查那些“所谓”的模特机构的资质。
6. 紧急的诱惑。为了让孩子放松警惕，并设法把他们引诱到车里，猥亵者们可能会哄骗他们说，“你家里着火了”或者“你妈妈被送到医院了”。要避免上这样的当，父母应当针对各种紧急情况提前与孩子做好演习或准备，并且告诫孩子在任何情况下都不能上陌生人的车。

7. 有趣或游戏的诱惑。猥亵者有时会借着挠痒痒、摔跤和其他游戏的形式与孩子进行亲密接触。因此要向孩子解释清楚，身体接触有时是好意的，有时是不怀好意的。如果觉察到不怀好意的触摸（比如，摸游泳衣里的任何地方）要马上告诉家长。
8. 魔法或规矩的诱惑。有时候，虐待会伪装成魔法、巫术或者恶魔崇拜的方式来迷惑孩子。因此，家长应当经常与孩子讨论善恶的观念，并且在他们开始对家庭的价值观持拒绝态度时提高警惕。
9. 色情的诱惑。恋童癖者会使用色情的东西来摧毁孩子的控制力，因此，乌登建议父母在家里不要保存带有色情内容的东西，应让孩子感到它们是不正当的。
10. 英雄的诱惑。由于孩子们都崇拜英雄，所以那些性变态者可能会将自己装扮成圣诞老人、大鸟或其他形象来获取孩子的信任。因此，要告诫他们，坏人会在孩子身上耍这些把戏，真正的英雄是不会做这些事情的。
11. 工作的诱惑。猥亵者有时会通过许诺给孩子找到高薪水的工作来引诱他们。如果家长对此感到怀疑，最好亲自陪孩子去面试，特别是如果面试地点在一个隐蔽的或没怎么听说过的地方的话，并且要看他们的营业执照。

最后，父母和孩子都需要意识到，现在的互联网已经成了一些陌生人引诱孩子的渠道。儿童互联网犯罪专门工作组的官员们认为，那些每天长时间上网的孩子遭遇危险的可能性最大。因此，父母一定要留意可疑的迹象，包括计算机上出现的色情的东西（通常是性侵者们发给不敏感的受害者的），以及来自陌生人的电话或邮件（“Beware ‘Net predators’”，2001）

虽然有些心理学家们认为，告诫孩子警惕可能的猥亵者只会让他们感到恐惧，而且会影响他们与他人的正常交往（参见“Teaching fear”，1986；Rosen，1994）；但也有一些人认为，让孩子小心潜在的猥亵者几乎就和告诉他们在炉子或电插座旁要注意安全一样。这方面的教育应当从孩子很小的时候就开始，目的是让孩子谨慎，而不是变得偏执或走极端。乌登在1988年曾指出，应当让孩子们知道，大多数人都是好的，不会伤害他们，但同时还要意识到也有些人是坏的、令人不齿的。

但是，我们还不太了解可能说服孩子的其他类型的信息，包括对我们腹中胎儿的影响！如同Lindstrom（2011，p.15）所言，由于强烈的味道和气味（比如大蒜和香草的味道）可以穿过母亲的羊水，被胎儿“品”到，因此，就连未出生的孩子都可能在妈妈的子宫里受到影响，早早就形成了自己的味觉偏好。他举例说，菲律宾的一个糖果品牌可比可（Kopiko）给医院的医生提供带有咖啡味的糖果，让医生们免费给怀孕的女性们吃。一段时间后，可比可又推出了一种新产品——咖啡——并马上广受欢迎，特别是在菲律宾的小孩子中。

一旦孩子生出来，用不了多久他们就会受到各种广告的狂轰滥炸。根据Lindstrom（2011）所言，到孩子3个月大时，40%的婴儿都会定期看屏幕媒体；到2岁时，90%的孩子都会这么做。在美国，到孩子中学毕业时，他们已经看到过360万条广告了（Berger，2004）。而且你要知道，其实孩子们本身对广告并不很感兴趣，于是这些数字就更耐人寻味了。比如，根据 Lindstrom 提供的信息（2011，p.22），服装零售商 Abercrombie & Fitch 给刚满8岁的女孩推出了带胸垫的比基尼上衣。英国的零售商乐购（Tesco）则给不满10岁的女孩推出了一款“躲猫猫钢管舞套装”玩具，声称它能帮助她们“释放内心的小野猫”。

不幸的是，孩子在8岁前是无法理解广告具有说服性的，他们以为广告就是告诉他们一些信息（Oates，Blades，& Gunter，2002）。不过，值得庆幸的是，至少有两个因素似乎可以减少广告对孩子的侵扰：成人的影响和渐渐长大。首先，研究显示，如果你能在广告期间与孩子互动，就能帮他们提高对广告的判断能力，并且让他们更好地理解广告的性质和目的。比如，一项研究发现，在看广告时，如果成人能说出事实（“那些广告说的不是事实，那些玩具在现实生活中不是那样的”）或者做出评价（“这些广告很愚蠢，这些玩具一点也不好玩”），孩子就不太可能被广告说服（Buijzen，2007）。其次，随着孩子们渐渐长大，他们更容易被同伴压力影响，却不再轻易受到广告的说服影响。不过，请注意，我们说的是不再轻易受到影响，并没有说他们对广告具有免疫力。比如，Atkin、Hocking 和 Block（1984）发现，十几岁的青少年在看了大量的酒类广告后，饮酒量大为增加。

至此，我们已经陈述得很清楚了，青少年是最容易被说服的。那么，年纪大一些的人会怎样呢？虽然早期的研究认为，上了年纪的人已经有了一定之规，因此他们不会像年轻人那样轻易被说服。但后来的研究更支持生命阶段假说（Sears，1981），认为在年龄与说服力之间存在一种曲线关系（可参考 Eaton，Visser，Krosnick，& Anand，2009），换句话讲，相较于年轻人和上了年纪的人，中年人最不容易被说服。Eaton 及其同事们（2009）在经过一些研究后认为，这一假说至少在一定程度上是正确的，因为中年人在社会上身居要职的比例最高，而高职位可以让他们的信念和决断力更坚定。

性别差异与说服的关系：时代在变，它们间的关系没什么变化

男人和女人说服别人的能力有差别吗？在你给出答案前，我们需要警告你：这是一个很刁钻的问题。虽然大量的研究表明，在试图说服别人方面，男人做得比女人成功（Carli，2004），但是实际上，他们的成功与能力没什么关系，而是来自听众的认知。这一结论得到了 Carli（2004）的赞同，她认为，男女的性别特征使得听众觉得男性比女性更有能力，而女性则表现得更体贴和善解人意。这样一来，女性就陷入了一种进退两难的困境：一方面，如果她们希望与男性一样

有能力，就得表现得更出色；可另一方面，当她们努力展现出直率、自主和强势的特点时，又可能会导致人们对其产生负面印象。

与这一观点相吻合的是 Klingle（2004）提出的强化期望理论，它也适用于医生与患者间的说服工作。按照这一理论的说法，当医生极力说服患者做某件事时（比如，服药），患者会判断医生给出的这一信息是否合理。如果他认为不合理，他就会拒绝；如是他认为合理，他以后也会采纳医生的其他建议。可是这与性别有什么关系吗？根据 Klingle 的理论（2004），由于一些常规的认知，女医生不能像男医生那样使用一些令人不悦的策略。如果女医生这么做了，她们就违背了患者的合理期待，结果患者就不太可能服从她们的建议。这一理论认为，男医生在向患者施加影响时，既可以使用正面说法（比如，“有规律的饮食能够让你感觉好受一些”），也可以使用负面说法（比如，“你有两个选择：要么立即改变你的饮食结构；要么用余生后悔为何当初不这么做”）。可是女医生如果希望患者服从，就只能使用正面的做法（Klingle，2004）。

从上面的叙述中我们可以发现，男人和女人在说服别人时确实要采用不同的策略。那么说到被说服的状况时，男人和女人又是怎样的呢？早期的研究认为，女人比男人更容易被说服（Chaiken，1979）。但后来，研究人员对针对这一话题所展开的大量研究进行了审核和总结（Eagly，1978），结果许多研究人员放弃了一般性的性别效应，而改为解释什么时候可能会出现性别差异。比如，Eagly 在1978年的研究中发现，在1970年之前发表的研究中（女权运动通常被认为是从这一年开始的），32% 的研究认为，女性比男性更容易受到外界的影响；可是在1970年之后发表的研究中，只有8% 的研究仍得出了这类结论。因此，随着时代的变迁和人们对女性态度的改变，性别差异已经逐渐消失。但是，考虑到我们讨论过的针对男性和女性说服能力的区别研究，我们对这一解释的准确性仍保留怀疑态度。

不过，即便如此，1970年前后的研究结果之所以出现变化，还有另一种可能的解释。早期的研究只使用男性而非女性作为说服者（Ward，Secombe，Bendel，& Carter，1985），也就是说，男性在被说服时遇到的是同性，而女性在被说服时遇到的是异性。因此，在早期的研究中，可能会存在跨性别效应，而人们通常更容易受到异性而非同性的影响。不过，这一效应在男性说服女性时比女性说服男性时更明显（Ward et al.，1985）。

在我们看来，要清楚地归纳性别与说服的关系显然不那么容易。正如 Cody、Seiter 和 Montagne-Miller（1995）所指出的，“没有一个简单的模式可以将性别与影响力联系起来”（p.312）。相反，研究人员认为，说服力与一个人的性别并没有太大关系，不像其目标、计划、资源和观点那样重要（Cody et al., 1995）。假设你正在购物中心里随便看看衣服。如果你并不打算买（目标），而只是想先看看，以后再买（计划），同时你也没带多少钱（资源），并且认为所有销售人员都很不实在（观点），那你就不太可能受到影响；相反，如果你当时有买的打算，带有不少钱，而且觉得那些销售人员也很实在，你就很容易被说动。换句话讲，你是男的还是女的并不重要，你是否容易受到影响更多地取决于你的目标、计划、资源和观点。性别只在男性和女性有着不同的目标、计划、资源和观点时才会发挥一些作用。比如，男人和女人会有不同的目标，而这种目标方面的差别可能与影响力以及某些销售策略的效果有一定的关系。

族群、文化与说服的关系：“我”和“我们”的不同视角

无论是人们对他人施加影响还是应对他人给予的影响，文化差异都在其中发挥了重要作用。在各种文化因素中，最常被讨论的可能就是个人主义与集体主义（Hofstede, 1983）。集体主义文化（比如在中国）重视和谐、为他人考虑以及集体的而非个体的目标；而个人主义文化（比如在美国）则强调独立以及个人目标而非集体目标的实现。

明白这一点后，我们来看看下面这些口号（Han & Shavitt, 1994, p.346），并且想象一下，哪些口号会被用在集体主义文化中，哪些会被用在个人主义文化中：

“独一无二的艺术。”
“她有属于自己的风格。”
“我们习惯于让大家都紧密地团结在一起。”
“我们所有人共同繁荣的梦想。”

Han 和 Shavitt（1994）的一项研究发现，上面第一类和第二类广告宣扬的是个人利益、成功和独立，多被用于美国（崇尚个人主义文化）而不是韩国（崇尚集体主义文化）这样的国家，因为它们在美国比在韩国更具说服力。而像第三类和第四类广告倡导的是团队利益、和谐和家庭观念，更会出现在韩国而不是美国，同样也是因为它们在韩国比在美国更具说服力。

与此相吻合的是，来自集体主义文化的人关注的是团队和彼此的关系。Fu 和 Yukl（2000）发现，中国的经理们将“强调合作”和“送礼物”视为最有效的

施加影响的策略；而美国的经理们更喜欢理智说服。类似的，Wiseman（2009）及其同事也在一项研究中发现，美国人、中国人和日本人所使用的说服方法是不同的。比如，想劝说室友安静些时，带有个人主义倾向的美国人不太会顾及他人的面子，所以他们会采取非常直截了当的方法（比如，“你发出的声音太大了，请安静些”），或者对其提出单独制裁（“如果你不安静下来，下次当你看书的时候，我也会发出同样的噪声”）。带有集体主义倾向的中国人则更愿意用间接的方式（比如，议论说他们非常喜欢安静的时光），或者做出集体谴责（“你发出这些噪声说明你缺乏替他人着想的意识”）。而对于日本人来说，他们的倾向性没有美国人和中国人那么明显，导致 Wiseman 及其同事（2009）得出了集体主义与个人主义并不完全对立的结论。也就是说，日本人有时候表现出体现个人主义的行为，有时候又表现出体现集体主义的行为。这一事实说明，“个人主义和集体主义是两个单独的结合体，在影响他人时的重要性可能会此消彼长”（Wiseman et al.，2009，p.12）。因此，像日本这样的文化可能会根据情境的需要决定采取个人主义或集体主义的行为。

虽然个人主义和集体主义是非常重要的价值观，会对说服时的跨文化差异产生很大影响，但它们并不是唯一的影响因素。比如，在采访过来自中国大陆和中国台湾的人后，Ma 和 Chuang（2001）发现了另外三个也很重要的策略。第一个策略是采用暗示（比如，告诉一位借你钱的朋友，如果你不破产，你想买某个东西）而非直截了当的方法（直接向借你钱的朋友要钱）。这一做法不仅可以保持彼此和谐的关系，也体现出对对方的尊重，并且顾及他的面子。第二个策略是以身作则（比如，一位经理特别努力地工作，其目的是希望他的下属也能够效仿他）。这一做法反映出中国文化中对言语的不信任。第三个策略是投其所好（比如，在请别人帮忙前先答应做一件他喜欢的事）。这一做法还是体现出对间接和照顾他人面子的偏好（Ma & Chuang，2001）。

同样的，Fitch（1994）也在一项研究中发现，由于美国和哥伦比亚文化中的理念和价值观完全不同，这也导致人们在对他人发出说服信息时的做法有很大的不同。在美国，使用说服策略时，一个经常被提到的话题就是“授权”。比如，Fitch 在研究时发现一位经理这样认为：

> 授权的一个绊脚石就是被告知做什么的人的自尊意识一般都比较低。如果我们想让他们自己做决定，首先就得让他们建立自尊。这始于问他们该怎么做，而不是告诉他们做什么。（p.194）

与之形成对比的是，哥伦比亚人在施加影响时更看重关系中的信任或亲密程度。比如，他们通常会让与被说服者有着亲密关系的人充当中间人，去传递说服信息（比如，“我跟多塞莉娜更熟，你能让她把这些标志贴出来吗？”）。

智商与说服的关系：阿呆和阿瓜

想象一下，假设给你100万美元，让你选择说服阿甘（如果你没有看过《阿甘正传》（*Forrest Gump*）这部电影，可以告诉你，阿甘的脑子不太好使）或者阿尔伯特·爱因斯坦相信或做某件事，你会选择谁呢？早期的研究认为（比如，McGuire，1968），既不应该选择阿甘，也不应该选择爱因斯坦——应选择一个智商中等的人。理由是，阿甘很难被说服，因为他无法理解信息的内容；爱因斯坦也很难说服，因为他会对信息进行极其认真的审查。但是后来的研究显示，你应当选择阿甘。事实上，Rhodes 和 Wood（1992）在对研究进行总结后得出结论，智商低的人比智商高的人更容易被说服。不过即便如此，我们认为一些其他因素也同样重要。比如，相较于内容简单的说服信息，对于那些内容复杂的说服信息来说，我们觉得智商可能会发挥更重要的作用。

心理和沟通的状态与特质

有人曾说过，世界上有两类人：一类人对任何事情都要做归类；另一类人则正相反。研究传播者特征和说服的人就属于第一类人。你或许已经从我们迄今为止的讨论中发现，研究人员的目标通常是把人按照差异性进行分类（比如，年龄、性别），然后再根据这些类别的不同之处来解释为什么一些人比另一些人更容易被说服，或者为什么一些人会使用一种策略去说服别人，而另一些人却使用另一种策略。

对于人与人之间为什么会出现差异，有两个常见的解释：一个与特质有关，另一个与状态有关。特质就是人的性格，无论在什么样的环境下都基本保持稳定；而状态则会随着环境发生变化。比如，如果我们将焦虑归为一种特质，那我们可以想象一个具有这种特质的人会在几乎所有环境下都感到焦虑。反之，如果我们将它视为一种状态，那么我们可以预料到他只会在某些环境下变得焦虑。比如，有些人在与权威人士讲话时或者见到异性时会很焦虑。有了这样的定义后，我们现在开始讨论在研究说服时重点关注的一些特质和状态。

自尊与说服的关系：感觉有点自卑

比起自尊意识强的人，自尊意识弱的人更容易被外界影响吗？虽然这一说法听上去有一定的道理，但并未得到研究的证实（Rhodes & Wood，1992）。这是因为，要被说服，一个人必须既接收又接纳某一信息。可是，虽然自尊意识弱的人可能会对自己和自己的观点缺乏自信，而更可能接纳听到的信息，但他们也可能由于过度在意自己的外表和行为而无暇接收外界传递过来的信息。另一方面，虽然自尊意识强的人更可能接收信息，但他们对自己非常自信，不太可能改变自己的态度或做法。因此，研究显示，和自尊意识强或弱的人相比，自尊意识适度的人更容易被说服（Rhodes & Wood，1992）。

焦虑与说服的关系：生活在恐惧中

除非你与世隔绝，否则你肯定经常听到一些令人感到恐惧的信息，比如气候变暖、二手烟、暴力事件等。对这样的信息，你该做出怎样的反应呢？它们会让你感到过度紧张和害怕吗？如果是，那么你可能有点轻度焦虑症。研究表明，无论是轻度还是重度焦虑，都可能与说服有关，虽然它们之间的关系并不那么明显。比如，Nunnally 和 Bobren（1959）认为，焦虑的人比不焦虑的人更容易被说服；而 Janis 和 Feshbach（1965）却认为情况正好相反。此外，Lehmann（1970）的研究发现，焦虑与说服有关，就如同自尊与说服有关一样。而且与自尊相同的一点是，与不焦虑的人相比，焦虑的人更可能接纳得到的信息。可是，由于他们过度担心而心不在焉，因此他们或许根本没有注意到传递给他们的信息。另一方面，与焦虑的人相比，不焦虑的人可能会接收传递过来的信息，却不会有什么反应（Lehmann，1970）。

无论焦虑与说服之间存在怎样的关系，有一点非常明确：当你试图说服焦虑的人时，一定要同时向他们推荐一些避免伤害的建议，并且告诫他们只要照着做，就不会有事，这样可以让他们感到放心。因为在第十三章中你会发现，如果不给他们提供这些建议，焦虑的人就会由于恐惧而不对你的说服做出回应。

对一致性的偏好：我什么也不会改变

在第三章中，我们提到过，人们通常希望自己的态度与行为是一致的。但是与大多数事情一样，这一说法也存在例外。每个人在一致性上的偏好是不同的。一致性偏好高的人看重并且坚持一致性；一致性偏好低的人更喜欢变化、自发行为和不可预知（Guadagno & Cialdini，2010）。一些研究显示，一致性偏好高的人更容易受认知失调的影响。比如，Heitland 和 Bohner（2010）检验过对一致性的偏好在减少偏见方面所起的作用。一项关于德国人对土耳其少数族裔的偏见的研究发现，如果要求参与者们发表一次讲话，内容是赞同德国人和土耳其人居住在一起，那么对一致性偏好高的参与者在讲话后比偏好低的参与者更愿意改变自己以前对土耳其人的负面态度，这大概是因为这样做可以减轻他们由于讲话与自己的态度相矛盾而造成的不适感（有关对一致性的偏好，更多内容见第十章）。

自我管控与说服：追求向上

本书一位作者的妹妹在上高中时曾在舞厅约会过一个特别疯狂的男孩。如果不是在舞厅，你根本想象不出他是在跳舞。他疯狂地跺脚和拍手，而且完全不合节奏。有人说他看上去像是受过严重的伤害，其他人则只是盯着他看。可是不管周围的人怎么对他，他似乎毫不在意，一点也不关心别人对他的看法或想法。

上面这段描述与人的个性有关，被称为*自我管控*（Snyder，1974，1979）。在从事人格研究的人看来，那个疯狂的舞者就属于自我管控能力弱的人。如果你就是这样的人，你可能对别人发出的社交暗示不很敏感，而且你也不太在意别人对你的行为怎么看。你奉行的是个人主义，平时表现出的行为并不都合乎社会习俗。即使可能与别人的期望不一致，你仍愿意直白地表达自己的思想和情感。

但是，如果你是个自我管控能力强的人，你就会对社交暗示非常敏感，而且你也会密切关注在不同情形下，哪些行为是得当的并采取相应的行动。同时，你会注意别人的行为，并善于根据不同听众的喜好调整自己的社交策略，因为你长于此道。你对自己的外在表现也很在意，并且极力与别人“融为一体”，即使有些做法与你自己的内心想法未必一致。

估计你已经料想到了，针对自我管控能力强和弱的人，需要采用不同的说服方式。比如，White 和 Gerstein（1987）进行了一项研究，调查怎样说服自我管控能力强和弱的人向残障人士提供帮助。由于研究人员知道自我管控能力强的人希望展现出“好的形象”，因此他们认为这些人如果觉得能够得到社会赞赏，就会被说服去帮助残疾人。为了验证这一点，自我管控能力强和弱的人都被安排去听了有关凯蒂·吉诺维斯（Kitty Genovese）事件的报告。凯蒂是一位女性，在纽约城里被杀害了，当时许多人都看到了，却没有一个人出手相助。在一次报告中，大家得知帮助他人的人能够获得社会赞赏；而在另一次报告中，大家发现帮助他人并不会引起社会反响。之后，这些与会者接到了电话，请他们去做志愿者帮助那些视力有残疾的人。在知道助人可以得到社会赞赏的人中，有80%的自我管控能力强的人同意去做志愿者；只有48%的自我管控能力弱的人愿意。但在那些不期望助人能引起社会反响的人中，有68%的自我管控能力弱的人仍愿意去做志愿者；而只有40%的自我管控能力强的人愿意。也就是说，自我管控能力强的人更容易受到环境的影响，而自我管控能力弱的人不太会被环境左右。

类似的，对广告进行的一些研究也发现，自我管控能力强的人更容易被“强调形象”的广告打动；与他们正好相反，自我管控能力弱的人对“强调品质”的广告更感兴趣。比如，Snyder 和 DeBono（1989）发现，自我管控能力强的人愿意花大价钱买一件承诺能够提升他们形象的产品（比如，在一个广告的画面上，在一套房子的设计图上放着一瓶加拿大俱乐部的威士忌，旁边写着，“你不只是搬进来，你还能享有更好的生活”）；而自我管控能力弱的人会更注重那些号称质量更好的产品（比如，在加拿大俱乐部酒的广告上写着，“说到绝佳美味，大家的看法是一致的”）。此外，根据调查，对自我管控能力强的人来说，来自法国（能够提升个体形象的国家）的奶酪比来自美国堪萨斯州的奶酪更具吸引力（DeBono & Rubin，1995）。同样的，在购买香水时，瓶子设计得越迷人，就会越受他们的青睐（DeBono，Leavitt，& Backus，2003）。而标有“助你步入快速成功之路”的功能饮料比只标着“提升能量的饮料”更受他们的欢迎（Smidt & DeBono，2011）。与他们形成明显对比的是，自我管控能力弱的人在做判断时更会考虑奶酪的实际味道、香水的气味，也更可能选择标着“提升能量的饮料”。最后，Evans 和 Clark（2012）发现，对于带有说服性质的信息，如果其提供者看上去非常专业（比如，医生和研究人员），自我管控能力弱的人就更容易被说服；而对于那些自我管控能力强的人来说，他们更容易被信息提供者的正面形象说服（比如，一个非常诚实的学生，并且积极参加学校组织的活动）。

自我卷入：不会退让半步

Muzafer Sherif、Carolyn Sherif 和 Robert Nebergall（Sherif & Sherif，1967；Sherif，Sherif，& Nebergall，1965）对于人们被说服的过程做过一个最重要的解释，即我们现在已知的社会判断理论。我们之所以在这时提及这一理论，是因为它将重点放在了说服的接收者身上，并且特别强调自我卷入这一心理特点。

按照这一理论，针对任何一个话题，无论是堕胎、广告上的产品或者一部不错的电影，每个人都可以有各种不同的观点。比如，对于犯了一级谋杀罪的罪犯应当如何处置，下面给出了不同的意见，有的比较偏激，有的则较温和，你会做出怎样的选择。凶手应当：

1. 因为使人口减少而获得奖励。
2. 掌掴后释放。
3. 罚款500美元。
4. 判处5年有期徒刑。
5. 判处20年有期徒刑。
6. 判处无期徒刑，但允许假释。
7. 判处无期徒刑，且不允许假释。
8. 判处死刑。
9. 与其他违法者（包括乱穿马路的人）一同被折磨致死。

社会判断理论认为，在这一系列选项中，我们每个人都会选出一个自己最认可的决定，它被称为定位点。比如，假设有两个人，马菲和莫特，他们两个都最认可第七个选项，即凶手应当被判处无期徒刑，并且不允许假释。在图5.1中，这个定位点用"X"来代表。当然这个定位点并非一个人可以接受的唯一选项。比如在图5.1中，你会发现，马菲也可以接受用死刑来惩罚凶手。它定位于马菲的可接受范围内，也就是说，这些是她认为可接受的选项。但是，她不会同意所有的选项。社会判断理论认为，除了可接受范围，还有两个范围：一个是不发表看法的范围，指让某人持中立或模糊态度的选项，比如马菲对"判处凶手无期徒刑的态度，但允许假释"这一选项就既不赞同，也不反对，属于中立的立场；另一个是反对的范围，即某人持反对态度的选项，比如马菲不会同意奖励凶手、对他掌掴、罚款、判处5～20年监禁或者将其折磨致死。

从图5.1中可以看出，马菲和莫特对三种范围的选择是不一样的。相较莫特，马菲反对的范围更大，可接受和不发表看法的范围较小。由此可以得出结论，马菲是一个典型的*自我卷入型*的人。这类人在面对一件事或一个问题时有强烈的自我主张，而且会坚持自己的立场，反对其他的观点。自我卷入型的人还会表现出对某些事情更关注，而对其他事情不感兴趣。比如，马菲可能对于如何惩罚罪犯有鲜明的看法，但对堕胎、枪支管控或汽油价格不那么在意。

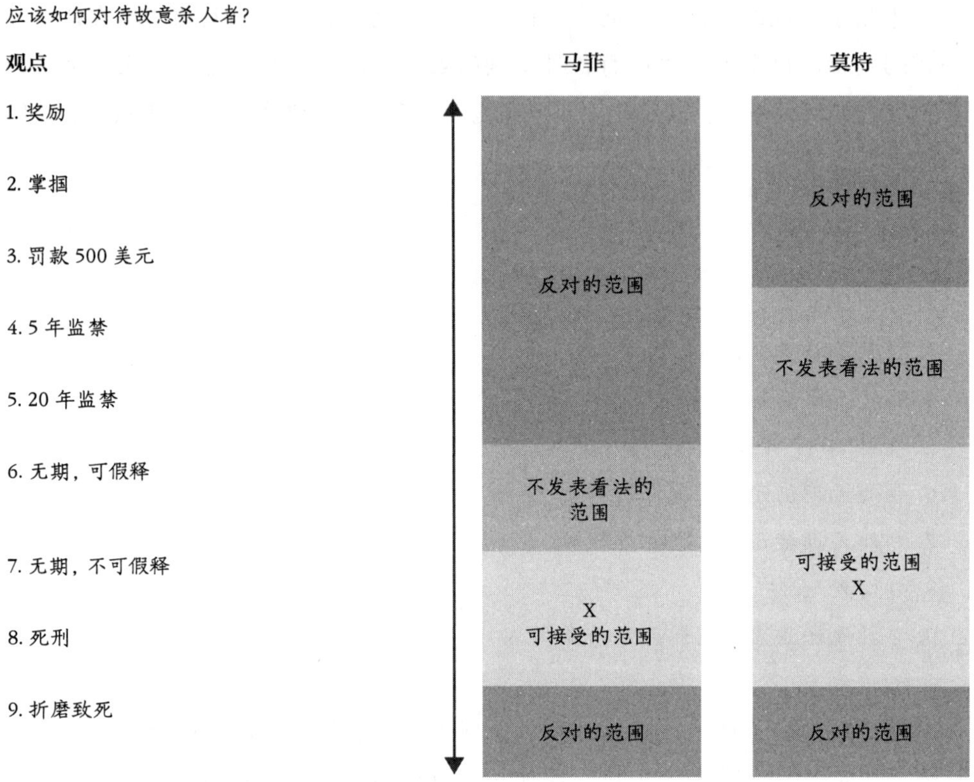

图5.1
社会判断理论图例

社会判断理论对说服的过程做出了几项重大的预测。首先，它认为由于人们是按照自己的定位点来判断每件事情的，因此想要说服他们接受一个与其定位点相距甚远的看法即使不是不可能的，也大有难度。比如，如果你试图说服莫特同意给予凶手奖励，就是在浪费时间（参见图5.1）。说服一个人接受其反对范围里的内容注定不会成功。事实上，该理论认为，如果一条信息与一个人的定位点有很大距离，那么这个人对它的排斥程度甚至会超出实际情况。这种现象被称为对比效应。同样的，如果一条信息处于某人的可接受范围，那么他对它的认可程度也比它与其定位点的实际距离更近，这是因为同化效应在发生作用。比如，虽然莫特更认为凶手应当受到严惩，可如果你说服他接受对凶手采取适度的惩罚，他可能会觉得你基本上与他的想法是一致的，于是最终可能会接纳你的观点。总而言之，对比会导致对信息的拒绝，而同化则可以成功地说服对方。

读到这里，你应该已经推断出对比效应更可能出现在自我卷入意识强的人身上。事实的确如此，想说服这种类型的人非常困难（Sherif, Kelly, Rodgers, Sarup, & Tittler, 1973），因为他们反对的范围很大(而可接受的范围很小)。所以，很显然，他们对于带有说服性质的信息会相当抗拒。

我们最欣赏社会判断理论的地方是它认为说服并不是“一次性交易”，它清楚地阐明了说服是一个需要假以时日的过程。比如，假设你想说服马菲接受对凶手施以掌掴就可以了（参见图5.1）。我们已经知道，直接让她同意这一观点只会遭到拒绝，但是选择一个接近她定位点的选项可能会成功。因此，你可以先试着说服她接受无期徒刑但允许假释这一选项。在她同意这一做法后，你再进一步说服她意识到判处凶手20年有期徒刑也是合理的。看出门道了吗？要让她的定位点一点一点地向你的目标靠近。

事件卷入：这事和我有什么关系

虽然我们在上一节中指出，卷入会阻碍说服的效果，但是在现实生活中，情况远比这复杂得多。事实上，卷入对说服的影响取决于卷入的类型。Johnson 和 Eagly（1990）认为，卷入有两种类型：一种是自我卷入（也就是与价值相关的卷入）；另一种是与结果有关的卷入（也就是事件卷入）。前者与一个人的自我概念中蕴含的持久价值观有关；后者则与一个人当前的目标或结果有关（比如，一位癌症患者使用大麻的目的就是减轻身体的疼痛）。在此基础上，Johnson 和 Eagly 对大量的调查研究进行了分析，结果与社会理论判断相吻合——和价值相关的卷入会对说服产生阻力。但同时，与详尽可能性模型相一致（参见第二章），事件卷入会让人们更关注说服所涉及的内容或话题。如果论据充足，事件卷入会有益于说服；反之，如果论据匮乏，则会对说服有阻碍（Johnson & Eagly, 1990）。另一项研究也发现，在倾听有关促进健康的信息时，事件卷入的人群更容易被信息类消息说服；而对那些没有相关体验的人来说，他们更愿意相信各类证明文件（Braverman, 2008）。

教条主义、威权主义和社会治安：人的惯性思维很难改变

在经典影片《义海雄风》（*A Few Good Men*）中，汤姆·克鲁斯和黛米·摩尔（Demi Moore）为两名海军陆战队员辩护。这两名士兵在奉长官的命令行事时，无意中杀了另一名士兵。他们的辩护理由是什么？“我们只不过是在执行命令而已。”

历史上，这样的借口比比皆是。纽伦堡法庭上的纳粹被告们说过这样的话；

参与越战期间美莱村大屠杀的士兵给出了同样的理由；在阿布格莱布监狱虐待伊拉克囚犯的美国士兵也如出一辙。“我们只是执行命令”已经成了一个被反复使用的借口，同时它也是所谓的威权主义所反映的一种人格特质。

信奉威权主义的人崇拜权威人士的领导力，并且愿意盲目地相信权威（Adorno，Frenkel-Brunswik，Levenson，& Sanford，1950；Allport，1954）。他们谴责那些偏离传统道德规范或对其提出质疑的人，对离经叛道的人表现出强烈的敌意，而且总愿挑起持不同观念的族群间的冲突，并在其中发挥了推波助澜的作用（Altemeyer，1999）。他们在教育孩子的过程中，要求孩子不能接受另类的想法，应顺从那些强势的人（Knafo，2003）。因为他们认可权力和严厉的管控，甚至能够接受使用体罚手段。最后，如果你是个非常独裁的人，你自己很可能并未意识到这一点。Altemeyer（1999）认为：

> 如果你同人们谈论威权主义，包括告诉他们这类人如果得到当局的支持，会变得更加咄咄逼人，有恃无恐，然后问他们是否愿意要求联邦政府铲除这一思潮和做法。预测一下结果会怎样——那些很强势专断的人表现得比他人更愿意制止这种行径……可是与多数人相比，他们会认为自己的思维非常理性，并且具有很不错的自我认知。（p.159）

威权主义者的人格特质与教条主义有很大的相关性（Rokeach，1960）。事实上，按照 Christie（1991）的观点，教条主义其实就是威权主义更常见的形式。有些人认为，威权主义和教条主义的标准都是一样的；也有些人认为，威权主义的标准更保守，而教条主义的标准既可以接纳保守主义，也可以接受自由主义。不过，无论是哪种观点，有一点认知是相同的，即与威权主义一样，教条主义也倾向于顺从权威。此外，教条主义者都很封闭固执，很难做到客观，往往认为一件事只有一种正确的解决方法（即他们所采用的方法）。

了解到这些后，你或许会觉得既然威权主义者和教条主义者如此封闭，那他们一定很难被说服。但有意思的是，Preiss 和 Gayle（1999）在进行了一项元分析后发现，情况正好相反。与同龄人相比，教条和独裁的人其实更容易被说服。他们指出，由于具有这种特质的人非常固执，反而影响他们对信息的审慎对待，结果导致他们会对某条信息更加认同。

不过，虽然 Preiss 和 Gayle（1999）的这一分析在一些方面是有帮助的，但我们认为，由此就得出教条和独裁的人容易被说服这一结论还为时过早。我们建议在这方面展开更多的研究，来确定在什么样的情形下教条主义和威权主义会对说服起到积极的效果；又在什么样的情形下不利于说服取得成功。比如，Harvey 和 Beverly（1961）就做过这样的报道：与不太崇尚权威的人相比，极其信奉威权主义的人更可能受一个位高权重的人的影响。类似的，DeBono 和 Klein（1993）在一项研究中也发现，当非常教条的人从专家那里得到带有说服性的信息时，他们往往不经过多少思考就接受了，因此就显得比那些不太教条的人更容易被说服。可是如果信息的提供者不是专家，教条的人就必须通过强有力的论据才能被说服。如果论据不充分，他们是不会接受的。因此，可以说，对于独裁者和“老顽固”，后者是研究人员对极其教条的人的称谓，他们对来自权威人士的信息尤其没有抵抗力。

与上述两类人相似的还有一种人，他们被称为社会秩序捍卫者（Saucier & Webster，2010）。与教条主义者一样，这些人认为他们的理念优于其他人的理念。但是教条主义者通常对与他们意见不一致的人采取置之不理的态度，而社会秩序的捍卫者们则极力将他们的理念强加于人。比如，在遇到与之相反的观点时，这些人会说，“每个人当然都有权利表达自己的意见，我只是觉得你应当意识到你所发表的意见听上去显得多么无知”（Saucier & Webster，2010，p.19）。基于这种情况，研究人员明确无误地指出，这些社会秩序的捍卫者不仅表现出对其所持理念具有一种优越感，而且他们特别爱驳斥别人。因此，这种人通常会对说服很抵触（Saucier & Webster，2010）。

认知复杂性与认知需要

你会怎样描述你最好的朋友？有趣或者沉闷？聪明或者愚蠢？沉稳或者肤浅？性情平和或者喜怒无常？

根据一个被称为*建构主义*的理论（Delia，O’Keefe，& O’Keefe，1982），人们会试图通过使用像上面提到的那些*建构*来使他们的世界变得清晰明了。建构属于感性范畴（比如，胖 / 瘦；得人心的 / 不受欢迎的；强壮 / 软弱），当我们对人或物进行评价时，无论对方是教授、课本、音乐还是某个论点，我们都会用到建构词。建构也可以被比喻成眼镜：如同你所看到的某个物体的具体模样取决于你戴的是厚透镜还是薄透镜，你所使用的建构词也会影响你看待世界的方式。比如，如果一个人对你的评价只是基于你是否是一个基督徒，那他对你的看法就会与另一位使用更多建构（比如，善良还是残酷；害羞还是外向；开心还是悲伤；戏谑还是严肃；感情脆弱还是坚忍顽强）来定义你的人出现很大的不同。显然，每人都有自己独特的建构体系，其中有些人会比其他人使用更多的建构。那些使用大量不同且抽象建构的人被认为具有复杂的认知系统；而那些使用较少且不抽象建构的人则被认为认知简单。

与认知简单的人相比，认知复杂的人更可能从倾听者的视角来看待这个世界。一般说来，他们会从倾听者的角度调整信息的内容，使它们更容易被接受，因此他们是更具有说服力的人（Waldron & Applegate，1998）。

从被说服的角度看，认知复杂的人与认知简单的人有很大不同。比如，对于与自己认知不相符的信息，认知复杂的人比认知简单的人更具有包容性（McGill，Johnson，& Bantel，1994）。

除了认知程度的不同，研究还表明，人们的认知需要也不一样（Cacioppo & Petty，1982）。认知需要高的人比认知需要低的人更喜欢积极思考，而且我们敢断言，他们会爱下象棋和绞尽脑汁地做逻辑谜题。一些研究人员认为，认知需要是认知复杂性的一个方面（McGill et al.，1994）。无论怎样，相较于认知需要低的人，认知需要高的人在讨论问题时是更具效果的说服者，因为他们能对自己的看法给出更多合理的论点（Shestowsky & Horowitz，2004）。或许，这也是研究发现认知需要高的人比认知需要低的人更能有效完成销售工作的原因（Sojka & Deeter-Schmelz，2008）。

研究还表明，说服认知需要高的人要比说服认知需要低的人更困难。虽然认知需要高的人很关注信息的内容，但他们会始终保持评估和审视的态度；而认知需要低的人尽管可能不太注意信息，但他们通常会被外围线索说服（Cacioppo & Petty，1982）。因此，如果你的认知需要高，你会被有质量的论点说服；而如果你的认知需要低，即使提供给你的论据并不充分，你仍可能被一位有魅力的发言人（Perlini & Hansen，2001）、一个令人喜爱的渠道（Reinhard & Messner，2009）、一位知名的代言人（Williams-Piehota，Schneider，Pizarro，Mowad，& Salovey，2003）、大量的事例或者推销员的花言巧语所说服。比如，Bakker（1999）发现，在高中生里，认知需要高的学生会通过阅读论据充分、内容清晰的小册子来了解预防艾滋病的常识，进而被说服采取更安全的性措施（比如，接纳使用避孕套以防止艾滋病）的建议；而与他们形成鲜明对比的是，认知需要低的学生被说服的最佳途径是，让他们看一些带有漫画并且将相关信息用非常风趣或幽默的语气写出来的小册子（Bakker，1999）。同样，Kaufman、Stasson 和 Hart（1999）也发现，在阅读一篇有关进化论的文章后，认知需要高的人在对其做出评价时不会受其来源渠道的影响，可认知需要低的人就不同了。如果这篇文章来自《华盛顿邮报》(*The Washington Post*；一个极其可靠的来源)，他们就会认同它的观点；如果它来自《国家问讯报》(*National Enquirer*)，他们可能就不会接受它。至少有一点是清晰可见的：如果“猫王”埃尔维斯·普雷斯利(Elvis Presley)的鬼魂真的希望继续拥有大批追随者的话，就得在更具声誉的出版物上寻求发表。

说服和攻击：棍棒和石头

说服的过程并不都是美好的。虐待配偶的事件非常普遍；父母为了让孩子表现得好些而打他们的现象也司空见惯。当别人希望你改变某些行为时，你一定听到过“胆小鬼”“蠢货”“浑蛋”或“淘气鬼”这样的责骂。显然，攻击是说服过程中不当的做法。不过在另一方面，Dominic Infante (1987)认为，攻击也并不总是不当的。攻击行为既可能是建设性的，也可能是破坏性的(或者两者兼而有之)，这取决于攻击的类型和它对两方关系的影响(Infante，1987；Rancer，2004)。按照Infante的观点，确实存在几种攻击性交流，我们在这里重点讨论其中的两种。

首先是言语的攻击，这是一种破坏性行为，包括对某人使用威胁、亵渎、辱骂和嘲讽的语言展开人身攻击，对其性格、能力、背景、外表等进行侮辱(Rancer,2004)。简言之，言语攻击旨在践踏一个人的自我概念。正如我们所知，与非暴力婚姻相比，暴力婚姻更多体现在言语攻击层面(Infante，Chandler，& Rudd，1989)。

与言语攻击形成对比的是激辩，这是一种积极的对自己主张的坚持，包括在有争议的事情上捍卫自己的立场和反驳对方的观点。勇于辩论的人敢直面争议，而不愿意辩论的人则会选择回避(Rancer，2004)。虽然“争论”一词有时会让我们产生负面的联想，但研究表明，善辩是优秀员工(Infante & Gordon，1991)和大学生(Infante，1982)应当具备的一种能力。此外，学生会对言语带有攻击性的老师缺乏信赖感，但会对善辩的老师非常尊敬(Edward & Myers，2007)。

对我们来说，研究时最有趣的一点是审视人们在讲出说服性信息前会以怎样的方式“编辑”它们。或许你已经遇到过这种情形了——你本来很想使用某种方式，却又不能真那么做。Hample和Dallinger (1987)对人们无法采用某种说服方式的原因进行了调查研究，发现与言语攻击有关。比如，不愿对他人进行言语攻击的人会选择回避争论，因为他们觉得争论可能违背他们做人的原则（比如，在他们看来，威胁他人是不道德的），或者侵犯了人的尊严（比如，使用某些方法可能会伤及对方的形象或与其的关系）。关于这个话题，可以从 Rancer 在 2004 年的著作中了解到更多细节。

最后一点，虽然我们整体认为言语攻击是不错的，但我们在一些研究中也发现（Seiter & Gass，2010），这样的攻击在特定的场合是可以接受的。政治竞争就是一个例子。与许多人认为的竞选已经变得越来越令人恶心和糟糕不同，我们对政治攻击持接纳的态度。不过不要误解我们，我们并不是对所有攻击都认可。把美国第6任总统约翰·昆西·亚当斯（John Quincy Adams）称为暴君和皮条客或者把美国第16任总统亚伯拉罕·林肯（Abraham Lincoln）称为猩猩和刽子手的人显然不属于我们所指的范畴。但另一方面，只要攻击的内容是真实的、与事实相符的，并且手段基本是妥当的，就没有什么不可以，即使冲着政治人物也无妨。选民在做出选择时的确需要获得足够的信息，而一些信息注定会对竞选公职的人物的不称职或不道德行为进行披露，不过这样的代价是不可避免的。

受众分析与适应

在我们看来，超级碗周日节目中最具娱乐性的部分是它中间穿插的电视广告。如果你知道商家们每年会为此花数十亿美元去分析观众的心理，然后再决定怎样激发他们的兴趣，让他们购买推荐的产品，你就不会感到惊讶了。可是有时，商家即使投入了巨资进行营销，向不同的文化群体推介其产品，仍可能犯下大错。下面就列举几个这方面的典型事例：

- 瑞典的家具制造商宜家同意给它销售的一款桌子起名为“Fartfull”*（“跨文化营销失误”，2012）。
- 拉丁美洲人误以为派克笔的广告语“防止尴尬——请使用派克墨水”是一条主张控制出生率的广告。为什么会这样？因为在将这则广告翻译成西班牙文时，派克公司把尴尬一词译成了“Embarazo”，而这个词的实际意思是“怀孕”（Copeland & Griggs，1985）。

* fart 在英文中是“放屁”的意思。——译者注

- 在美国，日本人试图推销一款名为"Skinababe"* 的婴儿香皂（Copeland & Griggs，1985）。
- 想象一下，如果得知在西班牙文中，"Nova"的意思是"它不会动"；在葡萄牙文中，"Pinto"是"小的雄性器官"的意思；而"埃索（Esso）"在日语中的发音是"抛锚的汽车"的意思，那些在汽车业工作的人会有何感想？（Copeland & Griggs，1985）。**

应当从中吸取的教训很简单：如果你想让自己说的话产生影响力，一定要非常了解你在同谁讲话，然后采取最恰当的表达方式。还记得我们在前面提到的认知复杂的人吗？研究表明，这类人更容易说服别人，因为他们懂得从对方的角度看待周围的环境，然后用对方易于接受的方式（为他们试图说服的那个人特别定制的方式）来说服他（Waldron & Applegate，1998）。我们认为，这似乎应当是说服成功的关键所在：调整信息，使其与接收者的参照系相吻合。说得再准确些，就是说服者不能拽着接收者去接收信息，而是要让信息去贴近接收者。这就是商界所谓的"市场驱动"；公共演讲时的"以听众为中心"；人际沟通过程中所谓的"面向听众"。如果希望成为一名成功的说服者，这也是你必须学会和掌握的最重要技能。要想影响他人，首先要尽可能多地了解对方的需要和希望，同时尽量不要冒犯他们，当然也不能太圆滑。比如，我们曾听到过这样一个事例：有人问一位政治家对某件事的看法，他不想选边站，于是就回答说，"我的一些朋友持赞成意见，另一些朋友却表示反对，而我选择赞同我的朋友们。"如果我们当时也在听众中，不会对他的这段讲话留下任何印象。因此，在迎合听众时，不能显得不真诚、圆滑或者虚伪，这一点也非常重要。

受众分析这一话题若展开来，可以写成一本书（McQuail，1997），但我们在这里无法就此进行那么详尽的讨论。不过，为了让大家更好地理解它所涉及的内容，我们将在专栏5.2中讨论一种特殊类型的受众分析——细分分析。此外，我们还列出了一些指导原则，它们在你面对受众并需要做出分析时会有帮助。

* 在英文中是"骨瘦如柴的婴儿"的意思，而不是品牌原本想传达的意思——婴儿般光滑的皮肤。——译者注

** Nova是罗马尼亚最大的汽车制造企业达契亚公司的一款轿车；Pinto美国福特公司的一款轿车；Esso是世界知名润滑油品牌之一。——译者注

专栏 5.2 切中要害！探秘有针对性的微营销

如果你知道广告商们每年花在广告上的费用高达数十亿美元，你就不会对他们愿意花那么多时间来了解观众的状况感到惊讶了。不过我们不得不承认——对于这些家伙所了解的那些内容，至少是他们声称所掌握的内容，我们仍感到惊讶，甚至有点恐慌。比如，你知道吗？仅仅基于你住址的邮政编码，市场分析人士就能揣测出你早餐吃什么，你可能开什么样的车，你希望看什么类型的电视节目以及你的许多其他喜好。他们做出的这些预测根据的是相关的调查，从中推断出拥有相同邮政编码的人群可能在生活中的许多方面都是相类似的。不仅如此，凭着你的邮政编码，营销人员还能给你起一些有趣的绰号，例如，“名门地产”“多金又聪明”“单身城市蓝领”等。比如，如果你的邮编是94117或者15232，那你可能是一个“波希米亚裔混血儿”，年龄在18 ～ 34岁，赞同自由主义政治，喜欢古典唱片，爱看《纽约客》（*The New Yorker*）杂志和吃冷冻华夫饼（Berger，2004）。说得对吧？太不可思议了！

通过邮编将消费者归类的做法只是被称为微营销或市场细分的一种类型，它“将市场拆分为可定义、可管控的不同部分，然后将你划归到其中的一两个部分（Ogden，2000，p.29；Schewe & Meredith，2004）。这听上去很复杂，却是营销必做的工作。显然，广告、宣传和营销都不如以前容易了。比如，Penn（2007）认为，过去那种一招应对所有受众的方式已经不合时宜了，现在的受众会被细分成数百个小组或群体，包括“技术红颜”（喜欢购买科技设备的女性）、“有30个眼罩的人”（指那些每晚睡眠不足7小时的人）和“不再年轻的同性恋”（指那些考虑到现在社会已比较能够接纳同性恋，于是多年后才宣布自己是同性恋的人）。如果对这些小群体的分析准确，就可以很好地迎合他们的需要，形成一种“微观动态”，从而对商业和社会生活产生深远的影响。

当然，营销人员不仅依靠邮编来细分受众，他们有许多种方法对消费者进行归类。比如，知道了你的年龄，就有助于他们设计出能够吸引你的广告。不过，等一下！现在的做法更复杂了！例如，只知道主要受众是孩子已经不够了。一个营销策划公司认为，孩子可以分为六类，每一类需要一种有针对性的方案（Gertner，2004，p.102）。根据Debra Phillips（1999）的观点，这听上去或许有点好笑，但10 ～ 14岁的孩子之间的确存在着很大的差别；而针对13 ～ 18岁的青少年所做的广告也应与给9 ～ 12岁的少年设计的广告有所不同（p.126）。这个年龄段的孩子已经开始觉得米老鼠和它的那些伙伴太幼稚了（Phillips，1999），可比他们小一些的孩子对这些卡通人物仍痴迷得不得了。

如果你还没有被上面的描述搞晕，就请你继续往下看。我们知道，孩子们都喜欢吃糖，但是不同群体的孩子（也包括成人）会喜欢不同的口味。如果你从事市场营销的工作，下面这些提醒对你来说肯定能派上用场。市场调研发现，非裔美国人喜欢吃特别甜、不带巧克力味的硬糖，例如，薄荷口味或者椰子口味的糖；拉美裔的美国人喜欢重口味，例如，涂有辣椒粉的棒棒糖和混合罗望子果；而亚裔的美国人偏爱带有巧克力成分的糖果（“为不同族群的市场提供服务”，1999）。如果你了解了这一点，并且知道非裔、拉美裔和亚裔人群占据了美国人口的很大一部分，你就能理解为什么市场营销人员会瞄准他们，采取不同的营销措施，包括在商店针对不同族群的人开辟不同的“通道”，为他们提供诸如彩罐这类的特色商品，并且在包装上也会尽量引起不同族群的注意（比如针对大多数亚裔美国人，会选用罐头盒来包装糖果）（“为不同族群的市场提供服务”，1999）。

至此，我们确信你已经意识到市场调研人员在对消费者进行归类时所采用的方法可能有无数种了。事实上，除了年龄、邮编和族群因素外，他们还会考虑性别、受教育的程度、经济条件和从事的职业等诸多方面。随着互联网的普及，今后的消费者市场会被划分得越来越细。Bianco、Lowry、Berner、Ardnt和Grover（2004）认为，通过互联网这种互动媒介，销售人员可以掌握许多个人信息，然后做到为每位消费者定制产品。比如，本书的作者之一就是Netflix公司的会员，该公司可以让会员在网上点播自己喜欢的电影。看过之后，你可以给它打分。基于你的评分情况，该公司就能了解你喜欢看什么类型的电影，然后为你进行个性化推荐。如果你在亚马逊网站上买过商品，你就会注意到：每次采购商品时，你都会得到一些相关或类似商品的介绍信息，其目的是说服你在今后采购时考虑它们。事实上，按照Lindstrom（2011）的说法，当你搜索谷歌、使用脸书网、刷信用卡或者在iTunes*上下载歌曲时，数据挖掘公司也在实时分析你的这些信息，然后把它们卖给营销人员。甚至在你使用网上提供的优惠券时，也会让销售人员锁定你。因为优惠券上面的条形码会泄露一些你的个人信息，而它们之后就会被销售人员所掌握和利用（Lindstrom，2011）。

关注周围的环境

还记得我们在本章的前面部分讨论的内容吗？沟通者的性格以及当时所处的环境会影响受众对说服性信息的反应。在准备说服某人前，先充分了解周围的环境非常有用和重要。比如，你应当清楚你将与一个人还是一群人交流？所处的场所是不是很嘈杂、闷热和色彩丰富？时间是上午还是傍晚？在室内还是在室外、在教堂里还是在足球场？会遇到发难者吗？你打算只讲5分钟还是要滔滔不绝地说上数小时？

显然，可能出现的意外情况会有许多，但即便如此，提前有所了解还是对你适应环境有很大的帮助。非常重要的一点是要学会换位思考，把自己放在受众的角度做准备。设想一下，如果你处在他们的状况中，什么样的东西能够打动你，使你被说服，然后据此准备你将提供给他们的信息。当然，这一切均不能违背道德原则。我们认为，提前分析环境对你的说服大有裨益，我们将在第十六章里进一步阐述这一话题。

了解受众所想

在电影《男人百分百》（*What Women Want*）中，梅尔·吉布森（Mel Gibson）扮演了一个非常大男子主义的广告商。在一次偶然的事故后，他突然具备了窥探女人心思和想法的能力。于是，他不仅借此成了吸引女性的专家，而且能够

* iTunes是苹果公司开发的一款数字媒体播放应用程序。——译者注

设计出令她们无法抵挡的诱人广告。这部电影说明，一旦你具备了超感觉的知觉，说服他人会变得易如反掌。其实，只要你了解受众的想法，清楚他们的态度、价值观和需要，并在此基础上调整你的说服信息，说服对方同样很容易。

虽然我们无法向你传授特异功能，但在"读懂"受众的态度、价值观和需要方面，我们是可以给你一些建议的。首先，从第三章中你已经获知，有一些方法可以助你甄别或猜测他人的观点（比如，使用等距量表或直接问他们一些问题等）。当你知道了一个人的观点后，就可以较容易地采取措施让他意识到该观点与主流观点有不一致的地方，从而说服他改变自己的观点。

其次，也可以基于其他信息来了解某人的价值观。比如，价值观通常是由文化决定的。因此，通过了解某种文化所崇尚的价值理念，你很可能会掌握处于该文化中的某人的价值观。例如，在本章开始时我们提到，美国人更崇尚个性而非集体主义，而中国人正好相反。知道这一点后，你在提供说服性信息时就可以根据他们所处的不同文化有所侧重，这样产生的影响力远远大于在对这些因素一无所知的状况下的盲目行动。不过，也一定要记住，这些参照体系并不总是准确的。因此，在整理说服性信息时，一方面应牢记，充分知晓受众的文化价值理念是非常有必要的；另一方面也要提防有些人可能与众不同。

最后一点，虽然不同的人有千差万别的需要，但一些需要是共同的。了解这些共同需要对于设计说服性信息也是极有用的。比如，你认为那些为烟雾报警器设计广告的人知道人们对安全的基本需要吗？你肯定觉得他们知道。如果你看过这样的广告：一家人穿着睡衣站在人行道边，眼看着他们的房子被烧成灰烬，你就应该理解我们的意思了。广告商们清楚怎样满足人们的需要。

为了帮助你更好地掌握可能对受众起刺激作用的需求种类，我们建议你参照人本主义心理学家亚伯拉罕·马斯洛（Abrahm Maslow，1962，1970）提出的、现在已经被奉为经典的需要层次理论。按照马斯洛的说法，人类的需要呈阶梯状，最基本的生理需要处在阶梯的最底端，而最复杂的需要则位于最高处。他特别指出，人类的需要是依次渐进的，从最基本的到最复杂的：生理需要（对食物和水的需要）、安全需要（对稳定和安全的需要）、归属需要（对接纳和爱的需要）、尊重的需要（对自己的重要性和独特性认知的需要）和自我实现的需要（对自身成长、发挥创造力和理解环境能力的需要）。根据马斯洛的理论，人们只有在底层的需要得到满足后才可能考虑高层的需要。因此，如果一个人正饿得要死，他就会对获得食物更感兴趣，而不是提升他的自尊意识。

清楚受众状态和特征的重要性

现在，你已经明白受众的状态和特征在说服过程中发挥着巨大的作用了，因此它是你在面对受众时必须牢记的一点。比如，我们注意到，在对焦虑的人施加恐惧影响的同时一定要给予他们特别的抚慰；而自我管控能力强的人则会对承诺有助其感到“自在”的信息做出积极回应。具有某些特质的人会更难以被说服，但只要你记住自我卷入型的人可接受的范围比较窄；而教条和信奉权威的人更愿意采纳位高权重者的意见，你就具备了成为一个合格说服者的先决条件。

不要忘记受众的人口学特征

前面已经提及，人口学特征在说服过程中的影响也很大。如果你能够根据人们的年龄、性别、文化背景等因素有针对性地考虑提供给他们的说服信息，你成功的概率就比那些不做这些准备的人高许多。比如，在对小孩子说话时，如果使用太多的统计数字，很可能让他们坐不住。同样的，如果强迫上了年纪的人去听关于计划生育的演讲，只会让他们感到局促不安或者打瞌睡。此外，虽然我们尚未发现说服时的性别差异，但这并不意味着发言人可以忽视她的听众的性别。请注意，在刚才这句话中，我们用的是“她”，这就说明我们没有顾及阅读此书的男性读者。总之，我们相信你已经理解了我们想表达的意思：任何时候，只要有可能，一定要了解你的受众的年龄、性别、社会经济地位等因素，然后因人而异地采取对策。

总　结

在本章中，我们探讨了一些影响说服过程的交流者的自身特征。第一，我们关注了人口学特征，指出其中一些特征（如年龄、族群）会对说服信息的发出和接收产生影响；而另一些特征（如性别）似乎不会产生太大的影响。第二，我们阐述了一些心理和交流的状态与人格特质（自尊、焦虑、对一致性的偏好、自我管控能力、自我卷入、教条主义、威权主义、社会治安、认知复杂性、认知需要和攻击）会在说服性交流过程中起到的作用。第三，我们审视了受众分析这一概念，告诫说服者只要有可能，都应当尽量迎合受众的需要、愿望和背景等。

参考文献

Adorno, T., Frenkel-Brunswik, E., Levenson, D., & Sanford, N. (1950). *The authoritarian personality*. New York: Harper.

Allport, G. W. (1954). *The nature of prejudice*. Reading, MA: Addison-Wesley.

Altemeyer, B. (1999). To thine own self be untrue: Self-awareness and authoritarians. *North American Journal of Psychology, 1*(2), 157–164.

Atkin, C., Hocking, J., & Block, M. (1984). Teenage drinking: Does advertising make a difference? *Journal of Communication, 34*, 157–169.

Bakker, A. B. (1999). Persuasive communication about AIDS prevention: Need for cognition determines the impact of message format. *AIDS Education and Prevention, 11*(2), 150–162.

Berger, A. A. (2004). *Ads, fads, and consumer culture: Advertising's impact on American character*. Lanham, MD: Rowman & Littlefield.

Beware 'Net predators. (2001, March 7). *The Herald Journal, 92*(66), 1, 12.

Bianco, A., Lowry, T., Berner, R., Arndt, M., & Grover, R. (2004, July). The vanishing mass market. *BusinessWeek, 3891*, 60.

Braverman, J. (2008). Testimonials versus informational persuasive messages: The moderating effect of delivery mode and personal involvement. *Communication Research, 35*, 666–694.

Buijzen, M. (2007). Reducing children's susceptibility to commercials: Mechanisms of factual and evaluative advertising interventions. *Media Psychology, 9*, 411–430.

Cacioppo, J. T., & Petty, R. E. (1982). The need for cognition. *Journal of Personality and Social Psychology, 42*, 116–131.

Carli, L. L. (2004). Gender effects on social influence. In J. S. Seiter & R. H. Gass (Eds.), *Readings in persuasion, social influence and compliance gaining* (pp. 133–148). Boston: Allyn & Bacon.

Centers for Disease Control and Prevention. (2005). *Adverse childhood experiences study: Data and statistics*. Atlanta, GA: Centers for Disease Control and Prevention.

Chaiken, S. (1979). Communicator physical attractiveness and persuasion. *Journal of Personality and Social Psychology, 37*, 1387–1397.

Christie, R. (1991). Authoritarianism and related constructs. In J. P. Robinson, P. R. Shaver, & L. S. Wrightsman (Eds.), *Measures of personality and social psychological attitudes* (pp. 501–571). San Diego, CA: Academic Press.

Cody, M. J., Seiter, J. S., & Montagne-Miller, Y. (1995). Men and women in the marketplace. In P. J. Kalbfleisch & M. J. Cody (Eds.), *Gender, power, and communication in human relationships* (pp. 305–330). Hillsdale, NJ: Erlbaum.

Copeland, L., & Griggs, L. (1985). *Going international: How to make friends and deal effectively in the global marketplace*. New York: Random House.

"Cross cultural marketing blunders." (2012). Kwintessential.

DeBono, K. G., & Klein, C. (1993). Source expertise and persuasion: The moderating role of recipient dogmatism. *Personality and Social Psychology Bulletin, 19*, 167–173.

DeBono, K. G., Leavitt, A., & Backus, J. (2003). Product packaging and product evaluation: An individual difference approach. *Journal of Applied Social Psychology, 33*, 513–521.

DeBono, K. G., & Rubin, K. (1995). Country of origin and perceptions of product quality: An individual difference perspective. *Basic and Applied Social Psychology, 17*, 239–247.

Delia, J. G., O'Keefe, B. J., & O'Keefe, D. J. (1982). The constructivist approach to communication. In F. E. X. Dance (Ed.), *Human communication theory* (pp. 147–191). New York: Harper & Row.

Dickinson, A. (2002, April). What to say to your kids. *Time, 159*(17), 48.

Eagly, A. H. (1978). Sex differences in influenceability. *Psychological Bulletin, 85*, 86–116.

Eaton, A. A., Visser, P. S., Krosnick, J. A., & Anand, S. (2009). Social power and attitude strength over the life course. *Personality and Social Psychology Bulletin, 35*, 1646–1660.

Edwards, C., & Myers, S. A. (2007). Perceived instructor credibility as a function of instructor aggressive communication. *Communication Research Reports, 24*, 47–53.

Evans, A. T., & Clark, J. K. (2012). Source characteristics and persuasion: The role of selfmonitoring in self-validation. *Journal of Experimental Social Psychology, 48*, 383–386.

Fitch, K. L. (1994). A cross-cultural study of directive sequences and some implications for compliance-gaining research. *Communication Monographs, 61*, 185–209.

Fu, P., & Yukl, G. (2000). Perceived effectiveness of influence tactics in the United States and China. *Leadership Quarterly, 11*(2), 251–266.

Gertner, J. (2004, November 28). Hey Mom, is it OK if these guys market stuff to us? *New York Times Magazine, 154*(53047), 100–107.

Groutage, H. (1995, July 14). "Missing 'wife' is a wife not at all." *Deseret News Archives*, p. 2.

Guadagno, R. E., & Cialdini, R. B. (2010). Preference for consistency and social influence: A review of current research findings. *Social Influence, 5*, 152–163.

Hample, D., & Dallinger, J. M. (1987). Individual differences in cognitive editing standards. *Human Communication Research, 14*, 123–144.

Han, S., & Shavitt, S. (1994). Persuasion and culture: Advertising appeals in individualistic and collectivistic societies. *Journal of Experimental Social Psychology, 30*, 326–350.

Harvey, O. J., & Beverly, G. D. (1961). Some personality correlates of concept change through role playing. *Journal of Abnormal and Social Psychology, 63*, 125–130.

Heitland, K., & Bohner, G. (2010). Reducing prejudice via cognitive dissonance: Individual differences in preference for consistency moderate the effects of counter-attitudinal advocacy. *Social Influence, 5*, 164–181.

Hofstede, G. (1983). Dimensions of national cultures in fifty countries and three regions. In J. Deregowski, S. Dzuirawiec, & R. Annis (Eds.), *Explications in cross-cultural psychology* (pp. 335–355). Lisse, The Netherlands: Swets and Zeitlinger.

Infante, D. A. (1982). The argumentative student in the speech communication classroom: An investigation and implications. *Communication Education, 3*, 141–148.

Infante, D. A. (1987). Aggressiveness. In J. C. McCroskey & J. A. Daly (Eds.), *Personality and interpersonal communication* (pp. 157–192). Newbury Park, CA: Sage.

Infante, D. A., Chandler, T. A., & Rudd, J. E. (1989). Test of an argumentative skill deficiency model of interspousal violence. *Communication Monographs, 56*, 163–177.

Infante, D. A., & Gordon, W. I. (1991). How employees see the boss: Test of an argumentative and affirming model of supervisors' communicative behavior. *Western Journal of Speech Communication, 55*, 294–304.

Janis, I. L., & Feshbach, S. (1965). Effects of fear-arousing communications. *Journal of Personality and Social Psychology, 1*, 17–27.

Johnson, B. T., & Eagly, A. H. (1990). Effects of involvement on persuasion: A metaanalysis. *Psychological Bulletin, 106*, 290–314.

Kaufman, D. O., Stasson, M. F., & Hart, J. W. (1999). Are the tabloids always wrong or is that just what we think? *Journal of Applied Social Psychology, 29*, 1984–1997.

Klingle, R. S. (2004). Compliance in medical contexts. In J. S. Seiter & R. H. Gass (Eds.), *Readings in persuasion, social influence and compliance gaining* (pp. 289–315). Boston: Allyn & Bacon.

Knafo, A. (2003). Authoritarians, the next generation: Values and bullying among adolescent children of authoritarian fathers.*Analysis of Social Issues and Public Policy, 3*(1), 199–204.

Lehmann, S. (1970). Personality and compliance: A study of anxiety and self-esteem in opinion and behavior change. *Journal of Personality and Social Psychology, 15*, 76–86.

Lindstrom, M. (2011). *Brandwashed: Tricks companies use to manipulate our minds and persuade us to buy*. New York: Crown Business.

Ma, R., & Chuang, R. (2001). Persuasion strategies of Chinese college students in interpersonal contexts. *Southern Journal of Communication, 66*(4), 267–278.

Maslow, A. (1962). *Toward a psychology of being*. New York: Van Nostrand.

Maslow, A. (1970). *Motivation and personality*. New York: Harper & Row.

McAlister, A. R., & Cornwell, T. B. (2009). Preschool children's persuasion knowledge: The contribution of theory of mind. *Journal of Public Policy & Marketing, 28*, 175–185.

McGill, A. R., Johnson, M. D., & Bantel, K. A. (1994). Cognitive complexity and conformity: Effects on performance in a turbulent environment. *Psychological Reports, 75*, 1451–1472.

McGuire, W. J. (1968). Personality and attitude change: An information-processing theory. In A. G. Greenwald,

T. C. Brock, & T. M. Ostrom (Eds.), *Psychological foundations of attitudes* (pp. 171–196). San Diego, CA: Academic Press.

McQuail, D. (1997) *Audience analysis*. Thousand Oaks, CA: Sage.

Nunnally, J. C., & Bobren, H. M. (1959). Variables concerning the willingness to receive communications on mental health. *Journal of Personality, 27*, 275–290.

Oates, C., Blades, M., & Gunter, B. (2002). Children and television advertising: When do they understand persuasive intent? *Journal of Consumer Behavior, 1*(3), 238–245.

Ogden, M. (2000, February 4). To succeed globally, think small in marketing efforts. *Kansas City Business Journal, 18*(22), 29.

Penn, M. J.; with Zalesne, E. K. (2007). *Microtrends: The small forces behind tomorrow's big changes*. New York: Twelve.

Perlini, A. H., & Hansen, S. D. (2001). Moderating effects of need for cognition or attractiveness stereotyping. *Social Behavior and Personality, 29*(4), 313–322.

Phillips, D. (1999, September). 'Tween beat: Targeting pre-teenage consumers. *Entrepreneur, 27*(9), 126.

Preiss, R. W., & Gayle, B. M. (1999, February). *Authoritarianism, dogmatism, and persuasion: A meta-analytic review*. Paper presented at the Annual Meeting of the Western States Communication Association, Vancouver, BC.

Rancer, A. S. (2004). Argumentativeness, verbal aggressiveness and persuasion. In J. S. Seiter & R. H. Gass (Eds.), *Readings in persuasion, social influence and compliance gaining* (pp. 113–131). Boston: Allyn & Bacon.

Reinhard, M., & Messner, M. (2009). The effects of source likeability and need for cognition on advertising effectiveness under explicit persuasion. *Journal of Consumer Behavior, 8*, 179–191.

Rhodes, N., & Wood, W. (1992). Self-esteem and intelligence affect influenceability: The mediating role of message reception. *Psychological Bulletin, 111*, 156–171.

Rokeach, M. (1960). *The open and closed mind*. New York: Basic Books.

Rosen, M. D. (1994, August). Don't talk to strangers. *Ladies Home Journal, 111*, 108, 109, 153, 154.

Saucier, D. A., & Webster, R. J. (2010). Social vigilantism: Measuring individual differences in belief superiority and resistance to persuasion. *Personality and Social Psychology Bulletin, 36*, 19–32.

Schewe, C. D., & Meredith, G. (2004). Segmenting global markets by generational cohorts: Determining motivations by age. *Journal of Consumer Behavior, 4*(1), 51–63.

Sears, D. O. (1981). Life stage effects on attitude change, especially among the elderly. In S. B. Kiesler, J. N. Morgan, & V. K. Oppenheimer (Eds.), *Aging: Social change* (pp. 183–204). New York: Academic Press.

Seiter, J. S., & Gass, R. H. (2010). Aggressive communication in political contexts. In T. A. Avtgis & A. S. Rancer (Eds.), *Arguments, aggression, and conflict: New directions in theory and research* (pp. 217–240). New York: Routledge.

Serving ethnic markets. (1999, May–June). *Professional Candy Buyer, 7*(3), 76.

Sherif, C. W., Kelly, M., Rodgers, H. L., Jr., Sarup, G., & Tittler, B. I. (1973). Personal involvement, social judgment and action. *Journal of Personality and Social Psychology, 27*, 311–328.

Sherif, C. W., Sherif, M., & Nebergall, R. E. (1965). *Attitude and attitude change: The social judgment-involvement approach*. Philadelphia: W. B. Saunders.

Sherif, M., & Sherif, C. W. (1967). Attitudes as the individual's own categories: The socialjudgment approach to attitude and attitude change. In C. W. Sherif & M. Sherif (Eds.), *Attitude, ego-involvement, and change* (pp. 105–139). New York: John Wiley & Sons.

Shestowsky, D., & Horowitz, L. M. (2004). How the need for cognition scale predicts behavior in mock jury deliberations. *Law and Human Behavior, 28*(3), 305–337.

Smidt, K. E., & DeBono, K. G. (2011). On the effects of product name on product evaluation: An individual difference perspective. *Social Influence, 6*, 131–141.

Snyder, M. (1974). Self-monitoring of expressive behavior. *Journal of Personality and Social Psychology, 30*, 526–537.

Snyder, M. (1979). Self-monitoring processes. In L. Berkowitz (Ed.), *Advances in experimental and social psychology* (Vol. 12, pp. 85–128). New York: Academic Press.

Snyder, M., & DeBono, K. G. (1989). Understanding the functions of attitudes: Lessons from personality and social behavior. In A. R. Pratkanis, S. J. Brecklet, & A. G. Greenwald (Eds.), *Attitude structure and function* (pp. 339–359). Hillsdale, NJ: Erlbaum.

Sojka, J. Z., & Deeter-Schmelz, D. R. (2008). Need for cognition and affective orientation as predictors of sales performance: An investigation of main and interaction effects. *Journal of Business Psychology, 22*, 179–190.

"Teaching fear." (1986, March 10). *Newsweek*, p. 62.

Waldron, V. R., & Applegate, J. L. (1998). Person-centered tactics during verbal disagreements: Effects on student perceptions of persuasiveness and social attraction. *Communication Education, 47*, 53–66.

Ward, D. A., Seccombe, K., Bendel, R., & Carter, L. F. (1985). Cross-sex context as a factor in persuadability sex differences. *Social Psychology Quarterly, 48*, 269–276.

White, M. J., & Gerstein, L. H. (1987). Helping: The influence of anticipated social sanctions and self-monitoring. *Journal of Personality, 55*, 41–54.

Williams-Piehota, P., Schneider, T. R., Pizarro, L. M., Mowad, L., & Salovey, P. (2003). Matching health messages to information processing styles: Need for cognition and mammography utilization. *Health Communication, 15*(4), 375–392.

Wiseman, R. L., Sanders, J. A., Congalton, K. J., Gass, R. H., Sueda, K., & Du, R. (2009). A cross-cultural analysis of compliance gaining: China, Japan, and the United States In B. Hoffer and N. Honna (Eds.), *Intercultural communication: Beyond the canon* (pp. 186–212). San Antonio, TX: International Association for Intercultural Communication Studies.

Wooden, K. (1988, June). How sex offenders lure our children. *Reader's Digest*, pp. 149–154.

Wooden, K. (1995). *Child lures: What every parent and child should know about preventing sexual abuse and abduction*. Arlington, TX: Summit Publishing Group.

第六章

从众与群体影响

本章概览

从众是一种说服方式：合群
- 起点：对从众效应的早期研究
- 与从众相关的变量
- 为什么要保持一致
- 社会认同：利用盲从因素来说服他人

排斥：回避与枪击

去个性化、社会惰化和社会助长：在群体中迷失自我
- 骚乱是什么：审视去个性化
- 社会惰化：不愿意尽全力
- 社会助长：你宁愿孤身一人吗？

群体怎样影响决定：选择冒险还是不冒险

Bo、Peep和羊，以及海尔波普彗星，这些听上去像是一个童话故事里的素材，可是常言道，真相比虚构作品还不可思议，而且非常遗憾，Bo、Peep和羊就都出现在一个真实事件中。我们将事件中的人称为羊，因为我们认为除了羊，还有谁会轻信这样的信息——他们应当集体自杀，这样他们就可以摆脱肉体，然后被在海尔波普彗星尾巴周围飞来飞去的外星宇宙飞船接走。不管他们是不是真的信以为真，反正他们都按他们的头儿Bo和Peep的要求做了。1997年，警官在位于加利福尼亚州兰乔圣菲的一个家中发现了21具女性尸体和18具男性尸体。所有这些人都是一个邪教组织的成员，他们显然是服下了掺了苯巴比妥的苹果酱、布丁和伏特加而死的（Gleick，1997b）。

许多作家都对社会影响的形成过程很感兴趣，与他们一样，我们也忍不住想知道，相信“天堂之门”邪教的那些人是怎样以及为什么会被说服的，导致他们做出了如此极端的事情。美国历史上的几次大规模集体自杀事件都有几个基本相同的成因。邪教组织的成员——虽然据说他们都很聪明和快乐——一定属于极易被说服的人，而他们的领袖，马歇尔·赫夫·爱普尔怀特（Marshall Herff Applewhite）和邦妮·路·内特尔斯（Bonnie Lu Nettles），即Bo和Peep，极具魅力，深得那些追随者的信任。除了这些邪教领袖和成员的性格特点外，我们认为强烈的群体观念也是造成这次集体自杀的重要因素。事实上，虽然从社会的角度看，这些邪教组织的成员都是些不正常的人，但在其组织内部，他们似乎都面临着“融合”的压力。比如，据报道，这个邪教组织里的成员的外表看上去都是一样的，以致尸体刚被发现时，警方还以为他们都是男的。据说他们的样子不男不女，女性都留着短发，而大多数男性，包括他们的领袖，都被阉割了。而且组织里的所有成员都穿着同样的衣服，即黑色的类似睡衣的服装。当那39具尸体被发现时，每个人从头到脚都穿着黑色的衣物：黑裤子、黑衬衣和崭新的黑色耐克鞋（Gleick，1997b）。

我们设想，如果没有其他原因，成为邪教组织的一员能够满足他们的归属需要。邪教组织在招募新成员时都会极力为他们营造一个充满爱的环境。但与此同时，新成员很快就会感受到要融入其中的压力。在这样的压力下，组织中的成员很容易被说服参与自杀。当你极度认同一些人采取的行为时，那些行为就不仅仅是“正确”的了，如果你想成为他们中的一员，就必须保持一致的步调。这种现象不单单出现在宗教组织中，在其他的社会集结场所也是一样。家庭、同龄人群体、工作场所甚至教室，都会对其成员施加压力，迫使他们按照某些规定约束自己的行为举止。出于这些原因，本章将探讨群体在社会影响过程中所起的作用，我们先从从众这一话题开始。

从众是一种说服方式：合群

我们两位听过一次演讲，演讲者是一位社会学教授，当时教室里有100多人。突然间，一位我俩都认识的大学生把他的衬衣、裤子、鞋和袜子都脱了，然后他几乎赤裸着身体站在通道那里，等着教授注意到他。教授一直低着头看讲稿，并没有注意到他，直到教室里的其他人开始惊叫和大笑。当教授终于抬起头时，他惊呆了。可那位近乎裸体的学生一点也不畏惧，他问教授，“这算吗？”

原来，在这个学生脱衣服前，教授一直在讲规范和一致性这一话题。所谓规范，是指一群人对什么样的行为和意见是对的或是错的、好的或是坏的、可接受的或是不可接受的、合适的或是不合适的，所做出的一致期望（Andrews，1996）。一旦规范被大家认可了，我们就会产生应当遵守它们的压力。教授向学生们解释了有些规范是清晰明确的，被用书面或口头形式公示出来。比如，道路上的标志会明确告诉你开车时的最高时速。但是也有一些规范不是那么明确，并且没有公开讲出来。比如，假设你去某人家里做客，你肯定不会把脚放在餐桌上，尽管你并未看过不允许你这么做的规定。同样的——这正是那位社会学教授对班上的学生讲的——因为我们都要遵守社会规范，所以没有人会在听课过程中当众脱掉衣服。于是这位学生为了表现自己不随波逐流，就忍不住要挑战一下教授的说法。这是一件多年前发生的事情。现在，这位教授只要就规范和一致性发表演讲，就会引用这个事例。

起点：对从众效应的早期研究

不是人人都能像那位学生，敢于在课堂上当众脱衣。如同我们已经指出的，在大多数情况下，人们清楚规范的要求，并且会尽量与大家保持一致。在从众效应方面，最引人注目的实验恐怕当属所罗门·阿希（Solomon Asch）在1956年所尝试的。实验是这样的：阿希把一些大学生（7 ～ 9个）召集到教室里，称他们将参与一个有关视觉判断的实验。学生们被要求看两个很大的白色卡片。从图6.1中我们可以看到，在第一个卡片上只有一条竖线；而在第二个卡片上，则有三条长短不一的竖线。要求学生做的事情很简单，就是在观察过这两个卡片后，从第二个卡片上的那三条竖线中找出与第一张卡片上的那条竖线长度相同的一条，然后大声地对其他人说出他的选择。阿希在1966年出版的著作中写到，这项实验开始时太平无事，可是后来的情况发生了变化：

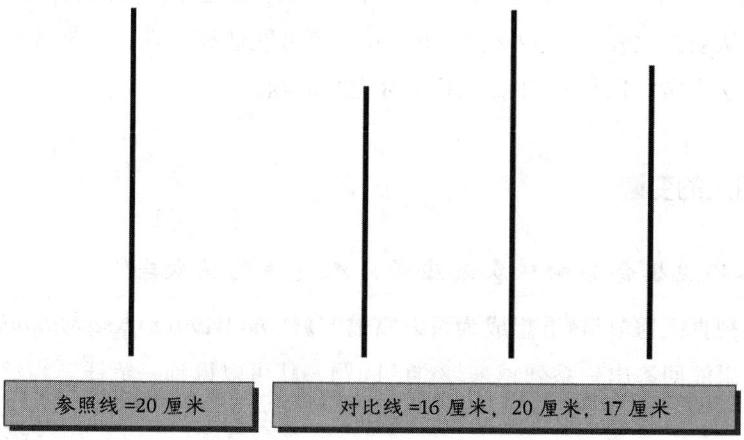

图6.1
阿希实验中所使用的视觉事例。参与者被要求说出右边卡片中的哪一条竖线与左边卡片中的那条竖线长度相同。

> 实验的参与者们按照他们在教室里所坐位置的顺序依次说出了他们的选择。在第一轮中，每个人选的竖线都是一样的。然后，又向他们出示了两张卡片，大家的选择仍然一致，看得出他们对这一无聊的实验还是报以了礼貌的容忍。接着是第三轮，这次出现了一点意想不到的骚动。小组中的最后一个人做出了与其他人不一样的选择。他对自己与众不同的选择有点惊讶，或者准确地说，是感到怀疑。实验继续进行，他仍坚持自己与其他人不一样的选择，但与此同时，他也变得越来越紧张和犹豫。他会在宣布结果前停顿一会儿，然后用很低的声音说出选择，或者会尴尬地笑笑。（p.320）

在阿希的实验中，那个与大家选择不一致的学生并不知道，教室里的其他学生都是阿希的“托儿”，阿希事先告诉他们要选一个错误的答案。也就是说，阿希真正感兴趣的是，当一个人说出与所有其他人都不一样的正确答案时会有怎样的表现。结果他发现，在群体压力下，与大家保持一致是一种普遍现象，75% 的参与者会在至少一次实验中给出错误的选择。

总之，阿希的实验表明，群体能够产生巨大的影响力。不过，即便如此，也不是所有的实验参与者都有同样的表现。比如，有大约25% 的参与者仍保持了相对的独立，罕见地没有顺从群体中其他人的选择。实验还发现了一点，有大约10% 的参与者几乎在每次实验中都会依从群体的选择，这说明一些人比其他人更容易从众。此外，在一些情形下，人们更可能选择从众，但在另一些情形下不一定会这么做。这是我们接下来要讨论的话题。

与从众相关的变量

群体的规模会影响从众效应吗？人越多越从众吗？

在电视真人秀节目《谁想成为百万富翁？》(*Who Wants to be a Millionaire?*) 中，参赛者如果能回答出一系列越来越难的问题，就可以得到一笔钱。当然，如果他们被难住了，可以有一次向观众求助的机会，但只有一次。假设你是参加该竞赛节目的选手，你可能面对5位观众，也可能面对500位观众，你会选择哪一个？如果观众人数是499 ～ 500人，你又会选择哪一个？只增加1个观众会对你产生很大影响吗？如果不会，那么观众达到怎样的规模再增加人数对你来说就无关紧要了？

不管他们看没看过《谁想成为百万富翁？》这档节目，研究人员们已在相当长的一个时间里对在说服过程中的群体规模所起的作用进行了研究。在由此形成的众多理论中，有两个理论对群体规模与说服的关系做出了不同的预测，即社会影响理论（social impact theory，SIT ；Latane，1981）和社会影响模型（social influence model，SIM ；Tanford & Penrod，1984）。前者认为，组成群体的第一人最具影响力。每一个新加入的成员也会产生一定的影响，但都较他之前的成员的影响力弱。与之形成对比的是，后一种理论认为，第三个和第四个加入群体的人最具影响力，因为如果只有两个人，尚且构不成一个群体。换句话讲，与一个人意见不一致没有关系，但与两三个人的意见产生分歧，就需要一点勇气了。不过在有三四个人加入后，从众的压力反而不会再增加了。

至于这两个理论中的哪一个更科学，实证结果和元分析得出了混杂的结论（Bond，2005；Bond & Smith，1996）：一些研究支持其中一个理论，一些赞同另一个，还有一些则对两个都不认同。在仔细研读相关文献后，我们发现两个理论都得到过肯定，因为如果增加一个变量，它们都是可以成立的。更具体地说，Campbell 和 Fairey（1989）认为，当你要在一个群体中做出决定时，你会受到两个因素的影响：你希望做出正确的决定，同时你还希望在做出决定后得到他人的赞同。按照他们的观点，有时候，我们之所以顺从一个群体，是因为该群体所掌握的信息具有影响力。也就是说，我们渴望做出正确的决定，而我们顺从这个群体是因为我们认为它的选择是正确的。但也有一些时候，我们顺从一个群体是因为它在规范性方面颇具影响力，即我们顺从它是为了得到奖励（比如，受到他人的喜爱），避免遭遇惩罚（比如，被人嘲笑）。

那么这与群体的规模有关系吗？根据 Campbell 和 Fairey（1989）的观点，群体人数的增加会对信息影响力和规范影响力产生不同的作用。具体来讲，如果你希望选择正确，拿上面提到的那档电视节目为例，第一个人对你形成的影响会最大，因为后面每个人的判断都可能与他人的看法重复。但是，假设你在家里与一些新邻居一起做类似《谁想成为百万富翁？》这样的游戏，这时，你的目标并不是想赢钱，而是想尽快融入大家，并且让他们喜欢你，从而交一些新朋友。在这种情形下，即使你认为邻居们的意见是错误的，你也可能选择与他们保持一致，特别是当做出“错误”选择的人数达到两三个时。Bond（2005）的观点是，在人们需要当众做出反应时，规范性影响的力量更强大；而如果是私下选择，信息的影响力更加重要（有关群体规模与从众效应的更多信息可参阅专栏6.1）。

专栏 6.1　大多数原则：当你在群体中显得很孤立时，怎样发挥影响力？

本章讨论的是大多数人影响少数人的方法，但是有时候，少数人也可以对多数人施加影响，这方面的例子在历史的进程中出现过许多次。特别是当少数人中的某一个人被认为在群体正讨论的话题上具有独特的经历或技能时，这种现象极有可能发生（Hart，Stasson，& Karau，1999）。

即便少数人中的这个人并不是什么专家，他仍可能对多数人产生影响。重温 Tanford 和 Penrod（1984）所进行的研究发现，少数人群可以尝试采用两个方法：一种方法是先表示与多数人的观点一致，然后再说出不同的地方；另一种是始终坚持与群体不一致的看法。如果采用第一种方法，需要你先奠定通常被称为好感的基础，也就是说，与群体在大多数事情上保持一致并且融洽的关系。这样，当你表达一些不同的意见时，就会得到他们的认可，于是你很有可能说服他们接纳你的观点。与之形成对比的第二种方法则是自始至终特立独行，与群体完全不兼容。这么做会让你看上去非常自信，从而引起群体对你的关注（Moscovici & Faucheux，1972；Moscovici，Lage，& Naffrechoux，1969）。这两种方法采取的行为完全不一样，因此如果你属于少数派，一定不要同时尝试两种做法。请选择其中一种并坚持下去。研究认为，只要你能说服多数派中的一个人转向你，其他人也都有可能追随而来（Clark，1999）。

数量的安全性：不止一个反对者效应

找到一个支持者对于拒绝与群体保持一致很有帮助。比如，Allen 和 Levine（1971）发现，如果一个人单独面对四个与他意见不一致的人，他很可能会顺从大多数人了；可是如果这四个人中有一个人站在了他这一边，他就会坚持己见。有趣的是，即使支持他的那个人的判断是成问题的，仍然会助力他不改变自己的观点。比如，Allen 和 Levine（1971）发现，在进行有关视觉刺激的判断时，哪怕支持你的同伴在视觉方面有缺陷（比如，戴着镜片很厚的眼镜或者看东西似乎很吃力），也能起到阻止你服从大多数人的作用。

道德信念：错就是错

根据道德作为抗拒动机假说，道德信念强的人比道德信念弱的人对多数人的影响更有抵御能力（Aramovich，Lytle，& Skitka，2012）。迄今为止的研究也都支持这一假说。比如，Aramovich（2012）及其同事发现，强烈反对人身摧残的人更可能对虐待可疑的恐怖分子表达反对立场，而且在群体中的其他人都表示同意的情况下，他们仍会坚持自己的主张。

教化：强烈的入会仪式和盲从的会员

本书的作者之一在高中时曾加入学校的俱乐部，这是他有生以来唯一一次正式加入某个团体。当时，他被要求着正装，并且在一家购物中心唱圣诞节的赞美诗（虽然并不是在圣诞节期间）。当然，还有许多比这严肃得多的入会仪式。比如，2003年，芝加哥的一群高中女生通过踢打、掐脖子以及向她们掷粪便和鱼内脏并泼洒尿和血等做法对一些比她们小的女孩进行恶意欺凌。同年，在巴尔的摩，三个年轻的足球选手被用扫帚、高尔夫球和松果残忍地鸡奸了。根据Hansen（2004）提供的信息，有将近80%的大学运动员、兄弟会和联谊会成员曾遭遇过欺凌，但受害者并不只是学生。比如，美国有线电视新闻网曾就“血钉”进行过讨论，那是一个很残忍的仪式，海军陆战队的队员在入队时要“依次将金章深深地钉进胸部，钉的时候鲜血直流，他们疼得大喊大叫，拼命挣扎”（Gleick，1997a，p.30）。

这些仪式听上去可能非常残忍，可是也有一些人认为，这样的做法可以加强新招募成员的凝聚力（Hansen，2004）。有趣的是，这一说法还真有些道理，因为调查发现，若我们加入某个组织时得到的教化非常强烈和严肃，那么我们会更珍视和在意自己的成员身份（Aronson & Mills，1959）。不仅如此，一旦我们对某个团体非常看重，我们就愿意顺从它。遗憾的是，有些组织就利用了人的这一特点摧残了许多生命。就像我们在本章开篇时引用的那个案例，邪教组织要求高度顺服，因此它们会对成员洗脑。事实上，有许多邪教的成员都在邪教领袖的煽动下死于集体自杀（参阅专栏6.2）。

专栏 6.2 现代邪教：令人悲伤的事件记录

1978年：吉姆·琼斯（Jim Jones）牧师和他的900位追随者（其中包括一些儿童）在圭亚那的琼斯镇服用氰化物集体自杀。

1991年：一位墨西哥牧师和他的29位追随者在他的命令下不间断地祷告，并在教堂里的毒气中窒息而死。

1993年：至少80位大卫教派的教徒在得克萨斯州韦科的集会场所死于火灾以及与美国烟草和火器管理局的枪战。

1993年：53名越南裔的部落村民通过使用最原始的武器自杀身亡，因为他们相信这样他们可以立即进天堂。

1994年：邪教组织“太阳神殿教”的67名成员在瑞士与法国边境的阿尔卑斯山和加拿大的魁北克被火烧死。

1997年：邪教组织“天堂之门”的39名成员在马歇尔·爱普尔怀特的带领下，在加利福尼亚州集体自杀，他们认为这样做就可以被尾随海尔波普彗星而来的外星宇宙飞船接走。

2000年：900多名隐居的邪教组织“基督教世界末世教”成员在非洲被他们的领袖杀害。许多是被烧死的，还有许多人被埋进了大墓穴。

2003年：拉耶尔教派——由克罗德·沃利亚（Claude Vorihon）创立的邪教组织——的成员声称在一个名为“克隆人协会”的克隆人公司的协助下，已经克隆出两个甚至更多的人类婴儿。不过这一声明从未得到证实。

很明显，邪教组织都颇具说服力。比如，根据Whitsett和Kent在2003年提供的信息，预计有多达500万美国人加入了或者曾经加入过邪教组织。而且更令人感到惊讶的是，大多数成员的智商高于平均水平，并且经常参加大学组织的活动（Shaw，2003）。邪教组织怎么会招募到这样的人加入他们的组织呢？Baron（2000）指出，邪教组织教化成员的过程分为四个阶段。第一个阶段是软化阶段，他们瞄准的目标通常是那些生活中比较脆弱的人（比如，刚刚经历离婚或亲人离世的打击），他们会安排一名成员与其交朋友，带他参加他们的聚会。在聚会过程中，他会得到成员们贴心的呵护和赞扬，这一手法被称为“爱的炸弹”（Richmond，2004）。殷勤热情的成员和救世主般的领袖经常陪伴其左右，连睡觉的时间都没有了，结果导致他陷入困顿的状态。这么做的目的就是对招募者先诱惑，再施压。第二个阶段是顺从阶段，在招募者感受到被重视和关爱后，就开始尝试性地要求他顺从一些行为，包括改变饮食、睡眠时间和着装。在这个阶段，招募者只需对这些要求表示口头认可。但到了第三个阶段，即内化阶段时，招募者就需要开始认为邪教组织的要求和观念都是非常正确的（比如，认为所有非组织成员都是邪恶的）。第四个阶段是巩固阶段，这时的新成员已经变得完全忠诚于该组织了，并且会表现出效忠行为，尽管这会让他们付出很大的代价，比如，放弃自己的工作或学业、把自己全部的个人财产捐给组织和帮助招募新成员。

从以前的研究文献中可以看出，导致新招募的成员愿意顺从邪教组织的是一些能够对其产生影响力的做法。有一个观点认为，邪教组织会营造一种气氛，使成员很难或者舍不得离开。他们会在情感上非常依赖这个组织，因此他们很担心得不到组织的接纳（Zablocki，1999）。无论哪一种解释最准确，有一点是很清楚的：一个群体越难加入，一旦加入了，人们就越会选择遵从该群体。

Cartoon by John Seiter.

认同与一致性：你是我这种类型的人

根据 Kenneth Burke（1950）的观点，当人们因为某个原因（比如，有共同的立场、从事同样的活动、具有一致的想法、财力相当，等等）而聚合在一起时，就形成了认同。他认为，人们愿意彼此交往就是为了构建认同体系。认同这一概念非常重要，因为一个人越认同一个群体，该群体对这个人产生的影响力就越大。

通过认同过程而对我们产生影响力的群体被称为参照群体，因此，并不是所有群体都能成为参照群体。比如，你可能会与几个同学聚在一起，为了准备考试而学习，但这样一个群体不太可能对你的日常行为和思维方式产生很大的影响。可是另一个你非常钦佩、希望自己能够成为其中一员的群体会强烈影响你，而且常常是在你自己都没有意识到的情况下。由于我们认同参照群体，因此我们会像他们一样着装，像他们一样思考问题，像他们一样为人处世。了解到这一点后，当我们得知大量研究表明，我们更倾向于同跟我们类似的群体而非存在差异的群体保持一致时，我们就不会感到惊讶了（Bond & Smith，1996）。例如，有一项研究发现，大学里的学生如果对喜欢喝酒的朋友、同伴、兄弟会或联谊会成员极有好感，他们自己很有可能也开始养成喝酒的习惯（Reed，Lange，Ketchie，& Clapp，2007）。同样的，如果大一学生的异性朋友吸烟或者赞同吸烟，他们就非常可能开始吸烟（Etcheverry，Hoffman，& Agnew，2010）。

虽然能够与别人相处融洽是一件好事，但 Seiter（1998）认为，在许多情形下，过度地认同也会产生不良的后果。例如，在跨文化交流的环境下，如果有人对自己所属的文化有太过强烈的认同意识，就会产生民族中心主义，即认为自己的文化是标准，其他文化都应以此为参照来进行对照检查。在小组范围内，如果小组成员过于在意看法一致和彼此融洽相处，以致无法容忍任何不同的声音，就会造成集体思维（Janis，1972）。在机构交际语境中，过度认同会导致出现 Tompkins 及其同事（Bullis & Tompkins，1989；Tompkins & Cheney，1985）所称的*强势文化*。当机构的雇员对其所在的机构产生了强烈的认同感时，他们会无条件地接受机构的价值观和所有做法，这就是所谓的*强势文化现象*。

你应该能够想象到，民族中心主义、集体思维和强势文化都很可能导致极其严重的不良后果。比如，民族中心主义可能引发对其他文化成员的仇恨、歧视和暴力行为（Gudykunst & Kim，1997）；而具有集体思维和强势文化特点的小组和机构常常做出错误的决定，因为成员的思维模式都是一样的。Seiter（1995）举了这样一个例子：一家属于强势文化的木材公司在与公司以外的其他人沟通时遇到了很大的阻力，因为公司内部的人在思考问题时都想得过于乐观、简单，结果环境保护主义人士的攻击让这家公司措手不及，陷入了危险的处境。显然，机构和群体都需要一些偶尔会“捣捣乱”“发嘘声”和“唱反调”的成员（Locker et al.，2001；Redding，1985）。总之，认同对于成员彼此的沟通、安排工作和避免分歧是非常重要的，应当成为一个集体的必要前提；但是，我们在提倡认同的时候，一定要做到适可而止，因为过度地强调认同只会“适得其反”（Seiter，1998）。

沟通者的特点与一致性

在第五章中，我们详尽地探讨了沟通者的特点与说服的关系，在讨论一致性时，研究人员对那时提及的许多个人特点同样很感兴趣。

性别 在对大量的研究进行过分析后，Bond 和 Smith（1996）得出了这样的结论：女性比男性更可能选择从众。这项研究无论是在哪个时间段进行的（性别差异并未因时代变化而有所减弱），也无论参与者是单独接受调查还是有他人在场，其结果都支持上述结论。还有一项调查也与这些结果相吻合。那是在一家咖啡馆里针对排队的115位男性和111位女性进行的调查（Guarino，Fridrich，& Sitton，1994）。研究人员对他们提出的问题是：如果与你一起吃饭的人在你之前点了一种甜点，你会更可能也为自己点一份甜点吗？调查结果显示，77% 的女性称自己会像前面的人那样也点一份甜点，但只有43% 的男性称自己会跟从。在另一项实验中（Dunn & Doria，2010，实验1），向男性和女性参与者分别提供了异性模特的照片。在一些照片上只有模特本人，而在另一些照片上，模特被一些异性簇拥着，这些人看上去被模特深深地吸引了。实验的结果是，男性参与者认为单独的模特还是被簇拥的模特具有同样的魅力；与之形成对比的是，女性参与者觉得那些被簇拥的模特更迷人。

同伴说服 与同伴保持一致的压力在人很小的时候就有了，就连学龄前的孩子都体会过这样的经历（Haun & Tomasello，2011）。不过即便如此，我们仍认为大多数人是从十几岁时才开始感受到应与同伴保持一致的压力的。按照McCoy（1991）的说法，对3000多名青少年进行的调查研究发现，他们中超过2/3的人在性、饮酒和吸毒方面感受到了来自同伴的巨大压力。Gordon（1986）也认为，来自同龄人的压力是青少年们决定开始吸烟的最重要的影响因素。此外，由于这个年龄段的孩子极其渴望得到同伴的认可，所以对那些觉得自己没能融入群体而备感压力的孩子来说，后果可能非常严重。比如，不合群会导致他们抑郁，而抑郁是青少年自杀的头号危险因素（Royte，1994）。不过，我们同时也应明白，来自同伴的压力并不总是坏事。比如，Tina Rosenberg（2011）在其获得普利策奖的作品《参加俱乐部》（*Join the Club*）一书中就认为，同伴施加的压力可以被用来让这个世界变得更好，她将其称为"社会疗法"。为此，她还引用了一个例子，一群不吸烟的青少年，以"憎恶烟雾"的名义向同伴施压，竟然使青少年的吸烟率减少了一半，连政府发起的以"吸烟致命"为主题的反对吸烟运动都没有达到这样的效果。

人格 一些研究均认同，人们千姿百态的人格也与一致性有很大的关系。首先，McGill、Johnson和Bantel（1994）发现，认知复杂性强的经理们（那些拥有大量多样而和谐的解读世界的心智结构的人）在动荡的环境中会有最上乘的表现，这主要得益于跟认知复杂性弱的经理相比，前者不会太在意从众。第二，Burger（1987）发现，那些在生活中极度想掌控事态的人对群体压力会做出负面反应，因此相较于控制欲望低的人，他们也不太可能选择趋同。第三，自我管控能力强的人会非常关注得体行为的社会暗示，所以他们比自我管控能力弱的人更可能从众（Snyder，1987）。最后一点，Rose、Shoham、Kahle和Batra（1994）认为，对接纳和群体认同需求强的人比没有这类需求的人从众的程度更高。有趣的是，有接纳和群体认同需求的人在着装时更喜欢选择穿流行品牌和款式，而没有这种需求的人穿衣时更看重舒适和耐穿。

文化 在对身处40种不同文化的10万多人进行调查后，Hofstede（1984）发现，可以从四个方面来考量这些文化中的价值观，这四个方面是权力距离、回避不确定性、男性—女性以及个人主义—集体主义。Lustig 和 Cassotta (1996) 认为，Hofstede 提及的每个方面都适用于确定哪种文化比其他文化更在意一致性。

第一，在对权力距离打出高分的文化中，人们非常看重等级制度并且会顺从权威；而在那些打分低的文化中，人们更注重平等和参与决策。出于这一原因，Lustig 和 Cassotta (1996) 认为，生活在对权力距离打低分的文化中的人（比如，以色列、澳大利亚和西欧国家）不太可能重视一致性，而生活在对权力距离打高分的文化中的人（比如，菲律宾、墨西哥、委内瑞拉、印度和新加坡）则肯定会比前一类人更在意从众。

第二，身处有些文化中的人会尽量回避不确定性，他们也无法接受意思不够明确的话；而另一些文化中的人在面对未知时表现得很从容。Lustig 和 Cassotta (1996) 认为，对于模棱两可处境感到不适的文化（比如，希腊、葡萄牙、日本、秘鲁、智利和西班牙）更崇尚顺从；而对可能存在多种选择却能坦然对待的文化（比如，美国、新加坡、印度、英国和瑞典）则并不太强调一致。

第三，有些文化以"雄性"为特征，因为他们看重竞争、力量、果断和成就感；有些文化则以"雌性"为特征，因为他们推崇的是合作、爱、直觉和培养。在这种情形下，雄性文化（比如，日本、意大利、奥地利、墨西哥、英国和委内瑞拉）中的人就不会像雌性文化（比如，斯堪的纳维亚国家、葡萄牙和荷兰）中的人那么重视从众。

第四，个人主义文化鼓励实现个人目标和自治；集体主义文化强调群体目标以及和谐的重要。出于这样的原因，Lustig 和 Cassotta (1996) 认为，与集体主义文化（比如，哥伦比亚、韩国、秘鲁、中国台湾、巴基斯坦和智利）相比，个人主义文化（比如，美国、英国、澳大利亚、加拿大、意大利和丹麦）不会提倡保持一致性。

为什么要保持一致

至此，我们已经讨论了一致性是什么以及在怎样的情形下和什么时候需要保持一致。还有一个更重要的问题尚未讨论，即保持一致的原因。也就是说，人们为什么愿意顺从大多数人的行为或观点？按照 Insko 和 Schopler (1972) 的观点，过去的学者们认为人们选择从众至少出于五个原因，它们是：

- **群体移动假设**：这一观点认为，群体中的成员有实现群体共同目标的动机。若群体中的一个成员觉得与其他成员和谐相处有助于目标的实现，他就会愿意选择从众。

- **社会对比理论**：你怎样认定自己是有魅力的、高的、怪异的或擅长做某件事？该理论认为，只有通过将自己与他人进行比较才能得出结论（通常情况下所谓的他人应当是与你接近的）。很显然，这样做就会形成一致性。比如，你是位孩子家长，你曾掌掴你的孩子，可是后来你得知在你的朋友们中没人这样做，你就会停止这一行为。
- **一致（或平衡）理论**：这一理论认为，如果你很喜欢或认可某一群体，那么与其产生分歧就会令你感到不舒服，因此为了恢复正常关系，你会选择与大家友好相处，甚至说服自己接纳群体的观念。
- **认识论的加权假设**：该假设认为，我们是通过两种途径获取知识的：一种是个体通过尝试、纠错和有知觉的观察；另一种则是在社会上借助观察和与他人的交流。当我们的观点与群体的观点出现分歧时，这两种获取知识的方式就会展开互相竞争。比如，在上面提到的阿希进行的实验中，参与者觉得他们看到的是一样东西（个体知识），可是群体却让他们相信他们看到的其实是另一样东西（社会知识）。认识论的加权假设指出，一个人的从众程度取决于其个体知识和社会知识各自的分量。显然，这一加权在不同的人身上是不一样的，这也就解释了为什么一些人比另一些人更愿意从众。
- **享乐假设**：该假设认为，我们选择从众是为了避免经历痛苦（被拒绝、受到责难和嘲笑），同时获得享乐（得到接纳、爱和赞许）。

社会认同：利用盲从因素来说服他人

"可是妈妈，所有人都这么做啊。"这是我们经常听到孩子从说出一句话，但实际上，并不是只有小孩才会模仿别人的行为。许多成年人的行为也建立在Cialdini（1993）所谓的社会认同的基础上。准确地讲，社会认同是人的一种倾向，当一个人看到许多人都在采取某些行为时，就会将这些行为视为妥当的或者正确的。不过，按照Cialdini（1993）的观点，虽然通过使用社会认同来决定自己的行为表现是一种捷径，但它也会使我们在面对他人的说服企图时变得脆弱不堪。因为当说服者让我们相信许多人都在这么做时，我们很可能会选择盲从。

本书作者中的一位曾遇到过这样一个人，她靠在地铁里或者在街角弹吉他、唱歌来赚钱为生。这个人说，在她开始唱歌前，她会先把自己的一点钱放在敞开的吉他盒里。为什么呢？因为这样当别人经过时，就会认为有人已经捐钱了，于是他们很可能也会这么做。这位地铁歌手绝对不是唯一依靠社会认同原则来说服别人的人。事实上，“病毒式营销”（我们在第一章中已经对此进行过讨论）在很大程度上也是借助了这一原则。Malcolm Gladwell（2002）在他的畅销书《引爆点》中指出，就如同一位病人可以引发流行性感冒的传播一样，少数有影响力的人也能够掀起一股时尚潮流或者迅速拉升一种新产品的知名度，因为当消费者看到某产品被别人使用或谈论时，他们就会蜂拥而至。这种依靠社会认同或口碑效应的做法就是现在广为人知的病毒式营销，并且它已经非常流行了。比如，你知道吗？有的公司会雇一些“现实中的人”来使用他们的产品？这些“隐秘的”消费者会提供证据证明该产品是有效的或者是值得购买的。例如，福特汽车就将十几辆福克斯汽车提供给了一些“关键人物”，让他们开着车到处跑，对他人构成影响。希伯来热狗公司（Hebrew National）就找了些妈妈们来用这款热狗招待客人（Goodman，2011）。而功能饮料红牛的营销人员认为，他们不需要雇人去促销，取而代之的做法是，他们在路边的垃圾桶里和酒吧的桌子上扔了一堆红牛的饮料罐（Eisenberg，2002）。

为了进一步激发口碑营销的效果，一些公司越来越经常地使用一种被称为团购的销售策略（Jing & Xie，2011）。这一做法就是鼓励个体消费者通过组团的形式购买某种产品，这样他们就可以享受到一个更优惠的折扣价格。比如，一个原本售价为100美元的商品，如果有20个人一起买，价格可以优惠到每个75美元。这样一来，希望享受折扣价的顾客就会充当销售代理人的角色，尽可能多地传播这一信息。互联网无疑是使用这种方法的最适合的场所，因此一些团购网站应运而生也就不足为奇了。根据 Jing 和 Xie（2011）的说法，团购的方式对于营销新产品尤其有效果。

团购的原理同样出于人们在看到或听到别人使用某产品后，自己很可能也想试一下。研究的结果也很支持这一观念。例如，Cody、Seiter 和 Montagne-Miller（1995）进行的一项研究发现，当人们为别人购买礼物时，社会认同是销售人员能够使用的一种最有效的方式。事实上，当销售人员告诉顾客某种商品“最受欢迎”“销量最好”或者“卖得比我们的进货速度还要快”时，顾客就会踊跃购买。它比销售人员采用别的方法——比如，夸奖客人、给客人优惠价或者向客人展示商品的性能和可靠性——都更容易让顾客掏钱（Cody et al.，1995）。为什么会这样？或许是因为顾客在给别人买东西时不像给自己买东西那么有把握。

当然，社会认同不只能够对购买行为产生很大的影响力，这一点在 Burger

和 Shelton（2011，p.74）所进行的研究中得到了证实。具体情况是这样的，研究人员在电梯旁分别张贴了两张告示。一张使用了社会认同的策略，上面写着："在这座楼里，有90%以上的时间，人们使用楼梯而不是电梯。"另一张上面则写着："走楼梯而不是乘电梯是锻炼身体的好方法。"2周后，在看到使用社会认同策略告示的人中，乘电梯的人数下降了46%；而看到鼓励锻炼身体的告示的人没有发生任何变化。

虽然社会认同是一个普遍有效的说服策略，但它在有些文化中会比在另一些文化中更具效果。比如，我们可以回忆一下前面提到过个人主义文化和集体主义文化间的区别。按照 Cody 和 Seiter（2001）的观点，由于社会认同根植于人们的从众意识，因此它在崇尚一致性的集体主义文化中尤其有效。而事实也的确如此。Cialdini、Wosinska、Barrett、Butner 和 Gornik-Durose（2001）曾进行过一项调查，试图了解社会认同在美国（个人主义文化）和波兰（集体主义文化）分别能发挥多大的作用。在调查过程中，来自两种文化的人都被问到在面对三种情形时的顺从程度：当得知他们所有的同伴都同意某个要求时（高度社会认同）；当得知他们的同伴中有一半同意某个要求时（中度社会认同）；和当得知他们的同伴中没有人同意某个要求时（无社会认同）。调查的结果显示，在两种文化中，随着社会认同程度的增加，人们选择赞同的比例也会增多。这种现象在波兰表现得尤其明显（Cialdini et al.，2001）。

在结束这一节前，我们还应指出一点，即社会认同也可能会对说服产生反作用。比如，Cialdini 及其同事（Cialdini et al.，2006）就曾有过这样的怀疑，即在人们试图谴责某种行为时，如果说出有许多人在这么做，很有可能会引发一种"负面社会认同"。具体来讲，研究人员想知道，如果美国食品药物管理局宣称"美国有超过300万的青少年吸烟"；或者如果那些森林猫头鹰——美国森林服务形象大使——公布说"美国今年会比以往产生更多的垃圾"，是不是反而会导致更多的吸烟和扔垃圾行为。为了验证这一想法，研究人员在亚利桑那州的石化森林国家公园里贴了两张告示，一张上面写着："请不要把公园里的木化石捡走。"另一张上面则写着："许多以往的游客把木化石从公园里捡走了，影响了石化森林的生态。"之后，研究人员将一些做了标记的木化石放在了游客途经的小道旁的某些地方，并定期前去检查，看看到底有多少会被偷走。结果不出所料，那张提到其他人曾经偷走过木化石的告示招致了更多的偷窃行为！

排斥：回避与枪击

1976年，在作者之一所在的校园里，一个心理失常的人枪杀了6名学生和1位传播学教授。1999年，在位于科罗拉多的科伦拜恩高中，2名学生，埃里克·哈里斯（Eric Harris）和迪伦·克莱伯德（Dylan Klebold），枪杀了12名学生和1位教师，然后自杀。2007年，赵承熙在弗吉尼亚理工大学校园里枪杀了32人后自杀。2012年，一个持枪人在加利福尼亚州的奥克兰枪杀了7名学生。令人深感痛心的是，类似的校园枪击案件正变得越来越常见。它们让我们在悲伤叹息的同时，忍不住会问："为什么会发生这样的事情？是什么让这些人如此丧心病狂？"其中一个原因就是排斥，即将他人排除在外或视而不见的行为（Carter-Sowell，Chen，& Williams，2008）。事实上，根据Zadro和Williams（2006）提供的信息，科伦拜恩高中的那两个杀手之所以那么做，就是因为他们在学校遭到了同伴的回避，故而决定采取报复行动。

由此我们可以看出，人们对于归属一个团体的渴望会导致他们极力与该群体保持一致，即使他们认为该团队的观念或做法是错的。对排斥的研究充分证明，人们的这一需求非常强烈，而遭到排斥的人为了引起注意会变得多么不顾一切。举例来讲，Carter-Sowell（2008）及其同事指出，那个"捆绑—折磨—杀戮"连环杀手就是为了得到关注而选择孤注一掷的，他对记者说："我要杀多少人才能使我的名字出现在报纸上并引起国人的注意呢？"（p.144）

虽然遭遇排斥后并不都会导致这类暴力事件的发生，但研究发现，它也可能对其他方面的行为产生影响。比如，为了得到他们寻求的接纳，遭排斥的人或许会表现出更能被社会接纳的行为（Williams & Sommer，1997）。不过，正如Carter-Sowell（2008）及其同事所以为的，融入团体的渴望可能会使遭排斥的人很容易成为说服者和骗子们瞄准的目标。为了证明这一猜测，他们进行了一项实验。实验通过两位选手与学生们玩一款名为"Cyberball"的计算机掷球游戏来展开。在学生们不知情的情况下，他们编制了程序，故意以不向某些学生掷球的方式排斥他们。这样持续了大约5分钟后，那些被冷落的学生就退出了游戏。这时，马上有另一个人走近他们，向他们提出捐款的请求，这当然也是实验设计好的一部分。不出所料，那些刚才遭到排斥的学生立即表示愿意捐款。类似的，Gomez、Morales、Hart、Vazquez和Swann（2011）也发现，团队认同感强的人在遭到团队排斥后捐款的可能性很大。

去个性化、社会惰化和社会助长：在群体中迷失自我

在前面的几节中我们已经看到人们会迫于压力而选择从众，但这并不是群体影响个体的唯一方面。在这一节中，我们要来探讨群体如何通过让一个人失去他的自我意志或者让他感到不用太对自己的做法负责而对其行为施加影响。

骚乱是什么：审视去个性化

群体会对人的行为产生影响，一旦我们被群体左右，我们很可能做出独处时肯定不会做的事。如果你不相信我们的话，你可以去问我们的一位朋友。1969年她参加了有50万人到场的伍德斯托克音乐节，当时有许多人在现场裸跑，她没有说自己是不是也那么做了，但她承认，如果不是在那么多人中忘却了自我的话，有些事情她是绝对不会做的。

"在群体中失去自我"的现象首先被Festinger、Pepitone和Newcomb（1952）贴上了去个性化的标签。*去个性化*是指处在群体中的人们变得不再注重自我意识，也不再重视别人对他们的评价（Diener，1980）。由于在一大群人中，个体很容易被"点燃"，但同时他本人又无足轻重，因此他就不会将重心放在自己身上，更可能凭本能行事。

虽然在音乐节上裸跑听上去并不会给他人造成什么损害，但去个性化无疑会造成很严重的后果。比如，1992年洛杉矶骚乱爆发时，本书的作者之一正在南加州大学上学，目睹了骚乱过后遭丢弃的店面和被烧毁的建筑物，对去个性化的潜在危害和残忍深有体会。骚乱让人们清楚地意识到群体能够产生的强大影响力：当一个人开始肆虐行为后，其他人很可能纷纷效仿。比如，我们可以听听一个参与过越南美莱村大屠杀的美国士兵在解释是什么导致他滥杀无辜的孩子和平民时所说的话：

> 我整个人都垮了，我的脑子也不转了。我不是唯一这么做的人……许多人也都在这么做，所以我不过是随大流而已。我当时已经失去了方向和目标，我开始杀人，看到什么就杀什么。就这么回事，我也不知道我怎么会变成这样。（Biton，Sim，cited in Epley & Gilovich，1999，p.578）

Diener、Fraser、Beaman和Kelem（1976）做过一项经典的调查研究，结果

说明了去个性化是怎样导致人们做出那些反社会行为的。研究人员认为，如果要从一年中选出一个最可能发生去个性化事件的晚上，那非万圣节莫属。准确地讲，那天晚上，孩子们会成群结队地在一起玩“不给糖果就捣乱”的游戏，因为他们都戴着面具，别人认不出来。为了查明去个性化是否会影响孩子们的行为，这些研究人员为在西雅图的1352个玩“不给糖果就捣乱”的孩子提供了从27个家庭里偷糖果或钱的机会，他们有的是单独玩的，有的则是一群人在一起玩。实验是怎样进行的呢？当玩游戏的孩子出现在某个家庭的门口时，实验人员出来欢迎他们，议论他们戴的面具，问其中一些孩子叫什么名字，但没有问另一些孩子的名字。然后，实验人员离开房间，他在离开前告诉孩子们，可以从门口附近的一个碗里拿一块糖（那里还有一个放满硬币的碗）。孩子们并不知道实情，其实，一个隐藏的研究人员一直在观察孩子们实际上拿了多少糖果（和钱）。他观察到的结果是这样的：当孩子们单独出现时，只有7.5%的孩子拿了更多的糖果。但是当他们以群体的形式出现时，偷窃行为明显增多，有20.8%的孩子多拿了糖果。而且，对比被实验人员问过名字的孩子，始终匿名的孩子会偷更多的糖果和钱。总之，去个性化使那天晚上的孩子们多了小偷小摸的行为。

在去个性化方面最令人不安的研究聚焦在群体中表现出的暴力行为上。首先，Mann（1981）调查了报纸上报道过的150多起有人扬言要跳楼自杀的事件经过。结果他发现，在一些情形下，当时聚集在楼下街道上的人对跳楼者的企图起了推波助澜的作用，等于在鼓励他这么做。你能想象是什么因素促使围观的人这样做的吗？根据Mann的调查，当围观人数超过300人时，他们会很自然地对自杀者形成诱惑影响，其程度远远超过人数较少的人群。这显然与更多的人会导致更严重的去个性化现象这一观念相吻合。

在另一项更令人心生不安的调查中，Mullen（1986）着重考查了聚众闹事的暴徒的规模与这些暴徒所犯罪行的严重性之间的关系。为此，他对报纸报道的300多起相关案件进行了分析，旨在查明：(1)每次聚众闹事的暴徒的人数；(2)在闹事过程中是否出现了暴力行为，比如吊打、枪击、焚烧、撕伤和肢解受害人；(3)闹事的过程是短暂的还是持续了很久，是否对受害人进行了长时间的折磨。调查结果显示，聚众的暴徒人数越多，受害人遭受的折磨也越残忍。由此Mullen（1986）得出结论，“这些结果都支持这一说法，即当寻衅闹事的暴徒人数远远超过受害者人数时，人们就不再关注自我，而是完全投入群体残暴的行为中”（p.191）。

上述调查研究提出了一个重要问题，即怎样才能减弱去个性化造成的不良影响。由于去个性化源自自我意识低下，所以问题的答案就应当是提升个体的自我意识。根据 Prentice-Dunn 和 Rogers（1982）的观点，自我意识有两种类型，但其中只有一种与去个性化有关。首先，**公开的自我意识**指的是我们如何将自己作为社会对象来看待，以及我们对自己的外表和留给他人的印象的关注。**私下的自我意识**是指我们对自己隐而未现方面的关注，比如我们真实的想法、感受和认知（Buss，1980）。Prentice-Dunn 和 Rogers（1982）发现，只有当一个人私下的自我意识增强时，去个体化现象才会减轻。也就是说，要削弱去个体化，应当将重心放在让人们聚焦自己的想法和感受上。因此，与其告诉人们不良行为会让他们惹上麻烦或者给人留下不好的印象，不如要求他们凡事都自己认真思考对与错（专栏6.3对在特定环境下的去个性化给出了更详尽的阐述）。

专栏 6.3　以计算机为媒介的从众：当群体中的其他成员观点一致时

从上面的阅读中你会发现，与一个群体在一起时会对你的行为产生重大影响。如果是这样，那么在你与群体进行沟通但未和他们同处一处时，情况又会怎样呢？可以从社会压力下解放出来吗？可以自由地做你想做的事而不必担心不合群吗？

如果你真这样认为，请再想想吧。乐观主义者曾以为电子邮件和互联网能让人摆脱群体压力形成的束缚。可是实证研究发现，事实正好相反。比如，Williams、Cheung 和 Choi（2000）进行的一项研究发现，使用互联网聊天室的人很可能认同一群陌生人错误却一致的判断，尤其当他在之前的聊天群中遭到过排斥后。此外，Postmes、Spears 和 Lea（2000）也发现，适用于面对面情形下的群体规则和一致性原则也同样适用于以计算机为媒介的群体。

了解到这一点后，当你得知通过计算机交流并不能使你摆脱群体中常见的不良行为时，你就无须感到惊讶了。事实上，一些研究（Jessup，Connolly，& Tansik，1990）认为，匿名使得通过计算机交流的人比面对面交流的人更加无所顾忌、行为放肆（比如，侮辱他人、使用诅咒的言语等）。这种被计算机用户称为“网络论战”的现象就是由去个性化引发的，而且，正如我们已知的，去个性化又得益于匿名这一客观现实。

好消息是以计算机为媒介的群体交流，并不一定会导致不良行为，行为的好与坏取决于交流人群所遵守的行为规范（Spears，Lea，& Lee，1990）。《论去个性化效应中的社会认同》（*social identity of deindividuation model effects,* SIDE; Postmes, Spears, & Lea, 1998, 2000）一文认为，以计算机为媒介进行的匿名交流更会导致自我意识（个体身份）的减弱，同时增添对群体的认同程度（社会认同）。不过，与去个性化理论认为的自我意识的丧失会引发反常规行为的发生不同，该文认为与群体融合能够促使个体与群体的行为规范保持一致。也就是说，如果群体的行为规范是正面的，就更可能表现出亲社会的行为；如果群体的行为规范是负面的，你就更可能参与“网络论战”。而且，匿名程度越强，你从众的可能性越大，同时你对说服性信息的审视就越敷衍。比如，Spears（1990）及其同事进行过一项调查，让学生们通过计算机讨论各种各样的话题。他们中有一半的学生在发表意见时既看不到别人，别人也看不到他；另一半学生在交流时则可以在计算机上看到彼此。调查的结果显示，只有那些看不到别人的、匿名的学生会为了与群体的行为规范保持一致而改变自己的行为。另一项调查（Lee，2008）也发现，在通过计算机进行沟通的过程中，那些公开自己姓名的学生不会选择顺从群体的决定，除非群体的决定真的极具说服性。与之形成对比的是，匿名的学生并不在意群体的决定是否具有说服性，他们更看重自己对群体的认同程度。

社会惰化：不愿意尽全力

你是否有过与其他几个人一起推一辆抛锚的汽车或者搬一件很重的家具的经历？如果有过，请诚实地回答以下问题：在遇到这样的情况时，你尽力了吗？你是不是真的将浑身的力气都用上了？你会因为有其他人一同分担这一重担而稍微有些偷懒吗？如果你和接受调查的普通参与者一样，你很可能是没有尽全力的。事实上，调查结果显示，在群体中工作时，人们可能不会像自己单独工作时那么努力（Harkins，Latane，& Williams，1980；Karau & Williams，1993）。总而言之，与许多其他人一样，你或许也是一个社会中的懈怠者。

按照 Karau 和 Williams（1993）的说法，“所谓社会惰化就是指当不同的个体聚拢在一起工作时，相较于单独或者被强制工作，他们在动机和努力方面都会有所减弱”（p.681）。那么，这种惰化现象是由什么引发的呢？对此有不少的解释，但在这里，我们只能探讨其中最重要的几个观点（若想了解其他观点，可以阅读 Guerin，1999；Karau & Williams，2001；Locke et al.，2001）。

第一，集体努力模式（Karau & Williams，2001）认为，如果我们不期望我们的努力能够带给自己有意义的结果，或者如果我们不认为我们的努力对于结果的取得至关重要，我们就会有行为懒惰的倾向。换句话讲，在我们觉得自己得不到应有的赞誉或者无法实现渴望的目标时，社会惰化现象就出现了。

第二，搭便车效应认为，人们在幸运的情况下，会试图从他人的付出中获益。也就是说，只要有他人在付出，只要没人留意自己，只要觉得自己的付出未得到认可，人们就会选择偷懒。在群体中工作不仅使他们可以“躲在人群中”，而且即使出了差错，也不会受到责备；还可以使他们虽然减少了自己的付出，但仍能够享受同样的回报（Karau & Williams，2001；Locke et al.，2001）。

第三，吸管效应认为，当人们怀疑他人在搭便车时，他们就不会愿意像“傻瓜”那样承担所有的工作了。相反，为了与他人付出得一样多，不让自己吃亏，他们会开始偷懒（Locke et al.，2001）。

无论社会惰化出于什么原因，有一点是清楚无误的：与去个性化一样，它也会造成极具破坏性的后果。比如，20世纪60年代发生过一件骇人听闻的案件。

一个名叫凯蒂·吉诺维斯的女性在她位于纽约的公寓外面被人打了30多分钟，身上多处被刺伤。当时，有30多人从自家的窗户边向外看，却没有一个人出来营救她，甚至没有人给警察打电话。2009年，在加利福尼亚州的里士满也发生过一起类似的案件。当时，一个年仅15岁的女孩在参加高中返校舞会时，在室外遭到一帮流氓的殴打和轮奸，现场至少有十几个人就站在那里围观。女孩在被残忍地折磨了2个多小时后才开始有人寻求帮助。这种类型的实验也曾多次安排在实验室里进行。比如，在Latane和Darley（1970）进行的一项实验中，参与者们被告知他们正在通过内部通话系统与其他的参与者展开对话。有些人以为他们只是在同另外一个人交谈，另一些人则认为他们在与其他五个人交谈。但实际上，根本没有其他的参与者，不过是录音机事先录好的信息而已。谈话进行到某个瞬间时，一位"假装的参与者"突然好像癫痫发作一样，开始喘息和倒吸气。那么这位虚拟的患者得到帮助了吗？答案是"要视情况而定"。如果参与者们认为他们是在与其他五个人交谈，他们中只有30%的人会给予帮助；如果参与者认为他只有他在与患者交流，有85%的人会愿意提供帮助。也就是说，参与的人越多，人们越不可能施以援手。

总结我们截至目前的讨论，你或许想知道怎样才能减少社会惰化现象的发生。按照Karau和Williams（1993）的观点，社会惰化可以通过下面的方式减少或阻止：

> 向个体反馈其个人的行为表现和在群体中的工作表现；监督个体的表现或者将其表现呈现出来；给他们安排有意义的任务；尽量让他们的工作具备独特性，这样每个人就会承担起更多的责任；加强工作群体的凝聚力；让个体感觉到他们对工作的付出是必要的而不是无足轻重的。（p.700）

此外，如果你能预料可能出现社会惰化的地方，你就更容易规避它。比如，社会惰化更可能出现在人数众多的群体中，所以控制群体的人数是一个非常有效的做法（Aggarwal & O'Brien，2008）。还有，我们在本章的前面提到，人们更可能与他们认同的群体保持一致。认识到这一点后，当你发现相较于他们不认同的群体，人们在自己认同的群体中不太会表现出惰性就不会让你感到奇怪了（Barreto & Ellemers，2000）。对于那些对群体不认同的人，可以选择另一种方法，就是让他们对自己的工作负责。不过，证据表明，这种方法的有效性是好坏不一的。Aggarwal 和 O'Brien（2008）发现，如果同伴在意其工作，在群体里工作的大学生们就不太会偷懒了，可是 Dommeyer（2007）得到的结果并非如此。

另一个可能会对社会惰化产生影响的因素是参与工作的人的人格特质，也就是说，在你加入一个群体前，你应当事先对参与者的情况有所了解。第一，调查显示，与其他同事相比，那些对新的体验持开放态度、认真负责、有礼貌并且认知需求高的人（参见第五章）不太可能偷懒（Klehe & Anderson，2007；Smith，Kerr，Markus，& Stasson，2001；Tan & Tan，2008）。第二，Pieterse 和 Thompson（2010）指出，与社会中的懈怠者不一样，还有一群孤军奋战的人，他们更愿意单独工作，但会加倍努力，以确保群体的项目能够顺利完成。但是，由于他们不知道怎样给他人分派工作或者不具备在群体中工作所需的社交技能，这些人很可能会和懈怠者一样给群体的项目带来不良的后果。事实上，Pieterse 和 Thompson（2010）观察到，孤军奋战的人可能会使群体中的其他成员变得更加懒惰。第三，人们对自己的认知也会影响他们的惰性程度，具体来讲，Huguet、Charbonnie 和 Monteil（1999）进行的一项调查发现，那些自视比别人高一等的人在集体中与他人共同做一件容易的事情（比如，想象刀的不同用途）时最有可能偷懒，因为他们觉得这是大材小用，无法让别人看出他们的高明之处。但是，这种类型的人在遇到具有挑战性的工作时（比如，想象门把手的不同用途）（Huguet et al.，1999）或者在他们认为团队中的其他人不具备应对这一工作的能力时（Plaks & Higgins，2000），会格外努力。为什么会出现这种现象呢？他们的这一做法在相关文献中被称为社会补偿，因为他们认为自己与众不同，所以如果其所在集体有上乘表现，就应当归功于他们（Huguet et al.，1999）。从这些调查中我们能得到哪些结论呢？请记住这一点：如果你让一个群体做一件比较简单的事情，那么应当留意其中自认为了不起的成员。说得再透彻一些：大多数人都会觉得自己比普通人更出色（Goethals，Messick，& Allison，1991）。但遗憾的是，在这种情形下，碰到容易的事情就会出现许多懈怠的人。

社会助长：你宁愿孤身一人吗？

不过，与他人在一起并不总是会导致社会惰化现象，而且有时也会产生完全相反的结果。比如，数年前，本书的作者之一是其所在高中田径队的成员。他自己在训练时经常“模似比赛”，试图打破他的最好成绩。可是无论他多么努力，他总是达不到在真正比赛中的成绩。当时，他不知道原因，但实际上，他之所以能在真正的比赛中取得更好的成绩很可能是社会助长的结果，即与他人在一起时会有更佳表现的倾向（Zajone，1965）。社会助长效应已经多次显现，但是在你决定下次与别人一起做事前，你还是需要认真思考一番，看看情况是不是这样：与别人一同做事有助于促进简单的或者提前有所准备的工作的效果；然而对于复杂的或者自己不熟悉的工作，多人共事可能非但没有帮助，还会阻碍你的正常发挥，甚至可能在健康和金钱方面也对你产生影响。比如，随着餐厅就餐人数的增加，每位就餐者点的食物的量也会增多（Cavazza，Graziani，& Guidetti，2011）。此外，与他人在一起所产生的激励效果或许会让人们敢于冒更大的风险。为了证明这一点，Rockloff、Greer 和 Fay（2011）分别对单独玩和与他人一起玩计算机投币机的人进行了观察。结果发现，人们在与他人一起玩时，玩的速度更快、时间更长。这也就解释了大型商业游戏场所发展迅速的原因，因为人们会在那里大把大把地花钱。

群体怎样影响决定：选择冒险还是不冒险

在上面的几节中我们已经看到，在群体中，我们很容易失去自我，而且群体会让我们做出自己平时绝对不会做的事情。谈到做决定，情况同样如此。为了更好地说明这一点，我们可以看看下面这个事例：假设你是一个小女孩的家长，她患有严重的心脏病。由于消耗的体力太大，因此许多活动她都无法参加。这时，孩子的医生向你提供了一则信息：你的孩子可以通过做手术而彻底痊愈，但是医生还告诉你，孩子有1%的因手术失败而死亡的可能性。在这种情况下，你会做出怎样的选择？你会同意让医生给孩子做手术吗？如果你打算选择做手术，再想象一下，如果改变了手术的成功概率，你是否还会做出同样的选择。也就是说，如果死亡率不是1%，而是50%呢？甚至更糟糕，是80%或90%呢？

有趣的是，研究已经证明，在做出类似的选择时，群体与个体的表现很不相同。Stoner（1961）进行了这方面的第一项研究，结果发现，相较于独自做出决定，个体在群体中表现得更大胆。换句话讲，个体可能会同意在死亡率只有1%的情况下给孩子做手术；但如果在群体中，即使死亡率上升到50%，他仍会选择做手术。在 Stoner 的研究之后，其他研究人员的研究也得出了同样的结果，这种效应也被命名为**风险转移现象**。不过，并不是所有的研究都认同这一现象。事实上，后期的一些研究就得出了相反的结果。有时候，群体做出的决定并不比个体做出的决定更大胆（Myers & Arenson，1972）。如何解释这一结果呢？按照 Myers 和 Arenson（1972）的观点，不存在什么风险转移现象，取而代之的是群体极化现象。简而言之，群体会使人们做出更极端的决定。比如，你本来就倾向于做一个略微冒险的决定，于是在群体中，你会做出一个更大胆的决定；或者如果你本来就倾向于做一个较稳妥的决定，于是在群体中，你会做出一个更保守的决定。这可能会让你产生这样的怀疑：如果决定趋于极端，就可能更不准确。事实上，一项调查（Palmer & Loveland，2008）发现，在要求个体和参与小组讨论的人对演讲效果差、优秀和一般的人做出评价时，参与小组讨论的人对演讲人的评估更不准确。

虽然对于群体极化现象有各种各样的解释，但其中有两个最为重要（Boster，1990；Brauer et al.，1995；Pavitt，1994）。第一种解释被称为*社会比较理论*，我们在本章前面有所提及。按照它的说法，我们是通过将自己与他人进行对比来认识自己的。由于大多数人都属于普通人，因此当他们将自己的观点与他人的观点进行比较时，会发现差别不大。但有意思的是，他们虽然普通，却不甘于普通，他们希望自己能显得“高于平均水平”。因此，当发现自己的立场与群体中其他人的观点差不多时，他们会选择改变立场，从而使它变得更为极端。因为人人都有这么做的倾向，群体极化现象就产生了。

第二种解释被称为*有说服力论据理论*。它认为，在加入群体讨论前，每个成员都已经有一个或多个支持自己观点的论据。当在群体中将所有的论据都放在一起时，就会出现支持某个观点的论据多于另一个（比如，赞同采取冒险决定的论据多于支持保守立场的论据）的现象。有说服力论据理论认为，这时，群体中的成员都会转向获得最大量支持的那个观点。

一些研究者认为这些理论并不矛盾（Boster，1990；Issenberg，1986；Pavitt，1994）。也就是说，社会比较理论和有说服力论据理论都可能导致群体极化现象的出现。此外，Brauer（1995）及其同事认为，还有第三种情况可能使群体做出极端的决定。他们指出，社会比较和有说服力论据的解释都聚焦于人际交往的过程（我们从别的成员那里听到的），但其实，内省的过程也会对极化产生影响。具体来讲，他们认为，当我们在群体中做决定时，我们不仅会听其他人说什么，也会陈述自己的观点并且捍卫它，这样一来二去会让我们变得极化。

在就本章的内容做出总结前，我们还想指出一点，与我们在本章中讨论过的其他话题一样，群体极化也会产生灾难性的影响。比如，假设在一个已经毫无希望的作战前线，你希望由谁来决定是否还要设法占领一个高地，一位军事首长还是一组这样的人？如果是做出开战或者发射导弹的决定呢？再比如，假设一个无辜的人被指控犯了罪，哪种情况可能对他更有利，有陪审团的裁决还是没有陪审团的裁决？你明白了吧？我们在许多时候都是群体中的成员，因此，牢记群体会对我们形成的影响非常重要。唯有这样，我们才可能不那么容易被其左右。

总 结

在本章中，我们探讨了一些与群体影响有关的话题。首先，我们讨论了对一致性的早期研究，并且分析了一些人为什么会选择从众。此外，一些因素（比如，群体规模、道德信念、拥有同盟、教化的强度、对群体的认同程度、沟通者的人格特质以及文化背景）也可能对我们的从众产生影响。我们还指出，社会认同是一种非常有效的说服方式，因为它利用了人们的从众心理。其次，我们探讨了与他人在一起时会出现的去个性化、社会惰化和社会助长的现象。本章涉及的最后一点是，出于各种原因，群体具有做出比个体更极端决定的倾向（群体极化）。

参考文献

Aggarwal, P., & O'Brien, C. L. (2008). Social loafing on group projects: Structural antecedents and effect on student satisfaction. *Journal of Marketing Education, 30*, 255–264.

Allen, V. L., & Levine, J. M. (1971). Social support and conformity: The role of independent assessment of reality. *Journal of Experimental Social Psychology, 4*, 48–58.

Andrews, P. H. (1996). Group conformity. In R. S. Calthcart, L. A. Samovar, & L. D. Henman (Eds.), *Small group communication* (7th ed., pp. 184–192). Madison, WI: Brown & Benchmark.

Aramovich, N. P., Lytle, B. L., & Skitka, L. J. (2012). Opposing torture: Moral conviction and resistance to majority influence. *Social Influence, 7*, 21–34.

Aronson, E., & Mills, T. (1959). Effects of severity of initiation on liking for a group. *Journal of Abnormal and Social Psychology, 59*, 177–181.

Asch, S. E. (1956). Studies of independence and conformity: A minority of one against a unanimous majority. *Psychological Monographs, 70*, entire volume.

Asch, S. E. (1966). Opinions and social pressure. In A. P. Hare, E. F. Borgatta, & R. F. Bales (Eds.), *Small groups: Studies in social interaction* (pp. 318–324). New York: Alfred A. Knopf.

Baron, R. S. (2000). Arousal, capacity, and intense indoctrination. *Personality and Social Psychology Review, 4*(3), 238–254.

Barreto, M., & Ellemers, N. (2000). You can't always do what you want: Social identity and self-presentational determinants of the choice to work for a low-status group. *Personality and Social Psychology Bulletin, 26*(8), 891–906.

Bond, R. (2005). Group size and conformity. *Intergroup Relations, 8*, 331–354.

Bond, R., & Smith, P. B. (1996). Culture and conformity: A meta-analysis of studies using Asch's (1952b, 1956) line judgment task. *Psychological Bulletin, 119*(1), 111–137.

Boster, F. J. (1990). Group argument, social pressure, and the making of group decisions. In J. A. Anderson (Ed.), *Communication yearbook 13* (pp. 303–312). Newbury Park, CA: Sage.

Brauer, M., Judd, C. M., & Gliner, M. D. (1995). The effects of repeated expressions on attitude polarizations

during group discussions. *Journal of Personality and Social Psychology, 68*(6), 1014–1029.
Bullis, C. A., & Tompkins, P. K. (1989). The forest ranger revisited: A study of control practices and identification. *Communication Monographs, 56*, 287–306.
Burger, J. M. (1987). Desire for control and conformity to a perceived norm. *Journal of Personality and Social Psychology, 35*(2), 355–360.
Burger, J. M., & Shelton, M. (2011). Changing everyday health behaviors through descriptive norm manipulations. *Social Influence, 6*, 69–77.
Burke, K. (1950). *A rhetoric of motives*. New York: Prentice Hall.
Buss, A. H. (1980). *Self-consciousness and social anxiety*. San Francisco: W. H. Freeman.
Campbell, J. D., & Fairey, P. J. (1989). Informational and normative routes to conformity: The effect of faction size as a function of norm extremity and attention to the stimulus. *Journal of Personality and Social Psychology, 57*(3), 457–468.
Carter-Sowell, A. R., Chen, Z., & Williams, K. D. (2008). Ostracism increases social susceptibility. *Social Influence, 3*, 143–143.
Cavazza, N., Graziani, A. R., & Guidetti, M. (2011). Looking for the "right" amount to eat at the restaurant: Social influence effects when ordering. *Social Influence, 6*, 274–290.
Cialdini, R. B. (1993). *Influence: The psychology of persuasion* (Rev. Ed.). New York: Morrow.
Cialdini, R. B., Demaine, L. J., Sagarin, B. J., Barrett, D. W., Rhoads, K., & Winter, P. L. (2006). Managing social norms for persuasive impact. *Social Influence, 1*, 3–15.
Cialdini, R. B., Wosinska, W., Barrett, D. W., Butner, J., & Gornik-Durose, M. (2001). The differential impact of two social influence principles on individualists and collectivists in Poland and the United States. In W. Wosinska, R. B. Cialdini, D. W. Barrett, & J. Reykowski (Eds.), *The practice of social influence in multiple cultures* (pp. 33–50). Mahwah, NJ: Erlbaum.
Clark, R. D. (1999). Effect of number of majority defectors on minority influence. *Group Dynamics: Theory, Research, and Practice, 3*(4), 303–312.
Cody, M. J., & Seiter, J. S. (2001). Compliance principles in retail sales in the United States. In W. Wosinska, R. B. Cialdini, D. W. Barrett, & J. Reykowski (Eds.), *The practice of social influence in multiple cultures* (pp. 325–341). Mahwah, NJ: Erlbaum.
Cody, M. J., Seiter, J. S., & Montagne-Miller, Y. (1995). Men and women in the marketplace. In P. Kalbfleisch & M. Cody (Eds.), *Gender, power and communication in human relationships* (pp. 305–329). Hillsdale, NJ: Erlbaum.
Diener, E. (1980). Deindividuation: The absence of self-awareness and self-regulation in group members. In P. B. Paulus (Ed.), *The psychology of group influence* (pp. 209–242). Hillsdale, NJ: Erlbaum.
Diener, E., Fraser, S. C., Beaman, A. L., & Kelem, R. T. (1976). Effects of deindividuation variables on stealing among Halloween trick-or-treaters. *Journal of Personality and Social Psychology, 33*(2), 178–183.
Dommeyer, C. J. (2007). Using the diary method to deal with social loafers on the group project: Its effects on peer evaluations, group behavior, and attitudes. *Journal of Marketing Education. 29*, 175–188.
Dunn, M. J., & Doria, M. V. (2010). Simulated attraction increases opposite sex attractiveness ratings in females but not males. *Journal of Social, Evolutionary, and Cultural Psychology, 4*, 1–17.
Eisenberg, D. (2002, September 2). It's an ad, ad, ad, ad world. *Time, 160*(10), 38–41.
Epley, N., & Gilovich, T. (1999). Just going along: Nonconscious priming and conformity to social pressure. *Journal of Experimental Social Psychology, 35*, 578–589.
Etcheverry, P. E., Hoffman, N. G., & Agnew, C. R. (2010). Romantic partner influence on young adult cigarette smoking: Testing a behavioral mechanism. *Social Influence, 5*, 289–305.
Festinger, L., Pepitone, A., & Newcomb, T. (1952). Some consequences of deindividuation in a group. *Journal of Abnormal Social Psychology, 47*, 382–389.
Gladwell, M. (2002). *The tipping point*. New York: Little, Brown and Company.
Gleick, E. (1997a, February 10). Marine blood sports. *Time, 149*(6), 30.
Gleick, E. (1997b, April 7). The marker we've been waiting for. *Time, 149*(14), 28–36.
Goethals, G. R., Messick, D. M., & Allison, S. T. (1991). The uniqueness bias: Studies of constructive social comparison. In J. Suls & T. A. Wills (Eds.), *Social comparison: Theory and research* (pp. 149–176). Hillsdale, NJ: Erlbaum.
Gómez, A., Morales, J. F., Hart, S., Vázquez, A., & Swann, W. B. (2011). Rejected and excluded forevermore, but even more devoted: Irrevocable ostracism intensifies loyalty to the group among identity-fused persons.

Personality and Social Psychology Bulletin, 37, 1574–1586.

Goodman, E. (2001, August 11). Advertising hits zany levels. *The Herald Journal, 92*(223), A4.

Gordon, N. P. (1986). Never smokers, triers and current smokers: Three distinct target groups for school-based antismoking programs. *Health Education Quarterly, 13,* 163–179.

Guarino, M., Fridrich, P., & Sitton, S. (1994). Male and female conformity in eating behavior. *Psychological Reports, 75,* 603–609.

Gudykunst, W. B., & Kim, Y. Y. (1997). *Communicating with strangers: An approach to intercultural communication* (3rd ed.). Reading, MA: Addison-Wesley.

Guerin, B. (1999). Social behaviors as determined by different arrangements of social consequences: Social loafing, social facilitation, deindividuation, and a modified social loafing. *The Psychological Record, 49,* 565–578.

Hansen, B. (2004, January 9). Hazing: Should more be done to stop it? *The CQ Researcher, 14*(1), 1–24.

Harkins, S. G., Latané, B., & Williams, K. (1980). Social loafing: Allocating effort or taking it easy? *Journal of Experimental Social Psychology, 16,* 457–465.

Hart, J. W., Stasson, M. F., & Karau, S. J. (1999). Effects of source expertise and physical distance on minority influence. *Group Dynamics: Theory, Research, and Practice, 3*(1), 81–92.

Haun, D. B. M., & Tomasello, M. (2011). Conformity to peer pressure in preschool children. *Child Development, 82,* 159–1767.

Hofstede, G. (1984). *Culture's consequences: International differences in work-related values.* Beverly Hills, CA: Sage.

Huguet, P., Charbonnier, E., & Monteil, J. (1999). Productivity loss in performance groups: People who see themselves as average do not engage in social loafing. *Group Dynamics: Theory, Research, and Practice, 3*(2), 118–131.

Insko, C. A., & Schopler, J. (1972). *Experimental social psychology.* New York: Academic Press.

Isenberg, D. J. (1986). Group polarization: A critical review and metaanalysis. *Journal of Personality and Social Psychology, 50,* 1141–1151.

Janis, I. L. (1972). *Victims of groupthink.* Boston: Houghton Mifflin.

Jessup, L. M., Connolly, T., & Tansik, D. A. (1990). Toward a theory of automated group work: The deindividuating effects of anonymity. *Small Group Research, 21*(3), 333–348.

Jing, X., & Xie, J. (2011). Group buying: A new mechanism for selling through social interactions. *Management Science, 57,* 1354–1372.

Karau, S. J., & Williams, K. D. (1993). Social loafing: A meta-analytic review and theoretical integration. *Journal of Personality and Social Psychology, 65*(4), 681–706.

Karau, S. J., & Williams, K. D. (2001). Understanding individual motivation in groups: The collective effort model. In M. E. Turner (Ed.), *Groups at work: Theory and research. Applied social research* (pp. 113–141). Mahwah, NJ: Erlbaum.

Klehe, U., & Anderson, N. (2007). The moderating influence of personality and culture on social loafing in typical versus maximum performance situations. *International Journal of Selection and Assessment, 15,* 250–262.

Latané, B. (1981). The psychology of social impact. *American Psychologist, 36,* 343–356.

Latané, B., & Darley, J. M. (1970). *The unresponsive bystander: Why doesn't he help!* New York: Appleton-Century-Crofts.

Lee, E. (2008). When are strong arguments stronger than weak arguments? Deindividuation effects on message elaboration in computer-mediated communication. *Communication Research, 35,* 646–665.

Locke, E. A., Tirnauer, D., Roberson, Q., Goldman, B., Latham, M. E., & Weldon, E. (2001). The importance of the individual in an age of groupism. In M. E. Turner (Ed.), *Groups at work: Theory and research* (pp. 501–528). Mahwah, NJ: Erlbaum.

Lustig, M. W., & Cassotta, L. L. (1996). Comparing group communication across cultures: Leadership, conformity, and discussion processes. In R. S. Calthcart, L. A. Samovar, & L. D. Henman (Eds.), *Small group communication* (7th ed., pp. 316–326). Madison, WI: Brown & Benchmark.

Mann, L. (1981). The baiting crowd in episodes of threatened suicide. *Journal of Personality and Social Psychology, 30,* 729–735.

McCoy, K. (1991, May). Help your child beat peer pressure. *Reader's Digest,* pp. 67–70.

McGill, A. A., Johnson, M. D., & Bantel, K. A. (1994). Cognitive complexity and conformity: Effects on

performance in a turbulent environment. *Psychological Reports, 75*(2), 1451–1472.
Moscovici, S., & Faucheux, C. (1972). Social influence, conforming bias, and the study of active minorities. In L. Berkowitz (Ed.), *Advances in experimental social psychology* (Vol. 6, pp. 149–202). New York: Academic Press.
Moscovici, S., Lage, E., & Naffrechoux, M. (1969). Influence of a consistent minority on the responses of a majority in a color perception task. *Sociometry, 32*, 365–379.
Mullen, B. (1986). Atrocity as a function of lynch mob composition: A self-attention perspective. *Personality and Social Psychology Bulletin, 12*(2), 187–197.
Myers, D. G., & Arenson, S. J. (1972). Enhancement of dominant risk tendencies in group discussion. *Psychological Reports, 30*, 615–623.
Palmer, J. K., & Loveland, J. M. (2008). The influence of group discussion on performance judgments: Rating accuracy, contrast effects, and halo. *The Journal of Psychology, 142*, 117–130.
Pavitt, C. (1994). Another view of group polarizing: The "reasons for" one-sided oral argumentation. *Communication Research, 21*(5), 625–642.
Pieterse, V., & Thompson, L. (2010). Academic alignment to reduce the presence of "social loafers" and "diligent isolates" in student teams. *Teaching in Higher Education, 15*, 355–367.
Plaks, J. E., & Higgins, E. T. (2000). Pragmatic use of stereotyping in teamwork: Social loafing and compensation as a function of inferred partner– situation fit. *Journal of Personality and Social Psychology, 79*, 962–974.
Postmes, T., Spears, R., & Lea, M. (1998). Breaching or building social boundaries? Side-effects of computer-mediated communication. *Communication Research, 25*(6), 689–715.
Postmes, T., Spears, R., & Lea, M. (2000). The formation of group norms in computermediated communication. *Human Communication Research, 26*(3), 341–371.
Prentice-Dunn, S., & Rogers, R. W. (1982). Effects of public and private self-awareness on deindividuation and aggression. *Journal of Personality and Social Psychology, 43*(3), 503–513.
Redding, W. C. (1985). Rocking boats, blowing whistles, and teaching speech communication. *Communication Education, 34*, 247–276.
Reed, M. B., Lange, J. E., Ketchie, J. M., & Clapp, J. D. (2007). The relationship between social identity, normative information, and college student drinking. *Social Influence, 2*, 269–294.
Richmond, L. J. (2004). When spirituality goes awry: Students in cults. *Professional School Counseling, 7*(5), 367–375.
Rockloff, M. J., Greer, N., & Fay, C. (2011). The social contagion of gambling: How venue size contributes to player losses. *Journal of Gambling Studies, 27*, 487–497.
Rose, G. M., Shoham, A., Kahle, L. R., & Batra, R. (1994). Social values, conformity, and dress. *Journal of Applied Social Psychology, 24*(17), 1501–1519.
Rosenberg, T. (2011). *Join the club: How peer pressure can transform the world*. New York: Norton & Company.
Royte, E. (1994, November–December). They seemed so normal. *Health, 8*, 76–80.
Seiter, J. S. (1995). Surviving turbulent organizational environments: A case study of a lumber company's internal and external influence attempts. *Journal of Business Communication, 32*(4), 363–382.
Seiter, J. S. (1998). When identification is too much of a good thing: An examination of Kenneth Burke's concept in organizational, intercultural, and small group communication contexts. *Journal of the Northwestern Communication Association, 26*(1), 39–46.
Shaw, D. (2003). Traumatic abuse in cults: A psychoanalytic perspective. *Cultic Studies Review, 2*(2), 101–127.
Smith, B. N., Kerr, N. A., Markus, M. J., & Stasson, M. F. (2001). Individual differences in social loafing: Need for cognition as a motivator in collective performance. *Group Dynamics, 5*(2), 150–158.
Snyder, M. (1987). *Public appearances, private realities: The psychology of self-monitoring*. New York: W. H. Freeman.
Spears, R., Lea, M., & Lee, S. (1990). De-individuation and group polarization in computermediated communication. *British Journal of Social Psychology, 29*, 121–134.
Tan, H. H., & Tan, M. L. (2008). Organizational citizenship behavior and social loafing: The role of personality, motives, and contextual factors. *The Journal of Psychology, 142*, 89–108.
Tanford, S., & Penrod, S. (1984). Social Influence Model: A formal integration of research on majority and minority influence processes. *Psychological Bulletin, 95*(2), 189–225.

Tompkins, P. K., & Cheney, G. E. (1985). Communication and unobtrusive control. In R. McPhee & P. Tompkins (Eds.), *Organizational communication: Traditional themes and new directions* (pp. 179–210). Beverly Hills, CA: Sage.

Whitsett, D., & Kent, S. A. (2003). Cults and families. *Families in Society, 84*(4), 491–502.

Williams, K. D., & Sommer, K. L. (1997). Social ostracism by one's coworkers: Does rejection lead to loafing or compensation? *Personality and Social Psychology Bulletin, 23*, 693–706.

W. K. D., Cheung, C. K. T., & Choi, W. (2000). Cyberostracism: Effects of being ignored over the Internet. *Journal of Personality and Social Psychology, 79*, 748–762.

Zablocki, B. D. (1999). Hyper compliance in charismatic groups. In F. David (Ed.), *Mind, brain, and society: Toward a neurosociology of emotion* (pp. 287–310). Stanford, CA: JAI Press.

Zadro, L., & Williams, K. D. (2006). How do you teach the power of ostracism? Evaluating the train ride demonstration. *Social Influence, 1*, 81–104.

Zajonc, R. B. (1965). Social facilitation. *Science, 149*, 269–274.

第七章

语言与说服

本章概览

符号、意思与说服：喋喋不休的力量

内涵意义和外延意义：我不是这样看的

终极词汇：切中要害

警句、习惯用语与说服：听起来很耳熟

贴标签的威力

委婉语和故弄玄虚的言辞：把不好的事情说得冠冕堂皇，反之亦然

语言的力度、生动性和攻击性

##@！！！！##：亵渎语言与说服

政治正确

生动性的效用：一幅画胜过1000个字

语言的力度

无力的语言与说服力：类似“嗯”的词

当莎士比亚写下“玫瑰即使换个名字，也依然芬芳”这句话时，他是想不容置疑地说明语言与它所代表的事物间没有必然的联系。的确，你不可能把花改称“腋窝”或者“肥料”而改变它的芳香。话虽如此，但有时候，我们给人或物起的名字真的会影响我们的反应。比如，由于我们给予了词和名字一定的意思，因此我们可能会对一位名叫罗斯的女性和一位同名的男性产生不同的反应。再举一个例子，是一个关于在新泽西的亨特登县名叫阿道夫·希特勒·坎贝尔的3岁小男孩的亲身经历。他的父母无法在为他购买生日蛋糕时要求店家在蛋糕上写上他的名字，因为这会让人联想到历史上的那个臭名昭著的家伙。遇阻后，他的家人，包括他的小妹妹乔伊斯·林恩·坎贝尔，只好连忙赶往宾夕法尼亚，因为那里有人答应给他们订做一个蛋糕（“3岁的希特勒”，2008）。

这些事例说明了语言的一个有趣特征，它也是本章要讨论的话题。准确地说，由于我们会将词与意联系起来，因此单词拥有对我们产生影响的能力。事实上，“笔的力量胜过刀剑”这句话是有道理的。言语是说服的主要方式，它不仅会影响我们的认知、态度、信仰和情感，同时也能够创造现实。

因为语言在说服过程中发挥着极其重要的作用，所以本章的重点就是对它

及其产生的效果进行探讨。我们首先要讨论一下符号和意思的特点，因为它们是理解语言与说服之间关系的必不可少的部分。

符号、意思与说服：喋喋不休的力量

符号是什么？简单来讲，它是某样事物的代表。名字就是一个很好的例子。你的名字代表了你是谁，就如同“猪”这个词代表了一种长着卷曲的尾巴和黏糊糊的鼻子的动物。

在上文中我们已经指出，符号的一个重要特征就是它的随意性，即它与所代表的人或物之间并没有必然的联系，虽然我们有时会忘记这一点。比如，早川（引自 Adler, Rosenfield, & Towne, 1995）曾说过，一个小男孩以为猪之所以被称为“猪”是因为它特别脏，可实际上，“猪”这个词与那种长着卷曲尾巴的动物并没有直接的关系，只是人们一直把它称为“猪”而已。同样的，当你的父母给你起名字时，也没有确切的论据告诉他们你必须叫某个名字。你完全可以被叫作“宾基”或者“要家帮”。不要笑——歌手弗兰克·扎帕（Frank Zappa）就给他的孩子分别自创了名字“Moon Unit（月球单位）”和“Dweezil”。当税务局要求一对瑞典夫妻必须给他们已经6岁的儿子起个名字，否则就要面临罚款时，这对夫妻决定叫孩子“Brfxxccxxmnpcccclllmmnprxvclnmckssqlbb1116”（“The best and worst”, 1996）。虽然这些名字听上去很不像样，却没有什么不可以的。说到找出代表某人或物的词，其实并没有所谓“正确的”词或符号。

由于符号与其所代表的人或物之间存在随意的关系，符号的另一个特征就是它是约定俗成的，也就是说，如果我们在与他人交流时想使用某个符号，我们彼此间都应清楚它所代表的意思。如果对于词语的意思不能有一致理解，交流和说服就会变得很困难，甚至几乎不可能。如果你曾有过试图与一个讲别国语言的人进行沟通的经历，你肯定会认同这一点。

内涵意义和外延意义：我不是这样看的

我们已经强调了交流者之间确认其所使用的符号的意思的重要性，但是我们也非常肯定，如果没有心灵感应，人们对符号的意思不可能有完全一致的理解。至于能一致到怎样的程度，取决于所涉及的意义类别。每一个词都至少有两层意义：第一层是外延意义，即该词直接、明确的字典定义。第二层是内涵意义，即与该词相关的想法和情感。你或许已经想到了，对词语内涵意义的理解会因人而异，并且存在很大的差别。为了更清晰地说明这一点，让我们回到刚才提到的猪的例子上。虽然我们所有人都会同意“猪”这个词的外延意义（长着卷曲尾巴和黏糊糊鼻子的动物），可它带给我们每个人的联想大相径庭。在城里长大的孩子，从小在电影《夏洛特的网》（*Charlotte's Web*）和《猪宝贝》（*Babe*）中看到的是可爱的、会说话的小猪，因此他们对猪的印象肯定与那些在农村长大的、经常会被猪弄脏衣服的孩子不一样。而在一些宗教群体中，比如犹太教和伊斯兰教，教徒是不允许吃猪肉的。

作为说服者，认识到词语的意义是主观的这一点非常重要。研究交际的学者们喜欢这样讲，“意思在人身上，而不是在词语中。”有效的说服者对此很清楚，并且总是尽量根据目标人群的特点设计要传递的信息。

终极词汇：切中要害

虽然内涵的意义可能比外延的意义更具主观性，但有时，在一个大群体中（社会和文化），某些词所引发的内涵联想是一致的。于是，这样的词就可以被用来作为说服人的有力工具。Richard Weaver（1953）所称的*终极词汇*就属于这一类型，它们是一些在某种文化中受到高度赞誉、广泛认可并且具有特殊力量的词或短语。按照 Weaver 的观点，终极词汇一共有三种类型。第一种是*至善词汇*，它们承载着文化中最美好的含义，但同时也要求人们为此做出牺牲或者顺从（Foss，Foss，& Trapp，1985；Hart，1997）。Weaver 当年举出的例子有“事实”和“进步”，而现在，至善词汇还包括“家庭价值观”和“批判性思维”等。

Weaver 认为，还有一些词汇与至善词汇形成了鲜明的对比，它们被称为*至恶词汇*，在某种文化中绝对令人产生恶心和厌恶的联想。过去的至恶词汇有“纳粹”和“法西斯主义”（Foss et al.，1985）；现在，这类词汇还包括“种族主义者”“恐怖分子”“性侵儿童者”“血汗工厂”和“仇恨犯罪”等。因为这些词汇代表了在一个文化中被视为邪恶和可憎的东西，所以它们也极具说服力（Hart，1997）。

第三种类型的终极词汇被 Weaver 称为*有号召力的词汇*。至善词汇和至恶词汇可以让人产生可察觉的联想，而有号召力的词汇就如同有魅力的人一样，具有一种神秘感（Foss et al.，1985）：

> “自由”和“民主”在我们的文化中是有号召力的词汇。它们会要求人们做出牺牲，可是大多数人对它们的理解常常是模糊的，甚至是矛盾的。事实上，Weaver 认为，由于担心如果对这样的词汇给出太过

清晰的定义会使其失去魅力和神秘感，因此我们可能会拒绝定义它们。（p.66）

因此，现在可以明确的是，虽然至善词汇、至恶词汇和有号召力的词汇都很有分量，但它们在说服时所起的作用并不是稳定且持久的，因为它们引发的联想会随着时间的推移而发生改变。

由于终极词汇具有强大的影响力，难怪政治家们愿意花巨资为其政治宣传和讲话找到“最合适”的词汇。比如，Lemann（2000）注意到，政治家们会雇用焦点调研小组帮他们识别在竞选期间哪些词可以用、哪些词应当避免。这些调研小组的成员会观察和分析左翼和右翼人士所做的广告以及他们的发言，了解他们喜欢什么、不喜欢什么。最后，政治家们将学到一系列全新的至善词汇和至恶词汇。比如，弗兰克·伦茨（Frank Luntz）是一位政治顾问，他曾给委托他的竞选人提过以下建议：

用“国防部”代替“五角大楼”；用“机会奖学金“代替“教育补助金券”；用“税收优惠”代替“减税”；用“气候变化”代替“全球变暖”。伦茨认为，“华盛顿”一词总是让人产生极负面的感觉，因此应当把它与你希望人们反对的政策联系起来。而“繁荣”则绝对是一个非常正面的词。整体来讲，以字母“r”开始的单词和以“-ity”结尾的单词都给人不错的印象，因此，“改革（reform）”和“问责（accountability）”都是很好的选择，而“责任（responsibility）”更是一个很受欢迎的词。（Lemann，2000，p.100）

政治家们还会借助语言创造其他的形象。比如，在“9·11”恐怖袭击后，乔治·W. 布什使用了“邪恶”“那帮人”和“恶魔”来形容阿拉伯和中东血统的人。Merskin（2004）认为，布什的讲话是精心策划的，通过使用那些词使描述对象去人性化，从而塑造出了敌人的形象。

除政治家外，经商的人也喜欢使用终极词汇作为说服的方式。比如，赋权就是当下颇具影响力的一个词，市场营销人员和广告商们经常使用它。能够赋予人们某种权力或能量的产品和服务无处不在。例如，本书的作者之一以前曾做过西装销售人员，经常有顾客问他到哪里能买到“显示权力的领带”或者当下什么颜色的领带能够体现权力。位于南加州的科罗纳多大酒店在上午会为客人组织“竞走（power walks）”活动。我们的一位同事告诉我们，他妹妹参加了一个研讨会，主题就是教大家怎样“有效地打盹（power naps）”。本书的作者之一最近被告知，他成了《时代》（*Times*）杂志的“有影响力的订阅用户”，所以他现在阅读杂志时总是一副得意扬扬的样子。

当下，还有一些其他词汇也对人具有吸引力，比如“极限”“另类”和“独立”。事实上，这些词由于带有叛逆的色彩，很受现代人的青睐。于是就出现了另类的音乐和另类的服装（例如，袋形裤、外穿的短裤、文身和穿孔）；以及类似单板滑雪、蹦极、滑板运动和山地自行车这样的极限运动。但是靠玩弄文字真的能够使一些东西看上去更酷或者更前卫吗？仅仅因为人们在打高尔夫球时留着胡子、穿着网球鞋（而不是高尔夫球鞋）就算是另类高尔夫了吗？往一个大面包里塞一些培根和蒙特雷奶酪就真能使它像汉堡王快餐店所称的那样变成“极致汉堡”吗？

我们从上述讨论中可以弄清楚的是，如果一些单词在某种文化中被广泛认可能够代表美好或邪恶的事物，它们就具有了令人难以置信的说服潜力。就像在16世纪后期，如果女子在马萨诸塞州的塞勒姆被人认为是“女巫”，会遭处死。而在当今的政治环境下，政客们之所以动辄就给对手贴上“法西斯分子”的标签，也是一样的目的。我们稍后会更深入地探讨贴标签的作用，但在此之前，我们要先来审视一个与终极词汇有关的话题。

警句、习惯用语与说服：听起来很耳熟

所谓警句，就是一些给人提供建议的格言、谚语和座右铭。在它们中，有的享有悠久的历史（比如，“三思而后行”）；有的更带有现代色彩（比如，“爱情转瞬即逝，友情可以永恒”）。这样的语句在经济、政治、宗教和日常生活中都可以找到，在保险杠贴纸、政治口号和广告中也随处可见。

警句非常具有说服力，因为它们简明、易记，并且听上去像是自明之理；而且它们言简意赅，也不需要过多的解释。比如，“水涨船高”就形象地概括了“下渗经济学”的精华，即能够使富人获益的经济政策对其他人也是有利的。虽然有些警句可能给出了不太好的建议，但 Levine 和 Bleakley（2012）认为，在医学界，警句的作用仍未得到足够的重视。举例来说，像“预防为主，治疗为辅”和“不知者为其所害”这类通俗易懂的谚语对于强调预防疾病的重要性就非常有效。同样的，Vernon（2008）也指出了谚语在当代政治中所起的重要作用。他说：“在人们平均的注意力持续时间明显下降的时代，睿智的短语或许是引发关注的

解决办法”（p.50）。短信、微博以及其他形式的社交媒体似乎都欣然接受了以谚语的形式表达说服信息。

那么谚语在怎样的情况下最具说服效果？ Howard（1997）对它们的影响力进行过一项调查，以详尽可能性模型（参见第二章）作为理论基础，他揣测，在人们不能认真审视信息或者缺乏认真审视的动力时，谚语的说服能力最强。也就是说，他认为谚语在说服过程中可以起到外围线索的作用。为了验证自己的观点，他组织了一群学生听收音机里播放的有关说服人们提早为退休做规划的广告。这些广告中或者采用谚语（比如，“不要将鸡蛋放在一个篮子里”），或者采用直截了当的说法（比如，“不要把所有的风险置于一件事情上”）。学生中有一半的人能够认真听这些广告，另一半人会受到干扰（比如，让他们注意观察并记录房间里另一个人的非言语行为）。调查的结果显示，听包含谚语广告的学生比听没有谚语广告的学生更会被说服，但前提是在他们受到干扰的情况下。而对那些没有受到干扰的学生来说，无论广告中是否使用了谚语，他们都只会被强有力的论据说服（Howard，1997）。

贴标签的威力

在前面说过，取像Dweezil和Brfxxccxxmnpcccclllmmnprxvclnmckssqlbb1116这样的名字并没有任何错误，但我们希望这不会对你产生误导。作为随意的符号，它们确实没有问题，可是从现实的角度看，你会愿意被叫这样一个名字吗？也许你真的不在意，但不管怎样，有一点是肯定的：你的名字会影响别人对你做出的回应。我们认识一个人，他每隔10年就会改一个名字，因为他说当他起名理查德、杰伊或者汉克时，人们对他的反应是不一样的。研究的结果也证实，这位朋友的做法并不荒唐。比如，根据Adler(1995)及其同事提供的信息，相较于珀西瓦尔、埃尔默、伊萨多和艾尔弗丽达这类名字，约翰、米歇尔、凯伦和温迪这些常用的名字听上去更让人觉得可爱、活泼和有力。而且，在教师阅读学生的论文时，学生的名字越常见，打分也可能越高。还有一点，在一次小规模的实验中，麻省理工学院的一位研究生将24张照片放到了网上。照片其实都是一样的，但下面附的人名不一样。有趣的是，人们竟然认为有的照片更性感，有的则一点也不性感（Strasser，2005，p.E22）。

事实上，你的名字不仅会影响别人对你的看法，也会对你自己的行为产生影响。人们似乎会在听到自己的名字时产生积极的反应。比如，在一次调查中（Seiter & Weger，in press），餐厅服务员在获知顾客的名字后（当顾客用信用卡结账时，可以看到他们的名字），分别采用了下面几种方式来称呼顾客：(1)只用他们的名（比如，“谢谢，巴布斯”）；(2)用他们的性别和他们的姓（比如，“谢谢，琼斯先生”）；(3)用正式的但不带名字的方式（比如，“谢谢您，先生/女士”）；(4)不带称呼（比如，“谢谢”）。调查结果显示，在前两种情形下，就餐的顾客在离开餐厅时留下了数额较大的小费，其中，年轻的顾客更喜欢别人直呼其名，而年长的顾客（54岁以上的人）更愿意让别人称呼他们的性别和姓。

贴标签所形成的威力远不限于人名（见专栏7.1）。准确地说，我们在叙述人或物时所用的标签折射了我们对他们的态度，同时也会影响他人对他们的反应。比如，许多年前，父母离异的孩子被称为来自“破碎家庭”的孩子，这会使孩子感到很羞辱，因此，现在我们称这些孩子来自“单亲家庭”或者“混合家庭”。

专栏 7.1 | 只需一勺糖（和一个精心挑选的名字）就能让药品被接纳

在本章中，我们指出名字会影响我们对他人的反应。你或许已经想到，它们也可能影响我们对产品的态度。举例来讲，你有没有发现，比起普通说法描述的颜色（比如，蓝莓蓝），那些用暧昧的颜色（比如，穆迪兰、雪山白和怪物绿）来形容的毛衣和软糖会更受青睐（Miller & Kahn，2005）？意识到了这一点，就难怪厂家要下大力气为产品起名就不足为奇了，在为处方药起名方面尤其如此。

多数人在说到处方药时，更愿意直接用它们的品名而不是药名。比如，我们会用“百忧解”而不是“氟西汀”；“安定”而不是“地西泮”。之所以如此，是由于我们已经被制药商们训练成这样了。制药公司在播放和印刷广告时会将品名植入进去，促使我们要求医生给我们开×××药。这种紫色药片对你的症状吗？你需要问医生，但在此之前，你会先到制造商的网站上了解有关它的宣传，并把信息提供给医生。

给药品起个恰当的名字对于加深顾客或者患者对药的认知至关重要（Kirkwood，2003）。一般情况下，药名应当简短（不超过三个音节）、特别容易发音、容易被记住，而且最重要的是，它必须传递这种药的效用。但同时，按照美国食品药物管理局的规定，它绝不可以欺骗人或者误导人。伟哥（Viagra），作为一种针对勃起功能障碍患者的药物，可以算得上是给药品起名方面的经典案例了。它令人联想起两方面的含义：一个是活力；另一个是力量——就像尼亚加拉大瀑布（Niagara）那样的原始力量。的确，它就是有意想让人们无意识地联想到一股奔涌的急流。你是不是也认为，伟哥听上去比它的学名——枸橼酸西地那非——更具有男子气概？西乐葆（Celebrex）是一种抗关节炎的药，它之所以起这样一个名字是为了带有庆祝（celebrate）的意思——庆祝一个人摆脱了疼痛，获得了活动的自由。

像品牌研究院和药品名称基地这样的公司如果能为某种药起一个令人产生理想化联想的名字，可以获得250万美元甚至更多的收益。看看你能否猜出药品制造商们试图在下列药名中传递出的积极联想：

- 艾维（Alleve）：提示——它能减轻（alleviate）某种症状，对吗？（它就是一种缓解关节痛的药）
- 安比恩（Ambien）：提示——它能营造一个舒缓（ambience）的氛围（它是一种助眠药）

- 开瑞坦(Claritin)：提示——它能够把东西清理干净(clarifie)，比如由于过敏导致的眼睛流泪和流鼻涕
- 艾力达(Levitra)：提示——它可以让东西立(levitate)起来(还需要多说吗?)
- 普托平(Prevacid)：提示——它能够阻止(prevent)一些东西(这些东西与其名字中的后四个字母有关，听上去比它的学名兰索拉唑好多了，对吗?)
- 保法止(Propecia)：提示——它可以繁衍或增殖(propagate)一些东西(比如，促进毛发恢复)

字母X和Z在药名中很常见，因为人们认为它们听上去很具有科学性，于是就出现了像耐信(Nexium)、帕罗西汀(Paxil)、罗非昔布(Vioxx)、和左洛复(Zoloft)这样的药名。现在，既然你已经了解了在给药品起名方面的学问，那么假设人们为阿尔茨海默症患者、糖尿病患者和多动症儿童研制出了新药，你可以试试怎样给它们起个很得体有效的名字。

我们使用的标签会影响我们对所标事物的态度，这一点已经成为针对性别歧视所展开的批评的核心。比如，如果一位教授称他所有的男学生为“男人”或者“先生”；所有的女学生为“女孩”“娘们儿”或者“亲爱的”，就不仅反映了他本人对男人和女人的态度，还会对别人对于两性的态度产生影响。按照通常所称的*萨丕尔-沃尔夫假说*(Sapir-Whorf hypothesis)，我们所使用的语言决定了我们对这个世界的看法(Sapir，1949；Whorf，1956)。因此，如果女性得到的称呼不恰当，就会使她们显得比男人低一等，而且人们也就真的开始持这样的看法了。

同样的情况也会出现在体现种族主义的语言上，如果使用不当，很可能会让人产生某一族群优于其他族群的错觉。族群和文化符号承载着大量截然不同的含义。比如，非洲血统的美国人会被称为非裔美国人但也有“黑人”“黑鬼”“有色人种”等带有贬义的叫法。那些贬义的称谓无论是会引发种族歧视还是性别歧视，都具有塑造他人认知的影响力。

委婉语和故弄玄虚的言辞：把不好的事情说得冠冕堂皇，反之亦然

公元前5世纪时，一群被称为诡辩家的老师聚在一起，在希腊的雅典成立了私立学校。希望跟他们学习的学生需要付费，在所学的科目中包括演讲术与说服力。很快，诡辩家们就赚到了许多钱，结果这一职业吸引了不少冒充内行的人，导致诡辩家的名声一落千丈(如今，诡辩意味着欺诈或者靠不住的推理)。实际上，柏拉图认为，诡辩家们更感兴趣的是谎言而非事实；忽悠听众而非指教他们。他说，诡辩家们擅长“让一件原本很糟糕的事情显得冠冕堂皇”(Corbett，1971)。

现在，这种通过言辞把不好的事情说得冠冕堂皇（反之亦然）的做法依然存在，并且很盛行。现代的诡辩家们经常使用故弄玄虚的言辞（模棱两可或闪烁其词的语言）和委婉词（用不伤人的说法代替可能伤人的语言）来使传递出的信息不那么刺激人。举例来讲，在商界，再也不会有人被“解雇”或“开除”了，取而代之的是，公司会用“瘦身”和“合理精简”这样的辞藻来表述。奔驰汽车公司再也不会卖二手车了，它只卖“曾有过车主的汽车”（试着问一下奔驰的经销商，“这辆车是以前被使用过，还是只被人拥有过？”）。一些公司会给他们的雇员封一些听上去比实际做的工作更重要或者更了不起的头衔。现在一个垃圾收集工会成为一名“环卫工程师”。在英国，法律已经规定要将妓女这一污名化的词改为“一个一直在出卖性的人”（Stinchfield，2007）。

在其他方面，对委婉语和故弄玄虚的言辞的使用也很普遍。比如，在军队里，平民伤亡、杀死敌人的士兵和战争分别被称为“附带损伤”“教训目标”和“维和使命”。奥巴马政府命令工作人员将“全球反恐战争”一词改为“海外应急行动”。飞行乘务员们不会说在海洋中坠毁，而是说水上降落（Murphy，2001）。在医学界，类似协助自杀、变性手术和癌症这样的字眼会被“加速死亡（或者有尊严地死去）”“性别重置手术”和“肿瘤”所取代。政治家们不愿意承认加税或撒谎，于是他们选用“增加收入的措施”和“记错了”的说法。我们的一位朋友由于不能在她所教的高中班上举办聚会，便组织了“强化理想行为专题日”。在承办殡葬业务的领域，人们不说“死了”，而会说“走了”；不说“埋了”，而会说“安葬了”；不说“尸体”，而会说“逝者”。父母不会直接拒绝孩子的要求，而是喜欢说“我们想想”或者“或许再等等”。在关于堕胎的争议中，你需要根据自己的立场选择用词，比如，“尊重生命”就比“反对堕胎”或“反对自由选择”更有内涵和意义；而“主张自主选择”则完全避免了直接提及堕胎，而且比“人工流产”听上去舒服得多。

在所有这些文字游戏中，研究人员（McGlone & Batchelor，2003）发现了人们愿意使用委婉语的两个可能动机：第一，因为这类词不具有威胁性，同时更尊重人，因此不会让听者“丢面子”；第二，人们使用委婉语是为了让自己显得很有学问和善解人意，从而给自己“赢得面子”。为了验证这两个解释，McGlone和Batchelor（2003）安排了一些学生通过计算机对某个人的各种摄影作品进行描述，其中一幅照片是撒尿后的小狗，另一幅是正在排便的鹦鹉。他们告诉一些学生，在对摄影作品进行描述后，他们自己的身份会被公布出来；但另一些学生被告知，他们的身份不会被公开。结果显示，前一组学生更愿意使用委婉语，这说明他们会将“保全自己的面子”放在首位。当然，如果你希望在讲话时通过精心措辞给他人留下好印象，只靠使用委婉语是不够的。不过，McGlone、Beck和Pfeister（2006）进行的一项调查发现，那些被使用了很久的委婉语（比如，“去洗手间”“上大号”等）已经变得耳熟能详了，不太会引起人们的注意，因此使用它们会让他人感到舒服和自然，而如果使用一些比较新的、不太有人知道的委婉语（比如，“腾出地方喝茶”和“掷小球（去大便）”等），人们可能会不解其意。（参见专栏7.2，了解更多故弄玄虚的言辞。）

专栏 7.2　如果你不想说出某个不好的词，就重编一个

你是否有过受人所托为某人证明的经历？如果有过，那你一定清楚这是一件很麻烦的事，因为无论你说了些什么，这个人很快就会知道。如果你说了些负面的话，甚至可能引起个人或法律的纠纷。意识到存在这种情况后，Robert Thornton（2003）设计了一系列不易觉察的暧昧词汇。下面就是一些例子：

如果这个人很无能：“我建议让这个人做些不需要任何技能的工作。”（p.33）

如果这个人特别懒：“在我看来，如果你能让这个人给你干活，那你真是太幸运了。”（p.5）

如果这个人经常缺席：“像他这样一个人很难找到。”（p.19）

如果这个人不诚实：“这就是一个难以置信的人。”（p.33）

如果这个人酗酒：“他与我们一起工作的时间都是欢乐时光。”（p.20）

虽然我们并不建议你完全套用这些说法，但我们认为了解到语言可以起到这样吊诡的作用还是很有意思的。

语言的力度、生动性和攻击性

至此，我们已经了解了符号的意义以及它与含义和说服过程的关系。接下来，我们要开始讨论一些与语言和说服有关的具体变量，它们包括语言的力度、生动性和攻击性。这三个变量之间也具有密切的关联。比如，在研究语言的力度时，一些研究人员也会把带有亵渎性的语言考虑在内，而它无疑很可能具有攻击性。但是，使用有力度且不具攻击性的语言也是完全可能的。此外，虽然有些定义认为生动性是有力度的语言的特征或必然的呈现（Hamilton & Stewart，1993），但也有一些研究人员不认同这一说法（Bowers，1964）。由于这三个话题密不可分，因此我们将它们放在本节一起探讨，之后我们会再讨论几个常被用来说明语言力度与说服关系的理论。

##@！！！！ ##：亵渎语言与说服

虽然与符号一样，亵渎语言也是随意的，但它显然在说服过程中发挥着作用，这主要是因为它会让人产生与诅咒有关强烈的联想。或许这也是为什么古代的雄辩家们——比如昆体良（Quintilian）——非常不建议使用带有亵渎意味的语言（Rothwell，19）。可是由于它很常见，所以一些作家坚持认为，作为一种说服手段，它能够引起人们更多的注意。比如，J. Dan Rothwell（1971）就发表过这样的看法：

> 尽管遭到数世纪的指责和批评，淫秽言语已经成了一种经常被使用的修辞手法。它在获取关注、让敌人蒙羞、激起人们的愤怒情绪、亮明身份和宣泄不满等方面都很有效果，而它所能产生的影响与环境有着很大的关系。它的确可能会引发政治骚乱、野蛮殴打甚至死亡，可是要消灭它并不可行。因此，我们应当将其作为一种重要的修辞手法来接纳，同时努力找到合理恰当的应对措施。（p.242）

为了更深入地了解人们对亵渎语言的认知，E.Scott Baudhuin（1973）给了他的学生一些“充斥着脏话”的小册子，然后让他们对其造成的冒犯或攻击程度做出评估。他从学生的评价中发现，这些带有亵渎意味的词语可以分成三类：与宗教有关的、与排泄有关的和与性有关的。它们中间的哪一类让学生觉得最无礼和最具有攻击性呢？调查表明，与性有关的词语得到了最负面的回应，而与宗教有关的词语得到的负面回应最少。

如果亵渎语言被认为具有攻击性，那么使用它们的人会给人留下负面印象吗？他们在说服他人的过程中是不是不会取得什么效果呢？研究人员针对这一问题进行了一些调查研究，结果绝大多数的调查都证明（Rassin & Van Der Heijden，2005），如果你希望给别人留下有魅力、可信赖和有说服能力的印象，你应当注意语言的清洁度。举例来讲，在 Powell 及其同事进行的一项调查中，他们让学生们对一份工作的应聘者做出评价，有些应聘者在面试时讲了脏话，有些应聘者则没有。结果研究人员发现，没有讲脏话的应聘者留给学生们的印象远远好于那些讲了脏话的应聘者，而且这与应聘者的性别无关（Powell，et al.，1984）。类似的，Bostrom、Baseheart 和 Rossiter（1973）在调查中也发现，整体来讲，使用污秽的语言会破坏演讲者的可信度。不过，Scherer 和 Sagarin（2006）也注意到，在那些早期的调查研究后，社会对于这类语言渐渐比较能容忍了。鉴于这种情况，他们又重新检验了淫秽语言、可信度以及说服之间的关系。他们让学生们听一位男性的几次演讲，他在有的演讲中使用了“他妈的”这样的词，在有的演讲中则没有使用任何粗话。结果，粗话完全没有影响学生对演讲者可信度的看法，而且当他使用粗话时，其演讲反而更具说服力。不过，如果你下次发表演讲时打算用些不雅的词，先要记清楚的一点是：演讲者用了粗话的那次演讲的题目是减少学费，对这样的内容，学生本来就是赞同的。因此，在这方面的大多数经典研究都是问参与者对他们原来并不认同的话题的听后感。总而言之，粗言秽语可能仍然具有说服力，但需要视具体情况而定。事实上，有两项研究发现，对脏话的看法还取决于其他变量，比如当时的情境和听众的期望。具体来讲，Johnson 和 Lewis（2010）认为，人们如果在非常正式的场合讲粗话，是极其不妥；但如果在非正式场合讲粗话，则无伤大雅。类似的，Johnson（2012）还发现，如果粗话能够以积极的方式扭转听众的预期（人们在听到粗话后非常惊讶，却很认同），发言人的影响力就会增加。

政治正确

显然，使用粗俗的言语并不是进行言语攻击的唯一做法。我们在前面已经提到了政治正确这一概念，它在大多数时候则是为了去除攻击性。事实上，*政治正确*指的是包容性的语言和对不涉及族群、年龄及性别的用词的提倡（Hoover & Howard，1995）。

虽然政治正确与大量的情境和话题有关，包括性别、种族、民族、年龄、社会经济地位，等等，但 Seiter、Larsen 和 Skinner（1998）的研究重点聚焦在谈及残疾人时的政治正确。在他们的一项研究中，他们将大学生们分成四组，每组阅读一篇有关某个场景的材料。这些场景都是一个演讲人在为残疾人寻求捐款，但他对残疾人的用词不一样，分别是：“正常的”（“使用轮椅的人”）；“不容易的”（“不能自理的人”）；“残疾的”（“身陷轮椅的人”）；或者“可怜的”（“非正常人”）。阅读之后，参与者们被要求给演讲人的可信度和说服力打分。结果显示，除了用“可怜的”来形容残疾人的演讲人，用“正常的”“不容易的”和“残疾的”来形容残疾人的演讲人都被认为是值得信赖的（Seiter et al.，1998）。但是，只有用“不容易的”和“残疾的”来形容残疾人的演讲人更具有说服力。研究人员对这一结果给出了怎样的解释？如果不想将这些残疾人表述成病人，演讲人就只能使用“正常的”用词，可是这就无法体现他们迫切需要帮助。而演讲人如果使用了“残疾的”或者“不容易的”这类词语（比如，描述一个孩子“被困在轮椅上”就会比说他“使用轮椅”更让人觉得他需要帮助），情况就会不一样。无论是哪种情形，调查的结果都发现，在为残疾人寻求捐款时，人们会面临一个两难的处境——如何既为他们募集到善款来帮助他们，又能在描述他们时用一种政治正确的、为他们保留尊严的方式？

生动性的效用：一幅画胜过 1000 个字

根据 Nisbett 和 Ross（1980）的观点，对信息进行生动的描述能够引起我们的关注，并且激发我们的想象力，因为它让人“从情绪上觉得有趣、形象和富有想象力，而且在感官和时空方面能令人萌发一种亲近感”（p.45）。比如，说“玻璃杯摔碎成碎片”就比说“玻璃杯碎了”生动得多。

虽然生动的语言比苍白的信息（平淡无奇的描述）在吸引人的注意力方面更有效果（Childers & Houston，1984），但对于它们是否也更具说服力，仍存在疑义（Frey & Eagly，1993）。一些研究认为，生动的信息更具说服力；另一些研究则给出了完全相反的结论。

该如何协调这些明显的不一致呢？ Guadagno、Rhoads 和 Sagarin（2011）认为，语言的生动性既能对信息的说服力产生放大作用，也可能起到阻碍作用，一切都取决于它聚焦的内容。具体来讲，这几位研究人员有这样的揣测：如果信息所传递的中心意思能够得到生动的阐述，将有助于人们对信息的理解，最终使听众被说服。反之，如果对信息中无关紧要的地方大肆渲染，会让听众转移注意力，导致说服的力度被削弱。

为了验证他们的想法，Guadagno 及其同事（2011）让学生阅读了一份（杜撰的）研究总结。该总结声称，如果夜里只睡 3 小时，然后白天再睡半小时的午睡，并且服用大量的维生素，可以使人的身体非常健康，精力充沛，头脑灵活。之后，他们将学生分成三组，第一组学生又读了一则与该话题相关的并且易于想象的信息（“听着内容淫秽的摇滚音乐，可以提升参与者抓住空中掷过来的硬币的能力，而且他们解析数学难题的速度会加快”）；第二组学生被要求读的材料与该话题无关，不过也很生动（“参与研究的学生中有一个很有趣，他是位大学生，留着长发，肌肉健硕，皮肤晒得很黑”）；第三组学生则继续阅读与该虚拟研究相关的平淡而枯燥的信息。最终的结果证实了研究人员的猜测：生动且与话题有关的信息最具说服力。他们还注意到，生动但无关的信息对说服产生了不利影响。总之，生动性确实可以成为增加说服力的有效工具，但你需要知道在什么时候使用它和怎样使用它。

语言的力度

对比一下："你简直愚蠢至极"和"你不是真正的聪明人"。

还有："木材业正在蹂躏我们的森林"和"木材业正在砍伐大量的树木"。

在上面的两组句子中，哪一句具有更强烈的内涵意思？毫无疑问，是每组中的第一句，"至极"和"蹂躏"比句子中的其他词都更有力度。有力度的语言应当是含情的、带有隐喻的、固执己见的、具体的、强有力的、极端的和可评价的。按照这一标准，Bowers（1964）将语言力度定义为"体现说话人偏离中立立场程度的语言表达"（p.215）。显然，如果一个人将"砍伐树木"比喻成"蹂躏"，那他对木材业的态度早已远离中立了。可是，使用这样语言的人真的具有说服力吗？对这一问题的最佳答案是"得看情况"。准确地说，语言力度对说服的影响存在几个变量。接下来，让我们了解四个理论，它们试图解释什么时候有力度的语言能对说服起作用，什么时候不能，并给出了各中原因。

第一个是*强化理论*，它认为人们生来就有躲避痛苦和寻求快乐的倾向。Bradac、Bowers 和 Courtright（1979，1980）觉得人们在被说服时的情况也是如此。如果一个人总体来说对某一信息所倡导的原则表示认同，他就会对它做出积极评价；反过来也一样，如果他对其不认可，就不会有积极反应。在此大前提下，在听众基本认同说话人的观点时，如果说话人再抛出一些强有力的措辞，就会让听众彻底被说服；但在听众基本不认同的情况下，如果说话人使用了力度更强的言辞，听众会表现出比平时更加否定的态度（Bradac et al.，1980）。

关于语言力度的第二个理论被称为*语言的期望理论*（Burgoon & Siegel，2004）。该理论认为，在试图说服他人时，我们对于应当使用什么类型的语言是有期望的。比如，我们觉得说话人使用"至极"和"蹂躏"这类的词是不妥的。按照该理论的逻辑，如果说服者违反了人们对于正常语言的期望，会对他传递的说服信息产生促进或破坏的影响，具体情况取决于传递的方式是正面的还是负面的。而判断语言是否违反人的期望则与说话人的背景有关。比如，Burgoon 和 Siegel（2004）注意到，相较于来自可信度低的渠道的信息，源自高度可信渠道的信息在交流时会被赋予更广泛的接纳空间。如此一来，可信度低的信息如果在表述时使用了带有攻击性或者力度很强的语言，就会让人产生负面印象，结果导致它们更加失去了说服性；反之亦然。

第三个理论是 Hamilton 和 Stewart（1993）提出的*信息处理理论*（McGuire，1968，1989），它解释了语言强度对说服的影响。该理论认为，如果要被说服，你首先必须对该信息仔细倾听和充分了解。在此基础上，你需要将你的立场与信息进行对比。最后，你会做出接纳它或者拒绝它的选择。按照 Hamilton 和 Stewart（1993；Craig & Blankenship，2011）的观点，语言强度会对上述过程产生影响，使所传递的信息的立场更具极端性，这在一定程度上是有益处的。总体来讲，说服者与听众在立场上的差异能够让听众更加聚精会神，这样就为其改变立场提供了更大的可能性。但是，如同我们在第五章中讨论社会判断理论时指出的一样，如果差异过大，也可能会让听众完全排斥该信息，或者令他对信息的内容过于审慎。此外，有力度的语言通常更具体，也更生动。

最后一个理论是*交流功能理论*（Giles & Wiemann，1987；Street & Giles，1982）。它认为，当我们与他人交流时，我们会调整自己的说话风格，尽量与对方的说话风格保持一致，目的是获得认同和增加交流的效果。比如，我们在谈话时与对方采用同样的方式，他们就会更喜欢我们。Aune 和 Kikuchi（1993）做过一项研究，以期了解该理论能否预测语言力度强或弱时对信息结果的影响。在研究过程中，他们让说话人分别对语言风格强或不强的人抛出有力度或没有力度的信息。其结果完全支持交流功能这一理论。具体来说，使用有力度语言的发言人对于也喜欢使用有力度语言的听众最具说服效果；而不善于使用有力度语言的发言人则对同类型的听众最具说服效果。而且与听众的语言风格“相匹配”的发言人也被认为更值得信赖。

无力的语言与说服力：类似“嗯”的词

在学生时代，本书的作者之一遇到过两位传授演讲技巧的教授，他们都非常不喜欢在说话时使用类似“嗯”这类词。其中一位将其称为当众打嗝；另一位则只要听到作者发言时用到了这类词，就会用她的铅笔猛敲桌子。这虽然不是让人开心的事，但效果很好。现在回想起来，作者对两位教授都心存感激，因为“嗯”以及其他类似的词会阻碍说话人期望取得的说服效果。为什么呢？这是由于说话时加入这些词会让语言显得无力。下面列举了一些语言的表现风格，并且举了例子（Bradley，1981；Erickson，Lind，Johnson，& O’Barr，1978；Lakoff，1973，1975；Lowenberg，1982；Newcombe & Arnkoff，1979；O’Barr，1982）。如果你希望自己今后能尽量避免使用无力的语言，可以此作为参照。

- 犹豫（意味着不确定或者不安）：“噢，我，嗯，你知道，嗯，想借 1 美元。”
- 模糊限制语（确认所说的事情）：“我觉得我有点喜欢你，也比较想认识你。”
- 强调词（强调所说的内容）：“我真的相信这件事，并且非常赞同你的说法。”
- 礼貌用语（表示尊重和顺从）：“对不起，如果你不太介意的话，我会很感谢你能把门关上。谢谢！”
- 附加问句（减轻前面的陈述句的力度）：“这很有趣，你不这样认为吗？比昨天有意思多了，是不是？”
- 免责声明（在一个可能引发怀疑和问题的陈述句前有所声明或者请求理解）：“我知道这是一个很愚蠢的问题，但是……？”
- 指示词（指明离说话人很近的某人或某物）：“那边的那个人偷了我的钱包。”

前面已经指出，大量的研究都表明，使用无力的语言会破坏说服的效果（Erickson et al.，1978；Newcombe & Arnkoff，1979），哪怕你的论据本身非常充分有力（Hosman，Siltanen，2011）。不过，力度与言语的关系也取决于其他因素，下面就是两个值得引起注意的方面：

第一，一个人所使用的无力语言的类型可能会影响他留给别人的印象。具体来说，有关无力语言的一些研究存在一个问题——它们把上述语言风格混为一谈了。但实际上，也有一些研究认为，这种做法是不准确的，因为对说话人而言，上述表达法并不是全都不能用。比如，Bradac 和 Mulac（1984）在一次研究中发现，在谈话时使用礼貌用语其实可以提升说话人的可信度。此外，Durik、Britt、Reynolds 和 Storey（2008）也发现，虽然使用口语化的模糊语（比如，“有点”“有几分”）可能会削弱说服的效果，但使用听上去带有专业性口吻的模糊语（比如，“可能”“也许”“似乎”）并没有什么问题。

第二，什么类型的语言最具说服效果还取决于语言的使用人。比如，Blankenship 和 Craig（2007）发现，如果可信度低的人在说话时使用了附加疑问的表达法，那么无论其论据本身是否具有说服力，效果都不会好；相反，如果可信度高的人使用了附加疑问的表达法，说服效果会很好，当然前提是他的论据也应非常充分。为什么会出现这种情况？原因可能是，如果你已经认为这个人非常可信，那么他所使用的附加疑问会让你更认真地思考他所表达的信息。如果信息确实具有说服力，你会很容易被说服（Blankenship & Craig，2007）。

除去说话人自身的可信度，Carli（1990）认为，说话人与听众的性别也会影响语言的说服效果。具体来讲，女性在面对男性听众时如果使用了无力语言，反而更具说服效果；但是面对女性听众时，要想说服对方，就必须使用强有力的语言。而对男性发言人，无论使用哪种表达法，都不会产生太大差别。这也就意味着，相较于男性，女性如果希望达到说服的目的，就需要更加留意自己所使用的语言风格。很显然，与我们前面讨论过的话题一样，这方面的研究结果也证明，男性会对说话强势的女性产生负面印象。

总　结

在本章中，我们探讨了语言在说服过程中所起的作用。我们首先定义了符号的含义，它虽然是随意的，却可以影响人的认知，并且构建社会现实。符号还具有内涵和外延的意思，两者都会对说服产生影响。比如，我们讨论了终极词汇，由于它们的内涵意思非常强烈，因此在某一文化中会有令人难以置信的说服力。我们也分析了贴标签的威力，以及说服者常常怎样通过使用委婉语和故弄玄虚的词来减轻（或加强）某个词的内涵的影响。最后，我们讨论了影响说服的几个语言变量。借助生动的、强烈的、具有攻击性的、有力或无力的语言，说服者能够影响听众对其所传递信息的反应。

参考文献

Adler, R. B., Rosenfeld, L. B., & Towne, N. (1995). *Interplay: The process of interpersonal communication* (6th ed.). Fort Worth, TX: Harcourt, Brace.

Aune, R. K., & Kikuchi, T. (1993). Effects of language intensity similarity on perceptions of credibility, relational attributions, and persuasion. *Journal of Language and Social Psychology, 12*(3), 224–237.

Baudhuin, E. S. (1973). Obscene language and evaluative response: An empirical study. *Psychological Reports, 32*, 399–402.

The best and worst of everything. (1996, December 29). *Parade Magazine*, pp. 6, 7, 10.

Blankenship, K. L., & Craig, T. Y. (2007). Language and persuasion: Tag questions as powerless speech or as interpreted in context. *Journal of Experimental Psychology, 43*, 112–118.

Bostrom, R. N., Baseheart, J. R., & Rossiter, C. M. (1973). The effects of three types of profane language in persuasive messages. *Journal of Communication, 23*, 461–475.

Bowers, J. W. (1964). Some correlates of language intensity. *Quarterly Journal of Speech, 50*, 415–420.

Bradac, J., Bowers, J., & Courtright, J. (1979). Three language variables in communication research: Intensity, immediacy, and diversity. *Human Communication Research, 5*, 257–269.

Bradac, J., Bowers, J., & Courtright, J. (1980). Lexical variations in intensity, immediacy, and diversity: An axiomatic theory and causal model. In R. W. St. Clair & H. Giles (Eds.), *The social psychological contexts of language* (pp. 193–223). Hillsdale, NJ: Erlbaum.

Bradac, J. J., & Mulac, A. (1984). A molecular view of powerful and powerless speech styles: Attributional consequences of specific language features and communicator intentions. *Communication Monographs, 51*, 307–319.

Bradley, P. H. (1981). The folk-linguistics of women's speech: An empirical evaluation. *Communication Monographs, 48*, 73–90.

Burgoon, M., & Siegel, J. T. (2004). Language expectancy theory: Insight to application. In J. S. Seiter & R. H. Gass (Eds.), *Readings in persuasion, social influence, and compliance gaining* (pp. 149–164). Boston: Allyn & Bacon.

Cameron, P. (1969). Frequency and kinds of words in various social settings, or what in the hell's going on? *Pacific Sociological Review, 12*, 101–104.

Carli, L. L. (1990). Gender, language, and influence. *Journal of Personality and Social Psychology, 59*, 941–951.

Childers, T. L., & Houston, M. J. (1984). Conditions for a picture-superiority effect on consumer memory. *Journal of Consumer Research, 11*, 643–654.

Corbett, E. P. J. (1971). *Classical rhetoric for the modern student* (2nd ed.). New York: Oxford University Press.

Craig, T. Y., & Blankenship, K. L. (2011). Language and persuasion: Linguistic extremity influences message processing and behavioral intentions. *Journal of Language and Social Psychology, 30*, 290–310.

Durik, A. M., Britt, M. A., Reynolds, R., & Storey, J. (2008). The effects of hedges in persuasive arguments. *Journal of Language and Social Psychology, 27*, 217–234.

Erickson, B., Lind, E., Johnson, A., & O'Barr, W. M. (1978). Speech style and impression formation in a court setting: The effects of "powerful" and "powerless" speech. *Journal of Experimental Social Psychology, 14*, 266–279.

Foss, S. K., Foss, K. A., & Trapp, R. (1985). *Contemporary perspectives on rhetoric*. Prospect Heights, IL: Waveland Press.

Frey, K. P., & Eagly, A. H. (1993). Vividness can undermine the persuasiveness of messages. *Journal of Personality and Social Psychology, 65*, 32–44.

Giles, H., & Wiemann, J. M. (1987). Language, social comparison, and power. In C. R. Berger & S. H. Chaffee (Eds.), *The handbook of communication science* (pp. 350-384). Newbury Park, CA: Sage.

Guadagno, R. E., Rhoads, K. V. L., & Sagarin, B. J. (2011). Figural vividness and persuasion: Capturing the "elusive" vividness effect. *Personality and Psychology Bulletin, 37*, 626–638.

Hamilton, M. A., & Stewart, B. L. (1993). Extending an information processing model of language intensity effects. *Communication Quarterly, 41*(2), 231–246.

Hart, R. P. (1997). *Modern rhetorical criticism* (2nd ed.). Boston: Allyn & Bacon.

Hoover, J. D., & Howard, L. A. (1995). The political correctness controversy revisited. *American Behavioral Scientist, 38*(7), 963–975.

Hosman, L. A., & Siltanen, S. A. (2011). Hedges, tag questions, message processing, and persuasion. *Journal of Language and Social Psychology, 30*, 341–349.

Howard, D. J. (1997). Familiar phrases as peripheral persuasion cues. *Journal of Experimental Social Psychology, 33*, 231–243.

Johnson, D. I. (2012). Swearing by peers in the work setting: Expectancy violation valence, perceptions of message, and perceptions of speaker. *Communication Studies, 63*, 136–151.

Johnson, D. I., & Lewis, N. (2010). Perceptions of swearing in the work setting: An expectancy violations theory perspective. *Communication Reports, 23*, 106–118.

Kirkwood, J. (2003, September 1). "What's in a name?" *The Eagle Tribune*.

Lakoff, G. (1973). Language and woman's place. *Language in Society, 2*, 45–79.

Lakoff, G. (1975). *Language and woman's place*. New York: Harper & Row.

Lemann, N. (2000, October 16, 23). The word lab: The mad science behind what the candidates say. *The New Yorker*, pp. 100–112.

Levine, D., & Bleakley, A. (2012). Maximising medicine through aphorisms. *Medical Education, 46*, 153–162.

Lowenberg, I. (1982). Labels and hedges: The metalinguistic turn. *Language and Style, 15*, 193–207.

McGlone, M. S., & Batchelor, J. A. (2003). Looking out for number one: Euphemism and face. *Journal of Communication, 53*, 251–264.

McGlone, M. S., Beck, G., & Pfiester, A. (2006). Contamination and camouflage in euphemisms. *Communication Monographs, 73*, 261–282.

McGuire, W. J. (1968). Personality and susceptibility to social influence. In E. F. Borgotta & W. W. Lambert (Eds.), *Handbook of personality theory and research* (pp. 1130–1187). Chicago: Rand McNally.

McGuire, W. J. (1989). Theoretical foundations of campaigns. In R. E. Rice & C. K. Atkin (Eds.), *Public communication campaigns* (2nd ed., pp. 43–65). Newbury Park, CA: Sage.

Merskin, D. (2004). The construction of Arabs as enemies: Post September 11 discourse of George W. Bush. *MASS Communication and Society, 7*(2), 157–175.

Miller, E. G., & Kahn, B. E. (2005). Shades of meaning: The effect of color and flavor names on consumer choice. *Journal of Consumer Research, 32*, 86–92.

Murphy, A. G. (2001). The flight attendant dilemma: An analysis of communication and sensemaking during in-flight emergencies. *Journal of Applied Communication Research, 29*(1), 30–53.

Newcombe, N., & Arnkoff, D. B. (1979). Effects of speech style and sex of speaker on person perception. *Journal of Personality and Social Psychology, 37*, 1293–1303.

Nisbett, R., & Ross, L. (1980). *Human inference: Strategies and shortcomings in social judgment*. Englewood Cliffs, NJ: Prentice Hall.

O'Barr, W. M. (1982). *Linguistic evidence: Language, power, and strategy in the courtroom*. New York: Academic Press.

Powell, L., Callahan, K., Comans, C., McDonald, L., Mansell, J., Trotter, M. D., & Williams, V. (1984). Offensive language and impressions during an interview. *Psychological Reports, 55*, 617–618.

Rassin, E., & Van Der Heijden, S. (2005). Appearing credible? Swearing helps! *Psychology, Crime & Law, 11*(2), 177–182.

Rothwell, J. D. (1971). Verbal obscenity: Time for second thoughts. *Western Speech, 35*, 231–242.

Sapir, E. (1949). *Culture, language and personality*. Berkeley: University of California Press.

Scherer, C. R., & Sagarin, B. J. (2006). Indecent influence: The positive effects of obscenity on persuasion. *Social Influence, 1*, 138–146.

Seiter, J. S., Larsen, J., & Skinner, J. (1998). "Handicapped" or "Handi-capable"?: The effects of language describing people with disabilities on perceptions of source credibility and persuasiveness. *Communication Reports, 11*(1), 1–11.

Seiter, J. S., & Weger, H. (in press). Does a customer by any other name tip the same?: The effect of forms of address and customers' age on gratuities given to food servers in the United States. *Journal of Applied Social Psychology*.

Stinchfield, K. (2007). *A synonym for streetwalker*.

Strasser, T. (2005, June 2). "A big flop in the name of love." *Los Angeles Times*, p. E22.

Street, R. L., Jr., & Giles, H. (1982). Speech accommodation theory: A social cognitive approach to language and speech behavior. In M. Roloff & C. R. Berger (Eds.), *Social cognition and communication* (pp. 193–226). Beverly Hills, CA: Sage.

Thornton, R. J. (2003). *Lexicon of inconspicuously ambiguous recommendations*. Naperville, IL: Sourcebooks.

Three-year-old Hitler can't get name on cake. (2008, Dec. 17).

Vernon, M. (2008, March 17). The art of the aphorism: When are the empty words of political spin profound? *New Statesman, 137*, 50.

Weaver, R. M. (1953). *The ethics of rhetoric*. Chicago: Henry Regnery.

Whorf, B. L. (1956). *Language, thought, and reality*. New York: John Wiley & Sons.

第八章

非言语影响

本章概览

亲近性的直接影响模型
非言语交流的类型
身势：头、肩膀、膝盖、脚趾
体触：伸出手去触摸某人
保持距离？空间距离与说服
时间：好东西总是留给愿意等的人吗
环境中的人工制品及物理特性：成功的着装
外表：美女与野兽
辅助语言学与说服：加大音量

当谢莉的男朋友看到本书的作者之一伸出手并且握住她的手时，可能会下意识地皱皱眉。但是在那一刻，作者本人完全没有想到谢莉的男朋友，他只是觉得谢莉太漂亮了。他记得自己不由自主地把身体倾向她并且凝视着她的眼睛。谢莉握着作者的手，抿着嘴笑了笑。作者以前从未和她说过话，因此他很紧张。不过即便如此，他还是说出了想说的话。他小声对她说，“把盐递给我”。之后，他使劲咽了下唾沫，又向她靠近了一点，可嘴里一直重复说，“把盐递给我，把盐递给我”，说了一遍又一遍。

读者们请不要产生误解。虽然我们两个写了这本有关说服的书，但事实上我俩谁都不具备唐·璜那样的本事。数年前当我们中的一位遇到谢莉时，还是个大二的学生，正与谢莉和她的男朋友一起上表演课。作为课堂练习的一部分，老师让学生们分成小组，每人要与一个异性的陌生人组成一组。然后要让班上的其他人相信这两个人正在热恋中，但是，“把盐递给我”是表演期间唯一可以说的话。

现在回想起来，作者仍不能确定自己当时作为一个男演员表现出了怎样的说服力，但他认为他至少学会了一点，那就是表达爱情并不一定要说“我爱你”。当然了，听到这句话会令人很开心，可是如果你能用“把盐递给我”传递出同样的意思，为什么非要说“我爱你”呢？这里的重点是，当我们试图解释某个意思时，除了言语还可以有很多种方式。就像谚语说的那样，“一个人说什么不重要，重要的是他是怎样表达的。”这也是掌握非言语沟通的重要之处了，即我们如何通过手势、肢体语言、触摸、空间行为、外表、目光接触等看待事物和了解情况。在本章中，我们主要聚焦非言语交流中的一个方面，即它会怎样影响说服过程。

按照 Burgoon（1994）的观点，由于一些原因，非言语交流在社会影响方面发挥着重要作用。第一，我们可以使用非言语行为为自己树立一些形象。如果我们成功地让自己看上去有权力、有权威、值得信赖或者有吸引力，我们就可能更具说服力（专栏 8.1 对非言语行为和印象管理提出了一个不同的看法）。第二，通过使用非言语行为，人与人之间可以建立亲密关系。换句话讲，非言语线索（比如抚摩）在发展关系方面是有影响力的。第三，非言语行为可以加强或者分散对有说服力的信息的注意力。比如，教师可以借助非言语线索让学生更专注于他所传递的信息；一个诘问者则可以用同样的方法转移听众的注意。第四，通过非言语线索，人们在模仿一个榜样的行为时会得到强化。第五，非言语线索可以被用来表达某人的期望，并且引发符合期望的行为。比如，成人冲孩子皱眉，就能让孩子明白他的行为有不妥之处。第六，非言语行为也可以用来扰乱人们的期望，达到分散其注意的目的。比如在本章的后面，我们会看到，在一些情形下，如果故意与另一个人站得特别近，会让他变得顺从。

显然，我们无法仅用一章的篇幅来讨论有关非言语交流的所有方面，因此我们选择重点聚焦几个最重要和最有趣的方面。我们先从讨论一个模型开始，它认为非言语行为与说服之间的关系非常简单。

专栏 8.1 | 在你背后的傻笑和讥笑：影响他人对你的印象

印象管理理论（Goffman，1959；Schlenker，1980；Tedeschi & Reiss，1981）认为，人们控制自己的行为——特别是非言语行为——是为了树立自己期望的形象（Leathers，1997）。比如，如果你希望得到他人的喜欢，就会露出微笑；而如果你想表现出不满，你可能会皱眉头。显然，我们的非言语行为会影响我们留给别人的印象。因此，Seiter（2001）认为，印象管理理论应当包括刻意控制自己留给他人印象的做法。虽然这种做法可能旨在让别人对我们产生好感，但 Seiter 觉得，有时我们试图让自己显得诚实和招人喜爱，可别人未必这样认为，也就是说，别人仍会设法让我们表现得不诚实和不可爱。

这种情况会出现在政治辩论中。事实上，由于候选人对同一事件常常会有不同的说法，因此他们都想找机会让听众觉得其对手在说假话。比如，在前几次总统竞选的辩论过程中，通过电视上的分屏，观众可以同时看到发言人和非发言人的表情和状态，结果有的候选人虽然什么也没说，却仍因其不佳的背景行为遭到了批评。

为了证实这样的背景行为能够起到有损对手形象的作用，Seiter 及其同事（Seiter，1999，2001；Seiter，Abraham，& Nakagama，1998；Seiter & Weger，2005；Seiter，Wager，Kinzer，& Jensen，2009）进行了调查研究。他们将学生分成四组，每组观看一个版本的电视辩论录像。一个版本的电视上只有一个画面，并且只对准发言人；而其他三个版本则使用了分屏，从画面中可以看到发言人的对手对其讲话经常、偶尔或者从未表现出非言语不信任的动作或表情。换句话讲，在几个版本中可以发现非发言人在发言人讲话时摇头、转动眼珠和皱眉。看过录像后，学生们开始给发言人打分。结果显示，整体来讲，如果非发言人的背景行为中表现出了不信任，学生对发言人的信任度反而增加了（Seiter et al.，1998）。可是，如果学生事先被告知要对发言人讲话的真实性心存疑虑，那么即使非发言人只是做出了适度的背景行为，也会让发言人看上去完全靠不住（Seiter，2001）。所以，请慎重。如果你正在参与辩论，想试图通过默默嘲笑你的对手而取胜，你很可能反而会损害自己的形象。准确地说，他们的研究还发现，非发言人表现出的任何带有贬义的背景行为都会使其显得更不可信、不招人喜欢和为人欠妥（Seiter，1999，2001；Seiter et al.，2009；Seiter & Weger，2005）。最后，研究认为，在一般情况下，当一位对手对你表现出这样的非言语行为时，如果你能礼貌且直截了当地请他停止那些做法，你会获得最理想的效果（Weger，Seiter，Jacobs，& Akbulut，2010）。

亲近性的直接影响模型

研究非言语行为的人使用*亲近性*（immediacy）这一术语来描述与他人热情、亲密、友好和共同参与的行为（Andersen，2004）。比如，如果你在与别人说话时面带微笑、与对方有许多目光接触、点头和身体前倾，你就表现出了一些常见的亲近性线索。亲近性的直接影响模型（Andersen，2004；Segrin，1993）认为，非言语行为与社会影响之间的关系很简单，即热情、参与和亲近的行为能够增强说服的效果（Andersen，2004）。在本章的后面你会看到，大部分的研究都支持这一模型以及亲近行为在各种情境中的有效性，包括在跨文化环境（Booth-Butterfield & Noguchi，2000）、教育领域（Comadena，Hunt，& Simonds，2007）、组织机构（Teven，2007）、体育赛场（Turman，2008）和人际交往中（Hinkle，1999）。不过，一些研究也发现了更复杂的现象。现在我们要开始讨论不同类型的非言语行为，你会觉察到表现出亲近性通常都是不错的经验法则，不过，对其他因素有所了解也是必要的，因为它们能帮你厘清非言语行为与说服之间的复杂关系。

非言语交流的类型

在讨论具体的非言语类型前，先要指出它们之间其实是互相依存的，这一点非常重要。举例来讲，我们或许应当告诉你，谢莉的故事并没有结束。因为里面还涉及谢莉的男朋友路易斯，他会在表演课结束后因为作者的那句“把盐递给我”的台词而教训他。他瞪着眼睛，握紧拳头，称作者是个“令人讨厌的家伙”，然后准备揍他。作为回应，作者只是咯咯地笑笑，因为他知道路易斯不过是在开玩笑。最后路易斯也笑了，他的拳头只闹着玩似的落在作者肩上。

事实上，路易斯的行为很常见。你应该经常看到人们（特别是男人）假装打架，其实是在互相问候。可是我们怎么知道他们不是当真的呢？因为我们不仅注意到了他们的拳头或者目光，还观察到了其他有助于解读他真正意思的线索。也就是说，虽然非言语交流的方式有许多种，但它们并不是孤立的。几个非言语行为会同时出现，我们对其中一个的解读会影响我们对其他行为的理解。因此，虽然我们会分别探讨每一种类型的非言语行为，但意识到它们很少单独出现是非常重要的。

下面，我们就逐一分析七种对说服有重要影响的非言语交流类型：身势、体触、空间关系、时间、人工制品、外表和身体语言。

身势：头、肩膀、膝盖、脚趾

身势语（kinesics）一词源自希腊语“kinein”，意思是“移动”，是对目光接触、面部表情、手势、身体动作和姿势的研究。我们从目光接触开始了解。

眼睛可以反映一切

拉尔夫·瓦尔多·爱默生（Ralph Waldo Emerson）曾经说过，“男人的眼睛可以表达和舌头一样多的内容。”回想一下我们平时在描述表情时会用到的与眼睛有关的词语（比如，“邪恶的眼神”“色眯眯的眼神”“狡猾的眼神”“带笑的眼神”“说谎的眼睛”），爱默生的说法似乎不无道理。目光不仅能反映兴趣、吸引力和亲密关系，还能传递出支配力、说服力、攻击性和可信度等含义（Burgoon & Dillman，1995）。

作为潜在的说服对象，我们需要牢记，说服者非常清楚目光接触的影响力，并会极尽所能对其加以利用。比如，本书的作者之一曾参与过一项研究，调查街边的乞丐试图从陌生人手里讨钱时会使用怎样的有影响作用的策略（Robinson, Seiter, & Acharya, 1992）。作为调研的一部分，他们采访了36位乞丐。其中的一些人承认，在要钱之前，他们要做的第一件事就是与过路人建立目光接触。做不到这一点，他们的“目标”就会对他们视而不见，扬长而去。

如果目光接触能够帮助乞丐要到钱，是不是也可以让沟通者的话更具说服力呢？一些证据似乎很支持这一观点。比如，Murphy（2007）发现，在说话和倾听时注意与对方保持目光交流的人被认为比不这么做的人更有智慧。而且，在针对目光接触进行的一些元分析中，Segrin（1993）发现，除一项调查外，其余的调查都证实，说话时看着对方而不是回避对方更容易让人顺从。

与之相反，沟通者如果不与对方有目光接触，说服的效果很可能出现问题。比如，Gueguen 和 Jacob（2002）发现，如果说服者在与人们（特别是女性）沟通时不能保持目光接触，就很难说服他们。类似的，Wirth、Sacco、Hugenberg 和 Williams（2010）进行的三项研究均显示，与他人沟通时，目光闪躲的人更容易遭到排斥，表现出负面情绪（比如，愤怒和悲伤），并且有攻击倾向。最后一点，Neal 和 Brodsky（2008）进行的研究发现，相较于能够与陪审员和律师保持目光接触的专家证人，那些没有太多目光接触的证人会被认为缺乏可信度。恐怕这也是为什么学法律的学生被告知，在盘问过程中不能让证人与陪审员有目光接触，却鼓励自己的证人在直接回答陪审员的问询时看着他们（Brodsky, 1991）。

在结束本节前，我们也有必要指出，过多的目光接触并不总意味着你会更有说服力。比如，Kleinke（1980）进行的一项研究就显示，目光接触产生的效果也取决于其他因素，比如你所提请求的合理性。Kleinke 在研究中要求说服者们在机场走近那里的陌生人，向他们要钱。他们中的有些人给出的理由是他们需要钱打一通非常重要的电话（这是一个合理的请求）；而另一些人给出的理由是他们想买一块口香糖（这就是不合理的请求）。结果以打电话为理由的人大多要到了钱，不过前提是要看着对方提要求。而且有意思的是，如果说服者的请求不合理，有目光接触会更让对方认同（见表8.1）。研究人员猜测，如果在提出不

表 8.1 Kleinke（1980）的结论

	合理的请求	不合理的请求
有目光接触	被说服人答应了请求	被说服人不答应请求
没有目光接触	被说服人不答应请求	被说服人答应了请求

Adapted from Kleinke, C. L.(1980). Interaction between gaze and legitimacy of request on compliance in a field setting. *Journal of Nonverbal Behavior, 5*, 3-12.

合理请求时看着别处，会让你看上去显得很卑微或者很不好意思，这样反而可能赢得他人的同情，从而增添说服的效果（Kleinke，1980）。

关于面部 在所有可能呈现出的面部表情中，微笑恐怕是被研究得最多的一种表情。确切地说，研究已经证明，面露微笑时，餐厅的女服务员可以拿到更多的小费（Tidd，Lockard，cited in Gueguen，& Fischer-Lokou，2004）；治疗师会显得更热情和更有能力（Leathers，1997）；应聘工作的职员能给人留下更正面的印象（Washburn & Hakel，1973），得到工作的可能性也更高（Forbes & Jackson，1980）；搭便车的女性旅行者更可能获得搭车机会（Gueguen & Fischer-Lokou，2004）；被指控作弊的学生会得到宽大处理（LaFrance & Hecht，1995）；教师也能让学生更集中注意力（Saigh，1981）。一项调查发现，如果有人刚冲实验参与者露出了微笑，那么实验参与者会更愿意帮助一个在场的第三方捡起掉到地上的计算机软盘（Gueguen & De Gail，2003）。

不过，我们不想让你误以为一个微笑就能搞定一切。如同第四章所指出的那样，说服者还需要表现得值得信赖和真诚，但不是所有的笑容都能做到这一点。比如，傻笑和带有嘲弄意味的笑就不会给人留下好印象。而且，Krumhuber、Manstead和Kappas（2007）进行的一项研究发现，如果笑得太急速，会被认为不真诚或者不迷人；如果笑容渐渐绽放就好得多。此外，笑得太多也容易让人觉得不真实。同样的，如果在某个环境中威严的举止最具说服力，那么其他正面的、令人愉悦的面部表情反而会起到反作用。比如，Mehrabian和Williams（1969）的研究认为，虽然在同等地位的人之间使用微笑和点头能起到说服的作用，但在建立了等级体系的组织机构里，掌控型行为更具效果。Kaplan、Greenfield和Ware（cited in Buller & Street，1992）也发现，如果在首次就诊时医生呈现出了严肃甚至负面的表情，患者在后期复诊时会痊愈或康复得更快；而正面的表情却达不到同样的效果。

如果你思考一下针对镜像动作或模仿所做的研究，就会觉得面部表情和其他非言语行为的情境特质太明显了。这些研究都表明，如果一个说服者想与他人构建融洽的关系，应当首先模仿对方的非言语线索，而不是考虑使用哪种非言语行为。也就是说，当别人微笑时，你也微笑；当别人皱眉时，你也皱眉。比如，在一次调研中（Gueguen，2009），有66位男性需参加极速配对，在他们与女性互动前，有的女性被告知要模仿对方的行为，而有的女性被告知不要模仿对方（比如，当男性用手摸脸或者交叉双臂时，她们也这么做或者不要这么做）。最终的结果显示，与那些没有模仿男性行为的女性相比，在模仿男性行为的女性中，有更多的人拿到了男性的联系方式，而且她们被认为性感迷人的比例也更高。另一项调查也发现，模仿对方行为的协调者比不模仿对方行为的协调者更容易与对方达成一致（Maddux，Mullen，& Galinsky，2008）。在另一个实验中，人们被问及对他们所品尝食物的看法（点心和运动饮料）。如果采访者在提问时模仿了他们的行为，他们就很可能对食物给出最积极的评价（Tanner，Ferraro，Chartrand，Bettman，& Van Baaren，2007）。

有意思的是，当我们模仿另一个人的行为时，我们也更容易被其说服。比如，一项调查发现，如果我们在一个人展示一个新产品的用法时模仿他的动作，其结果就是我们很可能会买这个产品；如果我们没有模仿，我们就不大可能买（Stel，Mastop，& Strick，2011）。另一项调查也显示，相较于不被模仿的人，那些经常被他人模仿的人更乐于助人，也更慷慨大方（van Barren，Holland，Kawakami，& van Knippenberg，2004）。

从脖子往下：说服与肢体语言

我们在前面探讨过的有关眼睛和面部表情与说服之间关系的要点同样适用于肢体语言。比如，就如同你可以模仿一个人的面部表情一样，你也可以模仿他的手势和肢体语言。而且，与亲近性的直接影响模型的叙述相吻合，交流时身体前倾的人的说服效果更理想。除此以外，研究还表明，如果人们呈现开放式的身体姿势（他们的双臂和双腿张开，与身体保持一定的距离），而不是保持中性或封闭式的姿式，会更具说服力（McGinley，LeFevre，& McGinley，1975）。你知道吗？你行走的方式可能会让你更安全（见专栏8.2）。

专栏 8.2 | 用这样的方式走路：会让你更容易遭遇攻击吗？

在你很小的时候，大人可能就告诉过你，过马路要走人行横道、穿过街道时要先向左右两边张望一下以及在游泳池周围不要跑等规矩。可是你知道吗？行走安全其实也取决于你的姿势。根据Gunns、Johnston和Hudson（2002）的调查，遇袭者通常并不是平白无故遭到侵袭的。这些研究人员认为，与羊群中的一些羊更容易被狼吃掉一样，一些人会由于他们的步态更容易遭遇攻击。Wheeler、Book和Costello（2009）进行的一项调查完全支持这一观点。他们发现，在观看了一些人走路的录像短片后，存在严重心理变态的男性可以很容易地识别出哪些人曾经是受害者，哪些人不是。为了进一步了解不同的走路风格的特点，Gunns及其同事（2002）让30位女性和30位男性观看了100多位男性和女性走路的录像，然后让他们对这些人在走路时遇袭的可能性做出评估。通过对评估结果和录像的分析，研究人员认定，“最不可能遇袭”的行走者具有这样一些特点：走路时步子迈得很大、双臂大幅度地摆动、充满力量、无拘无束和大步流星。在结束这段文字前，我们希望澄清一点：就如同 Wheeler 及其同事（2009）所指出的那样，人们不应当因为自己的走路方式招来了攻击而承担责任，受到谴责的永远都是袭击者。即便如此，了解袭击者通常会对什么样的人下手是你可以用来保护自己的武器。总而言之，走路时不要让自己显得很无力，打起精神走路！

在身体动作与说服关系的研究中，研究人员最关注的是手势的使用。虽然他们探讨了各种手势的含义，但 Argyle（1988）认为，有三种类型的手势最重要，即象征、阐述和自触摸。

象征 按照 Ekman 和 Friesen（1969）的观点，象征是一种非言语行为，通常来自手部的动作，却具有准确的言语含义，因此它可以用来代替言语。交通警察、体育裁判、棒球接球手和潜水员是典型的象征手势的使用者，但实际上我们所有人都在使用这类手势。想想我们可以用手势表达的词语：你好、再见、到这儿来、疯狂、保持安静或者别出声、冷静、我不知道、好运、动动脑子和替你害羞等，更不用说那个人人皆知的竖中指的手势。

象征是交流过程中非常重要的一部分，它有许多作用，包括说服。那么它能在社会影响方面扮演怎样的角色呢？一些学者认为，说服的前提是能引起对信息的关注，并记住它（McGuire，1968；Petty & Cacioppo，1986）。由于象征手势提供了许多视觉信息，因此它可以在引起和维持注意方面发挥很大的作用。比如，Woodall 和 Folger（1981）就发现，对于一条言语信息，如果配合象征手势，人们能记住 34% 的内容；可如果配合其他手势，只能记住 11%。

阐述 象征类的手势可以在没有言语交流的情况下表达准确的意思，但阐述作为第二种手势则需要与语言相伴（Ekman & Friesen，1969）。就像“阐述”一词本身的含义，它对所说的话起到说明、强调或者重复的作用。一个小孩子在对你说她对你的爱有“这么多”的同时，会把自己的双臂张开到一定程度，这个手势就属于阐述动作。同样的，我们可以使用阐述手势来指引方向、表达我们激动的心情、跟着节奏、描述一个形状，等等。

一些研究表明，使用阐述类手势可以提升发言人的说服效果。比如，一项调查发现，使用强有力并且有节奏的手势的演员比那些不使用这些手势的演员更具说服力（Maslow，Yoselson，& London，1971）。而且，Mehrabian 和 Williams（1969）还发现，发言人如果使用很多阐述类手势，说服的效果会更明显。此外，一些阐述类手势还能让发言人给人留下更深刻的印象，并且表现得更镇定自若，这对于说服是有益无害的。

自触摸（适应性手势）　虽然象征和阐述类手势似乎肯定可以提升说服的结果，但人们对自触摸行为（比如，在手臂处挠痒、揉搓面颊、抠鼻子和摸头发）的效果尚未形成固定的看法。这类手势也被称为适应性手势（Ekman & Friesen，1969）。比如，一些研究认为，使用适应性手势会削弱说服的效果（Maslow et al.，1971；Mehrabian & Williams，1969）；可也有研究认为事实恰恰相反（Maricchiolo et al.，2009）。即便如此，大多数研究仍认同，自触摸行为通常被视为焦虑和不镇定的表现（除非你认为自己是小甜甜布兰妮或者麦当娜）。明白了这一点后，我们对此的建议是，如果你想更有说服力，就尽量避免使用适应性手势吧。

体触：伸出手去触摸某人

如果触摸自己会让你失去说服力，那么触摸别人是不是也会产生同样的结果呢？许多年前，为了回答这一问题，三位对体触（或触摸）很感兴趣的研究人员进行了一项简单却堪称经典的实验。在实验过程中，当大学生们在图书馆归还图书后，图书馆的工作人员应当将他们的借阅卡还给他们，在还卡时，工作人员被要求或者不触碰学生的手，或者让自己的手与学生的手掌有轻轻的接触。在拿到卡后，学生们要给图书管理员的工作打分。有趣的是，与没有被触碰到的学生相比，那些被触碰的学生对图书管理员的工作更加肯定，评价也更高（Fisher，Rytting，& Heslin，1976）。

触摸引发的说服影响在其他情境中也得到了印证。比如，研究已经被发现，触碰可以增加下列人群的数量：自愿阅卷的人（Patterson，Powell，& Lenihan，1986）、在请愿书上签名的人（Willis & Hamm，1980）、完成调查问卷的人（Vaidis & Halimi-Falkowicz，2008）、归还在电话亭里捡到的钱的人（Kleinke，1977）、在夜总会接受跳舞邀请的人（Gueguen，2007）、给潜在的约会对象提供电话号码的人（Gueguen，2007）以及帮助他人拾起掉落的东西的人（Gueguen & Fischer-Lokou，2003）。类似的，如果餐馆服务员与就餐的客人有得体的触碰，那他很可能会拿到更多的小费（Hornick，1992），而且客人在点餐时会更愿意听取服务员的推荐（Gueguen，Jacob，& Boulbry，2007）。Hornick（1992）发现，触摸书店客人的手臂可以让他们在书店逗留更长的时间（他们会待上22.11分钟；而未被触碰的顾客只会待13.56分钟）、买更多的书（他们平均的购书支出是15.03美元；而未被触碰的顾客只会花12.23美元），并且对书店做出更好的评价。

他还发现，触碰超市的顾客可能会让他们更愿意品尝食品的样品并且购买这些食品。Kaufman 和 Mahoney（1999）发现，酒吧的客人如果与招待有身体接触，会让他们比在没有接触的情况下喝更多的酒。

与他人进行肢体接触的最常见形式就是握手，而你握手的方式会影响对方对你的印象。比如，Bernieri 和 Petty（2011）发现，人们会通过握手判断对方是否认真和外向。不仅如此，握手的方式还可能助你求职成功。具体来讲，在一次实验中，握手方式得体的男性和女性（紧紧握住对方的整只手，同时目视对方）会被面试官认为更适合其所应聘的工作，而那些握手时不够得体的应聘人员（软绵绵、冷冰冰的握手方式）很有可能失去工作的机会（Stewart，Dustin，Barrick，& Darnold，2008）。

由此看来，我们小时候听到的“点石成金”的故事并不完全是童话。如果能够得体地触摸他人，是会产生说服效果的，因为它会使对方感觉不错，于是愿意接受你的要求（Hornick，1992）。对此的另一个解释是，当你触摸他人时，能让对方对你萌生好感，结果就被你说服了（Hornick，1992）。最后一点，触摸还能为动作发出人增添权威形象，从而达到说服的目的（Patterson et al.，1986）。

无论触摸因为何种原因影响了说服的结果，有一点是明白无疑的：在出于说服的目的而使用触摸时一定要谨慎，因为它也容易引起歧义。有人认为，这样的举动透着“亲切、友好”，可也有人觉得它就是在“调情”。一位雇员与另一位雇员的“触碰”可以被解读成不小心碰上了，但也可以被认为是性骚扰。显然，对触摸的解释取决于诸多因素，包括环境、性别和所处的文化。在我们刚才讨论的大多数案例中，触摸一般指的都是手或手臂的触碰。我们猜测，如果过多地触摸或者触摸人的其他部位会适得其反，导致失去说服的可能。不过，如果你希望说服他人，认识到触摸的确能够施加巨大的影响是极其重要的，就像上面讨论过的例子那样。这样的触摸是非常微妙的，有时甚至都觉察不到它带有说服的目的。总之，要记住：触摸具有说服效果，就如同我们接下来要讨论的空间距离一样（更多关于触摸的说服效果，见专栏8.3）。

专栏 8.3　如果摸上去不错，就买吧——触摸商品可以起到说服的作用

逛商店的时候，你有没有过这样的经历：拿起某个商品，用手触摸它的质感，或者让手指划过它？如果有过，那你可能属于研究人员所称的“高度需要触摸”的一类人（Peck & Childers，2003a，2003b；Peck & Wiggins，2005）。这类人如果在购物时不能触摸商品就会很生气。不过他们每个人的表现并不完全一样，有些人被称为“工具性高度需要触摸人群”，因为他们需要通过触摸来鉴定物品；而另一些人则被称为“自带目的的高度需要触摸人群”，因为他们触摸东西纯粹是出于好玩和让自己开心。明白这些后，你就会发现，对于“自带目的的高度需要触摸人群”来说，如果他们摸到的东西让他们感觉不错，即使这些东西不是他们原本打算买的（比如，一本号召为自然中心捐款的小册子，封面用了软布织物）(Peck & Wiggins，2005)，或者涉及的内容与他们根本没有任何关系（Peck & Johnson，2011），他们仍可能会被说服买下它们。但对于“工具性高度需要触摸人群”来说，只有在触摸了他们有意购买的物品（比如，插在号召为自然中心捐款的小册子上的羽毛和树皮样品）(Peck & Wiggins，2005) 或者他们的认知度较低的东西 (Peck & Johnson，2011) 时，触摸才有可能说服他们掏钱购买。

保持距离？空间距离与说服

对空间的研究，或者我们如何借助空间进行交流，涉及许多方面，比如属地和控制。但在本章中，我们不会关注这些话题，我们聚焦的是空间距离。有两个方面的研究表明，与他人保持比较近的距离会对你的说服效果产生影响。一些研究发现，与他人保持近距离容易让对方产生好感，从而实现说服他的目的。另一些研究则发现，近距离之所以能够促成说服，是因为在我们附近居住或者工作的人会让我们产生一种亲近和熟悉的感觉，而且我们认为以后还会遇到他们(对于这些观点的详细阐述，参见 Moon，1999)。不过，也有其他研究(Brucks，Reips，& Ryf，2007；Moon，1999) 对这些解释提出了疑问。在研究中，参与者们通过计算机与他人交流时得到了带有说服性的信息。他们中的一些人被告知与他们交流的人就是附近；而另一些人被告知与他们交流的人在很远的地方。实验结果显示，当参与者认为他人就在附近时，他们会容易被说服，并且认为对方很可靠；可如果他们以为对方在很远的地方，他们的想法就会不一样。这些发现有什么重要意义呢？根据推测，当计算机使你觉得生活在3000公里以外的人就在离你2公里的地方时，地理上的邻近与说服之间会产生一种关系。Moon (1999) 认为，或许人们以为与自己住得近的人会和自己比较相似，而相似就会促成说服。

与空间距离密切相关的另一个话题是个人空间，它就像一个包裹着我们的看不见的泡泡。最明显的一个例子就是挨家挨户上门销售的人员绝对不可以让他的鼻子靠近到试图说服的客户的脸上。不过也有证据给出了恰恰相反的结果，即侵占某人的个人空间反而更能起到说服的效果。

比如，在 Baron 和 Bell (1976) 进行的一项调查中，实验人员走近一家自助餐厅的用餐者，请求他们义务参与一个预计要花费0.5 ～ 2.5小时的问卷调查。实验人员与一些就餐者离得很近（30 ～ 45厘米），而与另一些就餐者离得很远（0.9 ～ 1.2米）。结果证明，当实验人员与就餐者保持近距离时，后者更愿意配合参与较长时间的调查。

我们应当怎样解释这样的发现呢？首先，因为人们愿意与自己喜欢的人站得近一些（Argyle，1988），所以就餐者之所以答应空间侵入者的要求只是为了报答对方对自己的认可（Baron & Bell，1976）。此外，由于人们认为空间侵入令他们感到不自在，那些遭到侵入的就餐者会将说服者的行为理解为迫于无奈、很绝望和有强烈的需求（Baron & Bell，1976）。

与其他非言语交流的形式一样，在对距离所起的说服作用进行一般性归纳时，有必要提醒大家谨慎行事。事实上，至少有两项研究显示，距离太近并不能带来所期望的顺从。比如，Smith 和 Knowles（1979）发现，行人在走路时如果有人毫无原因地与他靠得太近，他可能不愿意归还所捡到的别人遗失的物品；但是如果能与他们保持合理的距离，他们就不至于这样了。而且，Albert 和 Dabbs（1970）在调查中也证实，演讲人如果与听众保持一定的距离，他们的演讲会更有说服力（比如，站在距离听众10 ～ 40厘米的地方，就比站在距离他们仅有2~5厘米的地方更能产生说服效果）。

如果这些调查研究所得出的矛盾结果令人不知所措，你可能会对 Judee Burgoon（1978，1992，1994）提出的一个理论感兴趣，它被称为期望违背理论。我们认为，它对于空间侵犯对社会影响过程产生的作用给出了很有力度却又非常简洁的解释。

按照这一理论的说法，我们都对他人应当与我们保持怎样的距离有期望。因此当他人违反了我们的期望或与我们站得太近或太远时，我们就会警觉起来或者转移注意力。但是，我们究竟会做出怎样的反应，取决于好几个因素，其中最重要的可能就是对违反我们期望的人的“奖赏价值”的判断。如果他是有吸引力的人、有权力奖励或惩罚我们的人，或者干脆就是招人待见的人，他的这一行为就会被视为令人开心的惊喜，于是我们很可能会被说服。反之，如果对方不具备奖励价值，他那违反了我们的空间期望行为就会产生负面的结果，我们也就不可能被说服。此外，该理论还认为，如果违反行为过于极端，以致让人觉得受到威胁，也会削弱他们顺从的可能。

这一理论得到了广泛的支持，而且给试图说服他人的人提供了一些非常实用的建议。首先，如果你试图说服的人认为你有吸引力、有权威或者值得信赖，那你最好离他比他期望的更远或更近一点。其次，如果你觉得自己在对方眼里缺乏权威，而且也不讨人喜欢，你就应当与他保持适当的距离。最后，不要过火——与对方的距离太近或太远都会影响你的说服效果。

时间：好东西总是留给愿意等的人吗

在科学界，空间和时间的概念通常是放在一起讨论的。可是在研究说服时，虽然对距离远近这一话题有过大量的论述，但对时间或者说对在交流时怎样利用时间的研究，少之又少。即便如此，我们仍很清楚，时间是非常有价值的东西，尤其是在像美国这样的文化中。

在部队，特别是在下级士兵中，有一个常见的说法，“赶快准备好，等候在那里。”通常情形下，下级士兵需要时刻准备好，而他们的长官却可以随心所欲。这里的要点是，你的地位越高，你就越有权力支配别人的时间。

在其他背景下，情况也是如此。比如，你会在医生的诊室等多长时间？你会为见某个教授或应聘某个工作提前约时间吗？千万别干错事：如果你是个下属，可是开会时迟到了好几分钟，你还认为自己能有说服力吗？我们对此表示怀疑。

你或许会问，如果你身处要职，是不是就可以随意迟到了？我们的建议是：也要小心。事实上，Burgoon（1996）及其同事在一项调查中发现，相较于准时到达的人，迟到15分钟的人会被认为比较活跃，但缺乏能力、自控力和社交能力。而且，我们认为让别人等候是一种不礼貌的行为。

时间不仅会影响人们的认知，也可以作为说服的策略。比如，对于那些急匆匆的取款或点餐时都不愿下车的顾客而言，快速保养汽车、快速配眼镜和快速照像的服务都非常符合他们的需求。因为这样的服务可以为他们节省时间，所以他们会感到很满意。不过也要小心！有的健身节目承诺每天只需3分钟就可以把你的赘肉变成结实的肌肉，有的宣传册声称的利用你在家的业余时间就能一年挣6万美元，有的录音磁带说能在2周内教会你弹奏吉他——这样的广告并不一定是可信的。人们在太多时候都想为复杂的问题找到迅速解决的办法，我们寄希望于购买一种商品、服用一种药片或者按下一个按钮就让问题迎刃而解，而说客们就利用了人们渴望速战速决的心理。

除了节省时间这一诱惑外，被Cialdini（1993）称为稀缺的原则也是说客们使用的一个法宝。Cialdini和他人的研究（Brehm，1966；Brehm，1981）发现，人们都向往自由，因此当自由受到威胁或者限制时，会产生逆反心理，我们曾在第三章中讨论过这一概念。比如，商店里的一位顾客正在考虑要不要买一件她比较喜欢的衣服，这时销售人员告诉她，适合的尺码只剩下一件了（也就是说，这件衣服是稀缺的）。结果，这位原本以为可以随时买下这件衣服的顾客就会在逆反心理的驱使下果断决定立刻购买（Cialdini，1993）。正如你已经想到的，说客们也会利用时间稀缺所产生的逆反心理达到他们的目的。比如，广告商会借助稀缺性原则要求顾客“即刻购买”，因为现在是“限时促销”。通过限制时间，人们更可能购买他们的商品或服务。

“没时间了”是另一种敦促我们的说法。比如，在我们最喜欢的一个早期调查中（Pennebaker et al.，1979），研究人员针对乡村歌手米奇·基利（Mickey Gilley，1975）的预言——“女孩在酒吧快打烊时最漂亮”——采访了晚上各个时段的酒吧客人，让他们给别的客人的迷人程度打分。结果显示，越接近酒吧关门时，客人们给异性打的分就越高，这说明随着选择范围的减小（时间和潜在伙伴的稀缺），他们的标准也在发生改变。最近，有人重复了这项调查（Johnco，Wheeler，& Taylor，2010），结果证实了稀缺性仍然是人们的选择标准随时间发生变化的可成立的解释，虽然这个结果在一定程度上也与人们的饮酒量有关（通常被称为“啤酒护目镜”效应）。如果你直到最后一刻都没有被某位能打10分的帅哥或美女迷住，你会觉得两个相貌平平、只能打5分的客人也不错。

有意思的是，或许是由于稀缺给人造成的心理压力令人很不爽，一些说服者们发现，“非紧急”的策略更可行。也就是说，因为人们不愿意被催促或者被施压，所以有时候，让人觉得时间不是问题反而能达到说服目的。星巴克和一些咖啡店都提供了免费上网服务，鼓励客人想待多久就待多久。还有的商家提出了“三无”销售，即顾客在购买床垫、大屏幕电视或其他家用电器时，在头90天甚至头1年的时间里，无须支付首付，无须支付利息，也无须支付月供。对商品或服务打出“30天免费试用”广告的做法也是为了去除时间压力。

环境中的人工制品及物理特性：成功的着装

在讨论时间时，我们有没有提到，佩戴一块名贵的金表永远不会有损你的形象？很显然，我们穿的衣服、化的妆容、开的汽车、使用的家具以及其他物质的东西，也被称为人工制品，都会对我们的可信度和身份产生很大的影响。在当今社会，物质的东西被视为自我的外在延伸。这也解释了为什么色彩分析师们通过告诉人们在春夏秋冬应当怎样化妆就能挣到许多钱，以及为什么有人愿意花数千美元买一套阿玛尼西装。

说到西装，我们经历过一件很有趣的事，从中可以看出人工制品对人的认知的影响多么大。许多年前，本书的作者之一曾靠销售西装赚取佣金。因为除非将衣服销售出去了，否则他一分钱也赚不到，所以作者只愿意在那些貌似肯花钱的顾客身上下功夫。有一天，一位穿着油腻腻的T恤衫、牛仔裤、脏兮兮的网球鞋甚至连袜子也没穿的顾客走进店里，当时店里还有许多其他客人，于是作者决定还是挑一个看似“有利可图”的客人。一位新到店的雇员却主动上前为那位“油腻男”提供服务。结果，令作者大吃一惊的是，这位“油腻男”一共买了六套价格昂贵的西装。原来，他根本不是什么油腻男，而是一位薪水丰厚的总裁。他只是刚刚遭遇了一场大火，把他所有的西装都烧毁了，因此他来商店就是为了重新装备他的衣橱。无疑，作者那天亲身领教了“人不可貌相”这句古语的含义。

显然，作者并不是唯一急于以貌取人的人。事实上，以前的研究文献都认为，第一印象不仅强烈持久，而且往往基于一些看似微不足道的外在细节（Burgoon，Buller，& Woodall，1996）。比如，研究显示，诸如服装（Gorham，Cohen，& Morris，1999；Seiter & Dunn，2000）、发型（Atkins & Kent，1988）、妆容（Johnson，Workman ，1991）、头发的长度（Atkins & Kent，1988）、文身（Seiter & Hatch，2005；Swami & Furnham，2007）和身体穿孔（Seiter & Sandry，2003）等细节都会影响他人对你的可信度、魅力以及可否雇用你的判断。换句话讲，这些研究证明，外部线索绝不是无关紧要的细枝末节。在一些场合（比如面试时），它们可能比言语线索还重要（Goldberg & Cohen，2004）。

除上面提到的这些，环境中的其他人工制品和特质也具有影响力。比如，一个人的权力和地位可以通过他办公室的面积和位置体现出来。位于角落但面积最大的办公室通常属于最有地位的人（Andersen，1999）。不仅如此，我们非常喜欢的另一个研究发现（Teven & Comadena，1996），办公室的布置也很重要。在实验过程中，共有97个学生依次进入了教授的办公室里。可是他们进去时，教授不在办公室，他们被告知要在那里等5分钟。一些学生所待的办公室又乱又脏；另一些学生所待的办公室则干净整洁。5分钟后，学生们又被告知教授不来了。在此之后，他们去听了教授的讲座，并被要求给教授打分。实验的结果表明，教授的办公室对学生的判断产生了很大的影响。具体来讲，相较于待在整洁的办公室里的学生，那些待在脏乱办公室里的学生大多认为教授缺乏权威、不值得信赖、思路不够开阔、太拘谨、不注重仪表、讲座不生动和对学生不太友好；可有趣的是，“不整洁”的教授同时被认为是最忙碌的，或许是因为他凌乱的办公室给学生留下了繁忙和精力充沛的印象（Teven & Comadena，1996）。

不过无论怎样，读了这份调查后，我们都赶快对自己的办公室进行了清理和重新布置。

这么做的肯定不止我们，其他人也很清楚布置环境的重要性。比如，如果你在考虑买房子，那么在做决定前一定要记住，你今后真正住进去的房子与你现在看到的样板房是会有出入的。为什么会这样呢？因为样板房里的家具是按缩小的尺寸设计的，这样可以让房间看上去大一些（Martin，2000）。此外，空衣柜、门上没有卡通冰箱贴的冰箱以及缺少其他家居用品也会让房子显得整洁且吸引人。现在，用简洁廉价的家具"搭建"一个家已经成了一门很火的生意，美国的真人秀节目《卖掉这个房子》（*Sell This House*）就是基于这一理念设计出来的。

超市是讲求有策略地布置格局的又一个重要场所（Field，1996；Meyer，1997；Tandingan，2001）。下次再去购物时，你可以仔细看看超市的布局。你或许会发现乳制品、肉类等常用的食品被放在商店的最里边。为什么要这样摆放呢？因为它能迫使顾客走过超市的通道，于是他们就有可能再看看和购买别的商品。你还会注意到，薯片、蘸酱等经常需要搭配使用的商品会被刻意摆放在一起，促使你在买一种商品的同时肯定会顺带买另一种。孩子们的用品（比如嘎哑船长麦片）一定会放在中间的架子上，让小宝贝们坐在购物车里时正好可以看得到；而供成人吃的食品（比如宝氏提子脆多谷物麦片）通常会放在高处。此外，对冲动型购物的顾客有吸引力的零食一般会摆在结账区域或者通道的尽头，因为这些都是他们最可能随手抓起商品放在购物车里的地方。很显然，这样的布局是为了迎合不同的购物群体，让他们一眼就能注意到商品。

除了上述调查和策略外，还有大量证据可以证明环境中的人工制品及物理特质不仅能使商品更容易被注意到或者使人看上去更可信（或更不可信），而且可以影响说服的效果。这部分的调研主要聚焦人的穿着。比如，Lawrence 和 Watson（1991）的调查发现，当个体想为立法或者医疗项目请求民众的捐款时，穿着警察或护士的制服的人会比没有穿职业装的人筹到更多的钱。在另一项实验中，Bickman（1974）让年轻男子装扮成平民或者穿制服的警卫，然后去接近纽约街头的行人，并要求他们做下面三件事中的一件：在第一个场景中，年轻人指着地上的一个袋子对行人说，"把这个袋子捡起来"；在第二个场景中，年轻人指着站在附近一辆车旁的人对行人说，"那个人停车超时了，可是他没有零钱，你给他1角钱"；在第三个场景中，年轻人对一位站在公共汽车站的人说，"你难道不知道你应当站在电线杆的那一端吗？这个牌子上写着'不许停站'"。实验的结果显示，在这三个场景中，行人更愿意服从穿制服而不是穿便装的年轻人的要求。也就是说，制服会让人倾向于顺从。

虽然元分析证明，高档西装、制服和体现高级身份的服装与更高比例的服从有很大的关系（Segrin，1993），但这类服装并不总是必不可少的说服工具。在一些情形下，穿能让对方认同你的服装更能起到说服的效果。比如，Hensley（1981）就发现，衣着考究的人在机场更具说服力；而穿着休闲的人则在公共汽车站更容易说服他人。

总而言之，当你想让别人服从你的要求时，人工制品，特别是服装，能起到很大的作用。当然，人工制品也会影响你的外表和吸引力，而它们又会对你的说服力产生影响。接下来，我们就要讨论这一话题。

外表：美女与野兽

美貌或许肤浅，可它的确具有说服力，而且那些试图说服我们的人都深知美貌很管用。举例来讲，如果超模泰拉·班克斯（Tyra Banks）长着大鼻子和带毛的肉瘤，你认为你还会在化妆品或女士内衣的广告中看到她吗？事实上，请魅力四射的人代言的产品并不都是可让消费者也吸引力大增的商品。所有的东西都会找帅男美女来帮助推广，从牛奶到律师事务所，再到狗粮。

大量研究都证明，外表的吸引力不只能在广告中起到了说服作用，在其他场合也是一样（见专栏8.4）。比如，与不太有吸引力的人相比，那些有吸引力的人被认为更快乐、更有智慧、更友好、更强大也更善良；而且他们的性格通常也比较好，能找到更好的工作，婚姻也很幸福（Knapp，1992）。有魅力的女人会有更多约会的机会，成绩更好，犯罪率更低。Seiter 和 Dunn（2000）发现，女性的美丽是天生丽质的（衣着朴素，妆容和首饰也很简单）还是性感的（衣着暴露，浓妆艳抹）并不重要。在两种情形下，她都比那些看上去毫无魅力的女性（脸上长斑、头发油腻、完全不化妆的女性）更容易遭到性骚扰。Messner、Reinhard 和 Sporer（2008）发现，通常来讲，如果直截了当地告诉对方你试图说服他，效果不会理想。可是如果说服者本人极具魅力，结果就正好相反了。还有一点，元分析认为，与缺乏魅力的人相比，有魅力的人在工作中也会得到更多更好的机会，比如被聘用、获得提升和考评得到高分（Hosoda，Stone-Romero，& Coats，2003）。

按照 Cialdini（1993）的说法，上述结果可能是“光圈效应”造成的，即一个人身上的某个闪光点让我们误以为他的一切都是完美的。也就是说，如果一个人有魅力，他一定也值得信赖、有能力，等等。考虑到上面的那些实验结果，你或许想知道究竟有哪些外在特点与吸引力有关。虽然我们知道美的标准会随着时间发生变化（比如，你知道吗，在中世纪时，面色苍白、体态丰腴的人被认为是最美的），而且不同的人对美的定义也不一样，但研究告诉我们，以下特征与人对吸引力的认知以及说服有着密切的关系：

1. **体型**："巨石强森"（Dwayne Johnson）、席琳·迪翁（Celine Dion）和凯文·詹姆斯（Kevin James）代表三种基本体型。第一种是体育型体质，像运动员一样，肌肉结实；第二种是瘦型体质，苗条而瘦弱；第三种是胖型体质，身体肥胖浑圆。Argyle（1988）总结认为，体育型体质被视为强壮和富有冒险精神的；瘦型体质则趋于紧张、悲观和安静；胖型体质令人同情、虽有礼貌却需要依赖人。由于对胖型体质的评价偏负面，导致人们认为与其他体质的人相比，拥有这种体型的人缺乏力量，不太可能成功，也没有魅力（Breseman，Lennon，& Schulz，1999；Wade，Fuller，Bresnan，Schaefer，& Mlynarski，2007）。而且，胖型体质的人也不太可能找到工作、挣到高薪，或者被智商一样但偏瘦的同学或同事所接纳（Argyle，1988）。

   即便如此，一项研究（Martins，Pliner，& Lee，2004）证明，基于人的体型的认知也会考虑其他因素，特别是人的饭量。在一项调查中，加拿大的学生给出了他们对体型正常或偏胖的男性和女性的印象，在这些人中，有的饭量小，有的饭量大。体型偏胖、饭量又大的男性被所有学生一致认为最没有魅力，或许是因为他们觉得这些人缺乏自控力（Martins et al.，2004）。有意思的是，女学生们认为饭量小而体型适中的女性最迷人；可男学生们觉得饭量大但体型适中的女性最有魅力。为什么会出现不同的评价？研究人员认为，男性可能觉得与那些大快朵颐但又能保持正常身材的女性在一起会让他们感到舒服、有信心和坦诚（Martins et al.，2004）。话虽如此，但说到体重，女性可能需要面对双重标准。比如，Judge 和 Cable（2011）在一次调查中发现，体型偏瘦的女性比体型适中的女性有更高的工资；身材偏瘦的男性却比身材适中的男性挣得少；但无论男女，体型肥胖都会严重影响收入（Judge & Cable，2011）。

2. **面部长相**：按照 Argyle（1988）的说法，宽颧骨、窄脸颊、眉毛上挑、大眼睛、保持微笑以及鼻子长度和双目间的距离适中是最具魅力的容颜。在男性看来，长着一张娃娃脸的女性虽然挺迷人的，却显得不够成熟（Berry & McArthur，1986）。在广告中，长着娃娃脸的人给人可以信赖的印象；而面容成熟的人则让人觉得很有经验（Brownlow & Zebrowitz，1990）。有趣的是，长着娃娃脸的发言人看上去更诚实，因此如果有人质疑他们的可信性，他们反而更具说服力；而面容成熟的人则会在经验受到质疑时更具说服力（Brownlow，1992）。

3. **头发**：虽然男性一般更喜欢金发女郎，但调查显示，不论头发是什么颜色，总比没有强。比如，一项调查对比了州长和议员们与普通人的头发密度，结果发现，与同龄人相比，政治家们大多拥有一头浓发（Sigelman，Dawson，Nitz，& Whicker，1990）。不过，在你由此得出头发越多越具说服力的结论前，应当先了解一下 Guido、Peluso 和 Moffa（2011）做过的一项调查，它侧重的是胡子对说服力的影响。结果证明，相较于面部没有任何毛发的男人，留胡子的男性虽然不是那么有魅力，但看起来比较可信和有能力（De Souza，Baiao，& Otta，2003）。这几位研究人员还发现，脸刮得很干净的男人如果为彰显魅力的产品（比如内衣）代言，比较具有说服力；而蓄胡子的男人如果为彰显信任和专业知识的产品（比如手机）代言，则同样具有说服力。这些调查结果都完全符合匹配假设（Kamins，1990），该假设认为，让某人为能够充分反映其特点的产品代言可以促成说服。
4. **身高**：说到身高，对 45 项调查进行的元分析（Judge & Cable，2004）证明身高的确非常重要。该分析发现，身材高的人，特别是男人，更有可能担任领导职务、取得出色的成绩和获得社会的尊重；他们在工作中也会比身材矮的同事挣更多的钱（Judge & Cable，2004）。

辅助语言学与说服：加大音量

辅助语言学是对口语单词以外的声音刺激的研究，它包括音高、速度、停顿、音量、语气、沉默、大笑、尖叫、叹息，等等。我们已经从前面所述的研究中知道，人们说话的方式会影响别人对他们的看法以及他们的说服能力。比如，一项调查发现，人们认为说话声音大的发言人比说话声音小的发言人更有吸引力，也更外向（Imhof，2010）。类似的，Hinkle（2001）发现，如果经理们讲话清晰，并且声音抑扬顿挫，他们的下属可能会更喜欢他们。此外，Miller、Maruyama、Beaber 和 Valone（1976）认为，语速较快的发言比语速慢或者适度的发言更具有说服力，这或许是因为说话快的人显得更有能力和知识丰富。最后一点，Simonds、Meyer、Quinlan 和 Hunt（2006）认为，对比说话速度快的教师，

专栏 8.4 靠关系提升知名度：脸书上的朋友对你本人魅力的影响

如果你使用脸书网的话，你可能对人们如何通过你的朋友圈来评价你很感兴趣。很长一段时间以来，人们都认为对某人魅力的判断是相对的。比如，当把一个相貌平平的人的照片与一个颇具吸引力的人或者一个缺乏吸引力的人的照片放在一起时，对比效应就会出现：如果与缺乏吸引力的人在一起，相貌平平的人就会显得颇具吸引力；而如果与有吸引力的人在一起，他们就黯然失色了。但是，如果人们在对一个人的吸引力做出判断时被告知两张照片上的人是朋友时，他们就可能给出相反的评价（同化作用）：相貌平平的人如果认识的是不具吸引力的人，他们也被认为缺乏吸引力；而如果认识的是有魅力的人，则他们也会被看成有魅力的人（Melamed & Moss，1975）。了解到这一点后，Joseph Walther 及其同事（Walther，Van Der Heide，Kim，Westerman，& Tong，2008）怀疑脸书用户的吸引力受到其朋友们的吸引力的影响。为了验证这一猜测，研究人员在脸书上为一些相貌平平的男女大学生虚构了简历，其中一半人的简历后附上了有吸引力的朋友的照片；另一半附上的则是缺乏吸引力的朋友的照片。然后，研究人员让实验的参与者们看这些简历，并让他们就这些大学生的吸引力打分。实验结果证实了研究人员的猜测：一句话，如果你想让自己在脸书上更有知名度，加一些有吸引力的朋友会对你大有帮助。

学生们会觉得那些说话速度慢的教师不太可信，在非言语行为方面也不够亲切。

虽然上述调查指出了声音线索与说服之间的直接关系，但一些研究认为，要充分了解它们间的关系，我们必须考虑其他几个变量。比如，Chebat（1999）就发现，当听众听到与自己没什么关系的广告时，语气不单调、声音较大的广告更可能引起他们的注意；可是，如果广告的内容与他们有关系，那么声音太大反而会干扰他们，影响说服的效果（Chebat & Chebat，1999）。同样的，Hall（1980）以及 Buller 和 Aune（1988）也发现，为了达到说服的目的，最理想的语速既取决于说话人的“编码能力”，也取决于听话人的“解码能力”。具体来说，解码能力强的人更愿意认同和接受语速较快的发言；而解码能力弱的人更喜欢采纳语速较慢的发言。在一个相关的实验中，Smith 和 Shaffer（1995）发现，语速太快的发言会影响人们认真思忖信息的能力。与详尽可能性模型（参见第二章）相吻合，如果发言中含有充分的论据，那么在语速适当的情况下，人们会被其说服；可是如果将语速加快，那么无论其内容中的论据是否充分，人们都可能被说服。

最后，你或许想知道，所有关于声音的研究应该不仅限于人的发声。事实上，你们可能接到过这样的电话，电话的另一端是有点怪异的计算机合成语音，向你推销某种产品。这方面确实进行过一个很有趣的实验，让人们听带有说服性质的信息，信息要么是由某人说出来的，要么是由计算机合成语音发出的，然后检测人们有没有被说服。令人吃惊的是，结果显示，计算机合成语音与人的声音具有同样的说服效果（Stern，Mullennix，Dyson，& Wilson，1999）。不过，即便如此，我们敢肯定，在现实生活中，如果在电话里听到由计算机发出的声音，人们很可能马上挂掉电话。

总 结

在本章中，我们让大家认识到，说服并不只是你说了些什么那么简单，你怎么说同样非常重要。我们还让大家知道，影响说服过程的非言语交流方式可以划分为许多类型。比如，在一项关于身体姿势的调查中，我们发现在以下情形中人们更容易被说服：(1) 说话时眼睛看着对方；(2) 面部表情和身体动作放松、有亲和力；(3) 更多使用象征和阐述手势，较少使用适应性手势。与此同时，我们也指出，在触摸和距离没有让对方感到不适的前提下，说话时触摸对方或与其靠近也能取得较好的说服效果。此外，借助时间、人工制品和外表，人们也可以让自己显得更可信、占据优势和有权威，而这些对说服也能起到促进作用。与他人相比，那些能够掌控别人的时间、衣着得体并且具有吸引力的人更具有说服力。最后一点，各种声音特征，特别是语速，也会影响说服的结果。

参考文献

Albert, S., & Dabbs, J. M., Jr. (1970). Physical distance and persuasion. *Journal of Personality and Social Psychology, 15*, 265–270.

Andersen, P. A. (1999). *Nonverbal communication: Forms and functions*. Mountain View, CA: Mayfield.

Andersen, P. A. (2004). Influential actions: Nonverbal communication and persuasion. In J. S. Seiter & R. H. Gass (Eds.),*Readings in persuasion, social influence, and compliance gaining* (pp. 165–180). Boston: Allyn & Bacon.

Argyle, M. (1988). *Bodily communication* (2nd ed.). Madison, CT: International Universities Press.

Atkins, C. P., & Kent, R. L. (1988). What do recruits consider important during the employment interview? *Journal of Employment Counseling, 25*, 98–103.

Baron, R. A., & Bell, P. A. (1976). Physical distance and helping: Some unexpected benefits of "crowding in" on others. *Journal of Applied Social Psychology, 6*, 95–104.

Bernieri, F. J., & Petty, K. N. (2011). The influence of handshakes on first impression accuracy. *Social Influence, 6*, 78–87.

Berry, D. S., & McArthur, L. Z. (1986). Perceiving character in faces: The impact of agerelated craniofacial changes on social perception. *Psychological Bulletin, 100*, 3–18.

Bickman, L. (1974). The social power of a uniform. *Journal of Applied Social Psychology, 4*, 47–61.

Booth-Butterfield, M., & Noguchi, T. (2000). Students' perceptions of teachers' nonverbal behavior: Comparisons of American and international students' classroom response. *Communication Research Reports, 17*(3), 288–298.

Brehm, J. W. (1966). *A theory of psychological reactance*. New York: Academic Press.
Brehm, S. S., & Brehm, J. W. (1981). *Psychological reactance: A theory of freedom and control*. New York: Academic Press.
Breseman, B. C., Lennon, S. J., & Schulz, T. L. (1999). Obesity and powerlessness. In K. K. P. Johnson & S. J. Lennon (Eds.), *Appearance and power* (pp. 173–197). New York: Berg.
Brodsky, S. L. (1991). *Testifying in court: Guidelines and maxims for the expert witness*. Washington, DC: American Psychological Association.
Brownlow, S. (1992). Seeing is believing: Facial appearance, credibility and attitude change. *Journal of Nonverbal Behavior, 16*, 101–115.
Brownlow, S., & Zebrowitz, L. A. (1990). Facial appearance, gender, and credibility in television commercials. *Journal of Nonverbal Behavior, 14*, 51–60.
Brucks, W. W., Reips, U., & Ryf, B. (2007). Group norms, physical distance, and ecological efficiency in common pool resource management. *Social Influence, 2*, 112–135.
Buller, D. B., & Aune, R. K. (1988). The effects of vocalics and nonverbal sensitivity on compliance: A speech accommodation theory explanation. *Human Communication Research, 14*, 301–332.
Buller, D. B., & Street, R. L., Jr. (1992). Physician–patient relationships. In R. S. Feldman (Ed.), *Applications of nonverbal behavioral theories and research* (pp. 119–142). Hillsdale, NJ: Erlbaum.
Burgoon, J. K. (1978). A communication model of personal space violations: Explications and an initial test. *Human Communication Research, 4*, 129–142.
Burgoon, J. K. (1992). Applying a comparative approach to nonverbal expectancy violation theory. In J. Blumler, K. E. Rosengren, & J. M. McLeod (Eds.), *Comparatively speaking: Communication and culture across space and time* (pp. 53–69). Newbury Park, CA: Sage.
Burgoon, J. K. (1994). Nonverbal signals. In M. L. Knapp & G. R. Miller (Eds.), *Handbook of interpersonal communication* (2nd ed., pp. 229–285). Thousand Oaks, CA: Sage.
Burgoon, J. K., Buller, D. B., & Woodall, W. G. (1996). *Nonverbal communication: The unspoken dialogue* (3rd ed.). New York: McGraw-Hill.
Burgoon, J. K., Coker, D. A., & Coker, R. A. (1986). Communicative effects of gaze behavior: A test of two contrasting explanations. *Human Communication Research, 12*, 495–524.
Burgoon, J. K., & Dillman, L. (1995). Gender, immediacy, and nonverbal communication. In P. J. Kalbfleisch & M. J. Cody (Eds.), *Gender, power, and communication* in human relationships (pp. 63–82). Hillsdale, NJ: Erlbaum.
Chebat, C. G., & Chebat, J. C. (1999). Impact of voice on source credibility in advertising: A self-monitoring approach. *North American Journal of Psychology, 1*(2), 323–342.
Cialdini, R. B. (1993). *Influence: Science and practice* (3rd ed.). New York: HarperCollins.
Comadena, M. E., Hunt, S. K., & Simonds, C. J. (2007). The effects of teacher clarity, nonverbal immediacy, and caring on student motivation, affective and cognitive learning. *Communication Research Reports, 24*, 241–248.
De Souza, A. A. L., Baião, V. B. U., & Otta, E. (2003). Perception of men's personal qualities and prospect of employment as a function of facial hair. *Psychological Reports, 92*, 201–208.
Ekman, P., & Friesen, W. V. (1969). The repertoire of nonverbal behavior: Categories, origins, usage, and coding. *Semiotica, 1*, 49–98.
Field, A. (1996, February). Outsmart your supermarket. *McCall's, 123,* 114–115.
Fisher, J. D., Rytting, M., & Heslin, R. (1976). Hands touching hands: Affective and evaluative effects of an interpersonal touch. *Sociometry, 39,* 416–421.
Forbes, R. J., & Jackson, P. R. (1980). Non-verbal behaviour and the outcome of selection interviews. *Journal of Occupational Psychology, 53,* 65–72.
Gilley, M. (1975). Don't all the girls get prettier at closing time. In *The Best of Mickey Gilley* (Vol. 2). Columbia Records. New York: Broadcast Music, Inc.
Goffman, E. (1959). *The presentation of self in everyday life*. Garden City, NY: Anchor/ Doubleday.
Goldberg, C., & Cohen, D. J. (2004). Walking the walk and talking the talk: Gender differences in the impact of interviewing skills on applicant assessments. *Group & Organization Management, 29*(3), 369–384.
Gorham, J., Cohen, S. H., & Morris, T. L. (1999). Fashion in the classroom III: Effects of instructor attire and immediacy in natural classroom interactions. *Communication Quarterly, 47*(3), 281–299.
Guéguen, N. (2007). Courtship compliance: The effect of touch on women's behavior. *Social Influence*, 2,

81–97.

Guéguen, N. (2009). Mimicry and seduction: An evaluation in a courtship context. *Social Influence, 4*, 249–255.

Guéguen, N., & De Gail, M. (2003). The effect of smiling on helping behavior: Smiling and good Samaritan behavior. *Communication Reports, 16*(2), 133–140.

Guéguen, N., & Fischer-Lokou, J. (2003). Tactile contact and spontaneous help: An evaluation in a natural setting. *Journal of Social Psychology, 143*, 785–787.

Guéguen, N., & Fischer-Lokou, J. (2004). Hitchhikers' smiles and receipt of help. *Psychology Reports, 94*, 756–760.

Guéguen, N., & Jacob, C. (2002). Direct look versus evasive glance and compliance with a request. *Journal of Social Psychology, 142*, 393–396.

Guéguen, N., Jacob, C., & Boulbry, G. (2007). The effect of touch on compliance with a restaurant's employee suggestion. *Hospitality Management, 26*, 1019–1023.

Guido, G., Peluso, A. M., & Moffa, V. (2011). Beardedness in advertising: Effects on endorsers' credibility and purchase intention. *Journal of Marketing Communications, 17*, 37–49.

Gunns, R. E., Johnston, L., & Hudson, S. M. (2002). Victim selection and kinematics: A point-light investigation of vulnerability to attack. *Journal of Nonverbal Behavior, 26*, 129–158.

Hall, J. A. (1980). Voice tone and persuasion. *Journal of Personality and Social Psychology, 38*, 924–934.

Hensley, W. E. (1981). The effects of attire, location, and sex on aiding behavior: A similarity explanation. *Journal of Nonverbal Behavior, 6*, 3–11.

Hinkle, L. L. (1999). Nonverbal immediacy communication behaviors and liking in marital relationships. *Communication Research Reports, 16*, 16–26.

Hinkle, L. L. (2001). Perceptions of supervisor nonverbal immediacy, vocalics, and subordinate liking. *Communication Research Reports, 18*, 128–136.

Hornick, J. (1992). Tactile stimulation and consumer response. *Journal of Consumer Research, 19*, 449–458.

Hosoda, M., Stone-Romero, E. F., & Coats, G. (2003). The effects of physical attractiveness on job-related outcomes: A meta-analysis of experimental studies. *Personnel Psychology, 56*, 431–462.

Howard, D. J., Shu, S. B., & Kerin, R. A. (2007). Reference price and scarcity appeals and the use of multiple influence strategies in retail newspaper advertising. *Social Influence, 2*, 18–28.

Imhof, M. (2010). Listening to voices and judging people. *International Journal of Listening, 24*, 19–33.

Johnco, C., Wheeler, L., & Taylor, A. (2010). They do get prettier at closing time: A repeated measures study of the closing-time effect and alcohol. *Social Influence, 5*, 261–271.

Johnson, K. K. P., & Workman, J. E. (1991). The role of cosmetics in impression formation. *Clothing and Textiles Research Journal, 10*(1), 630–667.

Judge, T. A., & Cable, D. M. (2004). The effect of physical height on workplace success and income: Preliminary test of a theoretical model. *Journal of Applied Psychology, 89*, 428–441.

Judge, T. A., & Cable, D. M. (2011). When it comes to pay, do the thin win? The effect of weight on pay for men and women. *Journal of Applied Psychology, 96*, 95–112.

Kamins, M. A., (1990). An investigation into the match-up hypothesis in celebrity advertising: When beauty may be only skin deep. *Journal of Advertising, 19*, 4–13.

Kaufman, D., & Mahoney, J. M. (1999). The effect of waitress touch on alcohol consumption in dyads. *Journal of Social Psychology, 139*, 261–267.

Kleinke, C. L. (1977). Compliance to requests made by gazing and touching experimenters in field settings. *Journal of Experimental Social Psychology, 13*, 218–223.

Kleinke, C. L. (1980). Interaction between gaze and legitimacy of request on compliance in a field setting. *Journal of Nonverbal Behavior, 5*, 3–12.

Knapp, M. L. (1992). *Nonverbal communication in human interaction* (3rd ed.). New York: Holt, Rinehart Winston.

Krumhuber, E., Manstead, A. S. R., & Kappas, A. (2007). Temporal aspects of facial displays in person and expression perception: The effects of smile dynamics, head-tilt, and gender. *Journal of Nonverbal Behavior, 31*, 39–56.

LaFrance, M., & Hecht, M. A. (1995). Why smiles generate leniency. *Personality and Social Psychology Bulletin, 21*(3), 297–314.

Lawrence, S., & Watson, M. (1991). Getting others to help: The effectiveness of professional uniforms in charitable fund raising. *Journal of Applied Communication Research, 19*, 170–185.

Leathers, D. G. (1997). *Successful nonverbal communication* (3rd ed.). Boston: Allyn & Bacon.

Maddux, W. W., Mullen, E. & Galinsky, A. D. (2008). Chameleons bake bigger pies and take bigger pieces: Strategic behavioral mimicry facilitates negotiation outcomes. *Journal of Experimental Social Psychology, 44*, 461–468.

Maricchiolo, F., Gnisci, A., Bonaiuto, M., & Ficca, G. (2009). Effects of different types of hand gestures in persuasive speech on receivers' evaluations. *Language and Cognitive Processes, 24,* 239–266.

Martin, E. J. (2000, December 3). "Home's looks-both good and bad-can be deceiving." *Los Angeles Times*, p. K4.

Martins, Y., Pliner, P., & Lee, C. (2004). The effects of meal size and body size on individuals' impressions of males and females. *Eating Behaviors, 5*(2), 117–132.

Masip, J., Garrido, E., & Herrero, C. (2004). Facial appearance and impressions of credibility: The effects of facial babyishness and age on person perception. *International Journal of Psychology, 39*(4), 276–289.

Maslow, C., Yoselson, K., & London, H. (1971). Persuasiveness of confidence expressed via language and body language. *British Journal of Social and Clinical Psychology, 10,* 234–240.

McGinley, H., LeFevre, R., & McGinley, P. (1975). The influence of a communicator's body position on opinion change in others. *Journal of Personality and Social Psychology, 31*, 686–690.

McGuire, W. J. (1968). Personality and susceptibility to social influence. In E. G. Borgatta & W. W. Lambert (Eds.), *Handbook of personality theory and research* (pp. 1130–1187). Chicago: Rand McNally.

Mehrabian, A., & Williams, M. (1969). Nonverbal concomitants of perceived and intended persuasiveness. *Journal of Personality and Social Psychology, 13*, 37–58.

Melamed, L., & Moss, M. K. (1975). The effect of context on ratings of attractiveness of photographs. *Journal of Psychology, 90*, 129–136.

Messner, M., Reinhard, M., & Sporer, S. L. (2008). Compliance through direct persuasive appeals: The moderating role of communicator's attractiveness in interpersonal persuasion. *Social Influence, 3*, 67–83.

Meyer, M. (1997, August). Outsmart your supermarket and save. *Good Housekeeping, 225*, 147.

Miller, N., Maruyama, G., Beaber, R. J., & Valone, K. (1976). Speed of speech and persuasion. *Journal of Personality and Social Psychology, 34*, 615–624.

Moon, Y. (1999). The effects of physical distance and response latency on persuasion in computer-mediated communication and human–computer communication. *Journal of Experimental Psychology: Applied, 5*(4), 379–392.

Murphy, N. A. (2007). Appearing smart: The impression management of intelligence, person perception accuracy, and behavior in social interaction. *Personality and Social Psychology Bulletin, 33*, 325–339.

Neal, T. M. S., & Brodsky, S. L. (2008). Expert witness credibility as a function of eye contact behavior and gender. *Criminal Justice and Behavior, 35*, 1515–1526.

Patterson, M. L., Powell, J. L., & Lenihan, M. G. (1986). Touch, compliance and interpersonal affect. *Journal of Nonverbal Behavior, 10,* 41–50.

Peck, J., & Childers, T. L. (2003a). To have and to hold: The influence of haptic information on product judgments. *Journal of Marketing, 67,* 35–48.

Peck, J., & Childers, T. L. (2003b). Individual differences in haptic information processing: The "Need for Touch" Scale. *Journal of Consumer Research, 30*, 430–442.

Peck, J., & Johnson, J. W. (2011). Autotelic need for touch, haptics, and persuasion: The role of involvement. *Psychology & Marketing, 28,* 222–239.

Peck, J., & Wiggins, J. (2005). It just feels good: Customers' affective response to touch and its influence on persuasion. *Journal of Marketing, 70,* 56–69.

Pennebaker, J. W., Dyer, M. A., Caulkins, R. S., Litowitz, D. L., Ackreman, P. L., Anderson, D. B., & McGraw, K. M. (1979). Don't the girls get prettier at closing time: A country and western application to psychology. *Personality and Social Psychology Bulletin, 5,* 122–125.

Petty, R. E., & Cacioppo, J. T. (1986). *Communication and persuasion: Central and peripheral routes to attitude change*. New York: Springer-Verlag.

Robinson, J. D., Seiter, J. S., & Acharya, L. (1992, February). *"I just put my head down and society does the rest." An examination of influence strategies among beggars*. Paper presented at the annual meeting of the Western Speech Communication Association, Boise, ID.

Saigh, P. A. (1981). Effects of nonverbal examiner praise on selected WAIS subtest performance of Lebanese undergraduate. *Journal of Nonverbal Behavior, 6,* 84–86.

Schlenker, B. R. (1980). *Impression management.* Monterey, CA: Brooks/Cole.

Segrin, C. (1993). The effects of nonverbal behavior on outcomes of compliance gaining attempts. *Communication Studies, 44,* 169–187.

Seiter, J. S. (1999). Does communicating nonverbal disagreement during an opponent's speech affect the credibility of the debater in the background? *Psychological Reports, 84,* 855–861.

Seiter, J. S. (2001). Silent derogation and perceptions of deceptiveness: Does communicating nonverbal disbelief during an opponent's speech affect perceptions of debaters' veracity? *Communication Research Reports, 18*(4), 334–344.

Seiter, J. S., Abraham, J. A., & Nakagama, B. T. (1998). Split-screen versus single-screen formats in televised debates: Does access to an opponent's nonverbal behaviors affect viewers' perceptions of a speaker's credibility? *Perceptual and Motor Skills, 86,* 491–497.

Seiter, J. S., & Dunn, D. (2000). Beauty and believability in sexual harassment cases: Does physical attractiveness affect perceptions of veracity and the likelihood of being harassed? *Communication Research Reports, 17*(2), 203–209.

Seiter, J. S., & Hatch, S. (2005). Effects of tattoos on perceptions of credibility and attractiveness. *Psychological Reports, 96,* 1113–1120.

Seiter, J. S., & Sandry, A. (2003). Pierced for success?: The effects of ear and nose piercing on perceptions of job candidates' credibility, attractiveness, and hirability. *Communication Research Reports, 20*(4), 287–298.

Seiter, J. S., & Weger, H. (2005). Audience perceptions of candidates' appropriateness as a function of nonverbal behaviors displayed during televised political debates. *Journal of Social Psychology, 145*(2), 225–235.

Seiter, J. S., Weger, H., Kinzer, H. J., & Jensen, A. S. (2009). Impression management in televised debates: The effect of background nonverbal behavior on audience perceptions of debaters' likeability. *Communication Research Reports, 26,* 1–11.

Sigelman, L., Dawson, E., Nitz, M., & Whicker, M. L. (1990). Hair loss and electability: The bald truth. *Journal of Nonverbal Behavior, 14,* 269–283.

Simonds, B. K., Meyer, K. R., Quinlan, M. M., & Hunt, S. (2006). Effects of instructor speech rate on student affective learning, recall, and perceptions of nonverbal immediacy, credibility, and clarity. *Communication Research Reports, 23,* 187–197.

Smith, R. J., & Knowles, E. S. (1979). Affective and cognitive mediators of reactions to spatial invasions. *Journal of Experimental Social Psychology, 15,* 437–452.

Smith, S. M., & Shaffer, D. R. (1995). Speed of speech and persuasion: Evidence for multiple effects. *Personality and Social Psychology Bulletin, 21*(10), 1051–1060.

Stel, M., Mastop, J., & Strick, M. (2011). The impact of mimicking on attitudes toward products presented in TV commercials. *Social Influence, 6,* 142–152.

Stern, S. E., Mullennix, J. W., Dyson, C., & Wilson, S. J. (1999). The persuasiveness of synthetic speech versus human speech. *Human Factors, 41*(4), 588–595.

Stewart, G. L., Dustin, S. L., Barrick, M. R., & Darnold, T. C. (2008). Exploring the handshake in employment interviews. *Journal of Applied Psychology, 93,* 1139–1146.

Swami, V., & Furnham, A. (2007) Unattractive, promiscuous and heavy drinkers: Perceptions of women with tattoos. *Body Image, 4,* 343–352.

Tandingan, R. (2001, October 5). *Persuasion at the supermarket.*

Tanner, R. J., Ferraro, R., Chartrand, T. L., Bettman, J. R., & Van Baaren, R. (2007). Of chameleons and consumption: The impact of mimicry on choice and preferences. *Journal of Consumer Research, 34,* 754–766.

Tedeschi, J. T., & Reiss, M. (1981). Identities, the phenomenal self, and laboratory research. In Tedeschi, J. T. (Ed.), *Impression management theory and social psychological research* (pp. 3–22). New York: Academic Press.

Teven, J. J. (2007). Effects of supervisor social influence, nonverbal immediacy, and biological sex on subordinates' perceptions of job satisfaction, liking, and supervisor credibility. *Communication Quarterly, 55,* 155–177.

Teven, J. J., & Comadena, M. E. (1996). The effects of office aesthetic quality on students' perceptions of teacher credibility and communicator style. *Communication Research Reports, 13*(1), 101–108.

Turman, P. D. (2008). Coaches' immediacy behaviors as predictors of athletes' perceptions of satisfaction and team cohesion. *Western Journal of Communication, 72,* 162–179.

Vaidis, D. C. F., & Halimi-Falkowicz, S. G. M. (2008). Increasing compliance with a request: Two touches are more effective than one. *Psychological Reports, 103*, 88–92.

van Baaren, R. B., Holland, R. W., Kawakami, K., & Knippenberg, A. (2004). Mimicry and prosocial behavior. *Psychological Science, 15,* 71–74.

Wade, T. J., Fuller, L., Bresnan, J., Schaefer, S., & Mlynarski, L. (2007). Weight halo effects: Individual differences in personality evaluations and perceived life success of men as a function of weight. *Personality and Individual Differences, 42,* 317–324.

Walther, J. B., Van Der Heide, B., Kim, S., Westerman, D., & Tong, S. T. (2008). The role of friends' appearance and behavior on evaluations of individuals on Facebook: Are we known by the company we keep? *Human Communication Research, 34,* 28–49.

Washburn, P. V., & Hakel, M. D. (1973). Visual cues and verbal content as influences on impressions formed after simulated employment interviews. *Journal of Applied Psychology, 58,* 137–141.

Weger, H., Seiter, J. S., Jacobs, K. A., & Akbulut, V. (2010). Perceptions of debater effectiveness and appropriateness as a function of decreasingly polite strategies for responding to nonverbal disparagement in televised political debates. *Argumentation and Advocacy, 47,* 39–54.

Wheeler, S., Book, A., & Costello, K. (2009). Psychopathic traits and perceptions of victim vulnerability. *Criminal Justice and Behavior, 36,* 635–648.

Willis, F. N., & Hamm, H. K. (1980). The use of interpersonal touch in securing compliance. *Journal of Nonverbal Behavior, 5,* 49–55.

Wirth, J. H., Sacco, D. F., Hugenberg, K., & Williams, K. D. (2010). Eye gaze as relational evaluation: Averted eye gaze leads to feelings of ostracism and relational devaluation. *Personality and Social Psychology Bulletin, 36,* 869–882.

Woodall, W. G., & Folger, J. P. (1981). Encoding specificity and nonverbal cue context: An expansion of episodic memory research. *Communication Monographs, 48,* 39–53.

第九章

对说服信息的组织和排序

本章概览

隐性和显性结论：让我给你解释一下

增益架构信息与损益架构信息：保持乐观的一面？

论据的数量与质量：越多越好吗？

证据的使用：证据不在布丁里

重复与纯粹接触：你可以再说一遍

顺序效应与说服：重中之重

首因与近因效应：是第一个发言有利，还是最后一个发言有利？

预防措施：预防接种、信息片面性和预警

- 预防接种理论：针孔和论据
- 单方面的信息与双方面的信息：提供双方面信息是有必要的
- 预警：你最好保持警觉

对说服和修辞学的研究，即使不是一回事，也是密切相关的。比如亚里士多德对于修辞给出的定义就是“发现所有可用的说服手段的能力”。虽然在当代，“修辞学”常常会让人联想起“空洞”或者“无用”这样的词，但实际上这一术语的含义并不都是负面的。比如，在古希腊和罗马时期，修辞被认为是良好教育中必不可少的基本内容。罗马最著名的演说家西塞罗（Marcus Tullius Cicero）在论及修辞学时将其分成了五个部分，其中前四个部分被称为选题、表达风格、记忆和发表演讲，分别侧重于找到论据、讲话时的风格、记住论据和确保演讲的效果；最后一部分—布局—则聚焦在选择最重要的论据和观点并对其进行最有效的组织和排序上（Corbett，1971）。昆体良是古罗马时期另一位修辞学家，他也注意到了对说服信息进行策划和组织的重要性。Corbett（1971）曾这样写道：

> 昆体良在提到布局时认为它与演说的关系就如同将军的指挥才能与战争的关系一样，由此暗示它的重要性。如果让一位将军始终对他

> 的部队保持不变的、预先确定的部署，那无疑是非常愚蠢的做法。他必须根据实际形势在每一个时刻自由地调遣和安置自己的下属，也就是说，他可能在这一刻把队伍在战场上都集合起来，在下一刻又将他们分散开来，并让其中的精锐部队先待命，目的是在最关键的时刻把他们派上用场。在凭借自己的判断和想象作为指引的同时，将军还要随时做好进行战略调整的准备，以防发生不测。（pp.299-300）

显然，在设计说服信息时，我们也常会遇到一些战略决策，比如，“哪些内容应当保留，哪些应当删去？”“我应当怎样安排论据的顺序？”“最具说服力的论据应当放在开头还是结尾？”事实上，在考虑说服信息中的论据的顺序时，另一个方面也不容忽视，那就是试图说服对方的可能不止你一人。比如，你要面对许多听众进行演讲，希望能让他们同意减少学校的学费，可是你也知道，在你演讲后，另一位发言人会发表内容相反的演讲，即要求增加学费。这时，你是不是应当策划一下，怎样能在你的演讲中让你的对手的论据失去说服力？这些就是我们在本章要探讨的内容。

隐性和显性结论：让我给你解释一下

按照 Kardes、Kim 和 Lim（1994）的观点，广告商们需要做的一个非常重要的决定就是在硬推销策略和软推销策略之间做个选择。硬推销策略所采用的方式之一就是将结论直截了当地告诉你的听众。换句话讲，在使用显性结论时，信息想传递的内容都由信息的发出者明白无误地告诉听众的（比如，你应当买我们的产品，因为我们的产品绝对是最好的。）与之形成对比的是一种使用隐性结论的软推销策略。它的特点是说服者变得很委婉，不会告诉听众该做什么或者相信什么，而是让他们自己得出结论（Kardes et al.，1994）。举例来讲，看看下面这则由 Sawyer（1988）提出讨论的广告：

> 一则广告一开始就是一位活泼的年轻女性对着屏幕说：我有一个问题，请注意，马上会有一个测试。人们其实更喜欢在家吃用明火烤的汉堡。现在如果麦当劳和温蒂汉堡仍继续沿用煎汉堡的做法，而汉堡王则决定改用明火烤汉堡，那么你认为人们会选择去哪里吃汉堡呢？（p.159）

这则广告采用了隐性结论的方式，因为它让顾客自己做出判断（在这则广告中，估计人们会选择汉堡王）。如果广告中的那位女性改说，“人们应当去汉堡王！”这则广告就采用了显性结论的方式。

说服研究者都会遇到一个问题：其中一种方式是否绝对优于另一种方式（或者说，到底是采用隐性结论的方式更好，还是采用显性结论的方式更好）。根据 Kardes（1994）及其同事的调研，这两种方式都有潜在的风险和益处。比如，虽然显性结论的做法简单明了、直截了当，可是信息的接收者可能不愿意让别人来告诉他应该相信什么，结果他们会拒绝接受别人的建议。而另一方面，隐性结论虽然是人们自己得出的，看似更合理，但他们很可能得不出广告商希望其得出的结论，甚至得出完全错误的结论（Kardes et al.，1994）。

直至最近，研究说服的学者们大多认为，显性结论比隐性结论更具效果。比如，至少有两项调查（Fine，1957；Hovland & Mandell，1952）显示，借助显性结论给出的信息比让听众自己下结论的信息更有说服力。不过即便如此，隐性结论有时也会很有效果。比如，与 Petty 和 Cacioppo（1986）的详尽可能性模型相吻合，Sawyer 和 Howard（1991）认为，如果某一信息与某人有直接关系，那么这个人肯定更愿意自己得出结论，从而更可能被采用隐性结论的方式说服。为了测验他们的设想，Sawyer 和 Howard 进行了实验，让参与者们看有关一次性剃须刀和牙刷的广告，它们有的使用了隐性结论的方式，有的使用了显性结论的方式。为了让广告与他们自己的生活联系起来，他们告诉一些观看牙刷广告的参与者，作为参与活动的奖励，他们将免费得到一支牙刷。他们可以从几个品牌中挑选一个，包括做广告的那个品牌。与此同时，为了了解在与个人生活无关的情况下人们的反应，他们告诉另一些观看牙刷广告的参与者，他们可以免费选择一把一次性剃须刀（同样的，观看一次性剃须刀广告的参与者也被分成两部分，一部分可以免费挑选一把一次性剃须刀，另一部分则只能免费选择一款牙刷）。实验的结果证实了研究人员的猜测。具体来讲，当参与者观看与自己有关的广告时，他们更可能被隐性结论说服；而观看与自己无关的广告时，隐性结论和显性结论对他们来说没什么区别。

在一项类似的实验中，Kardes（1994）及其同事发现，如果信息的接收者对推销的产品非常了解（比如 CD 播放器），那么最好让他们自己得出结论。反之，如果他们对产品知之甚少，为他们提供信息时采用显性结论的方式更能产生说服效果。最后一点，Martin、Lang 和 Wong（2003/2004）发现，认知需求高的人（参见第六章）更愿意选择隐性结论的方式。总而言之，在考虑是否要替听众得出结论时，最重要的是要了解听众是哪种类型的人。

增益架构信息与损益架构信息：保持乐观的一面？

花点时间想象一下，假设你所住的小区里有人被传染上了禽流感或者猪流感，如果不马上采取措施，预计会有600人致死。你负责这方面的事务，面对下列两个选项，你会选择哪一个？

- 措施一：保证600人中有200人能够获救；
- 措施二：将概率公之于众，即在600人中，所有人都能获救的可能性是1/3；没有一个人能获救的可能性是2/3。

选出你的答案了吗？

这是Amos Tversky和Daniel Kahneman（1981）做过的一个经典实验。如果你选择措施一，那你就与多数人的情况一样。但有意思的是，另一组人被问到了同样的问题，只是措辞稍有改变：

- 措施一：保证600人中有400人会死去；
- 措施二：将概率公之于众，即在600人中，没有人会死去的可能性是1/3，所有人都可能死去的可能性是2/3。

注意到区别了吗？第一组的两个选项侧重的是积极的一面，即有多少人可能获救；而第二组的两个选项聚焦的则是“杯子的一半是空的”，即有多少人可能死去。研究说服的学者们将第一组信息归为*增益架构*；将第二组信息归为*损益架构*。信息呈现框架的不同会导致结果出现很大差别。事实上，在第二组选项中，大多数人选择了措施二。也就是说，仅仅将措辞的重点放在损失的一面就使得人们改变了选择！

对这一结果该做出怎样的解释呢？显然，人们都希望规避风险，虽然他们也喜欢获得收益，但他们更担心损失。因此在这种情况下，为了避免或者弥补损失，他们宁愿冒更大的风险（Tversky & Kahneman，1981）。本书的作者之一非常喜欢打扑克，他在牌桌上有许多次都注意到了这一效应：那些缺乏经验总是输的玩家常常会“降低标准”，他们希望得到更多的机会，所以总是打安全牌，以期在结束前扳回局面或者撞上好运。

虽然损益架构中的信息通常比增益架构中的信息更具说服力，但有时也会出现例外。比如，Nan（2012）就发现，注重当下的人，即那些更在意其决定的短期结果的人，对于损益架构中的信息的反应更积极。而着眼于未来的人，即那些重视其决定的长远效果的人，对损益和增益架构中的信息的反应是一样的。在另一项调查中，人们记住的增益架构信息多于损益架构信息，这说明前者比后者具有更持久的效果（Lauckner et al., 2012）。最后一点，由于人们通常认为检测疾病的手段（比如，乳腺 X 光检测和 HIV 筛查）在一定意义上是有风险的，而且它们可能会显示出令人恐惧的结果，因此为了说服他们去做一些预防性医疗检查，使用损益架构信息的效果会更好。比如，医生可以这样对患者说，"如果你不对癌症进行早期筛查，你可能会失去一些治疗的选项。"与之形成对比的是，由于人们觉得预防疾病的做法（比如涂防晒霜和运动）是没有风险的，因此在给出这方面的建议时应当使用增益架构信息。比如，医生可以很肯定地对患者说，"多吃蔬菜有助于你的健康。"近来通过元分析进行的研究发现，如果希望人们注意口腔卫生，基增益架构的呼吁比损益架构的呼吁更有效（O'Keefe & Jensen，2007）；可如果是提倡女性去做乳腺癌筛查，那基损益架构的呼吁能取得更好的效果（O'Keefe & Jensen，2009）。

论据的数量与质量：越多越好吗?

下一次你打算去哪里吃饭？如果让你在什么都有的自助餐和高档的法国餐之间做选择，你会选哪一个？我们猜想你的选择取决于你是想满足你的肚子还是你的品位。事实上，自助餐提供的食品虽然量大，但多数都很普通；而高档法国餐厅绝对会提供少而精的美食。哪个选项更吸引你决定了你将做出什么样的选择。

说到说服信息，情况也是如此。对一些人来说，提供给他们的论据的数量很重要，"厨房水槽"的方法是最佳的选择，即把所有能够找到的论据都丢给他们。但对另一些人来说，他们看重的是论据的质量，而数量的多少无关紧要，他们要的是"精饮料"。为了阐述这一点，我们需要简短回顾一下在第二章中详细讨论过的详尽可能性模型。

按照详尽可能性模型，实现说服有两条路径：一条是周边路径，另一条是中央路径。如果人们在经过自己的认真思考后接纳了一条说服信息，那他们走的就是中央路径（当然，在认真思考后，他们也可能没有被说服）。但是，通常情况下，人们并不愿意自己思考那些说服信息，相反，他们宁愿借助周边路径，也就是走捷径或者依从简单的决策规则。

Petty 和 Cacioppo（1984）指出，周边路径采用的方式之一就是看说服者提供的论据的数量。他们认为，一些人会觉得如果说服信息中含有大量的论据，就应当比论据少的信息更可信（“这一定是个不错的建议，你看它给出了那么多的理由！”）。当然，如果论据虽然多，但说服力并不强，也不是所有人都会接受。对给出的论据进行仔细分析和设想的人是不会轻易上当的。一项研究的结果（Petty & Cacioppo，1984）也证实了这一想法。具体来讲，如果人们并不会亲自参与话题讨论，论据的质量就无关紧要，数量却很重要。他们有可能被数量众多的论据说服，即使这些论据并不那么强有力。与之形成对比的是，如果人们亲自参与某一话题的讨论，而提供给他们的论据又不堪一击，他们肯定不会轻信。他们只会接受有说服力的论据，并且这样的论据越多越好（Petty & Cacioppo，1984）。这项研究为说服者们提供了值得借鉴的建议：如果你认为你的听众会认真思考你给出的信息，就一定要准备好具有说服力的论据；但如果你的听众对你所讲的话题所知甚少，那么海量的论据会更具效果。

证据的使用：证据不在布丁里

不同的说服内容需要借助不同的证明材料，其中一类较常见的证明材料是证据。证据分许多种，包括对事件的叙述、个人逸事、统计数据、名人名言、证书、图表及其他类型的证据。实物证据也属于证据（比如，领口上的口红印、记录清晰的备忘录等）。一般来说，证据对说服是有帮助的。Reinard（1988）的元分析揭示，只要证据与说服的内容相关，就一定能起作用。从数量和质量方面看，与前面提到的论据的情况相同，如果信息接收者的参与度低，证据的数量更重要；而如果他们的参与度高，则质量更重要。

证据有时还可以起到周边暗示的效果。比如，原告可以准备“堆积如山”的证据来起诉被告，单凭巨大的数量就可令陪审员们感觉被告一定有罪。不过，在信息接收者对证据进行中央处理时，其效果是最理想的（Reynolds & Reynolds，2002）。Stiff（1986）进行的元分析证明，证据的使用与态度的转变之间有着重大且正向的关系，特别是在接收者亲自参与讨论该议题的情况下。

使用证据的另一个益处是它能够提升证据提供人的信誉（O’Keefe，1998）。

Reinard（1988）发现，证据的说服能力也具有天花板效应。如果证据的提供者本人的信誉度极高，证据就不会再起加分作用了。可是，大多数普通的说服者绝对需要它的帮助。因此，除非你是某一领域的顶级专家，否则一定要尽可能多地为你的说服信息搜集高质量证据。

在不同类型的证据中，哪些更具说服力，这是一个值得探讨的问题。比如，两个元分析均显示，使用数据作为证据比个人逸事更有力（Allen & Preiss, 1997；Kim et al., 2012）。但另一些研究（Braverman, 2008）认为，在有些情况下（比如，在接收者卷入程度高的情况下），数据作为证据最具说服力；而在另一些情况下（比如，在接收者卷入程度低的情况下），将对事件的叙述作为证据的效果更好。

虽然从学术角度来说，这些研究都很有意思，但从实用的角度出发，我们认为最好不要把不同种类的证据视为非此即彼的选择，实际上它们完全可以并存。具体来讲，如果每一种类型的证据对信息的说服都能起到一定的作用，那

"就丢失带骨猪排一案来看，所有的事实、统计数据和证据都支持屠夫一方，可是我们发现被告方很可爱，而且它的经历很吸引人。"

一位屠夫与一只狗在法庭上。

Cartoon by John Seiter and Robert Gass.

为什么不把它们都包含在信息里呢？早期的研究对这一做法都是支持的。比如，Reinard（1988）就认为，说服者可以将对事件的叙述和统计数据结合起来，以期达到最好的说服效果。他建议先引用具体的事例，再列出相关的统计数据，这样就能证明所举的例子绝非个案。此外，最近的一次元分析显示，证据的不同方面（本证、统计证据和证据源的可信度）均可对提升说服效果起作用，也就是说它们各有所长，彼此不可代替（Kim et al.，2012）。因此，把它们结合在一起使用吧！

重复与纯粹接触：你可以再说一遍

虽然我们在前面已经提到，在信息中使用大量的论据有时可以起到加强说服力的效果，可是如果你只是重复某个论据或信息，又会出现怎样的情况呢？换句话讲，重复你的信息能让你更具说服力吗？一些研究人员认为，重复信息是一种有效的策略，不过他们给出的理由不尽相同。其中一种观点得到了说服研究者的广泛关注，它被称为*纯粹接触效应*（Zajone，1968）。按照 Sawyer（1981）的说法，“这一观点假设熟悉的东西比不熟悉的东西更令人喜爱，而通过重复接触，原本不熟悉的东西就变熟悉了，也令人喜爱了”（p.238）。换句话讲，纯粹接触效应认为，我们的确可以“获得品位”；观念可以“在我们心中慢慢形成”；而“熟悉绝不会令人生厌”。举例来讲，早期的研究发现，人的脸在被看过多次后就会变得可爱（Rhodes，Halberstadt，& Brajkovich，2001）和迷人（Peskin & Newell，2004）。这说明，有必要重新考虑“一见钟情”的说法了。研究还认为，这种效应还可推及其他类似的脸。比如，一项实验发现，相较于从未见过非洲人和亚洲人面孔的白人参与者，那些曾见过他们的白人会对非洲和亚洲的脸孔更有好感（Zebrowitz，White，& Wieneke，2008）。

在一项我们非常喜欢的经典研究中，Zajonc（1968）发现，反复接触甚至会使那些完全看不懂或听不懂汉语的人对它产生好感。研究时，参与者们被要求看写着汉字的图片1~25遍，然后让他们猜测那些汉字的意思。有趣的是，比起看过次数较少的汉字，那些被看过的次数最多的汉字都被赋予了更积极的“定义”。知道这一点后，当我们看到政客们把自己的名字和照片张贴在院子前面、电线杆上、汽车保险杠上以及任何能被人看到的地方时，就不会感到奇怪了。

虽然研究显示，重复出现的歌曲、面孔、语言和海报能够增加他人对它的好感或认可，但对于较长或较复杂的信息来说，重复是否真的具有说服力就不一定了。比如，Petty 和 Cacioppo（1979）发现，信息在重复三遍后比只说一次更能产生说服效果；可是 Garcia-Marques 和 Mackie（2001）发现，只要论据非常充分，说一遍就能达到说服的目的。

如何解释这两种明显不同的观点呢？根据 Claypool 和她同事们的研究（Claypool，Mackie，Garcia-Marques，McIntosh，& Udall，2004），重复所能产生的影响取决于该信息与听众本人的相关程度。比如，前面讨论过一个有关综合考试信息的调查。对于认为自己可能要参加这一考试的学生来说，这条信息与其个人有关系；可对于那些绝不会参加这种考试的学生而言，它就毫无关系。

Claypool 和她同事们发现，当人们听到一个熟悉却与己无关的信息时，可能会不加分析地对它做出回应（类似详尽可能性模型中的周边处理）。也就是说，他们不会对此进行积极思考，而是会依据已掌握的信息予以反应。在这种情况下，对于本身论据不足的信息，仅凭重复是无法增加说服效果的。

当人们听到的信息不仅熟悉，而且与己有关时，他们就可能对信息认真加以分析（类似于详尽可能性模型中的中央路径）。由于重复能让他们有更多的机会思考这一信息，因此在论据充分的前提下，重复可以使他们被说服（Claypool et al.，2004）。总之，与我们迄今看过的其他调查一样，对重复的调查也证明，在试图说服听众前，先对他们有所了解是非常重要的。

顺序效应与说服：重中之重

在前面的章节中，我们已经获知，即使论据充足，也不一定能一次性说服别人；可是在另一方面，如果论据不充分，即便是重复也起不到什么效果。但有时候，区分论据强弱并不是件容易的事情。换句话讲，说服信息往往包含许多论据，有的强，有的弱。出现这种情况时，传递说服信息的人必须决定他应当怎样安排这些论据的顺序。比如，假设你要发表一个带有说服性质的讲话，你是应当在一开始就使用最具说服力的论据，让听众的第一印象就很深刻，还是最好把它放到最后从而在听众离开时深受感染呢？当然，还有第三种选择，即折中一下，把最强有力的论据放在讲话进行到一半时给出。

率先讲出最有力的论据的话，被认为使用了*突降法顺序*；如果最后才说出来，则被称为*递进顺序*；如果出现在讲话的中段，被称为*金字塔顺序*。那么究竟哪种顺序的效果最好呢？有关这一话题的大多数研究认为，将最有说服力的论据放在开始或结尾处是最佳的选择（Sikkink，1956），似乎都比将其夹在中间好得多。

当然，其他的一些变量也会对强或弱的论据应放在前面还是后面产生影响。比如，Unnaba、Brnrant 和 Erelles（1994）就认为，信息的传递方式或渠道可以决定论据罗列的顺序。他们在调查时发现，如果听众能够亲眼看到一个书包的特色，那么在陈述其品质时，论据强弱的呈现顺序不会影响听众对它的看法。可是，如果他们只能听到有关书包的信息，那么把有说服力的论据放在前面说比放在后面说更能让他们对书包产生好感。因此，在人们只能听到信息的情况下，论据的呈现顺序显得非常重要。

首因与近因效应：是第一个发言有利，还是最后一个发言有利？

至此，我们已经讨论了怎样在一个讲话中选择和组织相关的论据。但是，关于孰先孰后这一话题并不限于发言中，在整个说服过程中，谁先说、谁后说也是值得考虑的问题。当下，政治候选人们参加基本上不互动的辩论是很常见的现象，他们通过掷硬币的方法决定谁先谁后。在这种情况下，是第一个讲话的人有优势呢，还是后一位更占便宜呢？对突降和递进的研究发现，结果是混杂的。一些研究支持首因效应（先陈述的论据有优势）；另一些则支持近因效应（后陈述的论据更具优势）。研究也对环境展开了调查，发现有些环境体现了首因效应，另一些环境体现了近因效应。我们现在就分别看一下这两种环境。

首先，Miller 和 Campbell（1959）进行的经典调查证明，时间跨度决定了首因与近因的优劣。他们发现，如果你前后听到两个对立的信息，但要等上一段时间再决定你对它们的立场，在这种情况下，首因效应最强。比如，你连听了两位政治候选人的竞选发言，但1周后才需要决定投谁的票，这时首因效应会发生作用。为什么这样的安排对先发言的候选人有利呢？按照 Miller 和 Campbell（1959）的说法，在经过一段时间后，人们倾向于记住先听到的信息。也就是说，第一印象可能也是持久的印象。

但是，如果你先听到一条信息，等了一会儿又听到了另一个与之对立的信息，而你需要在听完第二条信息后马上表明你的态度，那么在这种情况下近因效应会很明显。比如，你听了一位候选人的发言后又听了其对手的发言，紧接着就要投票，这时起作用的一定是近因效应。为什么在这种情况下的第二位候选人胜出了呢？研究人员认为，由于我们对信息的遗忘速度很快，因此投票时我们可能已经忘记了第一位发言人所说的内容了。而第二位发言人刚讲完话，所以我们记住了他所说的大部分话，这就让他占了便宜（参见图9.1）。

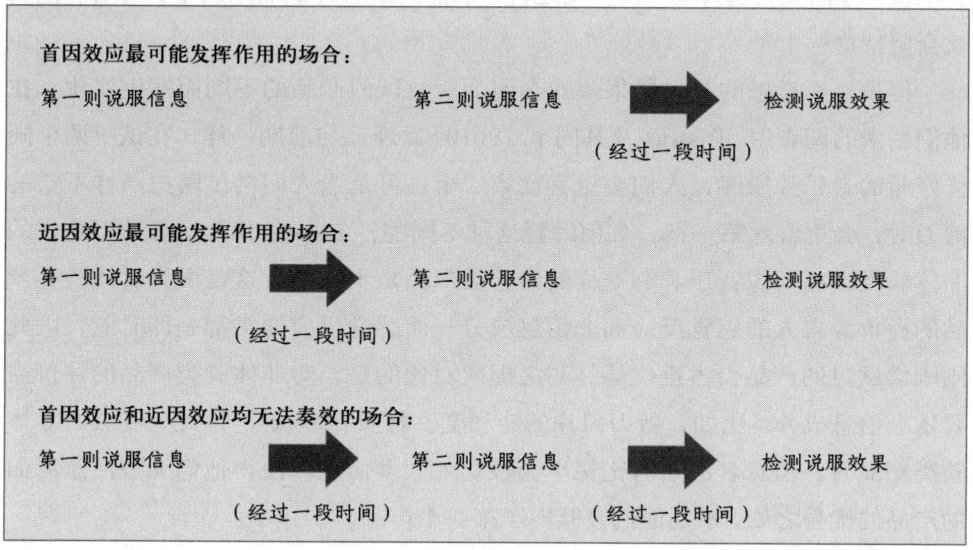

图9.1
说服中的首因效应与近因效应

除了时间跨度，信息的内容也会决定哪一种效应更具说服力。比如，一些研究发现，如果讲话的内容不突出、没有太多争议、平淡无趣，而且听众也不太熟悉这方面信息，就会导致近因效应；而如果讲话的内容新鲜、有趣、存在争议，听众也比较熟悉，就会出现首因效应，这或许是因为听众的兴趣是会随着时间的流逝而减弱的（Frunham，1986）。因此，如果你能够选择先发言还是后发言，就应当在考虑自己讲话的内容后再做决定。

到现在为止，我们讨论的都是信息呈现顺序可能会产生的影响，在尝试产品时情况是不是也如此呢？现在，市场营销人员每年都会花数十亿美元（Wadhwa，Shiv，& Nowlis，2008）邀请消费者免费尝试产品，比如奶酪、音乐、酒和香水。一些人一次只尝试一种产品，可是也有一些人，包括我们认识的一对作家夫妇，会通过尝试一系列的产品而填饱肚子。如果你也属于后者，你或许会对Biswas、Grewal和Roggeveen（2010）进行过的一系列实验感兴趣。这几位研究人员调查了连续尝试和评估不止一种产品会出现怎样的情况，结果发现，起初得到的证据支持近因效应。具体来讲，在试听两个都很不错的音乐片段时，人们通常更喜欢第二个；可是如果他们听到的是两个都不怎么样的音乐片段，他们可能会对第一个感觉好一些。品酒的结果也是如此。作者认为，这是因为人们对最后尝试的产品的印象更深刻，因此如果他们最后尝试的那个令其不快，他们就会选择另一个；反之，如果他们最后尝试的东西令其开心，他们就会坚持这一个。

但是，有意思的是，结果模式会因为所尝试的产品的不同而发生变化。在他们后来的调查中，Biswas 及其同事（2010）发现，与前期一样，在试听两个同样好听的音乐片段时，人们会更喜欢第二个。可是当人们尝试两把同样不错的剪刀时，会更喜欢第一把。如何解释这种不同呢？Biswas 认为，像剪刀这样的非体验类产品与像音乐和酒这样的体验类产品是不同的。这是因为对体验类产品的评价源自人的感觉反应而非信息成分，而感觉反应通常都是即时的，因此刚刚尝试过的产品会占据优势。与之形成对比的是，对非体验类产品的评价需要依靠信息成分（比如，剪刀刀片的锋利度、材质和形状）。因此，在尝试非体验类产品时，消费者的短时记忆里会被塞入太多信息，使得他们无暇注意后面的产品的优秀之处，于是他们会倾向于第一个产品。

预防措施：预防接种、信息片面性和预警

父母有时会这样训斥自己的孩子，“如果你的朋友让你跳崖，你也会那么做吗？”可是当父母责骂孩子做过的错事时，除了让孩子觉得自己很蠢外，别无益处，而我们肯定父母真正的意图是希望孩子以后别再做这样的“蠢事”了。同样的，政府也会阻止公众受一些政治观点的影响。总之，虽然我们这本书的大部分篇幅讨论的是人们是怎样说服别人的，但很多时候，它会直接涉及如何防止人们被说服。因此在这一节，我们就关注一下在预防方面的研究和理论。由于“预防”一词通常指在某件事发生前的某种措施，所以我们把它放在讨论说服过程中的顺序效应这一部分。我们先来看一下预防接种理论，它是由 William McGuire（1964）提出的。

预防接种理论：针孔和论据

通过生物学的一个概念可以非常清晰准确地诠释预防接种理论。如果你希望自己身体健康，你会怎么做？一种做法是服用维生素，避免摄入过多的脂肪和糖类，劳逸结合和坚持运动，这被称为支持策略或支持疗法。这种做法的理论基础是如果身体本身很健康，就能有效地抵御疾病和病毒。保持健康的第二种做法是通过预防接种。小时候接种疫苗时留下的针孔可能已经消失了（比如，

百白破疫苗)，但如果你注射过流感疫苗或者狂犬病疫苗，那你一定清楚注射这些疫苗的原因。它的理论基础是，如果你的体内提前接种了小剂量的病毒，可以为今后抵挡该病毒的入侵做好准备。一方面，它的剂量很小，不会让你染上疾病；另一方面，它能够激活你身体的抵抗力，如果后期病毒真的来袭，你已经具备了战胜它的武器。

按照 McGuire（1964）的说法，这个比喻也可以用于说服情境。比如，假设你是一位律师，受聘为一位被指控杀了人但其实清白的人辩护。你知道在你为委托人陈情后，检方律师会反驳你的说法，并且提交他希望能认定你的委托人有罪的证据。清楚这些后，你应当怎么做？首先，你可以使用支持策略，花大量时间给出证明你的委托人无辜的理由，从而尽可能让陪审团相信你的委托人的清白。与此同时，你还可以采取拒绝性策略，即提前向陪审团透露一点儿检方律师会给出的论据以及你对其的驳斥。这样做的目的是让陪审团接下来不太可能被对方说服。

McGuire 和 Papageorgis（1961）进行过一个非常经典的实验，聚焦对文化中的自明之理现象的支持和驳斥。文化中的自明之理指的是一些被认为理所当然的观念。比如，“如果可能，最好每顿饭后都刷牙，这对你的牙齿有好处”就是一个这样的例子，因为它在我们的文化中已经被普遍接纳了。但是 McGuire 和 Papageorgis 发现，文化中的这些老生常谈的观念也很可能不堪一击，主要是因为它们从来没有被质疑过。回到我们刚才提到的那个来自生物学的比喻上，假设你一直都生活在一个塑料泡泡里，呼吸的都是纯净无菌的空气，那么当你走出泡泡时，会发生什么呢？由于你的身体从来没有接触过细菌，肯定对它们毫无抵抗力。事实上，在历史上，当来自欧洲的传教士把天花及其他从未染指过印第安人的病毒传染给他们时，短时间内导致了大量印地安人的死亡。所以 McGuire 和 Papageorgis 认为，同样的情况也会出现在文化中的自明之理上。诸如死刑和毒品合法化的话题一直饱受争议，但那些被视为理所当然的观念长期以来存在于密闭的气泡里，由于没有被质疑过，所以它们也不需要学会捍卫自己，结果当受到攻击时，它们只能坐以待毙。不过即便如此，McGuire 和 Papageorgis 仍认为，预防接种的方法可以起到保护它们的作用。

为了证实这一说法，这几位研究人员在实验中给参与者们提供了一些用于攻击自明之理的信息（比如，刷牙次数过多会损伤保护牙齿的牙釉质）。但在听到这些攻击性信息的前两天，参与者们分别学到了两种防御方法中的一种。第一组参与者学到的是支持策略，即掌握了一些支持该观念的论据。第二组参与者学到的是应对攻击信息的接种预防策略，即会听到攻击某种自明之理的微弱信息以及驳斥这些攻击的论据。还有一些参与者没有学到任何抵御方法。在听到攻击性信息后，参与者们被要求对该文化观念的真实程度进行评级。实验的结果完全支持研究人员的设想。具体来说，支持策略和接种预防策略都有助于参与者更好地抵御说服信息，而且接受接种预防策略的那组参与者表现出的抵抗能力最强。最近，针对40多项研究进行的元分析也得出了同样的结论，即在应对说服企图方面，预防接种策略比支持策略和无准备的效果都好（Banas & Rains，2010）。

调查还发现，针对某个论据掌握了预防接种策略的人还能将其用在其他的论据上（Papageorgis & McGuire，1961）。这就好比为了预防肺炎而注射了盘尼西林，但实际上，它也可以起到预防链球菌性喉炎、猩红热和风湿热的作用。比如，假设你认为一个人每天应当喝8杯水，可是另一种观点认为喝水太多会破坏消化时所需的酸性物质。为了让你抵制这种说法，我们会把这一观点提前告诉你，并给你提供驳斥“破坏酸性物质”的论据。此后的调查显示，你会变得对其他之前未曾听到的论据也很具有抵抗力。比如，当你听到喝太多水有损你的膀胱从而导致人上了年纪后容易小便失禁这样的信息时，也不会动摇。

为什么这种普遍性免疫能够奏效？按照McGuire和Papageorgis（1961）的理论，预防接种能够促使人们思考更多的支持自己的观点的论据。这样一来，后期当他们听到其他攻击性论据时，就不会轻信了。一旦一个自明之理得到了捍卫，即使后期又出现了其他攻击它的论据，继续抵制它们也会变得容易。

随着时间的推移，预防接种理论也得到了重新定义。研究人员又发现了一些变量，它们对抵御被说服也会产生影响，其中包括听众对话题的参与度（Pfau et al.，2004）和接种信息能够触及听众态度中的情绪或认知部分的程度（Ivanov，Pfau，& Parker，2009）。我们在这里无法拿出更多的篇幅来讨论这些研究的细节，不过，如果你对预防接种理论确实感兴趣，可以看看专栏9.1的内容。

专栏 9.1 | 当烟雾迷了你的眼睛：试试预防接种理论

从我们对预防接种理论的讨论中不难看出，在实验室环境下，它对于应对那些攻击文化中的自明之理的信息很有效。可是在现实环境中，这一理论能成功吗？首先，Pfau、Van Bockern和Kang（1992）认为，如果你想劝阻青少年吸烟，预防接种策略是一个好方法。根据这几位研究人员提供的信息，现在每天有3000多名青少年加入吸烟人群，他们中有数百万人成年后会死于与吸烟有关的疾病。在所有的吸烟者中，一多半人在上高中前就已经吸烟成瘾了，因此 Pfau 及其同事（1992）就以七年级的学生作为实验对象进行了研究。他们让学生们看了两段录像，一段是警告他们来自同伴的压力可能会让他们改变主意；另一段则针对学生对吸烟的态度呈现了赞同和反驳的论据（比如，认为吸烟是件很酷的事）。结果显示，预防接种策略能够帮助那些低自尊的学生放弃吸烟行为。但有意思的是，2年之后再次进行实验时，结果正好相反：这次，预防接种政策在高自尊而不是低自尊的学生身上奏效了（Pfau & Van Bockern，1994）。就是说，预防接种策略在低自尊学生身上的影响逐渐消失了，但它在高自尊学生身上出现了睡眠者效应。无论是哪种情况，作者认为，通过预防接种策略，能够在小学和中学生中起到抵制吸烟的作用，在此之后，它似乎就失去效用了（Pfau & Van Bockern，1994）。

第二，Pfau、Kenski、Nitz 和 Sorenson（1990）在调查了政治竞选中的预防接种策略所起的作用后指出，政客们互相攻击的负面广告正变得越来越普遍，1/3~1/2的政治广告可能都属于这一类。清楚这一点后，政客们应该怎么做呢？一种做法是先对选民采取预防接种策略；另一种做法则是等待，直到他们遭到对手的攻击，然后再反击。为了测试哪种做法的效果更好，Pfau 及其同事在1988年的总统竞选期间向选民们发送了信息。选民们收到了攻击他们喜欢的候选人的信息，他们中的一些人在收到这些攻击信息前已经被采取了预防接种策略，另一些选民则是在收到攻击信息后又收到了驳斥它们的信息。调查的最终结果显示，预防接种策略的效果更好。被事先采取预防接种策略的选民最不可能受到攻击信息的影响。

总之，研究表明，预防接种理论在现实环境中也是可行的。当然限于篇幅，我们在这里只能蜻蜓点水地触及表面，但我们希望你们自己能想象出更多的可以使用预防接种方法的场合。比如，Breen 和 Matusitz（2009）曾详细介绍了如何借助预防接种理论阻止青少年加入犯罪团伙。

单方面的信息与双方面的信息：提供双方信息面是有必要的

在前面，我们已经知道支持策略和预防接种策略在帮助人们抵制说服时都是有效的。清楚这一点后，你可能想了解，如果将这两种策略结合在一起是不是效果更好。过去已经有大量的研究考证了这一问题，即只针对所赞同的主张而给出的单方面信息跟既在给出赞同主张的论据又考虑了对其持反对意见的论据的双方面信息相比，哪一种信息更具说服力。换句话讲，当你试图说服听众接受你的论据并拒绝你的对手的论据时，最好的办法是直面对你的驳斥还是对其视而不见？

在第二次世界大战期间，应作战指挥部的要求，Hovland、Lumsdaine 和 Sheffield（1949）对这一问题首次进行了实证研究。他们研究的目的是找到最能让美国士兵相信在日本的战争将会持续很长时间的说法。研究人员将参与者们分成两组，分别聆听下面两则信息中的一则：一则信息给出了支持与日本开战并认为战争会持续较长时间的论据；另一则信息中除了同样的内容外，还简单叙述了对此持反对意见的观点。研究的结果发现，单方面或双方面论据中的哪一个更有效，取决于两个因素：听众的受教育水平和最初的态度。首先，对于受教育水平较低的听众，说服他们时，单方面信息更有效果；而对于接受过高中以上教育的听众，双方面信息更具说服力。其次，如果听众最初就认同所提供的论据，那他们更容易被单方面信息说服；而如果他们一开始就不同意给出的论据，就需要双方面信息去设法说服他们。

虽然大量有关考证单方面信息与双方面信息效果的研究得出了看似矛盾的结果，但 Daniel O'Keefe（1999）和 Mike Allen（1998）的研究显示，如果思考一下过去研究中所使用的双方面信息的类型，就会发现这些结果其实并不矛盾。具体来讲，他们认为一些研究中所使用的双方面信息不带有反驳内容。这些信息只是提及了反对的观点，却没有对其进行驳斥。而另一些研究中所使用的双方面信息则带有反驳的内容，比如我们前面讨论过的预防接种研究。在这些信息中，反对的观点不仅被提及了，还被指出它之所以逊色于发言人所提倡的观点的理由。

这两位研究人员猜测，带反驳内容的双方面信息比那些只提及反对观点的双方面信息更具说服力。事实上他们甚至怀疑，缺乏反驳内容的双方面信息在说服时还不如单方面信息。这也是导致过去的研究出现了矛盾结果的原因。

为了证实他们的猜测，他们（Allen，1998；Allen et al.，1990；O'Keefe，1999）对过去有关单双面信息的许多研究重新进行了审核，并将两种类型的双方面信息都考虑在内。他们的发现证实了其猜想，即只要双方面信息中带有反驳反对观点的内容，就比单方面信息更具说服效果；而如果缺乏反驳内容，则其说服力还比不上单方面信息（参见表9.1）。此外，使用双方面并带有反驳内容信息的发言人比只使用单方面信息的发言人更让人觉得可信，这一点完全成立（O'Keefe，1999）。事实上，这样的发言人不仅显得知识丰富，而且似乎更值得信赖，因为他们了解对手的观点并且能够予以反驳。与他们的结论相吻合，Eisend（2010）也发现，发言人在出于自愿的情况下主动提供双方面信息能令其信誉度大增。

表 9.1 信息面的有效性层次

信息的类型	有效性
带反驳内容的双面信息	最具效果（比单面信息的有效性高 20%）
单面信息	效果位居第二（比缺乏反驳内容的双面信息的有效性高 20%）
缺乏反驳内容的双面信息	最不具效果

这当然也是有道理的。因为如果一个香烟公司的代言人说出了吸烟可能引发的负面结果，而我们又知道他这么做是出于法律的要求，我们怎么可能相信他呢？无论最终出现哪种情况，这项研究的现实意义都很清楚：在传递一条信息时，要把对手的观点也亮出来，同时要对其进行驳斥。这将使你看上去更可信，也更具有说服力。

预警：你最好保持警觉

在获奥斯卡提名的影片《义海雄风》中，凯文·培根（Kevin Bacon）和汤姆·克鲁斯扮演了两位律师，分别为一起谋杀案中的海豹突击队队员进行控诉和辩护。审判开始时，培根扮演的原告律师就提醒陪审团小心，他警告说，被告的律师“会试图转移视线。他会用例行公事的说辞吓唬你们，或者用像‘红色代码’这样的官方术语来迷惑你们。”在2000年的总统竞选中，艾尔·戈尔（Al Gore）也使用了类似的手法，他警告选民，乔治·W. 布什会试图用像医疗保障制度这样的事情吓唬他们。虽然在这两个案例中警告都没有奏效（培根和戈尔都输了），但是大量的研究表明，提前就一条说服信息向听众发出预警可以有效地引发听众的抵制心理。显然，这项研究与预防接种策略有关，尽管它们之间有很大的不同：预防接种策略不仅让人提前知晓攻击性信息，而且会对它予以驳斥；而预警则只是提醒人留意可能出现的与其态度相逆的信息。

根据Papageorgis（1968）的研究，预警信息有两种类型：第一种只是警告人们将会听到一则旨在说服他们的信息；第二种则警告人们将听到的说服信息的内容和立场。研究显示，这两类信息在制止人们被说服时都能起到一定的作用（Benoit, 1998）。不过，它们起作用的方式是不同的。比如，如果人们事先被警告了说服信息的内容和立场，他们就会准备好反驳的理由。Freedman和Sears（1965）认为，如果希望预警让人有所准备，那么预警与说服的间隔时长是一个非常重要的变量，会影响预警的效果。他们猜测，如果在警告与说服信息之间有足够长的时间，人们就能想出更多的反驳理由，从而更可能抵抗说服信息，但如果时间太短恐怕就做不到了。为了验证这一猜测，这两位研究人员预先告诉了高中生一则信息，该信息认为青少年是马路上的一大威胁，不应该让他们在路上驾车。在得到预警后，有些学生马上就正式听到了这则信息，而其他学生则在过了2~10分钟后才陆续听到该消息。调查的结果证实了他们的猜测，即10分钟后才听到信息的学生对其最不认同，而马上听到信息的学生最不具备抵抗力。

尽管有了这些调查发现，一些学者仍对预警会构成反驳、进而抵抗说服的观点存有质疑。比如，Benoit（1998）、Quinn 和 Wood（2003，2004）进行的元分析发现，在警告与信息之间有无延迟都无关紧要，而且反驳是不是真的能对抵抗起作用也值得怀疑。

为了进一步探究这一问题，Romero、Agnew 和 Insko（1996）进行了一项调查。这几位研究人员认为，如果预警能让人想出反驳的理由，那么我们应当认为存在两个前提：第一，只有那些有反驳动机的人才会受到预警的影响，如果自己没有反驳的动机，就不会受到预警的影响；第二，只有那些有能力想出反驳理由的人才会在意预警，如果自己没有反驳的能力，就不会在意预警。

为了证实他们的观点，Romero 及其同事（1996）对一群大学生预警了一则带有说服性质的信息。在这些大学生中，有的人有反驳的动机，有的人没有；有的人有反驳的能力，有的人没有。研究人员通过为一些学生提供和他们有关的信息来激发他们的反驳动机。具体来讲，他们告诉一些学生，他们将听到的信息认为他们在毕业前都应参加综合考试；告诉另一些学生，10年内不会要求毕业生参加综合考试，也就是说他们是不会赶上综合考试实施的，这样后者显然就没有反驳的动机了。而且，研究人员还通过分散一些学生的注意的做法使他们的反驳的能力受阻。具体来讲，在得到警告后，一些学生会安静地等上3分钟，然后再正式获悉有关综合考试的信息；另一些学生在这3分钟里会受到填字游戏的干扰，导致他们根本无法思考反驳观点。实验的结果证实了研究人员的想法：相较于没有动机或者没有能力反驳的学生，那些觉得话题与自己有关且没有受到干扰的学生能够更好地抵御说服性信息（关于干扰与说服的关系的更多内容，见专栏9.2）。总之，对信息内容和立场的预警为听众进行反驳提供了可能，从而使其能够更有力地抵抗说服企图。

专栏 9.2 | 干扰与说服

你听说过吗，人们会在政治竞选时专门派诘问者在对手发言时对其发难？这种做法被称为夹叉射击（“Pinocchio index”，1996），它显然是为了造成发言人的慌乱。可是，发难者或许没有意识到，有时，诘问的结果反而会对发言人有利。事实上，Beatty 和 Kruger（1978）进行的一项调查发现，如果听众认同被诘问的发言人的讲话，他在受到发难后会更具有说服力，也会更令人觉得可信。可是怎样才能使诘问产生相反的效果呢？有一种观点认为，分散听众注意力的举动——无论是诘问者的发难，还是闪光灯闪烁、有人吃东西、争吵、噪声等——会让人无法认真思考所听到的信息的内容。而如果他们不能认真思考，他们就很可能被说服。

虽然大量的调查都很支持这一解释（Festinger

& Maccoby, 1964; Keating & Brock, 1974; Osterhouse & Brock, 1970)，但 Buller 和 Hall(Buller, 1986; Buller & Hall, 1998) 在对一些调查重新进行审核后发现了另一个观点。具体来讲，按照认知理论（McGuire, 1969），人们被某一信息说服的前提是他们必须对其已经充分了解。由于转移注意力会影响人的理解能力，因此必然也会减弱其说服效果。Buller 和 Hall 的研究非常支持这一理论，因为它显示，整体来讲，分散注意力确实会降低说服效果。不过，这也取决于用于分散注意力的具体事件。除了外部因素（如诘问者和噪声），发言人本人也可以制造分散注意力的行为，比如故意站得与你特别近或者使用特别强烈的语言。根据 Buller 和 Hall 的观察，如果是发言人本人刻意分散听众的注意力，那么听众的反应并不取决于他们对信息是否有了充分理解，而是取决于他们对发言人的信任度。说得再明确些，如果发言人的可信度高，听众在受到干扰的情况下会更容易被说服；而如果发言人的可信度低，听众在受到干扰后更不可能被说服。因此，如果你的可信度很高，并且希望实现说服的目的，就随意炮制让你的听众分散注意的情节吧。

另一项与此有关的调查基于自我控制的强度模型（Baumeister, Vohs, & Tice, 2007）。根据这一模式的观点，就如同我们的肌肉在用力过度后会疲劳一样，当我们拼命规范自己的行为时，我们的心理防线也会逐渐守不住，结果导致我们的意志力备受煎熬。如果你在节食期间被邀请参加一个宴会，你就能理解这对你的自控力来说是多么大的考验了。如果你和我们这些普通人一样，估计在宴会结束时，你恐怕会把甜点吃得满脸都是。但是，如果你在赴宴前就被告知菜单上有你最喜欢的甜点，情况又会如何呢？你能更好地抵抗它的诱惑吗？按照 Janssen、Fennis 和 Pruyn（2010）的观点，这样的预警是有效的，因为如果事先得知这一信息，我们会在心理上做好准备，之后在必要时就可以把它调动出来使用。为了证明这一点，这几位研究人员进行了一些实验。他们先将一些参与者折腾得心力交瘁（比如，让他们针对自己发言，却不允许他们使用“我”这个字），对另一些参与者则没有这样做。此外，他们还提前警告了一些参与者别人会请求他们当志愿者，为慈善事业奉献时间和捐钱的信息。结果显示，对比没有受到干扰的参与者，那些心力交瘁的参与者更可能被说服，除非他们事先得到预警。显然，接受预警的参与者会有心理准备，并且能够想出反驳的理由，最终就可以抵御影响。

情况或许如此，但是，反驳并不是预警带出的唯一有效措施。准确地说，Jacks 和 Devine（2000）进行的一项调查发现，对一些人来讲，预警不仅会让人想出反驳的理由，还会让人产生愤怒的情绪。也就是说，当他们得知自己的某个观点会遭到攻击时，他们会变得愈发恼怒和不平，于是他们在面对攻击时就会更加抵触（Jacks & Devine，2000）。

就某一话题和内容提前向人们发出警告，可以为他们争取思考和予以反驳的时间。可只警告他们说服的意向是无用的。很显然，如果人们不知道被说服的话题是什么，他们又怎么能够想出反驳的理由呢？或者反驳的论据如果不能将警告的目的体现出来，又有什么意义呢？如同第八章中指出的那样，Brehm（1966，1981）认为，当人们感到按某种方式思考或行动的自由受到限制时，他们就会产生逆反心理，并且竭力恢复自由。如果你有过想扭转孩子的某种想法或做法的经历，你一定非常清楚逆反心理所起的作用。比如，前段时间，本书的作者之一想让他尚未上小学的孩子把玩具整理好，和小伙伴们告别，然后上车回家，可是他怎么也说服不了孩子。孩子当然认为自己有选择的自由，要么和小伙伴们继续待在一起玩，要么上车与爸爸回家。可是当爸爸假装不再理睬孩子，准备自己开车离开时，孩子急忙把玩具收起来，钻进了车里。他为什么会这样？因为他自行选择坐车回家的自由已经不存在了，于是就对失去的自由做出了这样的反应。

按照一些作者的观点（Fukada，1986；Hass & Grady，1975），当你听说有人试图说服你时，就可能出现上述情况。这就如同一位喜剧演员在讲笑话前就告诉你，他会让你发笑一样。我们一般都愿意自由地选择笑或者被说服，而一旦我们感觉这一自由受到威胁，就会产生逆反心理，我们会改选不笑或者不被说服。为了证实这一说法，Fukada 告诉一组人，他们将听到一则旨在让他们害怕并改变立场的信息；而对于另一组人，他没有给予这样的预警。然后，两组人都听到了试图说服他们接受梅毒检查的信息。最终的结果显示，事先得到警告的那组人不仅对此非常反感，而且比没有得到警告的那组人更难被说服。

在结束本节前，我们还有必要指出，并不是所有的研究都表明预警能够加强人们抵御说服的能力。事实上，Wood 和 Quinn（2003，2004）进行的元分析就发现，在某些情况下，预警能够改变人们对即将听到的信息的态度，但这完全取决于听众的动机。具体来讲，当人们想捍卫自己现有的态度时，预警对于加强抵抗能力是有效的。但另一方面，有时预警会对人们的自我认知形成威胁，因为它会让人以为自己很愚蠢或者很容易受外界的影响。结果他们非但不会抵抗，反而会选择认同接下来听到的信息，以表明他们不愿受预警的影响。还有一些时候，人们可能会在意自己留给别人的印象。比如，他们不想在自己的同伴面前显得很固执。在这种情况下，预警可能会让他们采取更中立、很容易为自己辩护的立场，从而给别人留下一个好的印象（Quinn & Wood，2004）。

无论是哪种情况，由于预警确实具备使人更能增加抵御说服意图，因此你或许想知道如果你想说服提前得到预警或者知道你有说服他们的意图的听众，你应当如何应对。对于这一点，Benoit（1998）给出了下面的建议：

> 遇到这种情况时，说服者应当试着对预警产生的抵制作用采取补救措施，比如强调自己提供的信息不带任何偏见，而且充分考虑了听众的利益（绝不只是顾及自身的益处）；向他们解释该信息所持的观点是在对事情进行全面分析后得出的；或者只是请他们对信息保持开放的态度。在得知听众已经得到了预警后，说服者应当降低对说服成功的期望，意识到自己面临的挑战更加艰巨了。（pp.147-148）

总　结

在本章中，我们重点探讨了信息的选择和组织这一话题。第一，我们指出，一定要根据听众的特点做出选择，在一些情况下，最好由说服者直截了当地告诉听众应当相信什么；而在另一些情况下最好让听众自己得出结论。第二，我们告诫大家，信息的组织架构会影响听众对它的反应。第三，在选择用于说服的论据时，论据的质量对会认真思考信息内容的听众非常关键；而数量却对缺乏识别能力的听众更重要。第四，我们讨论了证据在说服过程中所起的作用。第五，我们探讨了重复信息的意义，并且分别列出了它在怎样的情况下能加强或削弱说服的效果。第六，我们关注了演讲中提供论据的顺序，并且指出最有效的排列方式取决于几个变量。同样的，我们也提到了当两个观点相反的发言人同时发言时会产生的首因和近因效应。在一些情况下，先发言的人占优势；而另一些情况下，后发言的人更有利。最后一点，我们探讨了会令人们对说服产生抵抗的做法，包括提前接种一点相反的论据、找到一些双面的且带反驳的信息，以及获悉可能遭说服的警告。

参考文献

Allen, M. (1998). Comparing the persuasive effectiveness of one- and two-sided messages. In M. Allen & R. W. Preiss (Eds.), *Persuasion: Advances through meta-analysis* (pp. 87–98). Cresskill, NJ: Hampton Press.

Allen, M., Hale, J., Mongeau, P., Berkowitz-Stafford, S., Stafford, S., Shanahan, W., Agee, P., Dillon, K., Jackson, R., & Ray, C. (1990). Testing a model of message sidedness: Three replications. *Communication*

Monographs, 57, 275–291.

Allen, M., & Preiss, R. W. (1997). Comparing the persuasiveness of narrative and statistical evidence using meta-analysis. *Communication Research Reports, 14,* 125–131.

Banas, J. A., & Rains, S. A. (2010). A meta-analysis of research on inoculation theory. *Communication Monographs, 77,* 281–311.

Baumeister, R. F., Vohs, K. D., & Tice, D. M. (2007). The strength model of selfcontrol. *Current Directions in Psychological Science, 16,* 351–355.

Beatty, M. J., & Kruger, M. W. (1978). The effects of heckling on speaker credibility and attitude change. *Communication Quarterly, 26*(2), 46–50.

Benoit, W. L. (1998). Forewarning and persuasion. In M. Allen & R. Preiss (Eds.), *Persuasion: Advances through meta-analysis* (pp. 139–154). Cresskill, NJ: Hampton Press.

Biswas, D., Grewal, D., & Roggeveen, A. (2010). How the order of sampled experiential products affects choice. *Journal of Marketing Research, 47,* 508–519.

Braverman, J. (2008). Testimonials versus informational persuasive messages: Moderating effect of delivery mode and personal involvement. *Communication Research, 35,* 666–694.

Breen, G., & Matusitz, J. (2009). Preventing youths from joining gangs: How to apply inoculation theory. *Journal of Applied Security Research, 4,* 109–128.

Brehm, J. W. (1966). *A theory of psychological reactance.* New York: Academic Press.

Brehm, S. S., & Brehm, J. W. (1981). *Psychological reactance: A theory of freedom and control.* New York: Academic Press.

Buller, D. B. (1986). Distraction during persuasive communication: A meta-analytic review. *Communication Monographs, 53,* 91–114.

Buller, D. B., & Hall, J. R. (1998). The effects of distraction during persuasion. In M. Allen & R. W. Preiss (Eds.), *Persuasion: Advances through meta-analysis* (pp. 155–173). Cresskill, NJ: Hampton Press.

Claypool, H. M., Mackie, D. M., Garcia-Marques, T., McIntosh, A., & Udall, A. (2004). The effects of personal relevance and repetition on persuasive processing. *Social Cognition, 22,* 310–335.

Corbett, E. P. J. (1971). *Classical rhetoric for the modern student* (2nd ed.). New York: Oxford University Press.

Eisend, M. (2010). Explaining the joint effect of source credibility and negativity of information in two-sided messages. *Psychology & Marketing, 27,* 1032–1049.

Festinger, L., & Maccoby, N. (1964). On resistance to persuasive communications. *Journal of Abnormal and Social Psychology, 68,* 359–366.

Fine, B. J. (1957). Conclusion-drawing, communicator credibility, and anxiety as factors in opinion change. *Journal of Abnormal and Social Psychology, 54,* 369–374.

Freedman, J. L., & Sears, D. O. (1965). Warning, distraction, and resistance to influence. *Journal of Personality and Social Psychology, 1,* 262–266.

Fukada, H. (1986). Psychological processes mediating the persuasion inhibiting effect of forewarning in fear arousing communication. *Psychological Reports, 58,* 87–90.

Furnham, A. (1986). The robustness of the recency effect: Studies using legal evidence. *The Journal of General Psychology, 113*(4), 351–357.

Garcia-Marques, T., & Mackie, D. M. (2001). The feeling of familiarity as a regulator of persuasive processing. *Social Cognition, 19,* 9–34.

Hass, R. G., & Grady, K. (1975). Temporal delay, type of forewarning, and resistance to influence. *Journal of Experimental Social Psychology, 11,* 459–469.

Hovland, C. I., Lumsdaine, A., & Sheffield, F. (1949). *Experiments on mass communication.* Princeton, NJ: Princeton University Press.

Hovland, C. I., & Mandell, W. (1952). An experimental comparison of conclusion-drawing by the communicator and by the audience. *Journal of Abnormal and Social Psychology, 47,* 581–588.

Ivanov, B., Pfau, M., & Parker, K. A. (2009). The attitude base as a moderator of the effectiveness of inoculation strategy. *Communication Monographs, 76,* 47–72.

Jacks, J. Z., & Devine, P. G. (2000). Attitude importance, forewarning of message content, and resistance to persuasion. *Basic and Applied Social Psychology, 22*(1), 19–29.

Janssen, L., Fennis, B. M., & Pruyn, A. T. H. (2010). Forewarned is forearmed: Conserving self-control strength to resist social influence. *Journal of Experimental Social Psychology, 46,* 911–921.

Kardes, F. R., Kim, J., & Lim, J. S. (1994). Moderating effects of prior knowledge on the perceived diagnosticity of beliefs derived from implicit versus explicit product claims. *Journal of Business Research, 29,* 219–224.

Keating, J. P., & Brock, T. C. (1974). Acceptance of persuasion and the inhibition of counterargumentation under various distraction tasks. *Journal of Experimental Social Psychology, 10,* 301–309.

Kim, S., Allen, M., Gattoni, A., Grimes, D., Herrman, A. M., Huang, H., Kim, J., Lu, S., Maier, M., May, A., Omachinski, K., Omori, K., Tnzek, K., Turkiewicz, K. L., & Zhang, Y. (2012). Testing the additive model for the effectiveness of evidence on the persuasiveness of a message. *Social influence, 7,* 65–77.

Lauckner, C., Smith, S., Kotowski, M., Nazione, S., Stohl, C., Prestin, A., So, J., & Nabi, R. (2012). An initial investigation into naturally occurring loss- and gain-framed memorable breast cancer messages. *Communication Quarterly, 60,* 1–16.

Martin, B. A. S., Lang, B., & Wong, S. (2003/2004). Conclusion explicitness in advertising: The moderating role of Need for Cognition (NFC) and Argument Quality (AQ) on Persuasion. *Journal of Advertising, 32*(4), 57–65.

McGuire, W. J. (1964). Inducing resistance to persuasion: Some contemporary approaches. In L. Berkowitz (Ed.), *Advances in experimental social psychology* (pp. 191–229). New York: Academic Press.

McGuire, W. J. (1969). The nature of attitudes and attitude change. In G. Lindzey & E. Aronson (Eds.), *The handbook of social psychology* (2nd ed., pp. 136–314). Reading, MA: Addison-Wesley.

McGuire, W. J., & Papageorgis, D. (1961). The relative efficacy of various types of prior belief-defense in producing resistance to persuasion. *Journal of Abnormal and Social Psychology, 62,* 327–337.

Miller, N., & Campbell, D. T. (1959). Recency and primacy in persuasion as a function of the timing of speeches and measurements. *Journal of Abnormal and Social Psychology, 59,* 1–9.

Nan, S. (2012). Relative persuasiveness of gain- versus loss-framed human papillomavirus vaccination messages for the present- and future-minded. *Human Communication Research, 38,* 72–94.

O'Keefe, D. J. (1998). Justification explicitness and persuasive effects: A meta-analytic review of the effects of varying supportive articulation in persuasive messages. *Argumentation and Advocacy, 35,* 61–75.

O'Keefe, D. J. (1999). How to handle opposing arguments in persuasive messages: A metaanalytic review of the effects of one-sided and two-sided messages. In M. E. Roloff (Ed.), *Communication yearbook 22* (pp. 209–249). Thousand Oaks, CA: Sage.

O'Keefe, D. J., & Jensen, J. D. (2007). The relative persuasiveness of gain-framed lossframed messages for encouraging disease prevention behaviors: A meta-analytic review. *Journal of Health Communication, 12,* 623–644.

O'Keefe, D. J., & Jensen, J. D. (2009). The relative persuasiveness of gain-framed and lossframed messages for encouraging disease detection behaviors: A meta-analytic review. *Journal of Communication, 59,* 296–316.

Osterhouse, R. A., & Brock, T. C. (1970). Distraction increases yielding to propaganda by inhibiting counterarguing. *Journal of Personality and Social Psychology, 15,* 344–358.

Papageorgis, D. (1968). Warning and persuasion. *Psychological Bulletin, 70,* 271–282.

Papageorgis, D., & McGuire, W. J. (1961). The generality of immunity to persuasion produced by pre-exposure to weakened counterarguments. *Journal of Abnormal and Social Psychology, 62,* 475–481.

Peskin, M., & Newell, F. N. (2004). Familiarity breeds attraction. Effects of exposure on attractiveness of typical and distinctive faces. *Perception, 33*, 147–157.

Petty, R. E., & Cacioppo, J. T. (1979). Effects of forewarning of persuasive intent and involvement on cognitive responses and persuasion. *Personality and Social Psychology Bulletin, 5,* 173–176.

Petty, R. E., & Cacioppo, J. T. (1984). The effects of involvement on responses to argument quantity and quality: Central and peripheral routes to persuasion. *Journal of Personality and Social Psychology, 46,* 69–81.

Petty, R. E., & Cacioppo, J. T. (1986). *Communication and persuasion: Central and peripheral routes to attitude change.* New York: Springer-Verlag.

Pfau, M., Compton, J., Parker, K. A., Wittenberg, E. M., An, C., Fergusun, M., Horton, H., & Malyshev, Y. (2004). The traditional explanation for resistance versus attitude accessibility: Do they trigger distinct or overlapping processes of resistance? *Human Communication Research, 30,* 329–360.

Pfau, M., Kenski, H. C., Nitz, M., & Sorenson, J. (1990). Efficacy of inoculation strategies in promoting resistance to political attack messages: Application to direct mail. *Communication Monographs, 57,* 1–12.

Pfau, M., & Van Bockern, S. (1994). The persistence of inoculation in conferring resistance to smoking

initiation among adolescents: The second year. *Human Communication Research, 20,* 413–430.
Pfau, M., Van Bockern, S., & Kang, J. G. (1992). Use of inoculation to promote resistance to smoking initiation among adolescents. *Communication Monographs, 59,* 213–230.
Pinocchio index. (1996, September 3). *Time*, p. 22.
Quinn, J., & Wood, W. (2004). Forewarnings of influence appeals: Inducing resistance and acceptance. In S. Eric (Ed.), *Resistance and persuasion* (pp. 193–213). Mahwah, NJ: Erlbaum.
Reinard, J. C. (1988). The empirical study of the persuasive effects of evidence: The status after fifty years of research. *Human Communication Research, 15,* 3–59.
Reynolds, R. A., & Reynolds, J. L. (2002). Evidence. In J. P. Dillard & M. Pfau (Eds.), *The persuasion handbook: Developments in theory and practice* (pp. 427–444). Thousand Oaks, CA: Sage.
Rhodes, G., Halberstadt, J., & Brajkovich, G. (2001). Generalization of mere exposure effects to averaged and composite faces. *Social Cognition, 19,* 57–70.
Romero, A. A., Agnew, C. A., & Insko, C. A. (1996). The cognitive mediation hypothesis revisited: An empirical response to methodological and theoretical criticism. *Personality and Social Psychology Bulletin, 22,* 651–665.
Sawyer, A. G. (1981). Repetition, cognitive responses, and persuasion. In R. E. Petty, T. M. Ostrom, & T. C. Brock (Eds.), *Cognitive responses in persuasion* (pp. 237–261). Hillsdale, NJ: Erlbaum.
Sawyer, A. G. (1988). Can there be effective advertising without explicit conclusions? Decide for yourself. In S. Hecker & D. W. Stewart (Eds.), *Nonverbal communication in advertising* (pp. 159–184). Lexington, MA: Lexington Books.
Sawyer, A. G., & Howard, D. J. (1991). Effects of omitting conclusions in advertisements to involved and uninvolved audiences. *Journal of Marketing Research, 28,* 467–474.
Sikkink, D. (1956). An experimental study of the effects on the listener of anticlimax order and authority in an argumentative speech. *Southern Speech Journal, 22,* 73–78.
Stiff, J. B. (1986). Cognitive processing of message cues: A meta-analytic review of the effects of supporting information on attitudes. *Communication Monographs, 53,* 75–89
Tversky, A., & Kahneman, D. (1981). The framing of decisions and the psychology of choice. *Science, 211,* 453–458.
Unnaba, H. R, Burnkrant, R. E., & Erevelles, S. (1994). Effects of presentation order and communication modality on recall and attitude. *Journal of Consumer Research, 21,* 481–495.
Wadhwa, M., Shiv, B., & Nowlis, S. M. (2008). A bite to whet the reward appetite: The influence of sampling on reward-seeking behaviors. *Journal of Marketing Research, 45,* 403–413.
Wood, W., & Quinn, J. (2003). Forewarned or forearmed? Two meta-analytic syntheses of forewarning of influence appeals. *Psychological Bulletin, 129,* 119–138.
Zajonc, R. B. (1968). Attitudinal effects of mere exposure. *Journal of Personality and Social Psychology Monographs, 9*(2, part 2), 1–27.
Zebrowitz, L. A., White, B., & Wieneke, K. (2008). Mere exposure and racial prejudice: Exposure to other-race faces increases liking for strangers of that race. *Social Cognition, 26,* 259–275.

循序渐进的说服

本章概览

我们的一位曾经靠推销百科全书谋生的朋友告诉过我们，“如果你从事的是挨家挨户上门推销的工作，那么只要进入别人家里就成功了一半。因为一旦你进去了，他们就属于你了，可以由你支配了。”

按照这位朋友的说法，绝大多数挨家挨户上门推销的销售人员都有自己设法进入你家的计谋。有些人会提及你邻居的名字；有些人会请求让他们进屋喝杯水。我们那位朋友也有一套口若悬河的推销言辞，不过大部分都属于胡扯。现在他已不再以此为傲了，但以前当他面对顾客时，他所学的本领让他看起来可以像任何人，就是不像销售员。

他告诉我们：“在做过自我介绍后，我向他们保证我不会向他们推销任何东西，我只是负责进行一些调查。我问他们在家庭教育方面是否有需求，并希望他们给出一些意见。如果他们能配合，那么作为回馈，我会送他们一些‘教育资料'。通常情况下，靠着这样的说辞，我就可以进到别人家里去了。"

进入别人家后，他会装模作样地让人家回答一个瞎编的"意见调查"（比如，你的孩子去图书馆吗？你的孩子天黑以后还会去图书馆吗？），之后他就会拿出一套百科全书给他们看，并且表示"愿意出于促销的原因送给他们一套，只要他们承诺今后每年会购置其更新的版本。"那家人会怎么做呢？肯定会在未来10年里每年都购买最新版本。

大多数客人都会答应这一看似难以相信的机遇，但他们没有意识到，他们后期所支付的费用也为这套百科全书买单了，而且商家依然能赚到钱。他们在不经意间就被说服购买了他们自以为免费的东西。

这个例子以及我们在第九章列举的事例都说明说服不是一件简单的事情，不可能单凭一次发言或一个请求就达到目的。在很多时候，它是一个需要好几个步骤方可完成的过程。事实上，在我们的朋友开始游说前，他需要先设法进入顾客的家里，然后通过让顾客同意接受调查，来逐步实现销售的目的。

在本章中，我们将延伸上一章的讨论，探讨一下"循序渐进的说服"这一话题。它涉及一些旨在让人们按某种方式行事的技巧。我们要探究一些关于人们可怎样提升说服能力的调查，看看他们通常需要付出哪些代价，在表明自己的真实意图前会说些或做些什么。我们从"预先给予"这一策略开始。

预先给予：历史上"礼尚往来"的做法

许多年前，当大多数相机仍使用胶卷时，本书的作者之一接到过一个邮件。里面有两个未用过的胶卷和一封信，信的一开始就说这两个胶卷是一份礼物。然后它接着解释，作者在用过胶卷后，可以把它们寄回公司进行冲洗。有意思的是，作者照办了，虽然寄回该公司冲洗的费用远高于到当地的商店冲洗的费用。那么作者为什么会被说服花更多的钱呢？就是因为冲洗胶卷的公司使用了一种著名且有效的说服方式——*预先给予*。所谓预先给予就是，为了让某人顺从，应先为他提供或做点有好处的事情。超市经常会让顾客免费品尝食物，所使用的就是这一策略。

Dennis Regan（1971）进行过一项非常经典的调查，证明预先给予策略能产生怎样的效果。在调查中，他让斯坦福大学一年级的学生参与一个有关"美学"的实验。参与的学生与另一个学生同坐在一个房间里，但他们不知道这个学生是研究人员安排的实验助手。过了几分钟后，这个实验助手离开了房间。当他再回到房间时，要么两手空空，要么拿了两听可口可乐。如果他两手空空，他就只是再坐下来。但如果他手里拿着可乐，他就会递一听给那位实验参与者，并对他说，“我也给你买了一听。”

这一幕看上去很不错，但其实是一个圈套。之后，那个实验助手告诉参与者，他正在为一所高中新建的体育馆卖奖券，如果参与者能帮忙买一些，他会非常感谢。不出意料，实验的结果显示，事先得到可乐的参与者所购买的奖券是那些什么也没得到的参与者所购买的2倍。

现实生活中的说服者也会使用预先给予这一策略。比如，在大城市的旅游区（巴黎的卢浮宫、耶路撒冷的圆顶清真寺、圣安东尼奥的阿拉莫和雅典的帕特农神庙），乞丐们想出了一种很狡猾的方法，让毫无防备的游客给他们施舍一点钱。他们常常待在距离一个知名的旅游景点一两个街区的地方，当游客走过并且显然是前往那个景点时，他们就会追上游客，泰然自若地走在他们前面，好像在给他们“引路”。一旦到达那里，乞丐们就会请求那些并未提要求也不需要这种服务的游客给点钱。

预先给予的做法在其他场合也很有效果。比如，作为一个西装销售人员，本书的作者之一就曾得到过这样的培训，即在顾客购物时询问他们是否想把自己的外套熨一下。很少有客人会拒绝这一对他们有益的提议，而且即使有人谢绝了，他们也会对这一服务产生良好的印象。但他们不知道的是这一举动背后暗藏的玄机：这么做不仅能有效地让客人们花更多的时间购物；而且如果他们决定要买西装，他们很可能从这些为他们提供过便利的销售人员处购买。

在预先给予策略方面，我们给出的最后一个例子会让人很不安。确切地说，下一次如果有男士提出要为女士买一杯酒或饮料，女士一定要非常谨慎。George、Gournic 和 McAfee（1988）进行过的一项调查发现，如果女士允许男士为她买酒或饮料，双方都会认为这位女士比拒绝了这一提议的女士在性方面更开放。这是因为人们普遍认为，预先给予就意味着有义务报恩。

为什么预先给予策略具有说服效果

对于预先给予为什么能够奏效或者不能够奏效，给出的常见解释包括喜爱、外表有吸引力、别有用心、感激、印象管理和内化的社会规范（Burger，Sanchez，Imberi，& Grande，2009；Goei，Roberto，Meyer，& Carlyle，2007；Hendrickson & Goei，2009）。喜爱解释认为，给予别人东西的人被认为是善良和友好，于是他们会受到喜爱并具有说服力。类似的，外表有吸引力的解释也认为，为别人提供方便能令其更具吸引力，从而增添了说服效果。别有用心的解释则视好处为一种被人操纵的工具，所以不太可能由此产生顺从的结果。事实上，按照 Groves、Cialdini 和 Couper（1992）的观点，当预先给予被看作一种贿赂或施压的方式时，它反而会减少顺从的可能性。感激的解释认为，获得好处会导致积极的情感状态（如感激的情绪），进而带来充满善意的行为。换句话讲，人们之所以选择顺从是因为得到的益处使他们产生了感恩和行善的愿望。最后两个解释——印象管理和内化的社会规范——则基于*互惠规范*（又称*感恩模式*），即应当对别人给予我们的予以回报（Cialdini & Goldstein，2004）。印象管理建议对得到的恩惠予以回报是因为这样你才不致被看作忘恩负义的家伙。内化的社会规范认为，报答恩惠是可取的，因为它能让人们在做正确的事情时对自我产生积极的认知。

虽然以上这些解释都得到了理论支持，但对它们同时展开的研究发现，其中一些解释受到了更多的青睐。比如，Burger 及其同事（2009）进行过一项实验，参与者中有人得到了好处（一瓶意料之外的瓶装水），有人没有，然后他们被要求完成一项调查。一半的参与者被告知刚才给予他们好处的那个人会亲自收取调查问卷，另一半人则被告知他们只需将调查问卷投入一个有清晰标注的纸箱里即可。实验的结果表明，对于得到过好处的参与者，无论面对哪种提交方式，他们都会认真完成问卷。这一结果显然更支持内化的社会规范，而非印象管理。准确地说，谁会在意给一个纸箱留下好印象呢？

Goei 及其同事（Goei et al.，2007）进行的调查则针对喜爱、感激和感恩这三种解释，其结果更支持喜爱和感激的解释，但这取决于寻求顺从的人本身能否从获得顺从中获益。具体来讲，如果为别人提供方便的人期望的顺从能够给他本人带来益处（比如，他如果能卖出很多奖券，可以得到50美元），那么感激的解释更占上风。可是如果他本人并不会直接从中得到好处（比如，他卖奖券只是为了做慈善），则喜爱的解释更成立。

最后一点，Hendrickson 和 Goei（2009）进行的调查对感激、喜爱和外表吸引力这三个解释均表示支持，特别是如果预先给予帮助的人来自社会底层的话。总之，在各种文化和说服环境下，无论源自哪种解释，预先给予都是一种肯定能起到好作用的策略。

登门槛策略：得寸进尺

前段时间，本书的作者之一和他的一位朋友在离开一家购物中心时被一位女士拦住了。她大约30岁，衣着得体，旁边还有个小孩子。

她对作者说，“不好意思，能麻烦您告诉我一下现在几点了吗？”

作者告诉了她。

这个女士接着说：“我还想问一下，您能借给我几美元吗？”她解释说，她的汽车没油了，她又忘了带钱包。如果作者能将地址告诉她，她之后会把钱还给他的。

作者又一次答应了她的请求，给了她三四美元，可是此后他再也没有收到那位女士的任何回音。但作者的朋友几周后又在另一家购物中心的门口看到她用同样的伎俩与其他人搭讪。

现在回想起来，有几个因素使得那位女士能够让别人答应她的请求。她衣着得体这一事实让她的经历听上去更容易使人相信；她需要钱的理由也很可信；而且她身旁有个小孩也激发了人的同情心。但有意思的是，她能够得手并不是仅凭衣着得体、理由充分和有个小孩在身边。大量的研究证明，这位女士在要钱之前先问时间的做法也增加了她成功的可能性（噢，看来今后有理由不要随便告诉陌生人时间了）。

我们刚才描述的这一做法通常被称为登门槛策略。这一策略的步骤就是先提出一个小请求，然后再提第二个更大的请求。当然这第二个请求才是说服者的真正目的，第一个请求不过是一个借口。比如，在前面提到的那个推销百科全书的例子中，销售人员先问别人能否帮忙完成一个简短的调查，之后才提出了售书的要求。他其实一点也不关心他们对调查的回答，只是想借此与人家套近乎罢了。出于我们接下来要讨论的原因，当人们答应了第一个小请求后，他们常常很可能会答应第二个大请求。

来自斯坦福大学的 Jonahan Freedman 和 Scott Fraser（1966）首先对登门槛策略的有效性进行了研究。这两位研究人员很想知道他们能否让家庭主妇们答应一个很大的请求。具体来讲，他们想让家庭主妇们同意让一个由五六个人组成的团队进入她们的家中并在那里待2小时，而且这些人在她们家里享有绝对的自由，可以查看她们的橱柜和储藏室，以便了解她们使用哪些品牌的家居用品。在提出这一请求前，他们先对其中一些家庭主妇提出了另一个小请求，即在3天前就给她们打电话，询问她们能否参加一个有关家居用品的调查（比如，你使用哪个品牌的香皂？）。令他们感到吃惊的是，大约一半的同意参加调查的家庭主妇也答应让陌生人进入她们家四处查看。但是对于那些事先未接过电话也没有参加调查的家庭主妇来说，当直截了当地对她们提出进屋查看的请求时，只有25%的人同意了（Freedman & Fraser，1966）。

为什么登门槛策略如此具有说服力

只要条件允许，登门槛策略看上去非常有效（Burger，1999）。是什么使得它具有如此强的说服力的呢？对其有效性最常见的解释基于Bem（1972）的*自我知觉理论*（DeJong，1979；Freedman & Fraser，1966）。按照这一理论，人们会通过自己的行为推断自己内在的态度、情绪以及其他状态（Bem，1972）。比如，如果你发现自己吃了许多夹心巧克力，你可能会得出自己对巧克力心存好感的结论。也就是说，你会通过你的行为推断自己的态度。

对于登门槛策略所产生的效应，自我知觉理论是这样解释的：当你答应了一个小请求时，你会觉得自己是一个愿意帮助别人的利他的人。一旦你形成了这一印象，你就会让自己以后的行为与之吻合。于是当别人提出一个更大的请求时，你很容易就同意了。

虽然一些研究证实了自我知觉理论对登门槛策略的有效性做出的解释，但也有一些证据对此不以为然。比如，Gorassini和Olson（1995）进行过一项调查，旨在检测人们在答应第一个小请求后自认为的助人程度。结果他们发现，虽然人们对自己乐于助人的自我评价会受答应小请求的影响，却不足以确保他们同意第二个大请求。而且，在人们不认为自己很乐于助人的情况下，答应第二个大请求的现象也时常发生。Dillard（1990）认为，这说明登门槛策略还需要得到更多的理论研究。

不过，Burger（1999）进行的元分析认为，自我知觉确实可以影响人们接受通过登门槛策略发出的请求。但并不是所有的研究都能证明这一点，这是因为在整个过程中，自我知觉并不是唯一的因素。确切地说，Burger指出，在通过登门槛策略发出请求的过程中，其他的心理作用可能会超过自我知觉产生的影响，于是就出现了不是所有研究都支持自我知觉对登门槛策略的有效性起决定作用的结果。举例来讲，当人们想到大多数人都会拒绝某个请求时，他们也不会接受它。正如Burger（1999）所言，“即使自我知觉驱使个体倾向于接受目标请求，可如果别人告诉他几乎没有人会同意这一请求，他还是会推翻自己的认知。”总之，自我知觉确实可以对登门槛策略的有效性发挥作用，但该策略最终能否成功仍取决于许多其他因素（Cialdini & Goldstein，2004）。我们会在后面讨论其中的一些。

登门槛策略在什么时候能够成功

研究告诉我们，下列因素对于登门槛策略的有效性发挥着决定性作用：

1. **第一个请求的尺度**：是不是随便让人先同意一个请求就可以了，毕竟目的只是让他接受下面真正的请求？研究发现，第一个请求既不能太大，也不能太小。Seligman、Bush 和 Kirsch（1976）认为，“如果希望登门槛策略奏效，第一个请求的尺度必须适度”（p.519）。但是无论如何，第一个请求一定不能太大，否则一下子就会被拒绝。因此，说服者一定要掌握好尺度，一方面要使第一个请求能够达到促进登门槛策略的效果，另一方面又要确保其不会被对方拒绝。比如，先向别人要 1 角钱，然后又向他提出捐更多钱的做法就不可行，因为 1 角钱实在太微不足道了。可是如果一上来就跟一个普通人索要 1000 美元显然是太多了。总之，第一个请求应当是在可接受的范围内的最大值。
2. **请求的亲社会性**：通过重温这方面的调查，Dillard、Hunter 和 Burgoon（1984）发现，当把登门槛策略用于公益事业时比将它用于自身利益方面的事情更能发挥效果。明白这一点后，社会工作者们为无家可归的人们募集钱款时使用这一策略肯定很有帮助，但对靠推销获得佣金的销售人员来讲就未必能起作用了。
3. **外部对顺从的刺激**：Burger（1999）、Dillard（1984）及其同事进行的元分析显示，如果为了让人们答应第一个请求而给予他们外部刺激，反而会使他们不愿接受登门槛策略。大多数研究人员使用自我知觉理论解释了这一现象。他们认为，如果你为了得到一个免费的礼物才听销售人员推销，就不会形成对自己的印象，而且你这么做只是出于物质考虑，并非自愿。由此看来，因为预先给予策略（我们之前已经讨论过）要借助外部刺激，所以把它与登门槛策略结合起来使用可能并不是一个好主意（Bell，Cholerton，Fraczek，Rohlfs，Smith，1994；Weyant，1996）。
4. **由谁提出请求**：如果希望登门槛策略成功，不必让同一个人提出第一个及后续请求。其实，当人们同意了一个人提出的第一个请求后，通常就会同意接下来的第二个请求，即使第二个请求是由另一个人提出的。事实上，Chartrand、Pinckert和Burger（1999）所进行的调查也发现，换一个人提第二个请求比同一个人提两个请求更容易被接受，特别是在第一个请求与第二个请求之间没有太多的时间间隔时（Chartrand et al.，1999）。

5. **标签**：想象一下，你刚给红十字会献完血，一位护士称赞你有爱心并向你表示感谢，甚至给了你一枚徽章或一张保险杠贴纸，上面写着，“我很关心献血”。Burger（1999）在对一些研究重新进行了审核后指出，这种贴标签的做法会增加你答应后面的更大请求的可能性（比如，每个月都献一次血）。显然，这一发现与自我知觉理论是吻合的。当别人给你贴上了助人为乐的标签时，你很可能从此就这样看待自己，然后也会照着这样的自我认知采取行动。（专栏10.1叙述了另一种贴标签现象。）

专栏 10.1 | 我饿得能吃下一匹马：标签的阴暗面

在上面，我们看到的是给人贴上正面的标签（比如，“你真助人为乐！”）可以使他们对自己产生正面的认知，这样更容易让他们答应提供帮助的请求。可是，如果给人贴上负面的标签，你认为会出现怎样的情况呢？他们会为了挽回受损的形象而答应提供帮助的请求吗？Nicolas Gueguen（2001）做了一项实验，用一种比较邪恶的方式对此进行了验证。在法国的一条非常繁华的大街上，三位参与这一实验的女性分别单独接近了100多位过路的行人。第一位女士向每位毫无准备的行人提出了这样一个请求，“不好意思，我的包很重，可是我想去买一本杂志，你能帮我照看一下包吗？”（p.745）如果行人同意了，他就会留下来帮她照看包。她的包里露出了一个包装袋，上面标着“马肉”。20秒后，第二位女士走近其中一半的行人，看着包装袋说，“吃马肉实在太令人震惊了。难道我们的社会进化到不用马车改吃马肉了？你真应该对自己的行为感到羞耻。”（p.745）她说完就走了，这时第一位女士手里拿着杂志回来了，她谢过行人后就拿着包走了。然后第三位女士出现了，她对行人提出了两个请求。她对一半的行人提出的请求是在一份要求政府善待被遗弃的动物的请愿书上签名；对另一半行人提出的请求也是在请愿书上签名，不过内容是关于限制市中心的交通量。实验的结果显示，那些遭到负面评价的行人更愿意在请愿书上签名，不过只是针对那份要求善待动物的请愿书。这就很说明问题了：一旦被贴上吃马肉的标签，在这种请愿书上签名能够帮他们去除污名，证明自己也是很爱马的。

6. **偏好一致性**：我们在第三章中提到过，大多数人都愿意让自己的行为与立场一致。这和登门槛策略有什么关系吗？如果你答应了第一个请求，你就应当答应第二个请求，这样才能保持行为上的一致。如果两个请求的内容很接近，就更应如此了（Burger，1999）。根据Cialdini、Trost和Newsom（1995）

的观点，一些人对一致性的需求远远超过了其他人，而他们显然更会受到登门槛策略的影响（Cialdini et al.，1995）。这类人在强调了一致性的重要性后会更加配合登门槛策略（Guadagno，Asher，Demaine，& Cialdini，2001）。

7. **自我概念清晰性**：你知道有些人对自我概念有着比他人更清晰的认知吗？这类人的自我概念被认为具有"高清晰度"。有趣的是，研究证明，相较于那些自我意识模糊的人，这些人更容易接受登门槛策略（Burger & Guadagno，2003）。为什么呢？因为在自我概念方面具有高清晰度的人更可能很快注意到其自我意识的改变。于是在答应了第一个请求后，他们马上认识到自己是乐于助人的，因此就会接着答应第二个请求（Burger & Guadagno，2003）。

口中效应："你今天感觉怎样？"

下一次当有人问候"你好吗？"时，你可能会想抱怨几句，告诉他你感觉很糟糕。因为如果你不这么做，你就可能将自己置于 Howard（1990）所称的口中效应。所谓口中效应就是如果告诉别人你感觉很好，你就得让自己的行为也与之相符，于是你得答应对方的请求。说服者知道这一点后就会利用它达到自己的目的。比如，Howard（1990）从一次有关筹款的演讲中摘录了下面这段话：

> 在你请求他人捐款前，先要问他们的感觉怎么样。在他们告诉你他们感觉很好后，你应该说你很高兴他们的状态不错，这样他们就非常可能愿意出钱帮助那些状态不好的人了。（p.1185）

Howard（1990）以及 Meineri 和 Gueguen（2011）进行的调查也支持这样的说法。当请求别人为慈善事业捐款时，相较于直截了当地提出请求，如果先问候一下对方的感觉（或者问是不是打扰到对方了），并对其回应表示感激，然后再请他接受请求，这样会更可能成功。

以退为进策略："不要月亮，要星星就可以了"

我们的一个学生曾在一家大型百货商店里销售珠宝。她告诉我们，她的销售方法与其他销售人员完全不同。她说，大多数销售人员在销售珠宝时都是先把最便宜的商品拿给顾客看。为了增加销售额，他们会逐渐把更贵的商品拿出来，并告诉顾客，更贵也意味着品质更好。但我们这位学生总是先把最贵的商品出示给顾客看，虽然他们肯定不会买这些商品。可这位学生声称，在那家店里工作期间，她的销售额总是比别人多。

实际上，我们对这位学生作为销售人员的成功一点也不感到惊讶。她自己或许不知道，她其实使用了一种研究人员早已知道的非常行之有效的说服策略。这一策略通常被称为*以退为进策略*。它与登门槛策略正好相反，因为它总是先提出一个很大的、会被拒绝的请求，然后再提出第二个小一些的请求。与登门槛策略的相同之处在于，使说服对象接受第二个请求是说服者们的共同目标。

首先对以退为进策略进行实证研究的是 Cialdini 及其同事（Cialdini et al., 1975）。为了将这一研究可视化，我们假设这样一个场景，看看你会怎么做。如果有人走近你，告诉你她是一个青年咨询项目的代表，然后问你是否愿意花一天的时间陪一群少年犯去动物园参观。如果你和参与这个实验的大多数人(83%)的想法差不多，你肯定会拒绝这一请求。可是，如果在这一请求前先安排一个别的请求，许多人就会答应。确切地说，人们先被问到是否愿意在至少2年的时间里，每周花2小时义务为少年犯们提供咨询服务，在此之后再问他们是否愿意陪少年犯参观动物园。这时，愿意陪少年犯去动物园的人数增加了3倍，也就是说，人们在先拒绝了一个大的请求（2年中每周提供2次服务）后，大多会答应一个小的请求（陪同去动物园）。

自1975年 Cialdini 及其同事展开研究后，以退为进策略的有效性已经得到了多次证实（Cialdini & Guadagno，2004；Dillard et al.，1984，2001；Feeley，Anker，& Aloe，in press；Fern，Monroe，& & Avila，1986；O'Keefe & Hale，1998，2001）。不过，我们不打算在这里陈述这些研究的内容，我们要讨论的是为什么以退为进策略被认为是非常有效果的。

为什么以退为进策略如此具有说服力

研究人员已经对以退为进策略所产生的说服效果给出了一些解释并进行了验证，其中一些更具合理性（参见 Feeley et al.，2012）。比如，曾经有研究人员怀疑该策略的效果可能源自对比效应或者是对自我呈现的关注。准确地说，感性的对比效应（Cialdini，1993）认为，人们之所以可能选择答应第二个较小的请求，是因为与第一个较大的请求相比，第二个请求的难度显得比其实际状况小（比如，与一枚价值3000美元的戒指相比，价值500美元的戒指就不算什么了，但实际上它比100美元的戒指贵多了）。另一方面，自我呈现的解释（Pendleton

& Batson，1979）认为，在人们拒绝了第一个请求后，他们很担心自己在别人那里建立起了负面形象，于是就会立即答应第二个请求，为的是挽回自己的形象。但是早期的研究没能就这些解释给出实证支持（Abraham & Bell，1994；Feeley et al.，2012；O'Keefe & Hale，1998）。

对于以退为进策略的有效性给出的第三个解释被称为*互惠的让步*（Cialdini et al.，1975），它与我们之前讨论的互惠规范有关，即当别人帮了我们一个忙时，我们会感到有义务报答他的帮助。类似的，当别人做出一个让步时，我们也会产生同样的感觉。换句话讲，当一位说服者使用以退为进策略，在做出一个让步后紧接着又提出一个小请求，我们可能会产生"还这份人情"的动机，于是就马上同意了第二个请求。按照 Feeley（2012）及其同事的说法，这一解释得到的支持比较复杂，并不统一。

关于以退为进策略的有效性的第四个解释基于内疚的原因（O'Keefe & Figge，1997）。该观点认为，拒绝了第一个亲社会的请求会让人产生内疚感，这就促使他为了减少内疚感而答应第二个请求。

关于以退为进策略的有效性的最后一个解释与社会责任有关（Tusing & Dillard，2000）。它与自我呈现理论的观点相反。因为自我呈现理论认为，我们之所以同意第二个请求，是出于对外部关注的考虑，即我们担心别人会怎么评价我们。社会责任观点则认为我们之所以同意，是源自自身的内在标准，也就是说，如果我们认为帮助需要帮助的人是我们的社会责任，我们就可能选择接受第二个请求帮助的信息（Tusing & Dillard，2000）。

基于迄今为止针对以退为进策略进行的大范围的元分析，Feeley（2012）及其同事发现，社会责任这一解释得到了最多的支持。此外，由于不负责任的行为会让人产生内疚感，因此社会责任的解释与关于内疚的解释基本一致（Feeley et al.，2012）。

以退为进策略在什么时候能够成功

研究告诉我们，下列因素对于决定以退为进策略的有效性发挥着非常重要的作用：

1. **第一个请求的尺度**：如果希望以退为进的策略起作用，第一个请求必须一方面大到肯定会被对方拒绝，另一方面又不能让人产生怀疑（Cialdini et al.，1975）。那么，第一个请求有没有合适的尺度呢？Even-Chen、Yinon 和

Bizman（1978）针对这一问题进行了调查，得出的结论是，第一个请求一定要大到能使以退为进策略奏效，不过他们也指出，但它不可以大到引起被说服者的愤怒、不满或者怀疑（Even-Chen et al.，1978）。

2. **期待顺从的类型**：Feeley（2012）及其同事进行的元分析发现，如果是为实现个人目的，以退为进的策略常常效果不明显；但如果是出于利他的目的，则会增加顺从的可能性。而且，将它用于寻找志愿者（比如参与一项调查）和得到口头同意比请求捐款或者行为上的顺从更有效。还有一点，如果提出的请求难度很大，很难被接受，采取以退为进的策略会比单一的请求效果好一点（Feeley et al.，2012）。
3. **第一个请求与第二个请求之间的间隔**：一些对以退为进研究（Dillard et al.，1984；Feeley et al.，2012；Fern et al.，1986）的回顾认为，两个请求之间的间隔时间短一点，对方答应第二个请求的可能性就多一点。举例来讲，Gueguen、Jacob 和 Meineri（2011）发现，去餐厅就餐的顾客如果拒绝了点甜品的建议，很可能会接受点茶或咖啡的建议，尤其是若这一建议是在第一个建议被拒绝后马上就提出来的，而不是等上 3 分钟后才提的。
4. **应由另一个人提出第二个请求吗**？赞同互惠让步解释的研究人员认为，如果第一个请求和第二个请求是由两个人提出，是没有效果的。事实上，如果一个上门推销吸尘器的销售人员的出价是 500 美元，而另一个销售人员给出的价格是 300 美元，那么你可能会进行对比而不是让步。可是如果同一个销售人员给出了这两个价格，你很可能会做出让步，购买第二个价格的商品。

“这不是全部”策略：给点甜头说服对方

还记得那位推销百科全书的朋友吗？在这一章的开篇，我们告诉过大家他是怎样采用登门槛策略设法进入别人家的。但那并不是他把书推销出去所使用的全部方法，他还使用了被他称为“等等，这还不是全部”的策略。他是这么做的：在给客人看过书后，他又给他们出示了一些如果他们同意购买百科全书还能免费得到的东西（一本地图册、一本字典和一本同义词词典），最后他才提出了售书的请求。你或许也在其他场合见过人们使用这一策略。比如，我们是不是都看到过为食物和蔬菜切丁、切片的小器械所做的广告？广告里面的销售人员通常会在演示过使用方法后问你，“你愿意为它花多少钱呢？”；然后他们又会在这个器械旁加一把刀，现在你愿意花多少钱呢？如果再加一瓶胡萝卜清洁剂呢？你反应过来了吧，于是，“赶快打电话购买吧！”

为了证明这一策略的有效性，Jerry Burger进行了几项实验。在一个实验中，他将该策略用于烘焙义卖活动的顾客身上。在顾客询问一种纸杯蛋糕的价格时，他们得到回复的方式有两种：一些顾客被告知一个纸杯蛋糕和两个曲奇饼干共计75美分；另一些顾客没有马上听说曲奇饼干的事，而是在几秒后才被告知每块纸杯蛋糕的售价是75美分，但同时对他们说这里面还包括了两块曲奇饼干。实验的结果显示，“这不是全部”策略确实有助于售出更多的纸杯蛋糕。准确地说，在那些得知了蛋糕和曲奇饼干合计价格的顾客中，只有40%的人掏了钱；而在“这不是全部”策略中，73%的顾客都慷慨解囊了。

这一策略为什么会这么有效果？按照Burger（1986）的理解，“这不是全部”策略之所以有效，可能是因为互惠规范和对比效应（我们在本章中已经讨论过这些了）。首先，销售人员通过额外免费增加一点东西让顾客觉得占了便宜，于是他们感到有义务买下这件商品，这是对销售人员的慷慨行为的一种报答。其次，对比最初的交易，调整后的交易内容似乎更优惠，也更能打动人。

但是，稍等一下，还有一点：在结束讨论前，我们还要指出，“这不是全部”策略不仅包括增加一点东西使交易看上去更有吸引力，也包括把某种商品的价格降低一点儿。比如，Burger（1986）发现，当纸杯蛋糕的价格从1美元降至75美分时，比直接标出75美分能吸引更多的顾客购买。你或许已经注意到了，“这不是全部”策略与以退为进策略很像。不同之处在于，当使用以退为进策略时，说服者要等对方拒绝第一个请求后才能提出第二个小一些的请求，而使用“这不是全部”策略的说服者不必等到对方拒绝就可以给他一点甜头。一些证据显示，在这两种策略中，“这不是全部”策略更具说服力（Burger，1986）。（专栏10.2列举了如何将这两种策略与其他策略结合起来使用。）不过即使是这样，销售人员或其他说服者在使用这一策略时还是需要非常小心，因为也有证据显示，如果销售人员最初的报价与调整后的价格差距太大，可能会适得其反（Burger，Reed，DeCesare，Rauner，& Rozolis，1999）。原因不难理解，试想，如果一位销售人员一开始告诉你一包巧克力饼干要5美元，然后又降到只需75美分，你恐怕会怀疑他最初的报价是故意抬高的，销售人员纯粹是在骗人。（专栏10.3给出了类似的影响方式的更多弊端。）

专栏 10.2 门与脚：策略的扩展和结合

如果要在循序渐进的请求策略中做出选择，哪一个最具效果呢？一些调查直面了这一问题。比如，Chan 和 Au（2011）发现，对于中国孩子来说，教师采用以退为进的策略（比如，先要求做完100道题，然后说做完20道就可以了）比采用登门槛策略（比如，先要求他们完成5道题，然后又要求他们再完成20道题）更管用。但是，与其让这些策略互相较劲，不如在可能的情况下将它们结合起来使用。事实上，Goldman 及其同事（Goldman & Creason，1981；Goldman，Creason，& McCall，1981；Goldman，Gler，& Smith，1981）都认为，将各类循序渐进的策略结合起来的效果最好，也就是说，双管齐下的做法比单一的策略更容易让人顺从。Goldman（1986）在进一步调查后证明，登门槛策略和以退为进策略完全可以结合起来。具体的做法可以是这样的：首先，先向人们提出一个很大的、肯定会被拒绝的请求（比如，"你能给150个人打电话，问他们一些有关动物园的问题吗？"）。接下来，向他们提出一个适度的请求，基本上相当于登门槛策略，因为它后面还会跟着一个更大的请求，但它又要比典型的登门槛策略中最初的请求更有难度（比如，对比这两个请求："你能参与一个耗时25分钟的关于动物园的调查吗？""你能回答三四个关于动物园的问题吗？"）。最后，说服者会给出真正想让人们答应的要求（比如，"你能帮忙整理并发出75封介绍动物园信息的信吗？"）。Goldman（1986）的调查结果发现，这种将两种策略合并的做法比任何一种单一的策略都更具有说服力。

专栏 10.3 给点甜头会让你的产品显得很廉价：销售时搭配免费礼物的弊端

不久前，本书的作者之一想在情人节时给他的妻子买件礼物，于是他去了当地一家百货商店的化妆品柜台。他在手臂上喷洒了十几种香水样品并逐一仔细地闻过后选定了其中的几种。就在他付过款并打算离开时，销售人员突然叫住了他，跟他说她差点忘了，购买那几种香水还可获赠一个免费的礼物——一个带橙色丝带的小手提包。作者对这个手提包很不以为然，因为他觉得免费的赠品都是些过时的或者卖不出去的东西。但是当他将手提包连同香水一起作为礼物交给妻子时，他并没有提及赠品一事。令他吃惊的是，他妻子非常激动，而且相比那些昂贵的香水，她对那个手提包更爱不释手！当时，作者将他与他妻子在认知方面出现的差异归因于他对手提包缺乏鉴赏力。可是后来他偶然读到了一项研究，才知道并不是只有他会这样，许多人都会对免费的赠品产生和他一样的看法。事实上，在一次实验中（Raghubir，2004），参与者们被要求对一条珍珠手镯做出评价。他们中有一半的人被告知这个手镯是买其他东西搭配的免费赠品，另一半则被告知它是件独立的商品。结果显示，第二组人比第一组人愿意花更多的钱购买它。类似的，另一项实验也显示，相较于捆绑销售，"买一送一"的营销方式常常会导致价值贬值的结果——免费赠送的商品被认为不如将其与其他商品一起销售时值钱（Raghubir，2005）。

这些实验也提醒了那些经常将自己的常规商品或服务作为促销时的免费赠品的商家，这样的做法会让他们的顾客以为那些商品或服务不值钱。清楚这一点后，Raghubir（2004）建议商家告知顾客这些礼物的实际价值。比如，与其说这个手提包是一件"免费的礼物"，不如说，"作为我们的一点心意，您还将得到这个价值50美元的手提包。"

低价策略：变换交易的条件

如果你曾在经销商那里买过车，你很可能已经感受过低价策略。它是这样策划的：首先，销售人员给你报出一个太有诱惑力以致你无法拒绝的价格，他给你看中的那款车的报价比其他任何地方的价格都低了好几百美元。你很激动，决定立即购买。可是这时一定会发生一些情况。比如，销售人员可能会告诉你，那个价格不含某个比较贵的装置（比如空调），而你起初以为它是包括在报价里的。或者销售人员会说需要让他的经理审批这个价格，然后告诉你报价被经理拒绝了。为什么会这样？因为如果以那么便宜的价格销售，经销商是要赔钱的。总之，最初的报价被收回了，你需要支付更多的钱来买这辆车。

很狡猾吧？一点不错，可是竟然很有效。事实上，Cialdini 及其同事（Cialdini，Cacioppo，Bassett，& Miller，1978）进行的一些调查发现，低价策略具有极大的说服力。在一项调查中，Cialdini 及其同事想看看能否通过这一策略让大学生们早点起床。他们是这样做的：一些学生直接被问到能否在早上七点参加一个"思维实验"；另一些学生则只是被问到能否参加这一实验，但并没有告诉他们具体的时间。等他们同意参加后，才告知他们实验的开始时间，然后问他们是否仍愿意参加。也就是说，研究者对第二组学生采用了低价策略。研究的结果显示，在没有被采用低价策略的学生中，仅有31% 的学生答应参加，而有56% 的被采用低价策略的学生选择参加。Cialdini 等人进行的另两项研究也得到了类似的结果（Cialdini et al.，1978）。

虽然低价策略看似很不道德，但它经常被人们使用。比如，信用卡的发卡机构就总是用较低的初始费率诱惑顾客，而实际情况是几个月之后，那些费率会2倍甚至3倍地增长。一些抵押贷款的可调利率采取的也是这一做法：前几年的利率很合理，然后嘭的一下，偿还巨款的时候到了。就连大学也被怀疑采用了这一手段。具体来说，大多数学校都想招收新学生，你能想到他们会使出什么招数来吗？《财金世界》（*Financial World*）上登过一篇文章（Williams，1995），给出了这样的警告：

> 当说到学费时，所有的大学——甚至包括那些傲慢的常春藤学校——都会说谎。如果你觉得这让大学听上去和汽车经销商差不多，那你的想法一点也没错。雷蒙德·洛伊是一位来自新泽西马尔顿的理

财规划师，他任职的公司名叫大学资金，专门帮学生的父母支付学费。他说，"汽车经销商告诉你某辆车只需20000美元，可最后加上其他配置，实际变成了23000或者24000美元。大学也是这么做的，他们先采用低价策略告诉你一个大概需要支付的学费，等你报名后才会知道真正得付多少费用。"（p.69）

低价策略为什么行得通

按照 Cialdini 及其同事（1978）的说法，承诺或许是低价策略能够奏效的原因。我们以购买汽车的顾客为例加以说明。Cialdini 及其同事认为，当顾客接受了最初的报价，他在心理上就认为自己已经确定要拥有这辆车了。因此，即使后来购车的条件发生了变化，顾客也很难改变自己做出的决定和承诺了。

Burger 和 Petty（1981）给出了低价策略之所以奏效的第二个原因，他们认为，人们被这一策略征服是因为答应了最初的要求就会让人觉得有一个未尽的义务。换句话讲，人们答应第二个费用更高的要求是为了兑现做出的承诺。为了验证这一猜想，Burger 和 Petty（1981）在经过调查后证实，低价策略起作用的前提是前后两个要求必须是由同一个人提出的，如果由另一个人提出第二个不再有吸引力的要求，它就不可能奏效。

"对不起，我们没有你想要的尺码了，但是……"：诱饵与调包策略

下一次当你看到大减价的广告时，一定要小心，否则你就可能落入被一些研究者（Joule，Gouilloux，& Weber，1989）称为"诱饵"的说服陷阱：

> 当商品大减价时，这一策略经常被用到。比如，在商店橱窗非常显著的位置，陈列着一双很漂亮的鞋，并且被标出减价40%。受到诱惑的顾客肯定会走进商店，希望能用这样优惠的价格买下它，可是销售人员告诉他说那双鞋没有他想要的尺码了。就在顾客打算失望地离去时，销售人员会拿出另一双与那双降价的鞋很像的新鞋，唯一不同的是，这双鞋只按正常价格出售。（p.742）

旅游行业也会使用这一伎俩，它通常被称为诱饵与调包策略。比如，作为

促销的一部分，旅行社会在打出的广告中介绍一个非常便宜的假期旅游项目。可是当有意向的游客前去报名时，发现它的名额很有限，而且已经售完了。这时，除了回家生闷气，唯一的解决办法就是花更多的钱选择另一个更贵的出行方案。

Joule（1989）及其同事进行的调查显示，诱饵与调包策略在说服他人时很有效果。在一项调查中，他们让几个学生报名参加一个非常有趣并且报酬丰厚的实验。可是当学生们到场后，他们被告知该实验取消了。即便如此，对比那些事先没有受到诱惑的学生，这些学生更愿意参加另一项不是很有趣而且没有报酬的实验。

按照Joule及其同事的观点，诱饵与调包策略和低价策略以及登门槛策略有相似之处，但也有区别。与低价策略相同的是，诱饵与调包策略需要被说服者做出两个决定：一个在知道最终的价格前，一个在知道最终的价格后。但是，低价策略关注的是同一行为（比如，花30美元或者40美元买一双红色的鞋）；而诱饵与调包策略关注的是不同的行为（比如，花30美元买一双红色的鞋，或者花40美元买另一款红色的鞋）。同样的，诱饵与调包策略和登门槛策略都包含一个付出得少的行为和一个付出得多的行为，但登门槛策略需要被说服者先答应一个小请求，而在诱饵与调包策略中，被说服者不可能答应小请求（Joule et al., 1989）。

打乱然后重新定义策略：我晕了

如果我们告诉你，买5个夹心巧克力只需400美分，你会买吗？太便宜了！

在你得到这样的促销信息后，先不要急着买，否则你很可能上被称为打乱然后重新定义策略的当。按照Davis和Knowles（1999）的说法，打乱然后重新定义策略基于这样一种假设：某些请求（比如请求为慈善机构捐款）会在被说服者的心中造成冲突。准确地说，就是被说服者既想提供帮助，又对需要花费钱或精力不太情愿。打乱然后重新定义策略通过打乱被说服者的抵触情绪化解了他的内心冲突。它是怎样做到的呢？按照Davis和Knowles（1999）的说法，一些干扰技巧（比如，不合逻辑的推论、以异常的方式提出请求）可以被用来转移人的注意力。一旦达到这一目的，就立即用一个正面的说法重新提出请求（比如，“太便宜了！”），从而将被说服者潜在的帮助欲望激发出来。

为了验证这一策略的有效性，Davis和Knowles（1999）对一些挨家挨户上门推销的销售人员进行了调查，他们为了给一个慈善机构筹款，试图售出一些贺卡。销售人员为潜在的买主提供了不同的信息，有的顾客听到的是直截了当的销售用语："这些贺卡只要3美元，太便宜了。"而另一些顾客听到的却是有点怪异的说法（打乱然后重新定义策略）："这些贺卡只要300美分……噢，也就是3美元，太便宜了。"调查的结果显示，在销售人员使用了打乱然后重新定义策略后，他们售出的贺卡远远超出了直截了当的做法（Davis & Knowles，1999）。对一些调查的元分析也认为，这一策略是有效的，特别是在将它用于为非营利机构的募捐时（Carpenter & Boster，2009）。

对微不足道的援助予以认可：哪怕是 1 分钱也能帮上忙

如果你曾有过为慈善机构筹款的经历，你一定听过人们这样说，"我现在拿不出那么多钱"或"我没有可供捐助的钱"。这些是人们常用的借口，但同时，简单一招就能让它们失效，这种办法被称为*对微不足道的援助予以认可*。具体来讲，Cialdini 和 Schroeder（1976）发现，在为美国癌症协会寻求捐款时，在说服性信息之后加上一句"哪怕是1分钱也能帮上忙"，就可以增加捐款的概率。这个办法之所以有效，不仅是因为它能让人们无法再使用那些常用的借口，还能让提出的请求显得不是强迫性的，反而让那些对此拒绝的人担心自己会被看作毫无同情心的吝啬鬼（Cialdini & Schroeder，1976）。以前大量的研究均证明，这是获得捐款的一个行之有效的方法，而且如果将它与其他一些能够产生影响作用的技巧结合起来并且当面使用，效果会更好（Andrews，Carpenter，Shaw，& Boster，2008）。不过，到目前为止的研究也发现，这一方法在用于让人们牺牲一点自己的时间从事公益活动时（比如，"哪怕花几分钟也可以"），效果不如让人们捐钱时理想（Dibble，Cacal，Kubulins，Peyton，Taniguchi，van Raalte，& Wisner，2011）。此外，虽然不是全部的研究，但有一些研究的确发现，这一方法会减少个人的捐款金额（Fraser & Hite，1989；Shearman & Yoo，2007）。不过即便如此，最终全部的捐款金额完全可以弥补这方面的缺失。

恐惧加抚慰程序和快乐加失望程序：社会影响对情绪的强烈冲击

如果你喜欢看侦探小说和电影，那你一定非常熟悉“红脸和白脸”的审讯方式。首先，“白脸”先出场，虐待嫌疑人，羞辱他，冲他大喊大叫，并且威胁要伤害他。这时，“红脸”走进审讯室，让“白脸”冷静下来，然后给嫌疑人递一杯咖啡，再说点关心的话，以此打动他，从而使他招供。从这样的情境中，Dolinski 和 Nawrat（Dolinski，2007；Dolinski & Nawrat，1998）发现了*恐惧加抚慰程序*。这一程序的依据是，恐惧会促使人们以某种方式做出回应。具体来讲，当人产生了恐惧情绪时，它会导致人停止所有行为而变得非常小心谨慎，并可能伴随逃跑、吓呆等动作。这时，如果恐惧突然被消除，人会在短时间里失去辨别能力，有点不知所措，因此非常容易听命于他人，也就是说这是说服他的最佳时机。以前的研究都证明这种程序是可以奏效的。比如，在实验中，他们让一些人先受到惊吓（比如，对乱穿马路的人吹警笛；或者给非法停放的车辆贴“违章通知单”），然后又安抚他们（比如，告诉他们吹警笛的人其实不是警察；所谓的“违章通知单”只不过是些宣传单而已）。结果他们发现，对比没有受到惊吓的人，这些人更容易顺从（比如，愿意配合调查等）（Dolinski，2007）。研究还认为，忽上忽下的情绪变化所产生的说服效果并不限于恐惧加抚慰。事实上，一项调查发现，*快乐加失望程序*（比如，从地上捡起一张原以为是一张纸币的纸）也可以让人们更配合后面的请求（Nawrat & Dolinski，2007）。

在结束本节前，我们认为强调一下与使用影响策略有关的道德考量是很有必要的，特别是当说服过程中还要涉及一些令人不快的情绪（比如恐惧）时。因此，请务必记住一点，一种策略有效并不意味着它是符合道德标准的。考虑到这一话题非常重要，我们将在第十三章和第十六章更详细地讨论与情绪和道德相关的话题。

倒下—起来—继续：我被打倒了，可我又站起来了

“永不言败”这四个字很准确地诠释了“*倒下—起来—继续*”策略，它是由 Boster 及其同事（Boster，Shaw，Hughes，Kotowski，Strom，& Deatrick，2009）提出的。在使用这一策略时，说服者们不会因为最初的请求被拒绝了就轻易放

弃，相反，他们会锲而不舍地继续寻求其他办法。比如，他们会问自己“问题出在哪儿啦？”，或者直面遇到的阻碍。举例来讲，在一位顾客因某件商品太贵而拒绝购买后，销售人员可能会提出一个分期付款的方案。按照 Boster 及其同事的观点（Boster et al.，2009），这种坚持是值得的。事实上，他们发现，“倒下—起来—继续”策略与登门槛策略及以退为进策略一样有效，有时甚至比后两者更有效。

总 结

在本章中，我们分别探讨了一些循序渐进的说服策略的有效性。预先给予策略能让被说服者感到有所亏欠，这样他就会更顺从地接受请求。登门槛策略是先提出一个小请求，随后又提出一个大请求。口中效应则是先让对方承认自己感觉不错，然后迫使他们的行为与自己宣称的感觉相一致。以退为进策略与登门槛策略相反，是先提出一个大请求，随后又提出一个小请求。“这不是全部”策略会将交易渲染得非常具有吸引力，促使顾客接受。在使用低价策略时，被说服者会先发现一个极具吸引力的条件，之后却被说服接受另一个不是那么有吸引力的条件。类似的，诱饵与调包策略先用有吸引力的商品诱惑顾客，目的是让他们购买不那么有吸引力的代替商品。打乱然后重新定义策略则是先转移人们对请求的抗拒，然后再用另一种正面的表达法说服他们。对微不足道的援助予以认可的方法让人们无法为拒绝捐款找出理由。恐惧加抚慰的程序是在人的情绪产生突变而失去辨别能力时趁机说服他们。最后，“倒下—起来—继续”策略是希望说服者能克服在说服过程中遇到的阻力，坚持下去。所有这些策略都有一个共同之处，即根据在现实世界中遇到的实际情况来应对，而且它们都承认说服是一个存在变数的动态过程，不一定一击即中。

参考文献

Abrahams, M. F., & Bell, R. A. (1994). Encouraging charitable contributions: An examination of three models of door-in-the-face compliance. *Communication Research, 21*, 131–153.

Andrews, K. R., Carpenter, C. J., Shaw, A. S., & Boster, F. J. (2008). The legitimization of paltry favors effect: A review and meta-analysis. *Communication Reports, 21,* 59–69.

Bell, R. A., Cholerton, M., Fraczek, K. E., Rohlfs, G. S., & Smith, B. A. (1994). Encouraging donations to charity: A field study of competing and complementary factors in tactic sequencing. *Western Journal of Communication, 58,* 98–115.

Bem, D. J. (1972). Self-perception theory. In L. Berkowitz (Ed.), *Advances in experimental social psychology*

(Vol. 6, pp. 2–62). New York: Academic Press.

Boster, F. J., Shaw, A. S., Hughes, M., Kotowski, M. R., Strom, R. E., & Deatrick, L. M. (2009). Dump-and chase: The effectiveness of persistence as a sequential request compliance-gaining strategy. *Communication Studies, 60,* 219–234.

Burger, J. M. (1986). Increasing compliance by improving the deal: The that's-not-all technique. *Journal of Personality and Social Psychology, 31,* 277–283.

Burger, J. M. (1999). The foot-in-the-door compliance procedure: A multiple-process analysis and review. *Personality and Social Psychology Review, 3*(4), 303–325.

Burger, J. M., & Guadagno, R. E. (2003). Self-concept clarity and the foot-in-the-door procedure. *Basic and Applied Social Psychology, 25*(1), 79–86.

Burger, J. M., & Petty, R. E. (1981). The low-ball compliance technique: Task or person commitment? *Journal of Personality and Social Psychology, 40,* 492–500.

Burger, J. M., Reed, M., DeCesare, K., Rauner, S., & Rozolis, J. (1999). The effects of initial request size on compliance: More about the that's-not-all technique. *Basic and Applied Social Psychology, 21*(3), 243–249.

Burger, J. M., Sanchez, J. Imberi, J. E. & Grande, L. R. (2009). The norm of reciprocity as an internalized social norm: Returning favors even when no one finds out. *Social Influence, 4,* 11–17.

Carpenter, C. J., & Boster, F. J. (2009). A meta-analysis of the effectiveness of the disruptthen-reframe compliance gaining technique. *Communication Reports, 22,* 55–62.

Chan, A. C., & Au, T. K. (2011). Getting children to do more academic work: Foot-in-the-door versus door-in-the-face. *Teaching and Teacher Education, 27,* 982–985.

Chartrand, T., Pinckert, S., & Burger, J. M. (1999). When manipulation backfires: The effects of time delay and requester on the foot-in-the-door technique. *Journal of Applied Social Psychology, 29*(1), 211–221.

Cialdini, R. B. (1993). *Influence: The psychology of persuasion* (Rev. Ed.). New York: Morrow.

Cialdini, R. B., Cacioppo, J. T., Bassett, R., & Miller, J. A. (1978). Low-ball procedure for producing compliance: Commitment then cost. *Journal of Personality and Social Psychology, 36,* 463–476.

Cialdini, R. B., & Goldstein, N. J. (2004). Social influence: Compliance and conformity. *Annual Review of Psychology, 55,* 591–621.

Cialdini, R. B., & Guadagno, R. E. (2004). Sequential request compliance tactics. In J. S. Seiter & R. H. Gass (Eds.), *Readings in persuasion, social influence, and compliance gaining* (pp. 207–222). Boston: Allyn & Bacon.

Cialdini, R. B., & Schroeder, D. A. (1976). Increasing compliance by legitimizing paltry contributions: When even a penny helps. *Journal of Personality and Social Psychology, 34,* 599–604.

Cialdini, R. B., Trost, M. R., & Newsom, J. T. (1995). Preference for consistency: The development of a valid measure and the discovery of surprising behavioral implications. *Journal of Personality and Social Psychology, 69,* 206-215.

Cialdini, R. B., Vincent, J. E., Lewis, S. K., Catalan, J., Wheeler, D., & Darby, B. L. (1975). Reciprocal concessions procedure for inducing compliance: The door in-the-face technique. *Journal of Personality and Social Psychology, 31,* 206–215.

Davis, B. P., & Knowles, E. S. (1999). A disrupt-then-reframe technique of social influence. *Journal of Personality and Social Psychology, 76*(2), 192–199.

DeJong, W. (1979). An examination of self-perception mediation of the foot-in-the-door effect. *Journal of Personality and Social Psychology, 37,* 2221–2239.

Dibble, J. L., Cacal, M., Kubulins, A. R., Peyton, A. M., Taniguchi, E., van Raalte, L. J., & Wisner, A. M. (2011). Sequential persuasion strategies: Testing explanations for the generality of the legitimization of paltry favors effect. *Communication Reports, 24,* 63–73.

Dillard, J. P. (1990). Self-inference and the foot-in-the-door technique: Quantity of behavior and attitudinal mediation. *Human Communication Research, 16,* 422–447.

Dillard, J. P., Hunter, J. E., & Burgoon, M. (1984). Sequential-request persuasive strategies: Meta-analysis of foot-in-the-door and door-in-the-face. *Human Communication Research, 10,* 461–488.

Dolinski, D. (2007). Emotional see-saw. In A. R. Pratkanis (Ed.), *The science of social influence: Advances and future progress* (pp. 137–153). New York: Psychology Press.

Dolinski, D., & Nawrat, R. (1998). "Fear-then-relief" procedure for inducing compliance. Beware when the danger is over. *Journal of Experimental Social Psychology, 34,* 27–50.

Even-Chen, M., Yinon, Y., & Bizman, A. (1978). The door in the face technique: Effects of the size of the

initial request. *European Journal of Social Psychology, 8,* 135–140.
Feeley, T. H., Anker, A. E., & Aloe, A. M. (2012). The door-in-the-face persuasive message strategy: A meta-analysis of the first 35 years. *Communication Monographs, 79,* 316-343.
Fern, E. F., Monroe, K. B., & Avila, R. A. (1986). Effectiveness of multiple request strategies: A synthesis of research results. *Journal of Marketing Research, 23,* 144–152.
Fraser, C., & Hite, R. E. (1989). The effect of matching contribution offers and legitimization of paltry contributions on compliance. *Journal of Applied Social Psychology, 19,* 1010–1018.
Freedman, J. L., & Fraser, S. C. (1966). Compliance without pressure. *Journal of Personality and Social Psychology, 4,* 195–202.
George, W. H., Gournic, S. J., & McAfee, M. P. (1988). Perceptions of postdrinking female sexuality. *Journal of Applied Social Psychology, 18,* 1295–1317.
Goei, R., Roberto, A., Meyer, G., & Carlyle, K. (2007). The effects of a favor and apology on compliance. *Communication Research, 34,* 575–595.
Goldman, M. (1986). Compliance employing a combined foot-in-the-door and door-in-the-face procedure. *Journal of Social Psychology, 126,* 111–116.
Goldman, M., & Creason, C. R. (1981). Inducing compliance by a two-door-in-the-face procedure and a self-determination request. *Journal of Social Psychology, 114,* 229–235.
Goldman, M., Creason, C. R., & McCall, C. G. (1981). Compliance employing a two feet-in-the-door procedure. *Journal of Social Psychology, 114,* 259–265.
Goldman, M., Gier, J. A., & Smith, D. E. (1981). Compliance as affected by task difficulty and order of tasks. *Journal of Social Psychology, 114,* 75–83.
Gorassini, D. R., & Olson, J. M. (1995). Does self-perception change explain the foot-in-the-door effect? *Journal of Personality and Social Psychology, 69,* 91–105.
Groves, R. M., Cialdini, R. B., & Couper, M. P. (1992). Understanding the decision to participate in a survey. *Public Opinion Quarterly, 56,* 475–495.
Guadagno, R. E., Asher, T., Demaine, L., & Cialdini, R. B. (2001). When saying yes leads to saying no: Preference for consistency and the reverse foot-in-the-door effect. *Personality and Social Psychology Bulletin, 27,* 859–867.
Guéguen, N. (2001). Social labeling and compliance: An evaluation of the link between the label and the request. *Social Behavior and Personality, 29,* 743–748.
Guéguen, N., Jacob, C., & Meineri, S. (2011). Effects of the door-in-the-face technique on restaurant customers' behavior. *International Journal of Hospitality Management, 30,* 759–761.
Hendrickson, B., & Goei, R. (2009). Reciprocity and dating: Explaining the effects of favor and status on compliance with a date request. *Communication Research, 36,* 585–608.
Howard, D. (1990). The influence of verbal responses to common greetings on compliance behavior: The foot-in-the-mouth effect. *Journal of Applied Social Psychology, 20,* 1185–1196.
Joule, R. V., Gouilloux, F., & Weber, F. (1989). The lure: A new compliance procedure. *Journal of Social Psychology, 129,* 741–749.
Meineri, S., & Guéguen, N. (2011). "I hope I'm not disturbing you, am I?" Another operationalization of the foot-in-the-mouth paradigm. *Journal of Applied Social Psychology, 41,* 965–975.
Nawrat, R., & Dolinski, D. (2007). "See-saw of emotions" and compliance. Beyond the fear-then-relief rule. *Journal of Social Psychology, 147,* 556–571.
O'Keefe, D. J., & Figgé, M. (1997). A guilt-based explanation of the door-in-the-face influence strategy. *Human Communication Research, 24,* 64–81.
O'Keefe, D. J., & Hale, S. L. (1998). The door-in-the-face influence strategy: A randomeffects meta-analytic review. In M. E. Roloff (Ed.), *Communication yearbook 21*(1–33). Thousand Oaks, CA: Sage.
O'Keefe, D. J., & Hale, S. L. (2001). An odds-ratio-based meta-analysis of research on the door-in-the-face influence strategy. *Communication Reports, 14*(1), 31–38.
Pendleton, M. G., & Batson, C. D. (1979). Self-presentation and the door-in-the face technique for inducing compliance. *Personality and Social Psychology Bulletin, 5,* 77–81.
Raghubir, P. (2004). Free gift with purchase: Promoting or discounting the brand? *Journal of Consumer Psychology, 14,* 181–186.
Raghubir, P. (2005). Framing a price bundle: The case of "buy/get" offers. *Journal of Product and Brand Management, 14,* 123–128.

Regan, D. T. (1971). Effects of a favor and liking on compliance. *Journal of Experimental Social Psychology, 7,* 627–639.

Seligman, C., Bush, M., & Kirsch, K. (1976). Relationship between compliance in the footin-the-door paradigm and size of first request. *Journal of Personality and Social Psychology, 33,* 517–520.

Shearman, S. M., & Yoo, J. H. (2007). "Even a penny will help!": Legitimization of paltry donation and social proof in soliciting donation to a charitable organization. *Communication Research Reports, 24,* 271–282.

Tusing, K. J., & Dillard, J. P. (2000). The psychological reality of the door-in-the-face: It's helping, not bargaining. *Journal of Language and Social Psychology, 19*(1), 5–25.

Weyant, J. M. (1996). Application of compliance techniques to direct-mail requests for charitable donations. *Psychology & Marketing, 13*(2), 157–170.

Williams, G. (1995, September 26). Tuition financing 101. *Financial World*, p. 69.

第十一章

获得依从

本章概览

- 行动最有力量：对依从获得的定义
- 开端：依从获得研究的起源
- 情境："视情况而定"的依从获得行为
  - 请求陌生人和熟人的依从
  - 权力、合理性和礼貌
- 你是谁？个体性格特征与依从获得行为
- 依从研究中遇到的问题：天堂里的烦恼
  - 伴随类型学发展出现的问题：一会儿是这个策略，一会儿又是那个策略
  - 构建与选择以及其他的方法论问题
- 对依从获得目标的研究：矢志不渝
  - 目标如何为依从获得情境增添意义：阿尔菲，这一切都是想要干什么？
  - 主要目标与次要目标：鱼和熊掌不能兼得

一位警察让一个司机把车停在路边，然后对他说："先生，你的车一直在横冲直撞，我想请你吹一下这个酒精测试仪。"

司机回答说："很抱歉，我有哮喘的毛病，不能吹任何东西，否则马上就会喘个不停。"

"那好，那我们去警察局做个尿检吧。"

"长官，这恐怕也不行，因为我有糖尿病，谁知道我的血糖会是什么状况。"

"那样的话，你除了验血就别无选择了。"

司机说："那也不可以，你知道吗？我有血友病，稍微用针扎一下就会因出血而死。"

"好吧，那你就从车里出来，闭上眼睛，走直线。"

"对不起，长官。"

"又怎么啦？"

"我喝得太多了，走不了。"

我们都很喜欢这个笑话，不只是因为它很幽默，还因为它反映了本章的一个主题。准确地讲，当面对一个需要说服的情境时，可供使用的办法不止一个。

事实上，笑话中的警察用了好几个方法来说服那个司机，而司机也想出了多个说辞来抗拒警察的要求，在现实生活中，说服者们也会想出各种办法进行说服，而另一方面，被说服者也会千方百计地抵挡说服的意图。那么说服和反抗说服意图的双方会使用哪些类型的策略呢？人们最可能使用哪些具体方法呢？这些方法是否需要因环境的改变而发生变化呢？

研究人员对上述问题都进行了探究，因为他们对这一通常被称为依从获得的领域也很感兴趣，而这正是我们本章的话题。但在我们讨论其研究及其结果前，让我们先来了解一些相关的定义。

行动最有力量：对依从获得的定义

我们以前认识的一个人喜欢说“我不在意你心里是不是恨我，只要你能对我有用。”我们认为这句话很好地诠释了思想与行动的区别，而这也是依从获得与其他类型的说服之间最大的不同。我们在第二章中提到过，区别说服与依从的差异是很有必要的。说服是一个总称，它包括想法、态度、意图、动机和行为的改变；而依从更为具体，主要指一个人外显行为的改变。举例来讲，妈妈对她10岁的儿子说，“去把垃圾扔了。”如果孩子回答说，“我不想去。”妈妈可能会这样回应他，“我不在乎你想不想，我只是让你去把它扔了！”在这个场景中，妈妈不关心孩子观念或态度的转变，她也不想考虑孩子是否愿意做这件事，也不在乎让孩子从中懂得垃圾的可再生价值等，她只要求依从，也就是行为的改变（把垃圾拿出去扔了）。总之，对依从获得的整体研究聚焦的是旨在让别人做某事或以某种方式行事的说服。

我们还应当指出，依从获得与传统意义上的说服在其他方面也有很大的不同。首先，在大多数时候，对依从获得的研究关注的是人际间、面对面场合下的影响作用，而不是在一对多的环境中。此外，虽然在技术层面上，依从获得研究这一术语可以指代任何关注影响接收者行为的尝试，但它更多地侧重于对说服信息“发出者”而非“接收者”的研究。也就是说，传统研究关注的是识别哪种策略在说服他人时最有效果，而依从获得研究试图识别人们最可能选择和使用哪种策略来影响别人或者抵制别人的影响。我们先从探讨这一类型的研究是怎样开始的入手。

开端：依从获得研究的起源

假设你是一位孩子的家长，而你儿子的房间像猪圈一样脏乱。你会采用什么办法让他收拾房间？你能想出几种不同的方法吗？如果不能，请往下读，或许能帮助你找到一些应对之策。

虽然沟通领域的学者们对于依从获得进行了大量研究，但最初的研究始于两位社会学家—— Gerard Marwell 和 David Schmitt，他们早在1967年就开始这方面的研究了。在重新回顾了之前有关权力和影响力的研究与理论后，这两位研究人员设计了一个分类系统，包含了16种可以用于获得依从的策略（见表11.1）。之后，他们让人们设想自己置身于四种情形（请求一位导师的帮助、请求进行更多的调研、请求买一个东西和请求得到升职）之一，接着问他们在每种情形下可能怎样使用这16种策略。最后，基于人们的反馈，Marwell 和 Schmitt 按照其共性将这些策略归并为五类基本的依从获得策略：

- **奖励活动**：以积极、正面的方式寻求依从（比如，做出承诺）。
- **惩罚活动**：以绝对负面的方式寻求依从（比如，发出威胁）。
- **专业知识**：试图让他人相信说服者具有某些特殊的知识（比如，努力表现得很值得信赖）。
- **激活客观承诺**：极力唤起他人内化的承诺（比如，告诉一个人，如果他不依从，他会感觉很糟糕）。
- **激活个人承诺**：唤起一个人对他人的承诺（比如，指出某人是有亏欠的，因此应当报恩）。

表 11.1　Marwell 和 Schmitt 的依从获得策略，并以你如何让你的儿子博福特打扫房间作为示范

1. **承诺奖励**：你告诉某人，如果他答应了你的请求，你会给予他奖励。比如，你答应博福特，如果他肯打扫房间，你就会给他买一个蛋卷冰激凌。
2. **威胁惩罚**：你告诉某人，如果他不答应你的请求，你就会惩罚他。比如，你威胁博福特，如果他不肯打扫房间，你就要没收他的电子游戏机。
3. **使用正面的专业知识**：因为你知道什么是最好的，或者"事情应该是怎样的"，于是你告诉某人，如果他答应你的请求，对他是有好处的。比如，你告诉博福特，根据你的经验，那些能够在生活中获得成功的人都是干净、有条理的人。
4. **使用负面的专业知识**：因为你知道什么是最好的，或者"事情应该是怎样的"，于是你告诉某人，如果他不答应你的请求，会让他遭受怎样的负面影响。比如，你告诉博福特，根据你的经验，懒虫们是不会成功的。

（续表）

5. **提升受欢迎的程度：**在让某人答应你的请求前，先让他喜欢上你。比如，在让博福特打扫房间前，你在他面前要表现得令他喜欢并且很在意他。
6. **使用互惠原则：**在寻求对方的同意前，你先要给予他所需要的。比如，你先给博福特买一个他一直想要的电子游戏机，然后再让他打扫房间。
7. **实施惩罚：**你不停地惩罚某人，直至他答应了你的请求。比如，你禁止博福特玩电子游戏机，并且告诉他在使自己的房间保持干净一个月后才能玩。
8. **制造亏欠感：**你告诉某人，他应当答应你的请求，因为你曾有恩于他。比如，你告诉博福特，你是一位好父亲／母亲，因为你竭尽全力为他提供他想要的和需要的，所以他应当用保持自己房间的整洁来报答你。
9. **引发道德责任：**你告诉某人，如果他不答应你的请求，就是不道德的。比如，你告诉博福特，缺乏条理和脏乱的人在道德上是有瑕疵的。
10. **提升正面形象：**你告诉某人，依从能够提升他的自我形象。比如，你告诉博福特，如果房间干净整洁，会让他对自己产生好的认知。
11. **产生负面形象：**你告诉某人，不依从会有损他的自我形象。比如，你告诉博福特，如果房间又脏又乱，会让他对自己产生不好的认知。
12. **使用正面形象改变自我行为：**你指出，受人尊敬的人都会答应你的请求，然后对某人讲，如果他也想成为那样的人，就应当接受这个请求。比如，你告诉博福特，像他这样的好孩子肯定都愿意把自己的房间打扫得干净整洁。（关于这一策略，专栏 11.1 介绍了更多内容）
13. **使用负面形象规避自我行为：**你可以指出，只有品性不佳的人才会不答应你的请求，因此如果某人不希望被人看作那种不好的人，就应当同意你的请求。比如，你告诉博福特，只有令人讨厌的小男孩才会把房间弄得很脏，所以他应当把房间打扫干净。
14. **表现出利他的品格：**告诉某人，他的无私帮助对你非常重要。比如，你告诉博福特，你的工作让你感到筋疲力尽，因此如果他能把自己的房间打扫干净，就是帮了你很大的忙。
15. **使用受人尊敬的形象的正面评价：**你告诉某人，如果他同意你的请求，他所敬仰的人会对其予以好评。比如，你告诉博福特，如果他能保持房间干净整洁，他的哥哥蒂姆（他是博福特的偶像）会为他感到骄傲。
16. **使用受人尊敬的形象的负面评价：**你告诉某人，如果他不同意你的请求，他所敬仰的人会对其予以负面评价。比如，你告诉博福特，如果他把自己的房间弄得很脏乱，他的哥哥蒂姆（他是博福特的偶像）会对他感到很失望。

专栏 11.1 | 只有傻瓜才会拒绝：对重塑形象策略的审视

如同表 11.1 所指出的那样，在被用作依从获得策略时，负面形象会被设计成不讨人喜欢的角色，从而期望人们为避免成为那样的人而选择答应请求。比如，一个正在寻求捐款的人会说，“只有毫无同情心的人才会拒绝给那些生活在饥饿中的孩子们提供点食物。”这时他就使用了负面形象。不过在你决定采用这一策略时，先要清楚一点：研究表明，人们通常认为，相较于使用亲社会策略的人，使用负面形象策略的人更缺乏能力（Johnson，1992）。不仅如此，它产生的说服效果也不理想。比如在一项实验中（Turner，Banas，Rains，Jang，Moore，& Morrison，2010），研究人员将贴了邮票但未寄出的信压在了数千辆停放的车辆的雨刷器下面，信的旁边还有一张纸条，上面分别使用了三种依从获得策略中的一种：(1) 正面形象（“我在你的车旁发现了这封信，如果它不是你的，作为一个善良的人，请把它寄出去。”）；(2) 负面形象（“我在你的车旁发现了这封信，如果它不是你的，只有坏人才会不把它寄出去。”）；(3) 直接请求（“我在你的车旁发现了这封信，如果它不是你的，请把它寄出去。”）结果显示，使用负面形象策略的效果最不好。准确地说，直接请求策略和正面形象策略使

> 大部分人都把信寄了出去，但负面形象策略没能产生同样的效果（Turner et al., 2010）。这就是为什么人们认为只有傻瓜才会使用负面形象策略！

Marwell 和 Schmitt（1967）所进行的研究表明，说服者可以使用的策略有很多。这项研究非常重要，因为它是之后研究依从获得的基础。但是与许多其他关于人际交流的研究一样，该项研究让依从获得显得比实际情况容易得多。大家将在本章的后半部分看到对它的批评及它有待改进的地方。不过，让我们先来讨论一下影响依从获得策略选择的因素。

情境："视情况而定"的依从获得行为

在写本章的很久以前，本书的作者之一遇到了两个需要说服的情境。在第一个情境中，作者当时2岁的儿子正在餐桌旁上演食物大战，他把一大块烤牛肉、肉酱以及其他所有能拿到的食物都朝他哥哥扔去，场面一片混乱。就在小家伙又要扔第二块牛肉时，作者开始干预了，他对儿子说，只要他再扔一块"牛肉炸弹"，就会被"关禁闭"（让他一个人在卧室里待上2分钟）。值得庆幸的是，作者的话起作用了，那块牛肉进了孩子的嘴里。

在第二个情境中，作者需要让他的老板赶快看一份文件并且在上面签字，因为这份文件的提交时间就要到了。虽然采用类似威胁孩子的做法或许也行得通，但那么做显然非常不合适。相反，作者轻轻地敲了敲老板办公室的门，面带微笑，很有礼貌地问老板，"您是否能抽时间看一下文件？"

在这里要指出的是，虽然我们可以孤立地讨论每种依从获得策略，但任何一种策略都不可能适用于所有场合。准确地讲，就连试图说服同一个人，只要环境发生了变化，也需要考虑采取不同的策略。比如，劝说一个2岁的孩子不要在插座附近玩和劝说他尝尝芦笋时，就应当使用不同的策略。因此，环境在很大程度上决定了我们该选择怎样的依从获得策略。

一段时间以来，研究沟通的学者们认为，劝说行为会因环境的不同出现巨大的差异。举例来讲，Cody、Woelfel 和 Jordan（1983）进行的研究显示，在选择使用哪种依从获得策略时，有七个与环境有关的因素会影响你的决定：

- **支配**：关系中彼此控制或权力影响的程度。比如，老板通常更有权力对下属施加影响，因此老板与下属使用的策略会不一样。

- **亲密关系**：关系中的一个人对另一个人的情感依恋或了解程度。比如，配偶间的关系更亲密，更关注对方，因此他们之间使用的策略肯定与和陌生人之间使用的策略有很大的不同。
- **抗拒**：说服者认为某个策略会遭到抵抗的程度。比如，对比不太可能被拒绝的策略，遭到拒绝的策略很可能不可轻易使用。（关于这一点，可阅读专栏11.2，了解更多详情）
- **个人益处**：依从会给自己和对方带来益处的大小。比如，被认为能够产生最大益处的策略最可能被使用。
- **权利**：说服者认为某项要求的合理性高低。比如，说服者可能会认为，抱怨邻居家的狗不停地叫导致他无法睡觉是合理的；但如果抱怨别人的发型就谈不上有理由了。
- **关系结果**：某个策略会对说服者与被说服者的关系产生的长期或短期影响的程度。比如，如果一个策略可能会引发争论，另一个则可能让夫妻离婚，那肯定就不建议使用后者了。
- **紧张**：说服者认为某个环境中存在的紧张程度。比如，相较于平静的环境，在紧张焦虑的环境中需要采用不同的策略。

专栏 11.2 直接说“不”就行了吗？对抗拒依从策略和反抗拒策略的再认识

在我们看来，许多广告让说服看上去显得非常容易。比如，耐克的经典广告语“想做就做！”建议人们不要瞻前顾后、患得患失，只要有了想法就去实现它。不过，你或许也很熟悉呼吁儿童远离毒品的口号：“直接说‘不’！”可是拒绝依从真的就这么简单吗？一些研究证明，无论在怎样的情况下，直接拒绝并非抵御别人的说服企图时的唯一选择。比如，McLaughlin、Cody 和 Robey（1980）通过调查发现有四种策略可以用于抵御说服：

1. 不容商量：断然拒绝依从（直接说“不”）。
2. 身份管理：你通过操纵他人形象的方式予以拒绝（可以说，“我从来不会对别人提出这么可怕的要求”）。
3. 说明理由：通过指出它会产生的负面结果来证明自己有理由拒绝（可以说，“如果我答应你的要求，我可能会失去工作。”）
4. 协商：提出一个替代行为（比如，不答应关掉音响，但同意把声音调低一点。）

在考虑拒绝策略前，更重要的或许是了解人们发现自己想拒绝依从的环境。面临发生性行为的压力就是一个常见的环境。事实上，根据 Impett 和 Peplau（2003）提供的数据，26%~40% 的男性和 50%~65% 的女性承认他们会在不情愿的情况下与别人发生性行为。考虑到艾滋病和约会强奸的现象越来越多，研究人员审视了一些可以用于拒绝性交的策略。Byers 和 Wilson（1985）进行了一项很有趣的调查，旨在了解男性和女性对女性用不同的方式拒绝男性性行为要求的反应。在调查过程中，参与者们先观看了一段录像。录像中有一男一女，他们之间有一些很浪漫的身体接触，但是到一定程度时，女士拒绝了进一步接触，她使用了三种方法：(1)直接说“不”；(2)说“不”，同时给出了借口（比如，“有人过来了”）；(3)说“不”，同时给出了解释（比如，“我们了解得还不够”）。调查的结果显示，大多数男性会接受女性提出的拒绝要求，但也有少数男性表示他们不愿意放弃。此外，男性和女性参与者都认为，当录像中的那位女士直接说“不”和在说“不”的同时给出了解释时，男士应当住手；但当那位女士在说“不”的同时又找了个借口时，男士可以再找个时机试试。

在拒绝发生性行为方面可能有一个问题，即对女性说“不”的理解，因为有不少人认为她们的真实意思是“好的”（Metts & Spitzberg，1996）。比如，Muehlenhard 和 Hollanbaugh（1988）就发现，在调查中，有近40% 的女性承认她们会在答应对方的要求时说“不”，因为她们可能出于对宗教及其他因素的考虑，不愿意让自己显得很轻浮或者性欲很强。Perper 和 Weis（1987）认为，这种象征性的抵抗是会引发问题的，因为它会让男性把真正的拒绝不当回事。清楚这一点后，今后再遇到类似情况时，说出你的真实想法很重要。事实上，研究表明，相较迂回的表达，直接从口中说出的信息是拒绝发生性行为的最佳做法（Christopher & Frandsesn，1990）。不过，拒绝时的直接程度最好能够适当，这样可以让对方接受起来感觉舒服些，不致太丢面子（Metts，Cupach，& Imahori，1992）。

从上述的讨论中我们可以清楚地看到，抵制策略本身并不那么重要，更重要的是对方会对抵制策略再做出怎样的应对。比如，deTurck（1985）发现，在人际交往时，如果人们遇到对方不顺从，可能会采取进一步的奖励或惩罚措施。而且，在一些情况下，不顺从可能会导致人身遭受攻击（deTurck，1987）。Rudd 和 Burant（1996）进行的一项调查发现，对比处于非暴力关系中的女性，生活在暴力环境中的女性（比如受到虐待的女性）会先采用间接的、顺从的策略（讨好、许诺、诱惑和欺骗等），然后才会转向更激烈的策略（威胁和警告等）。按照 Rudd 和 Burant（1966）的说法，他们的调查结果都支持“暴力循环”这一现象，即妻子先试图平息冲突，但是如果不起作用，她就会采取更激进的措施，导致冲突升级，最终以暴力收场（p.141）。

那么，如果你的拒绝遭到对方的抵制会出现怎样的情况呢？举例来讲，如果你是个小孩，刚刚拒绝了别人递过来的香烟，随之遭到了来自对方更大的压力，你该怎么办？为了研究这一现象，Reardon、Sussman 和 Flay（989）对268位青少年进行了采访，询问他们会怎样抵制同伴第二次递过来的香烟。调查的结果显示，如果有人再一次这么做或者不止一个人对他们这么做，这些青少年一般都会更加强烈地拒绝。如果彼此间关系不太亲密，直接坚决地说“不”看来是最可行的策略。最后一点，如果你发现在你拒绝后对方仍不肯善罢甘休，那么记住这一点或许对你能有些帮助：Hullett 和 Tamborini（2001）的研究发现，你所采取的抵御策略越负面，说服者越不可能继续纠缠你。

由此可以看出，依从获得行为的确在很大程度上取决于环境。事实上，研究证明，这些环境因素不仅影响采用哪种说服策略，也影响采用哪种抵抗策略（Hample & Dallinger，2002）。接下来，我们将讨论关于这些环境因素的研究发现。

请求陌生人和熟人的依从

在一项堪称经典的研究中，Gerald Miller、Frank Boster、Michael Roloff 和 David Seibold（1977）考查了亲密关系在依从获得行为中所产生的效果。这几位研究人员以为，熟人关系中的依从获得行为会与陌生人关系中的依从获得行为有所不同。具体来讲，由于熟人对彼此非常了解，因此会根据对方的特殊需要、愿望和兴趣等考虑向他们传递的信息内容。而对于陌生人，情况就不是这样了，因为他们一点也不了解对方。Miller 及其同事（1977）认为，一个人决定使用的依从获得策略类型取决于该情境需要的是长期结果还是短期结果。

为了验证他们的假设，研究人员对人们展开了调查，询问他们在下列四种情形下会如何使用 Marwell 和 Schmitt 总结出的策略来说服他人：

1. **陌生人之间；短期结果**：你想让一个你几乎不认识的汽车经销商给你的旧汽车折价 1000 美元。
2. **陌生人之间；长期结果**：你新搬来的邻居想砍掉一棵能遮阴的树，那棵树还能令你的房子增值，因此你希望他留着那棵树。
3. **熟人之间；短期结果**：你与某位男士或女士关系密切，你想取消与他的约会，因为你想见一位恰好路过的老朋友。
4. **熟人之间；长期结果**：你与某位男士或女士关系密切，你想说服他迁往另一地，这样你就可以得到一份更好的工作了。

调查的结果显示，情境对策略的选择影响很大。整体来讲，在所有情形下，人们更喜欢使用“友好”的、社会能够接纳的策略，但是情境的不同还是会让他们采用不同的策略。比如，在陌生人之间，出于短期目的，人们很可能使用威胁的策略。还有一点，在陌生人之间，人们会选择使用更多的策略，这或许是因为彼此缺乏了解，所以失败的可能性很大，也就需要更多的尝试（Miller et al., 1977）。

早期的研究认为，相较于陌生人，熟人间的依从获得努力更有成效。比如，Dennis（2006）发现，关于一些健康习惯，人们觉得熟人比陌生人能更有效地劝其依从，特别是当他们使用一些能体现其在意对方的策略时（比如，“我希望你的体重不会对你的健康构成影响，你的饮食结构应当更科学一些”）。对于与健康有关的行为，其他一些策略也可以起作用。比如，如果希望伴侣不再吸烟，使用威胁的方式（比如，“你吸烟时，我不知道自己能不能和你在一起”）和爱的方式（比如，“如果你的嘴巴闻起来不像个烟灰缸，我很想多吻你一些”）都是可行的（Dennis，2006）。

由此看来，对依从获得策略的选择及其可能产生的效果在很大程度上取决于人际关系的亲疏。那么，熟人间所采用的策略都一样吗？我们最喜欢的一项研究证明，情况并非如此。准确地说，Witteman 和 Fitzpatrick（1986）认为，丈夫与妻子间的关系可以归为三种类型：传统型、分离型和独立型。他们解释说：

> 传统型夫妻对关系持有较传统的价值观，他们更看重稳定而非随性。他们在身体和心理上都需要互相依赖，同时又尽可能避免产生冲突。分离型夫妻对关系的认知比较矛盾，他们互不依靠，但也会避免公开的婚姻冲突。独立型夫妻对关系持非传统的价值观，在生活中，他们虽有一定的互相依赖，但并不认同一些世俗的观念。他们有各自的主张，也不回避冲突。（p.132）

由于夫妻间的关系存在差异，因此 Witteman 和 Fitzpatrick 猜测他们在寻求一致时采用的方法也不一样，而且相关的研究也证实了他们的猜测。传统型夫妻会通过共同讨论某个建议或行为可能产生的利弊来寻求一致。他们倾向于敞开，并以彼此间的关系作为基础。而分离型夫妻无意认同配偶的想法，也不想依靠彼此的关系去寻求一致。他们会聚焦分歧导致的负面结果，并因此极力阻止配偶的行为。与前两种类型的夫妻不同，独立型夫妻在寻求一致时有更多的选择。他们更愿意反驳或与配偶争辩，也就是说，他们之间的争执会比较激烈。

有一点已经很清楚了，对依从获得策略的选择和使用取决于亲疏程度和亲密关系的类型，与此同时，研究还认为，依从获得行为也应考虑关系中遇到的具体情境。举例来讲，如果与你在一起的伴侣打算离开你了，你应当采用哪些具体的策略来挽回你们的关系呢？Buchanan、O’Hair 和 Becker（2006）的研究发现了人们在挽留配偶时通常使用的四种策略。承诺是最常用的策略，包括表现得更可爱和关心对方、顺服（“为了挽回咱们间的关系，我愿意做任何事情。”）和请求对方保证不放弃你们之间的关系等具体方法。第二种常用的策略是强行与对方待在一起，具体的做法包括向他人展示你的配偶已经回心转意了（比如，与对方手拉手）；惩罚对方的不忠行为以及设法让对方想与其发生性行为。第三种策略是消极对待，比如贬低对方、让对方嫉妒（比如，扬言你要对对方不忠）

和把对方藏起来。最后一种——也是最不常用的——策略是伤害，包括威胁对方或对出现在你与配偶间的第三者施暴（Buchanan et al., 2006）。

权力、合理性和礼貌

我们在前面引用的说服孩子和老板的例子清楚地表明，在选择使用哪种依从获得策略时，权力发挥着很大的作用。在这方面，French 和 Raven（1960）做出了开创性工作，他们认为，在试图影响他人时，人们可以利用五种权力基础：

1. 一个拥有奖励权力的人可以掌控一些重要资源（比如，晋升和加薪）。
2. 一个拥有强制权的人可以对他人施以惩罚（比如，解雇某人）。
3. 专家权力基于一个人所掌握的知识和专长（比如，你会听医生的话，因为你知道在医学方面，他懂得比你多。）
4. 合法权力基于一个人的职务或级别（比如，你需要服从某人的命令，因为他是你所在公司的副总裁。）
5. 当你试图影响的一个人期望自己成为你的模样时，你就具备了参照权力（学生的导师通常就有这样的权力。）

无论是哪一种权力，有一点是肯定的：权力会对依从获得行为产生影响。举例来讲，虽然经理们使用商议、鼓舞人心的激励、理性的依从获得以及其他不带压力的方法（Yukl, Kim, & Falbe, 1996）与下属沟通会更成功，但由于他们通常认为自己拥有的权力赋予了他们提要求的合法性，因此在征求下属的同意时，他们往往不愿给出理由或解释。也就是说，与那些没有权力的人相比，他们所采用的影响策略一般更直接（Hirokawa & Wagner, 2004）。而且，研究证明，在寻求顺从时，无论他们采用怎样的表达方法，拥有权力的人都比没有权力的人更具说服效果（Levine, Boster, 2001）。

如果是这样，没有权力的人还有没有说服他人的希望？为了回答这一问题，一些研究人员（Baxter, 1984；Craig, Tracy, & Spisak, 1986；Wilson & Kunkel, 2000）应用了 Brown 和 Levine（1987）的礼貌理论对依从获得行为进行了研究。

根据礼貌理论的观点，所有人都可能呈现两面性：积极的一面和消极的一面。当别人喜欢、尊重和认可我们时，我们就会呈现积极的一面；当我们觉得受到别人的压制或阻碍时，就会呈现消极的一面。按照 Brown 和 Levine（1987）的分析，在向别人提出请求时，对方的两面性会遇到挑战。首先，如果某个请求限制了别人的自由，无疑是对他消极面的挑战。比如，请别人去机场接你就是一个挑战，因为这会使他没法做自己想做的事。其次，如果某个请求透露出利用别人的意味，则是对他积极面的挑战。比如，在我们看来，一个十足的懒虫冲着自己的妻子大喊“再给我拿听啤酒来”就是很不尊重对方的表现。

那么，权力在其中起什么作用呢？按照 Brown 和 Levine（1987）的观点，如果一个请求让某人的面子受到威胁，他就不太可能同意。因此，如果我们不想形成这样的局面，提出请求时，就要尽量客气和有礼貌。特别是当试图说服某位比我们更有权力的人时，我们更得非常客气，因为我们的请求很可能被认为是不合理的。到目前为止的研究都支持这一结论。比如，Leslie Baxter（1984）在调查时发现，相较于没有权力的人（团队中的成员），那些握有权力的人（团队的负责人）在提出请求时不是那么顾及礼貌。类似的，另两项调查也发现，当学生试图说服他们的老师修改成绩或提交论文的最后期限时，他们所使用的依从获得策略也是相当积极的（Golish，1999；Golish & Olson，2000）。而且，Levine 和 Boster（2001）认为，当没有权力的人想说服别人时，从积极角度设计的信息是取得成功的唯一途径。考虑到前面提到的那些研究，你或许想知道哪些策略是有礼貌的，哪些不是。多数人可能认为威胁肯定不如暗示有礼貌，但实际上，威胁也可能比暗示更有效。为了证实这一点，Kellermann 和 Shea（1996）让人们为不同策略的礼貌程度和效用打分。有意思的是，威胁虽然不礼貌，可也没有被认为有效果；而暗示虽然无效，同样也没有被认为有礼貌。或许，说服的最佳方法就是直接提出请求（清楚地表达你的希望），这样的请求方法是最有效的策略，而且也不被认为是不礼貌的（Kellermann & Shea，1996）。最近的一项调查发现，辩论中的发言人如果遇到对手使用非言语行为表示轻蔑时，最有效同时也是最合适的做法就是礼貌但直截了当地要求对方停止其行为（Weger，Seiter，Jacobs，& Akbulut，2010）。这一结果与上述建议是完全吻合的。

在论及礼貌这一话题时，请记住一点：说服是双向的。因此，提出请求可能会伤及对方的面子，与此同时，拒绝别人的请求也会有损说服者的颜面（Johnson，2007）。举例来讲，如果奥尔加对齐妮亚说，“我不能送你去机场，因为我的驾驶证因酒后驾车被吊销了”（这会对奥尔加的正面形象构成威胁），同时也会让齐妮亚觉得对方是在告诉她，“你不配占用我的时间，消耗我的汽油，或者磨损我的汽车”（这会对齐妮亚的正面形象构成威胁）。Johnson（2007）认为，拒绝的实质内容（它是否会威胁请求方、目标方或者双方的面子）会对拒绝的效用程度和适宜与否的认知产生很大影响。

从我们的讨论中可以明显看出，依从获得和拒绝行为在很大程度上取决于场合以及双方关系的亲疏（要进一步了解在特定场合下的依从获得行为，参见专栏11.3）。不过，情境并不是影响依从获得行为的唯一因素，在下一节，我们将探讨个体性格的差异人际影响造成的影响。

专栏 11.3 | 服两片阿司匹林，然后明天早上给我打电话：医生与患者间的依从获得

本书的作者之一曾参加一次宴会，其间交谈的话题转向了与健康有关的事项。有几位客人都讲述了自己是如何蒙骗医生来让血压看上去很正常的。一位客人说她在测血压前会先将手臂举过头顶待5分钟；另一位客人说他会在去看医生前禁水一段时间。作者对此感到不解，就问他们，“可是你们为什么要在血压这件事上欺骗医生呢？”他们中的一位回答说，“你为什么不这么做呢？”

这个故事说明患者的态度对医生来说多么重要。事实上，医生们不仅要面对患者隐瞒实情的现象，还得面对另一个艰巨的任务——说服患者遵医嘱服药、定期复查和改变一些生活习惯等。如果有人出于个人原因或者费用方面的考虑而不愿服从医生的要求，思考并想出说服的策略就变得极其重要了。

根据 Burgoon（1990）的观点，医疗环境下的依从获得策略非常特殊，因为与大多数其他场合的依从获得不同，患者去看医生出于自愿，而且要得到医生的建议还需付费，再加上医生肯定是这方面的专家，采纳他们的建议只会对自己有益处。遗憾的是，Klingle（2004）以及 Burgoon、Birk 和 Hall（1991）在调查中发现，患者的不依从是当前医疗系统中遇到的最大、最严重的问题，不遵医嘱服药的患者高达62%；有一半的患者不能做到定期复查，更有高达92%的患者不肯改变原有的生活习惯。

鉴于这一现状，研究人员一直试图找到医生应当使用的依从获得策略，特别是哪些策略最有效。Burgoon 在查阅了大量的文献后发现，医生们喜欢使用听上去非常具有权威性、知识性和专家意见含量多的策略，同时尽量避免使用威胁策略和反社会策略。Schneider 和 Beaubien（1996）也发现，在医生对患者使用的所有依从获得策略中，83.5%的策略都属于正面的，比如具有专业性、合理性和让对方满意等。不过医生们也承认，如果患者不遵从医嘱或者病情加重了，他们会转而使用更激烈的言辞（Burgoon，1990）。

除了对医生使用的依从获得策略进行了调研，研究人员也竭力找出并确定哪些策略是最有效的。比如，一些调查发现，患者更可能采纳与他们的想法相近的医生的建议（医生表现出与患者有许多共同之处），而在与患者沟通时，愿意倾听、流露出爱意、保持镇定、不盛气凌人、具有职业范儿的医生最令患者满意（Burgoon，Pfau，Parrott，Birk，& Coker，1987）。一些研究认为，在策略的有效性方面存在性别差异（Klingle，2004）。男医生使用消极策略时遇到的问题比女医生这么做时少一些。此外，研究还显示，无论是男医生还是女医生，如果能经常变换所使用的策略，而不是固守一种做法，效果会更好。最后一点，对于患了绝症的患者，如果依从获得策略得当，并能给予其家人一些情感方面的抚慰，家属很可能会同意捐献逝者的器官（Anker，Feeley，2011）

你是谁？个体性格特征与依从获得行为

至此，我们已经讨论了依从获得策略的类型及与之有关的情境因素，即我们通过过往的研究指出，一些背景因素（比如，熟人与陌生人；短期结果与长期结果）对策略的选择有很大影响。但是根据 Hunter 和 Boster（1987）的观点，在特定情境下，还有一个因素会对策略的选择产生影响。他们认为，在我们决定所使用的策略时，还需要考虑传递出的信息会给对方情绪造成的影响。比如，如果你想竭力说服朋友多花点时间学习，他有可能会很生气，甚至怨恨你。可是如果你在表达这个意思时能认真斟酌，他或许会对你非常感激。Hunter 和 Boster 认为，我们应当选择能够让对方产生正面情绪反应的策略。

可是我们如何才能知道哪种策略会引发正面情绪反应，哪种策略会引发负面情绪反应呢？ Hunter 和 Boster（1987）的观点是，我们每个人身上都有一个知觉“阈”，它能告诉我们哪些策略是可接受的、哪些是不可接受的。比如，威胁某人或许就超出了这个临界值，而承诺某事可能不会。那些没有超出这个阈的策略就是可以使用的。

这一观点涉及的一个重大问题是：阈是个很怪异的东西，它在每个人身上的表现是不同的。举例来讲，比夫可能觉得威胁别人没什么不合适的，而巴布斯就不这么想。因此，很显然，在决定使用哪种类型的策略来传递依从获得信息时，个体间的差异是一个需要考量的重要因素。鉴于此，针对一些影响策略抉择的“信息发出者”的个人特征，研究人员进行了大量研究。这些个人特征包括马基雅维里主义（O’Hair & Cody，1987）、教条主义（Roloff & Barnicott，1979）、自我监控（Smith，Cody，Lovette，& Canary，1990；Snyder，1979）、A 型人格（Lamude & Scudder，1993）、言语攻击和争论（Boster，Levine，& Kazoleas，1993；Infante，Trebing，Shepard，& Seeds，1984；Infante & Wigley，1986）、性别（Dallinger & Hample，1994；deTurck & Miller，1982；Fitzpatrick & Winke，1979）、文化（Burgoon，Dillard，Doran，& Miller，1982；Hirokawa & Mirahara，1986；Lu，1997；Sellnow，Liu，& Venette，2006）和年龄（Haslett，1983）。许多特征已经在第五章里进行了详细讨论，因此我们在这里主要讨论一下 O’Keefe（1988，1990）所进行的研究工作。他认为，人们之所以会在传递依从获得信息时使用不同的方法，是因为他们对交流有着不同的认知。O’Keefe 将对交流的不同认知称为设计逻辑，并认为它们就是阈：

1. **表达设计逻辑**：具有这一设计逻辑的人认为，交流就是一个过程，人们只需把自己所思所感的东西表达出来就行了。这类人没有意识到，交流其实也可以达到其他目的，于是，他们不管三七二十一，想到什么就说什么，根本不考虑场合和言语是否合适。结果，这些人传递出的信息往往都很“原始”。比如，他们可能会说，“你就是个浑蛋！我受够你了，现在我就要解雇你！”
2. **常规设计逻辑**：具有这一设计逻辑的人认为，交流就像一场彼此合作的游戏，大家都应遵循社会习俗和规则，因此他们在表达自己的想法和情感时一定会考虑当时的处境，并遵守恰当的社会行为规则。比如，这类人可能会这样说，“你缺席了我们今天的会议，我很不认同这种不负责任的行为。如果下一次再发生这样的事情，你会被解雇的。”
3. **修辞设计逻辑**：具有这一设计逻辑的人认为，交流的目的就是共同就性格、观念、自我和环境展开协商，其过程需要不断地应对和解决问题，最终达成一致，实现与彼此的和谐。因此他们期待交流可以达到多个目的，并且表现得积极主动，愿意以理服人。比如下面这个例子：

> 你午饭后总是很晚才回到办公室，我们需要就此沟通一下。我并不想强迫你遵守规则，但如果有必要，我是可以那么做的。不过我想你一定理解我们为什么要制定规则以及它所起的作用。如果你能考虑身处的环境，你就应当意识到你的行为给办公室的正常工作造成的影响。（O’Keefe，1988，p.103）

研究发现，对比通过其他设计逻辑传递出的信息，通过修辞设计逻辑表达的信息是最有效、最能令人接受、最具说服力的（Bingham & Burleson，1989；O’Keefe & McCornack，1987）。不过这一结论也需考虑其他因素，比如，交流双方的关系（Hullman，2004）。

依从研究中遇到的问题：天堂里的烦恼

关于依从获得，我们迄今所提及的看似非常简单，在试图说服他人时，我们有一些策略可供选择，至于最终采用哪一种，应当结合情境和个体的特征。这样的叙述好像清晰明了，但实际上，依从获得研究远没有这么简单。准确地讲，对于研究依从获得行为的最佳方式，一直以来都存在大量的争论和困惑。我们在这里无法对它们逐一展开陈述，但关注其中几个比较重要的研究状况还是很有必要的。事实上，如果我们希望了解依从获得的本质，首先应当知道所使用的研究方法是否妥当，所以在这一节，我们就专门讨论对一些常用的方法论的关切。

伴随类型学发展出现的问题：一会儿是这个策略，一会儿又是那个策略

我们在前面提到过 Marwell 和 Schmitt（1967）设计的包含16种依从获得策略的分类。虽然经过了大量的研究和考证，但它还是很快就遭到了批评。比如，Wiseman 和 Schenck-Hamlin（1981）指出，他们的分类是有瑕疵的，因为他们遗漏了许多人在寻求依从时可能会使用的重要策略。他们认为 Marwell 和 Schmitt 的这些策略均来自之前的理论，因此许多策略与现实生活中的人们真正使用的策略并不完全相符。为了解决这一问题，Wiseman 和 Schenck-Hamlin（1981）设计了一套新的类型学。这次，他们不是从以前的理论中总结出策略，而是向人们提供了各类说服情境，然后让他们说出他们会采用的策略。在此基础上，他们整理归纳了另一套类型学，包括14项说服策略，大多与 Marwell 和 Schmitt 最初的分类不同。

自那以后，类型学的发展日渐盛行。事实上，Kellermann 和 Cole（1994）在翻阅了有关语言技巧、人际交流、临床心理学、儿童心理学、社交心理学、组织沟通、教育、营销、消费者调查和性行为的文献后发现，其中竟然提到了不下74种针对依从获得策略的类型学！而且，在整合这些研究的基础上又出现了一个新的“超级”类型学，包含了64种的依从获得策略。（我们在这里就不再描述这64种策略了）

在注意到现存的类型学的一些问题后，Kellermann 和 Cole（1994）认为，过去针对依从获得策略总结出的类型学应当被废弃了，取而代之的应当是侧重研究依从获得信息本身的“特征”。换句话讲，没有必要提供所谓“正确的策略清单”或者“综合性的策略清单”（O’Keefe，1994），研究应当解决的是关于信息“特征”的问题，比如，某个依从获得信息的礼貌程度。举例来讲，在使用依从获得策略时，关系中的亲密度是否会对礼貌程度构成影响。告诉一位来家中拜访的客人别吸烟，和请一位坐在餐厅“禁止吸烟”牌子下抽烟的陌生人到外面去吸烟，可能需要使用不同的策略。

构建与选择以及其他的方法论问题

如果你现在可以听歌，你想听什么歌？你能马上想出3首歌吗？你对歌曲的选择是开放的，取决于你听过多少歌曲，但立刻从脑海中搜索出最喜欢的3首歌恐怕并不那么容易。那么现在假设你在使用 iTunes，上面提供了排名前20的歌曲名，然后你可从中选出3首，但这时你的选择就是受限的。

这个例子与依从获得研究有什么关系吗？想象一下，我们前面提及的 Marwell 和 Schmitt（1967）的研究是不是与 iTunes 的例子有一点相似？只不过他们不是让参与者选择歌曲，而是从事先已经构建好的依从获得策略中进行挑选。但是许多学者已经指出了这种做法存在的问题（Cody，McLaughlin，& Jordan，1980；Wiseman & Schenck-Hamlin，1981）。首先，让我们再回到刚才提到的选歌曲的例子。假设你最喜欢的是碧昂丝（Beyonce）的歌，可它没有出现在歌单上，于是你只能退而求其次，选择了一首蕾哈娜唱的歌。很显然，由于你只能从前20的榜单里选择歌曲，而不能选择上面没有的其他歌曲，因此你的选择有很大的局限性。研究人员让参与者从提供的依从获得策略中进行选择也同样限制了他们的选择范围，因为他们不可以选择没有列出的策略。

其次，假设你记得有一首你喜欢的歌曲，可是你怎么也想不起它的歌名了，结果你也无法选择它。可是这时如果你能看到它的歌名，你肯定会选它。同样的，让参与者从提供给他们的策略清单中进行挑选也能给他们一些“暗示”。在参与调查时，当我们看到某个策略时，或许会想，“对，这看上去是个不错的方法。”可是在现实生活中，我们很可能没有想到它。这也是为什么清单上的一些策略会大受欢迎。

最后一点，假设你很讨厌乡村音乐，却与一群非常喜欢它的朋友在一起。为了显得合群，你只好跟着下载一些泰勒·斯威夫特（Taylor Swift）的歌。研究人员指出，同样的情况也出现在他们的调查现场。具体来讲，为了表现得“合群”或者“给人留下好印象”，我们可能不会讲自己在生活中实际做过的事情，而是编造了一些能让我们更被接纳的经历。如此，虽然比塔可能经常威胁别人，可她会告诉研究人员，她总是使用亲社会的依从获得策略。有一份这样的策略清单可供选择会让这种社会期望偏差现象更可能出现。

为了解决这一问题，一些研究人员弃用了“选择”方式，改用“构建”程序（Wiseman & Schenck-Hamlin ，1981）。具体做法是为人们提供一个需要说服的场景，然后问他们打算使用怎样的策略（从零开始自己构建一个策略，而不是从提供的选项中进行选择)。这样一来，他们说出的策略就能准确地反映他们的实际行为了，更具真实性，也避免了出现社会期望偏差。

这听上去是很不错的想法，对吗？可是调查发现，“选择”与“构建”的最终结果并没有很大的差别（Boster，1988；Plax，Kearney，& Sorenson，1990）。而且，Dillard（1988）所进行的一项调查有一个更重大的发现。为了确定哪种依从获得行为是最佳的，Dillard让人们在纸上根据他们在说服情境下可能使用哪些策略来给那16个依从获得策略打分。之后他观察了这些人在实际的依从获得情境中的表现，但令他大跌眼镜的是，无论他们在评价依从获得策略时做出了怎样的选择，他们的实际行为都与之大相径庭。也就是说，人们说他们会怎么做与他们实际会怎么做完全是两回事。

在思考这项研究的意义时，我们想起了曾经听过的一个笑话。一个人在夜深时从出租车上下来，看到一个醉鬼，手脚并用地在街灯下四处窥探。这个人就问他，“怎么啦？”醉鬼回答说，“我的钥匙丢了。”这个人又问，“你是把它丢在这里了吗？”醉鬼答道：“不是，我是在很黑的地方丢的，可是这里有光啊。”同理，Dillard（1988）的调查也说明，研究人员一直在很努力地研究依从获得，但方向很可能不对。他们不应当在实验室里使用假设的场景进行研究，而应当在更自然的环境中观察依从获得的实际应用。

对依从获得目标的研究：矢志不渝

除了构建依从获得策略的类型学外，研究人员还探讨了人们设定的目标对其如何寻求依从的影响。简单来说，目标是我们通常希望借助说服达到或保持的状态（Wilson，1997）。本节讨论了在试图理解依从获得时了解目标的重要性。

目标如何为依从获得情境增添意义：阿尔菲，这一切都是想要干什么？

许多年前，本书的作者之一听说过这样一个故事。两个男人把泥土和稻草铲入木制模子里，一个人路过时就问其中一位在干什么，那个人告诉过路人说，“把泥土和稻草铲入木制模子里”。

过路人又问另一个人，“你在干什么？”因为这个人看上去比第一个人更开心。

他回答说，“我们的团队正在建一座美丽的教堂，我是其中一员。”

我们很喜欢这个故事，因为它形象地说明了目标有助于人们对环境给出不同的定义。很明显，相比第二个人，故事中的第一个人的目标（铲泥土）使他所处的环境显得很无趣。我们在这里想指出的就是，目标赋予了环境意义，这里所说的环境也包括依从获得环境。按照 Wilson 和 Kunkel（2000）的说法，“个体会基于他们对某个具体目标的理解展开对依从获得事件的解读”（p.197）。在对相关文献进行研究和总结后，Kellermann（2004）归纳了几个似乎对人们来说有意义的依从获得目标。这些目标包括：给予引导；提供建议、帮助、许可或信息；分享一段时光；建立、加深或者结束一段关系；完成一项责任；约会；转变观点和改掉一个不良的习惯（Kellermann，2004）。

这些各不相同的目标是如何对环境的认知形成影响的，进而是以怎样的方式实现依从的呢？举例来讲，假设你有两个不同的说服目标。一个是请求别人帮忙，另一个是让某个欠你人情的人以某种方式回报你。根据 Cai 和 Wilson（2000）的说法，这样的请求对说服者来说需要完全不同的环境，故而也需要采用不同的寻求依从的行为。显然，这一说法与我们在前面讨论过的礼貌和依从获得是吻合的。具体来讲，由于请人帮忙可能会给别人制造麻烦，因此在提出请求时，你或许不会那么直截了当，并且会为自己的要求提供大量的理由，同时还会事先替对方想好出路。可是，如果你是向一个欠你人情的人寻求依从，你很可能会直截了当，提出要求时也用不着太客气，甚至会让他觉得如果不答应就很对不起你。

Cai 和 Wilson（2000）的研究认为，在所有文化中，不同类型的请求都会引起说服者的关切，虽然在提出请求时可能会出现文化差异。比如，一方面，无论身处哪种文化背景，请人帮忙都会让你觉得欠了别人一份人情。但另一方面，相较于美国人，日本人更在意面子，因此他们更担心给别人添麻烦。于是，日本人在请求帮忙时会更委婉，而且客气得要命（Cai & Wilson，2000）。此外，相较于崇尚个体文化的环境，在崇尚集体文化的环境中，组内偏爱更为普遍。因此，来自集体文化（比如中国）的经理在对他们认为不属于其群体的下属（组外成员）发号施令时，可能使用不太礼貌的方式（比如威胁），但对于自己群体内的成员则会使用亲社会的策略（比如迎合）（Sheer，2012）。

主要目标与次要目标：鱼和熊掌不能兼得

如果我们告诉你获得某样东西最有效的策略是威胁，你会从现在开始每次都使用威胁的做法吗？

“借给我 20 美元，否则我会打断你的鼻梁！”

“如果你想保住你的工作，就去给我倒杯咖啡！”

“你如果继续这么做，就到墙角站1小时吧！”

“答应我文身，否则我就要离家出走！”

我们猜，对多数人来说，你们会对这个问题说“不”。为什么呢？既然威胁那么有效，为什么不能经常使用呢？因为你心里会想：如果我每次都要靠威胁达到目的，我就没有朋友了。而且你自己恐怕也不喜欢总那么做。再说，如果对方仍然拒绝，你或许就真的不得不付诸武力了。

在前面，我们提到了几种不同类型的说服目标。在这里，我们需要指出，说服目标不是影响依从获得的唯一因素。因为事实上，大多数时候，我们会同时寻求多个目标。比如，Kellermann（1992）就认为，在寻求依从时，人们会同时关注效率（在不浪费时间和资源的情况下就能达到目的）和适宜性（以能令社会接纳和尊重的方式实现目标）。类似的，在其*目标—计划—行动*理论中，James Dillard（2004，2008）也认为，人们在试图说服他人时，追求的目标是不同的。这些目标之所以重要是因为它们决定了人们在说服时应当使用怎样的策略。为了识别这些目标，Dillard 及其同事（Dillard，Segrin，& Harden，1989）在一些学生中进行了调查。他们让学生们想象自己处在一个依从获得情境中，然后说出他们会使用哪些策略和不会使用哪些策略以及原因。调查的结果显示，对他人施加影响这一主要目标是决定其使用策略的最重要因素。比如，一个人之所以决定不使用某一策略，是因为他认为它不会起作用或者因为它与目标毫不相干。

此外，Dillard（2008）也发现了一些影响人们在说服情境下做出选择的次要目标。第一，*身份目标*关注的是做人的道德标准和原则，因此人们可能会因为某个策略不道德而放弃它。第二，*互动目标*在意的是让自己给别人留下好的印象或者以得体的方式行事。比如，受这一目标的驱使，人们会拒绝使用有损他们形象的策略。第三，*资源目标*考虑的是保持人际关系和增加个人获得的报答，因此如果某一策略会让一段关系维持不下去，人们就不会使用它。第四是*感觉目标*，它希望将一些感觉（比如紧张）控制在可接受的范围内，因此有着这一目标的人不会使用让他们感到惴惴不安的策略（Dillard，2008；Dillard et al.，1989）。

按照目标—计划—行动理论（Dillard，2008），主要目标与次要目标间有不同程度的相容性。一个人会基于这些目标间的相互关系制订一个计划，即实现这一系列复杂目标的方式或方法。为了将计划化成行动，寻求依从的人们必须考虑可行的策略。

当然，在说服过程中，一些变量会对目标、计划和行动产生影响。以关系的确定性为例，对于自己或伴侣是否想继续与彼此的关系，一些人会比其他人有把握得多。考虑到这一点，Knobloch（2006）推断，当向某人提出约会的请求时，那些对关系基本上不感到含糊的人要比那些对关系模棱两可的人顺利得多。也就是说，那些对关系不确定的人会担心对方产生抵触的感觉，反而破坏了业已形成的友谊。不仅如此，在设计和表达依从获得信息时，不确定性还会让他们不知所云。为了验证这些猜测，他进行了相关的调查。他让一些参与者向他们生活中心仪的人提出约会的请求，他则在旁边观察。他们中的一些人显然比另一些人对自己与约会方的关系更有把握。调查的结果证实了研究人员的推断：关系越肯定，提出约会的请求就越顺畅、越有亲和力、越有效果。下面是调查中记录的两个例子（Knobloch，2006，p.273）。我们希望你们一眼就能看出他们中的哪个人对关系更确定：

> “嘿，宝贝，我是凯文。我打电话是想问问你今晚有没有安排，因为我想知道我能否带你出去吃饭。看到这条信息时，请给我打个电话。再见。”
>
> “嘿，艾米莉，嗯，我是鲍勃。嗯，只是想知道你今晚要干什么。嗯，有一阵子……没和你联系了，所以，嗯，是的，我想我们应当谈谈。所以，嗯，如果我们不能见面，我想我们可以在网上聊聊天。我们待会儿见啊。”

总而言之，依从获得的情境并不像人们想象得那么简单。人们不仅需要想出和选择有助于他们获得依从的方法，还需要面对多种限制，包括互相抵触的目标及其他因素。

总　结

在本章，我们重点探讨了对依从获得的研究。这方面的早期研究试图发现人们在说服他人时使用的不同类型的策略。早期的研究也关注了影响依从获得策略使用的情境和个体特征。在本章中，我们也指出了依从获得研究中存在的一些问题，包括对类型学发展的关切和衡量依从获得时的困难。最后，我们讨论了依从获得的目标以及不同的目标对选择依从获得策略的影响。

参考文献

Anker, A. E., & Feeley, T. H. (2011). Difficult communication: Compliance-gaining strategies of organ procurement coordinators. *Journal of Health Communication, 16*, 372–392.

Baxter, L. (1984). An investigation of compliance-gaining as politeness. *Human Communication Research, 10*, 427–456.

Bingham, S. G., & Burleson, B. R. (1989). Multiple effects of messages with multiple goals: Some perceived outcomes of responses to sexual harassment. *Human Communication Research, 16*, 184–216.

Boster, F. J. (1988). Comments on the utility of compliance-gaining message selection tasks. *Human Communication Research, 15*, 169–177.

Boster, F. J., Levine, T. R., & Kazoleas, D. C. (1993). The impact of argumentativeness and verbal aggressiveness on strategic diversity and persistence in compliance gaining behavior. *Communication Quarterly, 41*, 405–414.

Brown, P., & Levinson, S. (1987). *Politeness: Some universals in language usage*. Cambridge, UK: Cambridge University Press.

Buchanan, M. C., O'Hair, D., & Becker, J. A. H. (2006). Strategic communication during marital relationship dissolution: Disengagement resistance strategies. *Communication Research Reports, 23*, 139–147.

Burgoon, J. K., Pfau, M., Parrott, R., Birk, T., Coker, R., & Burgoon, M. (1987). Relational communication, satisfaction, compliance-gaining strategies, and compliance in communication between physicians and patients. *Communication Monographs, 54*, 307–324.

Burgoon, M., Birk, T., & Hall, J. R. (1991). Compliance and satisfaction with physician–patient communication: An expectancy theory interpretation of gender differences. *Human Communication Research, 18*, 177–208.

Burgoon, M., Dillard, J. P., Doran, N. E., & Miller, M. D. (1982). Cultural and situational influences on the process of persuasive strategy selection. *International Journal of Intercultural Relations, 6*, 85–100.

Burgoon, M. H., & Burgoon, J. K. (1990). Compliance-gaining and health care. In J. P. Dillard (Ed.), *Seeking compliance: The production of interpersonal influence messages* (pp. 161–188). Scottsdale, AZ: Gorsuch Scarisbrick.

Byers, E. S., & Wilson, P. (1985). Accuracy of women's expectations regarding men's responses to refusals of sexual advances in dating situations. *International Journal of Women's Studies, 8*, 376–387.

Cai, D. A., & Wilson, S. R. (2000). Identity implications of influence goals: Cross-cultural comparison of interaction goals and facework. *Communication Studies, 51*, 307–328.

Christopher, F. S., & Frandsen, M. M. (1990). Strategies of influence in sex and dating. *Journal of Social and Personal Relationships, 7*, 89–105.

Cody, M. J., McLaughlin, M. L., & Jordan, W. J. (1980). A multidimensional scaling of three sets of compliance-gaining strategies. *Communication Quarterly, 28*, 34–46.

Cody, M. J., Woelfel, M. L., & Jordan, W. J. (1983). Dimensions of compliance-gaining situations. *Human Communication Research, 9*, 99–113.

Craig, R. T., Tracy, K., & Spisak, F. (1986). The discourse of requests: Assessment of a politeness approach. *Human Communication Research, 12*, 437–468.

Dallinger, J. M., & Hample, D. (1994). The effects of gender on compliance gaining strategy endorsement and suppression. *Communication Reports, 7*, 43–49.

Dennis, M. R. (2006). Compliance and intimacy: Young adults' attempts to motivate healthpromoting behaviors by romantic partners. *Health Communication, 19*, 259–267.

deTurck, M. (1985). A transactional analysis of compliance-gaining behavior: Effects of noncompliance, relational contexts and actor's gender. *Human Communication Research, 12*, 54–78.

deTurck, M. (1987). When communication fails: Physical aggression as a compliance-gaining strategy. *Communication Monographs, 54*, 106–112.

deTurck, M. A., & Miller, G. R. (1982). The effect of birth order on the persuasive impact of messages and the likelihood of persuasive message selection. *Communication, 11*, 78–84.

Dillard, J. P. (1988). Compliance-gaining message-selection: What is our dependent variable? *Communication*

Monographs, 55, 162–183.
Dillard, J. P. (2004). The goals–plans–action model of interpersonal influence. In J. S. Seiter & R. H. Gass (Eds.), *Readings in persuasion, social influence, and compliance gaining* (pp. 185–206). Boston: Allyn & Bacon.
Dillard, J. P. (2008). Goals–plans–action theory of message production: Making influence messages. In L. A. Baxter & D. O. Braithwaite (Eds.), *Engaging theories in interpersonal communication: Multiple perspectives* (pp. 65–76). Los Angeles: Sage.
Dillard, J. P., Segrin, C., & Harden, J. M. (1989). Primary and secondary goals in the production of interpersonal influence messages. *Communication Monographs, 56*, 19–38.
Fitzpatrick, M. A., & Winke, J. (1979). You always hurt the one you love: Strategies and tactics in interpersonal conflict. *Communication Quarterly, 27*, 3–11.
French, J. P. R., Jr., & Raven, B. (1960). The bases of social power. In D. Cartwright & A. Zander (Eds.), *Group dynamics* (pp. 607–623). New York: Harper & Row.
Golish, T. D. (1999). Students' use of compliance gaining strategies with graduate teaching assistants: Examining the other end of the power spectrum. *Communication Quarterly, 47*, 12–32.
Golish, T. D., & Olson, L. N. (2000). Students' use of power in the classroom: An investigation of student power, teacher power, and teacher immediacy. *Communication Quarterly, 48*, 293–310.
Hample, D., & Dallinger, J. M. (2002). The effects of situation on the use or suppression of possible compliance-gaining appeals. In M. Allen & R. W. Preiss (Eds.), *Interpersonal communication research: Advances through meta-analysis* (pp. 187–209). Mahwah, NJ: Erlbaum.
Haslett, B. (1983). Preschoolers' communication strategies in gaining compliance from peers: A developmental study. *Quarterly Journal of Speech, 69*, 84–99.
Hirokawa, R. Y., & Mirahara, A. (1986). A comparison of influence strategies utilized in American and Japanese organizations. *Communication Quarterly, 34*, 250–265.
Hirokawa, R. Y., & Wagner, A. E. (2004). Superior–subordinate influence in organizations. In J. S. Seiter & R. H. Gass (Eds.), *Readings in persuasion, social influence and compliance gaining* (pp. 337–351). Boston: Allyn & Bacon.
Hullett, C. R., & Tamborini, R. (2001). When I'm within my rights: An expectancy-based model of actor evaluative and behavioral responses to compliance-resistance strategies. *Communication Studies, 52*, 1–16.
Hullman, G. A. (2004). Interpersonal communication motives and message design logic: Exploring their interaction on perceptions of competence. *Communication Monographs, 71*(2), 208–225.
Hunter, J. E., & Boster, F. (1987). A model of compliance-gaining message selection. *Communication Monographs, 54*, 63–84.
Impett, E. A., & Peplau, L. A. (2003). Sexual compliance: Gender, motivational, and relational perspectives. *Journal of Sex Research, 40*, 87–100.
Infante, D. A., Trebing, D. W., Shepard, P. E., & Seeds, D. E. (1984). The relationship of argumentativeness to verbal aggression. *Southern States Speech Journal, 50*, 67–77.
Infante, D. A., & Wigley, C. J. (1986). Verbal aggressiveness: An interpersonal model and measure. *Communication Monographs, 53*, 61–69.
Johnson, D. I. (2007). Politeness theory and conversational refusals: Associations between various types of face threat and perceived competence. *Western Journal of Communication, 71*, 196–215.
Johnson, G. M. (1992). Subordinate perceptions of superior's communication competence and task attraction related to superior's use of compliance-gaining tactics. *Western Journal of Communication, 56*, 54–67.
Kellermann, K. (1992). Communication: Inherently strategic and primarily automatic. *Communication Monographs, 59*, 288–300.
Kellermann, K. (2004). A goal-directed approach to gaining compliance: Relating differences among goals to differences in behaviors. *Communication Research, 31*(4), 347–445.
Kellermann, K., & Cole, T. (1994). Classifying compliance gaining messages: Taxonomic disorder and strategic confusion. *Communication Theory, 4*, 3–60.
Kellermann, K., & Shea, B. C. (1996). Threats, suggestions, hints, and promises: Gaining compliance efficiently and politely. *Communication Quarterly, 44*(2), 145–165.
Klingle, R. S. (2004). Compliance in medical contexts. In J. S. Seiter & R. H. Gass (Eds.), *Perspectives on persuasion, social influence and compliance gaining* (pp. 289–315). Boston: Allyn & Bacon.
Knobloch, L. K. (2006). Relational uncertainty and message production within courtship: Features of date

request messages. *Human Communication Research, 32*, 244–273.
Lamude, K. G., & Scudder, J. (1993). Compliance-gaining techniques of type-A managers. *Journal of Business Communication, 30*, 63–78.
Levine, T. R., & Boster, F. J. (2001). The effects of power and message variables on compliance. *Communication Monographs, 68*, 28–48.
Lu, S. (1997). Culture and compliance gaining in the classroom: A preliminary investigation of Chinese college teachers' use of behavior alteration techniques. *Communication Education, 46*(1), 11–43.
Marwell, G., & Schmitt, D. R. (1967). Dimensions of compliance-gaining behavior: An empirical analysis. *Sociometry, 30*, 350–364.
McLaughlin, M. L., Cody, M. J., & Robey, C. S. (1980). Situational influences on the selection of strategies to resist compliance-gaining attempts. *Human Communication Research, 7*, 14–36.
Metts, S., Cupach, W. R., & Imahori, T. T. (1992). Perceptions of sexual compliance-resisting messages in three types of cross-sex relationships. *Western Journal of Communication, 56*, 1–17.
Metts, S., & Spitzberg, B. H. (1996). Sexual communication in interpersonal contexts: A script-based approach. In B. R. Burleson (Ed.), *Communication yearbook* 19 (pp. 49–92). Thousand Oaks, CA: Sage.
Miller, G. R., Boster, F., Roloff, M., & Seibold, D. (1977). Compliance-gaining message strategies: A typology and some findings concerning effects of situational differences. *Communication Monographs, 44*, 37–51.
Muehlenhard, C. L., & Hollanbaugh, L. C. (1988). Do women sometimes say no when they mean yes? The prevalence and correlates of women's token resistance to sex. *Journal of Personality and Social Psychology, 55*, 872–879.
O'Hair, D., & Cody, M. J. (1987). Machiavellian beliefs and social influence. *Western Journal of Speech Communication, 51*, 279–303.
O'Keefe, B. J. (1988). The logic of message design: Individual differences in reasoning about communication. *Communication Monographs, 55*, 80–103.
O'Keefe, B. J. (1990). The logic of regulative communication: Understanding the logic of message designs. In J. P. Dillard (Ed.), *Seeking compliance: The production of interpersonal influence messages* (pp. 87–106). Scottsdale, AZ: Gorsuch Scarisbrick.
O'Keefe, B. J., & McCornack, S. A. (1987). Message logic and message goal structure: Effects on perceptions of message quality in regulative communication situations. *Human Communication Research, 14*, 68–92.
O'Keefe, D. J. (1994). From strategy-based to feature-based analyses of compliance gaining message classification and production. *Communication Theory, 4*, 61–69.
Perper, T., & Weis, D. L. (1987). Proceptive and rejective strategies of U.S. and Canadian college women. *Journal of Sex Research, 23*, 455–480.
Plax, T., Kearney, P., & Sorensen, G. (1990). The strategy selection–construction controversy II: Comparing pre- and experienced teachers' compliance-gaining message constructions. *Communication Education, 39*, 128–141.
Reardon, K. K., Sussman, S., & Flay, B. R. (1989). Are we marketing the right message?: Can kids "just say 'no' to smoking?" *Communication Monographs, 56*, 307–324.
Roloff, M. E., & Barnicott, E. F., Jr. (1979). The influence of dogmatism on the situational use of pro- and anti-social compliance-gaining strategies. *Southern Speech Communication Journal, 45*, 37–54.
Rudd, J. E., & Burant, P. A. (1996). A study of women's compliance-gaining behaviors in violent and non-violent relationships. *Communication Research Reports, 12*(2), 134–144.
Schneider, D. E., & Beaubien, R. A. (1996). A naturalistic investigation of compliance gaining strategies employed by doctors in medical interviews. *Southern Communication Journal, 61*(4), 332–341.
Sellnow, D., Liu, M., & Venette, S. (2006). When in Rome, do as the Romans do: A comparative analysis of Chinese and American new teachers' compliance-gaining strategies. *Communication Research Reports, 23*, 259–264.
Sheer, V. (2012). Supervisors' use of influence tactics for extra-role tasks: Perceptions by ingroup versus outgroup members in organizations in Hong Kong. *Southern Communication Journal, 77*, 143–162.
Smith, S. W., Cody, M. J., Lovette, S., & Canary, D. J. (1990). Self-monitoring, gender, and compliance-gaining goals. In M. J. Cody & M. L. McLaughlin (Eds.), *The psychology of tactical communication* (pp. 91–135). Philadelphia: Multilingual Matters.
Snyder, M. (1979). Self-monitoring processes. In L. Berkowitz (Ed.), *Advances in experimental social psychology* (Vol. 12, pp. 85–128). New York: Academic Press.

Turner, M. M., Banas, J. A., Rains, S. A., Jang, S., Moore, J. L., & Morrison, D. (2010). The effects of altercasting and counterattitudinal behavior on compliance: A lost letter technique investigation. *Communication Reports, 23*, 1–13.

Weger, H., Seiter, J. S., Jacobs, K. A., & Akbulut, V. (2010). Perceptions of debater effectiveness and appropriateness as a function of decreasingly polite strategies for responding to nonverbal disparagement in televised political debates. *Argumentation and Advocacy, 47*, 39–54.

Wilson, S. R. (1997). Developing theories of persuasive message production: The next generation. In J. O. Greene (Ed.), *Message production: Advances in communication theory* (pp. 15–43). Mahwah, NJ: Erlbaum.

Wilson, S. R., & Kunkel, A. W. (2000). Identity implications of influence goals: Similarities in perceived face threats and facework across sex and close relationships. *Journal of Language and Social Psychology, 19*, 195–221.

Wiseman, R. L., & Schenck-Hamlin, W. (1981). A multidimensional scaling validation of an inductively-derived set of compliance-gaining strategies. *Communication Monographs, 48*, 251–270.

Witteman, H., & Fitzpatrick, M. A. (1986). Compliance-gaining in marital interaction: Power bases, processes and outcomes. *Communication Monographs, 53*, 130–143.

Yukl, G., Kim, H., & Falbe, C. M. (1996). Antecedents of influence outcomes. *Journal of Applied Psychology, 81*, 309–317.

第十二章

欺　骗

本章概览

什么是欺骗？谎言和该死的谎言

说谎：实施欺骗

理论框架

是什么让说谎者具有说服力的

识别欺骗：我能够看穿你

影响识别的因素

在本书的作者之一五六岁时，他剪掉了妹妹的芭比娃娃的头发。他就喜欢搞破坏，因此他也很清楚接下来的审讯是不可避免的。为了做好准备，他先对着镜子使劲练习了天使般的表情，然后装出若无其事的样子在房间里走来走去，直到他妈妈听到他妹妹的尖叫并弄清楚发生的事情后叫住他。他妈妈把手轻轻地放在他的肩膀上，对他说，"看着我的眼睛，告诉我这不是你干的。"作者回答说，"不是我。"他看着她的眼睛……不一会儿就大哭了起来。

吃一堑，长一智，他从此明白了欺骗不是件容易的事情。同样的，大多数时候，要识破谎言，比这个故事中叙述的困难多了。事实上，从整体上讲，在试图识破欺骗行为时，不可能做到完全准确。有一些研究认为，普通人可以易如反掌且精准地觉察一个人在撒谎（Bond & DePaulo，2006）；但另一些研究没有这么乐观。比如，如果分开审视信息的真实性和欺骗性（而不是像大多数研究那样把它们放在一起分析），人们对信息真实性判断的准确率超过了50%，可对谎言判断的准确率低于50%。Levine 及其同事（Levine & Kim，2010；Levine，Park，& McCornack，1999）将这一现象称为*辨真效应*。

考虑到在现实和专业背景中专门配备的那些负责检测真实性的机制（比如，法律专家、消费者、执法人员、谈判人员、海关检查员、面试官、情报人员等，见专栏12.1），我们对人们仍然无法准确地识破欺骗行为这一事实感到遗憾。毫无疑问，如果能够提升识破欺骗的能力，对人们的日常生活大有益处。它促使我们开始思考这些问题：有没有什么可靠的线索可以帮助人们觉察到欺骗行为？如果有，是哪些线索？确实有一些人比其他人更擅长撒谎吗？确实有一些人比其他人更具备准确地识别欺骗的能力吗？有哪些因素可以帮助人们提升辨别骗子的能力？

专栏 12.1 可疑的事情正在发生：警惕网络诈骗

不久前，本书的作者之一收到了一封邮件，邮件称呼他是“亲爱的西部银行用户”。这封邮件告诉他，由于多次登录尝试失败，他的银行账户已经被锁，只有按照提供的链接登录一个网址，并在上面提供他的提款卡号码和个人身份号码后才能解锁。幸运的是，他没有上当，不像有些人彻底落入了这类钓鱼或诈骗邮件的圈套。这些垃圾邮件企图把你引诱到一个网站，然后要求你提供个人或资金方面的信息，目的是为了让骗子们盗用你的身份进行信用卡诈骗。为了防止陷入这样的骗局，对于不熟悉的网址一定要加倍小心。最好只使用自己以前用过的网址。如果你收到一封邮件似乎想打探你的个人信息，更要保持警惕。如果你觉得可疑，可以直接联系法律部门。最后，如果你已经被骗了，要马上联系当地警方，并向互联网欺诈投诉中心举报。

这是我们将在本章探讨的一些问题。但在进行探讨之前，我们需要先澄清一点：你或许会问，“为什么要在一本谈论说服的书中用一章的篇幅讨论欺骗？”我们的回答是：因为欺骗也是说服的一种类型。甚至从纯粹说服的立场看，欺骗就是企图说服别人相信说谎者所说的是真的。正如 Miller 所言（Miller & Stiff，1993）：

> 欺骗性的沟通力求达到说服的目的，或者表达得更准确些，欺骗性沟通是一种常见的说服策略，它旨在通过蓄意传递失真的信息达到影响他人想法、观念和行为的目的。（p.28）

厘清了欺骗是一种说服的基本事实后，我们接下来就要更深入地讨论一些有关欺骗的常见概念。我们将重点了解有关欺骗认知和实施的研究。

什么是欺骗？谎言和该死的谎言

在这一节中，我们首先来探究欺骗的概念。为了回答这一“概念性问题”，学者们试图归纳出一些带有欺骗性的交流类型，它们大多源自说谎者的动机。

虽然有些说谎的动机一目了然，但也有一些谎言的动机并不明显。经过归纳，研究人员们给出的说谎的理由有以下这些（Barnett et al.，2000；Camden，Motley，& Wilson，1984；DePaulo，Ansfield，Kirkendol，& Boden，2004；Lindskold & Walters，1983；Seiter，Bruschke，& Bai，2002）：

- **为了别人的益处而撒谎**：因为她知道她丈夫不想被打扰，巴布斯对上门推销的销售人员说她丈夫不在家。
- **向亲人撒谎**：巴菲想与爸爸待在一起，于是她对爸爸说，她需要爸爸辅导她做作业，虽然其实她完全可以自己做。
- **为了个人隐私而撒谎**：马菲告诉同事的年龄比她的实际年龄小，因为她觉得这是她自己的事，与别人无关。
- **为了避免冲突而撒谎**：比夫的邻居给他打电话，抱怨他家狗的叫声太大，比夫在电话里说，他不方便讲话，因为他正在做饭。
- **为了留下好印象而撒谎**：为了给约会的对象留下好印象，雷克斯对她说，他是辩论队的队长，而实际上，他只是滑板俱乐部的出纳（关于这一点的更多内容，见专栏 12.2）
- **为了保护自己而撒谎**：特鲁迪把妈妈的花瓶打碎了，可是他跟妈妈说，是猫打碎的。
- **为了自己的利益而撒谎**：法维奥告诉他父母他需要更多的钱买课本，但实际上他是用这钱购买嘎嘎女士演唱会的票。
- **为了伤害别人而撒谎**：巴尼情绪不好，结果当一位司机向他问路时，他故意指了相反的方向。

专栏 12.2　我能相信你嘴里说出的任何话吗？欺骗和网上约会

如果你或者你认识的人在征婚网站上寻找过约会对象或伴侣，一定要非常谨慎！显然，人们都希望在那里树立自己的良好形象，从而引起别人的注意。他们的这种动机非常强烈，以致会在一些重要的事实上做手脚。比如，在一次实验中（Toma & Hancock，2010），研究人员邀请了80位在网上约会的人到实验室来。他们给这些人测了身高和体重，看看会不会出现什么有趣的情况。果不其然，他们中多达81%的人在简历中对自己的身高、体重或年龄撒了谎，其中在身高方面撒谎的男性多于女性，而在体重方面撒谎的女性多于男性。此外，相较于他们本人的外表，大约1/3的人在网上提供的照片都带有欺骗性。总之，如果你相信“眼见为实”，那么请一定三思。

除了了解人们撒谎的动机外，概括欺骗的另一个方法是探究人们在说谎时所使用的策略。比如，Burgoon、Buller、Ebesu 和 Rockwell（1994）发现了三种欺骗策略：歪曲（或称模棱两可的话）、省略（或称隐瞒）和弄虚作假（或称赤裸裸的谎言）。不过，也有其他研究人员对欺骗做了别样的归类（Hopper & Bell，1984）。

概括欺骗的最后一种做法是由 McCornack（1992；2008）提出的，它被称为信息操纵理论。这一理论认为，当我们与别人交谈时，我们会以为对方和我们是配合的，他们不仅能给我们提供相关的、清晰的信息，而且都是真实的信息。但实际情况并非总是如此。事实上，人们是会操纵他们与我们交流的信息的。第一，他们不会像我们以为的那样提供所有的信息（也就是说，他们会告诉我们一些真相，但不是全部）。第二，他们提供给我们的信息内容是需要分析和掂量的（也就是说，他们所说的并不全是实情）。第三，他们可能会操纵所传递的信息，即传递一些含糊其词或模棱两可的说法。第四，人们甚至会说一些与交流的话题毫不相关的信息。如果你觉得这听上去很复杂，那就这么说吧：人们可以同时全部或部分地调整信息的数量和内容以及表达方式和关联性。换句话讲，在这方面，欺骗具有无数种可能（McCornack，Levine，Solowczuk，Torres，& Campbell，1992）。你可以从专栏 12.3 中看到人们通过上述几方面操纵信息的一些实例。

专栏 12.3 | 信息操纵理论：欺骗性信息的实例

加布里埃拉为她的邻居贝蒂·琼斯照看几个孩子。最小的孩子摩根（2岁）虽然平时很乖，可一到晚上就很顽皮。一天傍晚，加布里埃拉在做晚饭，同时还要照看其他几个孩子，这时摩根爬到了家里新买的皮沙发背后，在上面用一支擦不掉颜色的记号笔到处乱涂乱画。虽然之后加布里埃拉试着用肥皂和水拼命清洗，可她还是不能把那些痕迹擦掉。在她把孩子们打发上床后，贝蒂·琼斯回来了，并问她："晚上一切都好吗？"

可能的回答有：

1. **直接、明晰和真实：**"琼斯夫人，今晚的情况不太好。摩根一直在捣乱，我实在拿他没办法。在我做晚饭和帮他姐姐们做功课时，他用一支记号笔在沙发的背面一通乱写。我试着去擦，可是怎么也擦不掉。我很抱歉我没有看好他。"
2. **违反所应提供的信息数量的假设：**"摩根有一点淘气，但不是什么大问题。"
3. **违反所应提供的信息内容的假设：**"孩子们的表现都棒极了，特别是摩根！我们做拼图，玩游戏，非常开心，很有趣。"
4. **违反所应提供的信息方式的假设：**"哦，你知道吗，我们一直都很忙，做了许多事，我们还做了清洁……我们今晚彻底打扫了房间。"
5. **违反所应提供的信息相关性的假设：**"琼斯夫人，我不想对您无礼，可是我真的需要马上回家。太晚了，我还有功课要做。"

在对欺骗的概念有了基本认知后，我们接下来要讨论在欺骗过程中会出现哪些情况，即在实施欺骗时会发生什么？应当怎样识别欺骗？

说谎：实施欺骗

如果所有说谎的人都能像《木偶奇遇记》中的皮诺曹那样长出长鼻子，识别欺骗就不是问题了。遗憾的是，在现实生活中，识破谎言可没那么容易。事实上，在试图识别说谎者身上出现的与欺骗有关的行为时，就连实证研究都没有得出一致的结果（专栏12.4列举了一些与欺骗有关的行为）。

专栏 12.4　说谎者会有怎样的表现？

元分析是对一些研究的总结，它试图解决研究中出现的结果不一致的问题。一些分析（比如，DePaulo，Stone，& Lassiter，1985；Kraut，1980；Sporer & Schwandt，2007；Vril，2000；Zuckerman & Driver，1985）审查了一系列研究中与欺骗有关的线索，其中最大型的一次分析集结了针对158个欺骗线索引发的1338个猜测，它是由DePaulo及其同事（DePaulo et al.，2003）完成的。基于这一分析，他们发现了一些与欺骗有关的线索。不过，请记住一点，所有这些线索都只是针对一般情况，并不是那么绝对：

- 说话的时长：说谎的人在回答问题时比说实话的人用的时间短。
- 细节：说谎的人比说实话的人提供的细节少。
- 抿着嘴唇：说谎的人比说实话的人更喜欢抿着嘴唇（好像要控制自己一样）。
- 表达意思：与说实话的人相比，说谎的人讲述的情况常常会前后矛盾，而且缺乏合理性和逻辑结构。
- 缺少亲切感：无论是言语还是声音，说谎的人都显得闪烁其词和缺乏亲切感。他们在措辞上刻意与听众以及所叙述的内容保持距离（比如，使用被动语态，而不是主动语态。）
- 不确定性：说谎的人不能像讲实话的人那样表达得那么肯定。
- 抬起下巴：说谎的人会比讲实话的人更爱抬起下巴说话，可能是为了表现出对所说的内容很确定。
- 重复：说谎的人比讲实话的人更喜欢重复说过的话。
- 配合：在交谈过程中，与说实话的人相比，说谎的人显得不够互相配合。
- 负面陈述：相较于讲实话的人的反应，说谎者的反应通常会含有较多的负面表达和抱怨。
- 愉悦：与说实话的人相比，说谎者的脸上缺乏快乐的表情。
- 紧张：整体来讲，说谎者比说实话的人显得紧张。
- 声音的张力和音高：与说实话的人相比，说谎者的声带显得紧绷，说话的音调也较高。
- 瞳孔放大：说谎者的瞳孔显得比讲真话的人的瞳孔大。
- 坐立不安：说谎的人表现得很焦躁，不能像说真话的人那样平静。

- 及时纠正：说实话的人如果发现自己讲错了话，会马上予以纠正，而说谎的人不会这么做。
- 承认遗忘：说实话的人会承认自己不记得某事了，而说谎的人不会这么做。
- 相关的外部联系：与说实话的人相比，说谎的人更愿意提及与他们正在讨论的重点事件相关的外围的事情或关系。

虽然 DePaulo（2003）及其同事所进行的元分析也审查了一些言语行为，不过他们主要还是关注了非言语行为。考虑到这一实际情况，一些研究人员想知道，是不是言语方面的欺骗线索尚未被发现。但是，按照 Ali 和 Levine（2008）的观点，虽然体现欺骗的言语指征似乎是存在的，可在不同的情形下或在不同的研究中得出的结果很不一致。

理论框架

虽然它们之间存在不一致的地方，但一些研究欺骗的理论还是试图对典型的说谎者的行为类型给出分析。这其中比较主要的框架有两个：一个是 Zuckerman 及其同事（Zuckerman & Driver，1985）提出的*四因素模型*；另一个是 Burgoon 和 Buller（2004）提出的*人际欺骗理论*。我们接下来就仔细讨论这两个理论。

四因素模型

这一模型不是把人们在撒谎时可能出现的情况都列举出来，而是试图解释支配欺骗行为的潜在过程。换句话讲，它不是告诉我们人们在撒谎时会有怎样的表现，而是告诉我们人们为什么在撒谎时会有异常的表现。根据这一模型，有四个因素影响人们说谎时的行为，它们是：*情绪波动*、*竭力控制*、*觉察情绪*和*认知努力*。

首先，该模型认为，人们说谎时的情绪会比讲真话时更波动或更不安。这也正是测谎仪的操作原理。当然，我们知道测谎仪的结果在法庭上是不被采用的，因为不可能100%准确。为什么呢？因为一个反社会的人不会对其谋杀行为感到悔恨，自然在撒谎时也不会表现出情绪波动。不过即便如此，毕竟不是所有人都是反社会的，而且我们知道多数人在撒谎时的确会感到不安。他们或许担心被识破；或许在说谎时突然想到还有需要隐瞒的信息；或许打定主意要千方百计成功地完成欺骗的任务。无论是哪种情况，这样的情绪和想法都会导致他们在欺骗时有一些特别的行为。据说，扑克选手会戴着墨镜，因为当他们拿到好牌时，他们的瞳孔会放大。同样的，当一个人在欺骗他人时，瞳孔也会放大，这是一个很肯定的欺骗指征（DePaulo et al.，2003）。伴随着欺骗还有什么线索吗？研究人员已经查明的有说话时出错、说话时吞吞吐吐、说话重复、说话时做出许多手势、眨眼、音调提高和抖腿。

其次，由于人们在撒谎时不想被识破，因此四因素模型认为，他们会竭力控制自己的行为，而且在欺骗行为发生前和发生过程中都会这么做。比如，Hartwig、Granhag 和 Stromwall（2007）发现，在准备受审前，说谎者会比说真话的人更精心策划，以便在审讯时保持镇静，给人留下好印象。而且，Vrij（2000）也在撰写的报告中说，在欺骗过程中，说谎者倾向于约束自己的动作，目的是不让自己看上去很紧张。类似的，根据 Ekman 和 Friesen（1969，1974）提出的*传递能力假说*，当人们撒谎时，他们会竭力控制自己的行为，不过在整个过程中，他们会更注意一些方面。由于很难控制自己的所有行为举止，说谎者只好重点关注那些与传递信息有关的动作，比如面部表情和他们的措辞。但是在忙于管控自己的面部和言语时，他们通常会忘记那些与所传递的信息关系不大的身体的其他部分，比如腿和脚。因此，按照传递能力假说，那些看似与传递信息没什么关系的身体部位最容易暴露一个人是否在撒谎。也就是说，由于人们只关注自己的面部和言语，于是欺骗会从其他地方露出马脚。至少有一些研究是支持这一假说的。Caso、Vrij、Mann 和 De Luo（2006）在实验中发现，即使参与者们得知该怎样避免暴露欺骗性举止，实验的参与者们在控制言语方面的效果仍明显优于其控制自己的非言语行为。而且，一项调查发现，观察说谎者头部和面部（传递能力较强的部位）的研究人员判断其是否在说谎的准确性远远低于观察说谎者身体（传递能力较弱的部位）的研究人员所做出的判断（Ekman & Friesen，1974）。还有一点，在对参与者进行了仅通过某个渠道（只关注其面部、身体、声音或措辞）做出判断和识别的30多个实验后，DePaulo 及其同事（DePaulo et al.，1985）进行了总结，结果发现，所有凭借面部线索做判断的实验所得到准确性是最低的。

除了情绪波动和竭力控制外，四因素模型认为，情感因素也会在人撒谎时产生影响。如果你在这里停下来想一想，或许会发现与撒谎有关的情绪类型。事实上，在我们所处的文化中，欺骗通常是遭人鄙视的。我们总是会告诫孩子，“真理能使人获得自由”“诚实是最好的选择”“作茧自缚”等，并教他们唱一些像“骗子，骗子，烧掉裤子”这类的歌谣。因此，欺骗行为会与内疚等负面情绪联系在一起就不足为奇了。由于研究人员（DePaulo et al.，2003）设想存在着这样的负面结果，因此他们认为与讲真话的交流者相比，骗子们不太会呈现令人愉悦的面部表情，而发表的言论也大多偏负面。但是，我们也应注意到，并非所有的欺骗都与负面情绪有关系。比如，Paul Ekman（1985）就认为，当说谎者成功地达到了欺骗某人的目的时，他们也会流露出“得意扬扬”的表情。

最后，四因素模型还认为，认知也在人们说谎时的行为表现上发挥着作用。换句话讲，说谎比说真话更费脑筋。为什么呢？因为当你陈述一个听说的故事或者一件亲身经历时，你会感到很轻松和容易。可是在你撒谎时，你常常得“按自己的意愿编故事”。不仅如此，你还得特别小心，不能让自己当下所说的与以前说过的相互矛盾（还记得那句谚语吗？“撒谎的人得有好记性”）。由于撒谎需要更多的认知付出，所以研究人员认为，与说真话的人相比，撒谎的人在回答问题时可能需要更长的时间，在说话过程中还会有更多次的停顿，而且在传递信息时也极少提供更多的细节（Vrij，Granhag，Mann，& Leal，2011；Zuckerman & Driver，1985）。

人际欺骗理论

人际欺骗理论（Burgoon & Buller，2004，2008）是到目前为止针对欺骗研究所进行的最全面的综述。它的目标是将欺骗作为一种人际现象来对待，了解在欺骗过程中的信息的发出者和接收者对信息的编撰和解码。说谎者和觉察者的目标、预期和知识在互动时会影响他们的想法和行为，而这些想法和行为又会对识破谎言的准确度以及说谎者能否感觉到自己受到了怀疑产生影响。我们将在本章的后半部分讨论这一理论的其他假设细节，但关于该理论首先应当了解的是它对欺骗发生时的策略性行为与非策略性行为的区分。具体来讲，人际欺骗理论认为，说谎者的交流包含两部分：故作诚实的刻意的（策略性）企图和超出说谎者控制范围的非刻意（非策略性）行为。

首先，人际欺骗理论认为，为了避免被识破，说谎者会策略性地提供带有某些特征的信息。比如，说谎者可能会：(1) 操控信息的内容，目的是让自己与所传递的信息保持距离（比如，说谎者或许很少提及自己，这样他们就无须为他们所说的话承担责任了），言语中表现出不确定性和含糊其词（因为如果信息中包含了太多的具体细节，很有可能露出破绽），或者隐瞒信息（比如，说谎者可能会提供很简短的信息）；(2) 策略性地控制他们的行为，目的是掩盖欺骗的线索（比如，与说真话的人相比，撒谎的人可能会避开对方的目光或者减少点头的次数；(3) 设计自己给人的印象，通过微笑或者点头让他们看上去很值得信赖（Buller，Burgoon，White，& Ebesu，1994）。White 和 Burgoon（2001）的研究发现，在互动时，说谎的人会不停地调整自己的动作，这就充分证明了一些欺骗性行为是策略性的。

其次，虽然说谎者会竭力策略性地控制自己的行为，但他们在交流时还是会流露出非策略性的动作，也就是说，有些行为会在他们无意识或者无法控制的情况下“露出马脚”。我们在前面已经列举了由于情绪波动或者负面情绪会导致的动作或行为：说谎者表现出诸如眨眼、瞳孔放大、从声音中能听出紧张的心情、说话屡屡出错、抖腿和身体不停地晃动、简短回答、不敢点头或微笑以及言论消极等动作或行为。

对理论假设的批评

在结束本节前，我们有必要指出，有些研究对于四因素模型和人际欺骗理论的一些假设提出了质疑（可参阅 Feeley & Young，1998；Levine & Kim，2010；Stiff，1996）。比如，McCornack（1997）认为，在一些情形下，说谎并不会比说真话更有难度或更能引发情绪波动。试想一下，如果一位好友问你是否喜欢她的新发型，你会怎样回答，特别是如果你觉得她的发型很难看，你会如何应对。在这种情况下，与其费尽心思表达一个能维持你们之间的关系也不至于让你朋友感到难堪的真实信息，还不如直接告诉她你喜欢她的发型来得简单容易。总之，实情与谎言的潜在区别可能并不像上述理论以为的那么简单（McCornack，1997）。

那么我们对这样的批评持什么态度呢？记得我们在第一章中已经指出，正因为说服的性质非常复杂，所以才需要深入地研究它。明白这一点后，我们认为在研究欺骗时不应当忽视上面的批评。它们之所以很重要，是因为它们让我们意识到，欺骗行为比我们许多人最初以为的复杂得多。不过我们也没有因此就认为四因素模型和人际欺骗理论中的假设是没有意义的，只能说它们适用于一些欺骗情境，但不是全部的欺骗情境。不同类型的谎言会让说谎的人采用不同类型的行为（Seiter et al.，2002）。比如，编造的谎言可能会比说真话更费心思，但这种情况只会出现在叙述性谎言中（比如，描述你目睹或者没有目睹的犯罪现场的情景；Vrij，Kneller，& Mann，2000）。而欺骗会造成情绪波动的说法更适用于性质严重的欺骗，比如对配偶不忠或者否认犯罪，但善意的谎言可能不会引发太多的情绪波动。即使对于所谓“严重”的欺骗，不同的人也会有不同的解读。比如，早期的研究发现，一个人所处的文化背景不仅会影响他对于谎言的接受程度（Mealy，Stephan，& Urrutia，2007；Seiter et al.，2002），也会对他在说谎后的情绪（比如内疚或羞愧）构成影响（Seiter & Bruschke，2007）。总之，我们认为欺骗行为确实非常复杂。虽然专栏12.3和专栏12.4列举了一些欺骗线索，但事实上，生活中的线索远不止这些。记清楚这一点后，接下来我们要继续讨论能使欺骗成功的因素。

是什么让说谎者具有说服力的

早期的研究发现，有些人的确比其他人更善于"蒙蔽我们的眼睛"。比如，Bond和DePaulo（2008）以及Levine及其同事（Levine et al., 2010）都在研究中发现，有些人表现得太透明了，因此只要他们一说谎，马上就会露出马脚；而另一些人总能装出一副老实的样子，结果即使他们在说谎，别人也会信以为真。在这一节中，我们就专门探讨一下说谎者的性格会对其欺骗行为产生怎样的影响。

"骗子"

那个喊"狼来了"的孩子本来不应当那么做。或者在他被狼吃掉前，应该先做个人格测验。如果他做了测试，我们猜想他在被称为马基雅维里主义的特质测试中一定会得高分。具有马基雅维里主义特质的人对人际关系完全不感兴趣，他们总是为了达到己利而操控别人，对社会道德几乎一点也不在意（Christie & Geis，1970；Geis & Moon，1981）。有马基雅维里主义特质的人真的是"披着羊皮的狼"，比起其他的说谎者，他们在说谎时能装出一脸无辜的样子。Braginsky（1970）进行过一项经典的调查，其结果完全支持这一说法。在调查过程中，他让马基雅维里主义特质高和低的孩子都品尝了味道有点苦的饼干，然后告诉他们，如果他们能说服其他小朋友吃下这种饼干，每吃一块，他们就能得到一枚5美分的硬币。调查结果显示，马基雅维里主义特质高的孩子不仅能说服更多的小孩吃下这种饼干，在说服时还能表现出了很诚实认真的样子。

除了马基雅维里主义，一个人的社交能力也会对他能否成功地欺骗别人产生影响。比如，那些自我管控能力强的人会察言观色，因此他们比自我管控能力弱的人更擅长欺骗他人（Elliot，1979；Miller，deTurck，& Kalbfleisch，1983）。此外，擅长表达基本情绪的人更容易用谎言说服他人，而那些表达时瞻前顾后的人则可能轻易露出说谎的破绽（O'Hair，Cody，& Behnke，1985）。类似的，善于表达和懂得社交技能的人（Riggio，Tucker，& Throckmorton，1987）、社交能力强的人（Riggio，Tucker，& Widaman，1987）、沟通能力强的人（Feeley，1996），以及交流时专注、友好和严谨的人（O'Hair，Cody，Goss，& Krayer，1988）在欺骗他人时比不具备这些能力的人更可能达到目的。

最后一点，在说谎时，你认为谁更可能不被识破——男性还是女性？两次元分析的结果均发现，男性比女性更擅长说谎（Kalbfleisch，引自 Burgoon，Buller，Grandpre，& Kalbfleisch，1998；Zuckerman，DePaulo，& Rosenthal，1981）。不过即便如此，Burgoon 及其同事（1998）在查阅了相关的文献后发现，性别间的差异其实并不大，这或许是因为男性和女性使用的欺骗手法都存在缺陷。具体来讲，撒谎时，男性倾向于控制他们的非言语行为。虽然这么做可以防止他们露出说谎的破绽，可是如果做过头了，他们就会表现出骗人的迹象。而女性在撒谎时通常会极力表现出对交流很投入的样子，结果这种过分的活跃会让她们显得情绪波动或者比平时更紧张（Burgoon et al.，1998）。

撒谎时有难易的区分吗？

设想一下，芭比是个15岁的高中生，家里规定她最晚到家的时间是晚上9点。一个周四的晚上，她和同学们去舞厅跳舞了，他们玩得忘乎所以。突然间，她发现已经晚上11点了！她的父母平时晚上8点左右就上床睡觉了，因此她暗自希望等她到家时，父母已经睡下了。可是当她走进家门时，发现父母正坐在那里等她。他们一看见她就问，“你去哪儿了？”芭比当即决定不告诉他们实情，否则在接下来的两周里，她哪儿也不能去了。

你觉得芭比说谎成功的概率有多大？根据 Cody 及其同事（Cody，Marston，& Foster，1984；Cody & O'Hair，1983；O'Hair，Cody，& McLaughlin，1981；DePaulo et al.，2003）进行的调查，撒谎时的行为在很大程度上取决于说谎者所说的这个谎言是有准备的还是即兴的。确切地说，思考一下我们之前讨论过的四因素模型的构成。相较于即兴的谎言，芭比在讲有准备的谎言时，会有更大的定力，而且不会在认知上遇到障碍。针对欺骗线索的研究非常支持这样的说法。整体来讲，即兴的谎言比有准备的谎言容易泄露欺骗的迹象，因为如果说谎的人事先有所准备，他们就会表现出令人信赖的样子，这样就不会轻易被识破了，而那些即兴撒谎的人没有这样的时间去准备（deTurck & Miller，1985；Littlepage & Pineault，1979；Stromwall，Granhag，& Landstrom，2007）。

不过，即兴并不是影响欺骗成功的唯一因素。事实上，研究显示，谎言的长度和内容也很重要。比如，说长的谎言就比说短的谎言更具难度（Kraut，1978）。至于内容，Thackray 和 Orne（1968）做过一项实验，装扮成间谍的参与者要尽可能隐瞒自己的身份以及他所知道的密码。实验的结果显示，对于与个人信息相关的谎言（他们的身份），参与者们大多能够撒谎成功，而对于与中性信息相关的谎言(密码)，他们就没有那么幸运了。类似的，另一项实验(Warren，Schertler，& Bull，2009)也发现，相较于不带情感的谎言（比如，让说谎者一边看着展现夏威夷风景的录像，一边叙述很恐怖的外科手术的过程），带情感的谎言（比如，让说谎者一边看着外科手术的录像，一边描述夏威夷的风景）更容易被识破。这一发现与元分析的结果相吻合，因为元分析也发现，与只就事实撒谎相比，当说谎者需要既对事实撒谎又对情绪撒谎时，他们几乎不敢点头或配有什么动作（Sporer & Schwandt，2007）。最后一点，DePaulo 及其同事（2003）还发现，当就违法行为撒谎时，人们需要更长的时间做出回应，说话的语速也会明显加快，会不停地眨眼，而且比讲实话的人显得更坐立不安。

欺骗的场合与欺骗得逞

谎言发生的场合也会影响说谎者能否取得成功，已经被发现的背景因素之一是动机。很显然，在一些情形下，人们渴望欺骗成功的动机比其他时候更强烈。比如，一个垂钓者可能不太在意别人是否会发现他所谓的战利品是否真的是自己钓上来的，可是一个花心的丈夫在欺骗妻子时就会极其渴望自己的谎言不被识破。因此，在这样的背景下，谁会表现得更成功：垂钓的人还是对妻子不忠的人？

要回答这样一个问题，我们可以回忆一下四因素模型，它认为说谎者为了避免不被识破，会极力控制自己的行为。照此推理，当人们要确保撒谎成功的动机很强烈时，就会更加控制自己的行为，结果他们的动作会变得过于死板和拘谨，这种现象被称为*动机损害效应*（DePaulo & Kirkendol，1989）。总之，动机过度反而会让你更容易露出破绽。

为了进一步证实动机在欺骗过程中所起的作用，Frank 和 Ekman（1997）做了一个实验。他们给参与实验的20位男性每人10美元，然后要求他们“模拟”一次犯罪经历：从一个手提箱里偷50美金。他们被告知，如果他们偷钱后能够让审讯员相信他们没有偷窃，他们就可以拿走这50美元。可是如果他们被发现撒谎了，就将受到惩罚。那样的话，不仅偷的50美元和之前给他们的10美元都会被没收，还会被罚待在一间狭窄、阴暗的房间里，坐在一个冰冷的金属椅子上，他们得在那里待1小时，其间还会听到10~40次震耳欲聋的警报声。完全可以想象，参与实验的说谎者都一心想成功。但遗憾的是，实验的结果显示，他们在撒这样高难度的谎言时，不断地暴露出能让别人觉察到的破绽（如果你担心他们得怎样忍受上面描述的“刑讯室”里的恐怖环境，请放心，研究人员并没有真的那么做）。总之，对于这样高难度的谎言，人们会不顾一切地期望成功，但结果是更容易被识破。

识别欺骗：我能够看穿你

就如同说服者需要说服对象一样，说谎者也需要有撒谎的目标。我们在前面都是从说谎者的角度探讨欺骗的，在本节中，我们将从“硬币的另一面”对识别欺骗进行分析。Seiter（1997）提出的一个框架认为，我们在识别欺骗时很像在审判中做出裁决（Henningsen，Valde，& Davies，2005）。我们会做出怎样的裁决（某个人是在撒谎还是在说真话）取决于我们对大量言语和非语言信息（比如，比夫在抽搐）、过往的认知（比如，比夫不喜欢小熊软糖）以及自己的推断（比如，比夫看上去很紧张）的整合判断。有时候，我们观察到的信息可能是矛盾的（比如，比夫看上去很紧张，可是他所讲的听上去又貌似真实）。有时候，新出现的信息会让我们对以前的认知感到含糊。这都说明识别欺骗的过程是极其复杂和特别的。也就是说，一个人用来识别欺骗的信息可能与另一个人所使用的信息完全不同。清楚这一点后，我们接下来就开始讨论影响识别过程的因素。

影响识别的因素

“看着我的眼睛”：关于欺骗的固定模式和直觉

在识别欺骗行为时，你会寻找哪些线索？当我们把这一问题抛给学生时，最常得到的回答就是“目光接触”。我们的学生们认为，人在撒谎时，会不敢看着对方的眼睛，或者会朝左边张望。

如果你也持同样的看法，那你和我们的学生们都不属于少数人群。根据Lock（2005）提供的信息，对从阿富汗到津巴布韦共计60多个国家的调查显示，人们普遍反映目光接触是他们最常用来识别欺骗的方法之一。不过，这里也有一个需要引起注意的地方，调查发现，人们在撒谎时通常只是会避免目光接触，但不会看别处（DePaulo，et al.，2003；Sporer & Schwandt，2007）。此外，人们说他们用来识别欺骗的其他线索其实并不值得信赖（Hart，Hudson，Fillmore，& Griffith，2006）。

鉴于这一现实，你可能会认为正是由于这些固定模式导致了我们识别欺骗的能力不够高，但实际上也不尽然。虽然这种被称为*主观线索假设错误*（Hartwig & Bond，2011）的现象盛行了几十年，但最近的研究发现，在识别欺骗行为时，人们其实并未意识到他们真正依据的线索。换句话讲，人们说他们使用了一系列线索，但实际上他们采用的很可能是别的线索。比如，Hartwig 和 Bond（2011）所进行的一次元分析发现，人们并不是根据乏目光接触和其他固定模式中的线索而识别欺骗的，他们真正根据的线索是说谎者的模棱两可、不确定性和漠不关心，而且，这些迹象更为可靠。这说明对比那些固定模式，人们对欺骗线索的直觉很少会出现失误。由此，Hartwig 和 Bond（2011）指出，要想提高辨别欺骗的能力，应当加强对信息处理的自然和直觉的反应。不过这需要建立在对欺骗行为足够多次的准确判断的基础上。

培养人们有效识别谎言的能力

不过，培养人们更善于识破谎言并不是件容易的事情。事实上，两项调查发现，有时候，刻意的培训反而会适得其反（Akehurst，Bull，Vrij，& Kohnken，2004；Kassin & Fong，1999）。也就是说，与那些没有得到过这方面培训的人相比，专门接受过识别欺骗培训的人在现实生活中识别谎言的准确率更低，更难以置信的是，这些表现欠佳的人受到的培训竟然通常是用来教警方审讯人员识别欺骗的。考虑到这样的现象，你就不会奇怪为什么许多培训时传授的欺骗"线索"与实证研究时发现的线索并不一致了（Kasssin & Fong，1999）。同时你肯定会问，接受过识别可疑线索培训的人怎么会在真正需要做出判断时败下阵来。不过，一些研究认为，这种现象毕竟还是少数。在大多数情况下，在人们识别谎言时，如果了解了与欺骗有关的行为线索（见专栏12.3），他们的判断要比那些在这方面一无所知的人准确得多（deTurck，Feeley，& Roman，1997；Zuckerman，Koestner，& Alton，1984）。

人充当测谎仪

就如同有些人惯于欺骗他人一样，是不是也有些人长于识别欺骗呢？一些研究似乎证明了这样的推断。比如，我们在前面提到过，一些人的确具有识别谎言甚至是高难度谎言的本领。那么你肯定想知道，是什么让他们比别人更不会轻易上当受骗呢？在有效识别谎言方面，是否有特别的技巧呢？即使有，研究也没有发现。虽然有研究证实一些因素会对个体能否成功识破欺骗产生影响，比如事件与个体的关联程度（Forrest & Feldman，2000）、自我监控（Brandt，Miller，& Hocking，1980；Geizer，Rarick，& Soldow，1977）和性别（DePaulo，Zuckerman，& Rosenthal，1980；Rosenthal & DePaulo，1979），但一项针对140多次调查进行的元分析（Bond & DePaulo，2008）发现，它们对于识别欺骗并不能起到很大作用。不过由于这些因素在每个个体身上的表现不同，因此会使得有些人看上去更可疑，有些人则显得更可信。这样一来，要准确辨别真话与谎言就更复杂了。这里需要指出的是，Bond 和 DePaulo（2008）并没有完全排除在现实生活中会对识别欺骗产生一定影响的因素。比如，他们认为，在互动后对对方的一些非言语行为进行分析有助于人们做出较为准确的判断。

熟悉、偏见和欺骗识别

认识一个人有助于我们识别他的欺骗行为吗？几位研究人员都提出过这个问题，但在相当长的一段时间里，这类研究得出的结果错综复杂。比如，在进行过的五项调查中（Brandt，Miller，& Hocking，1980a，1980b，1982；Feeley & deTurck，1997；Feeley，deTurck，& Young，1995），研究人员让参与者对与他们进行沟通的人的行为是否诚实做出判断，他们让其中一些参与者观看了与其沟通的人以前的可信行为的录像，另一些人没有看到这样的录像。调查结果显示，对沟通者之前的可信行为有一定了解的参与者所做出的判断更准确。类似的，Comadena（1982）也发现，配偶间比朋友间更容易发现对方有欺骗行为。不过，Miller 和同事们（1981）进行的另一项调查发现，在判断与情绪有关的谎言时，相较于陌生人或者配偶，朋友间的判断是最准确的。还有两项调查（Al-Simadi，2000；Seiter & Wiseman，1995）得出的结果是，对于与自己属于同一民族或同一文化群体的人（按理说是自己最熟悉的人）的欺骗行为的判断反而不如对其他民族或文化群体的人的判断准确。

以上结果都不具备结论性，而且人际欺骗理论（Buller & Burgoon，1996；Burgoon & Buller，2008）认为，熟悉也未必会像人们以为的那样对识别欺骗产生很大的影响。该理论指出，熟悉就像一把双刃剑：有时候，它有助于你更准确地识别欺骗行为或谎言；另一些时候，它也可能对你的判断力产生反作用。首先，由于一些先入为主的偏见，你对一个人了解得越多，识破他的谎言的能力了却越低。具体来讲，McCornack 和 Parks（1986）发现，对另一个人的了解能增加一个人做出准确判断的信心，却也会导致*取真偏见*（一种认为别人行为诚实的认知）。他们及其他研究人员（Stiff，Kim，& Ramesh，1992）所进行的相关调查都支持这样的说法。就是说，人们在对熟悉的人做出判断时，反而会不准确，因为他们自认为对方是诚实可信的。如果沟通双方建立了信任关系，取真偏见就有可能存在；可如果双方关系本来很不好，则有可能出现*谎言偏见*（一种认为别人不诚实的认知）（McCornack & Levine，1990）。无论是哪种情况，都会干扰判断的准确性，因为它们可能让你无法客观地区分真相与谎言。

虽然这两种偏见可能会造成你在识别熟人的欺骗行为时出现误差，但与此同时，对对方的了解在做判断时也能起到帮助作用（Buller & Burgoon，1996）。具体来讲，由于你对对方的背景有一定的了解，因此当他说出与其背景信息相矛盾的内容时，你立刻就会注意到（比如，对方以前跟你说过，他从未去过旧金山，可后来你听到他说，“站在金门大桥看周边的景色实在是太美了”）。此外，因为你很熟悉对方的行事方式，所以当他突然有异常表现时，你很快就能识别出来（比如，对方平时表现得都很沉稳，可是每次有人提到与间谍案件有关的事情时，他就会变得很紧张）。还有一点，如果你对另一个人非常了解，那么当他因撒谎而显现出怪异的行为时，你就更有可能发现（Anderson，Ansfield，& DePaulo，1999）。总之，认识某个人对准确识别欺骗既可能有帮助，也可能产生阻碍，其中偏见的成分会降低判断的准确率，而背景知识可以增加判断的准确率。

怀疑

根据人际欺骗理论（Buller & Burgoon，1996；Burgoon & Buller，2004，2008），在互相欺骗的过程中，人们会怀疑自己受到了欺骗，并会因此采取相应的措施。在一些情形下，他们可能会隐藏自己的怀疑。比如，至少有两项调查显示，当我们怀疑某人在对我们撒谎时，我们会改变自己的行为模式，为的是不让对方发现我们已经在怀疑他了（Buller，Strzyzewski，& Comstock，1991；Burgoon，Buller，Dillman，& Walther，1995）。也就是说，对对方感到怀疑的人通常会改用简短的回答，而且在回答之前会花更长的时间思考，同时还会控制他们的肢体动作。但是在另一些情形下，我们的行为会把我们的怀疑显露出来，从而影响对方的行为。事实上，如果一个对我们撒谎的人感觉到我们在怀疑他了，他就会更加绞尽脑汁地让自己的谎言听上去可信。早期的调查都支持这一说法，证实说谎者在互动过程中会改变其言语和非言语行为，竭力让自己不露出欺骗的破绽（Burgoon & Buller，2004；Burgoon & Qin，2006；White & Burgoon，2001）。

虽然怀疑明显会对谎言的发出者和接收者的行为起作用，但它是否会影响人们判断的准确性呢？对这一问题的研究结果是否定的。也就是说，怀疑和识别谎言与真相之间没有太大的关联。为了了解个中原因，我们假设一个人发表了一些声明，你试着从中分辨哪些声明是真实的，哪些声明是谎言。*相反效应模型*（Kim & Levine，2011）认为，怀疑可以减少取真偏见，在这种情况下，怀疑会使你在判断谎言时更准确；却会让你在找出真相时的失误率增多。这样的相反效应会产生互相抵消的作用，故而对你整体的分辨真假的能力没什么影响。一句话，怀疑有助于你识别谎言，却会让你对真相做出误判。

寻求真相与识别欺骗

在上一节中我们已经获悉，在人们试图识别欺骗时，他们有时会改变自己的行为，借此掩盖自己的怀疑。但在更多的时候，要想证实对方所说的是否是谎言，需要得到更多的信息。准确地说，如果一个说谎的人不再说话，你会很难从他之前的叙述中找出矛盾或前后不一致的地方。可是，有意思的是，大多数研究均显示，得到更多的信息（比如，"告诉我更多有关书包被偷时的情形"）并不能增加你对对方是否在说谎的判断的准确性（Buller et al.，1991）。更有意思的是，当你想借助更多的信息来证明对方是否在说谎时，会让在场的第三方更认为对方是非常诚实的（Buller et al.，1991）。这种现象被那些研究欺骗的人称为*探测效应*（Levine & McCornack，1996a，1996b）。

虽然学者们认可探测效应的存在，但对它的成因各持己见（有关这方面更详尽的争论，参见 Buller，Stiff，& Burgoon，1996；Levine & McCornack，1996a，1996b）。比如，有几位学者赞同行为适应解释。该解释认为，在进一步了解真相时，说谎者会意识到他们被怀疑了，于是他们会改变自己的行为，让自己显得更真实。但 Levine 和 McCornack（1996a ）认为这样的说法存在瑕疵，而且他们在一次调查中也发现了与之矛盾的证据（Levine & McCornack，2001）。在调查过程中，他们将说谎者接受进一步问询的经过录了像。之后，研究人员让参与者们观看了两个版本的录像，一个录像中只有说谎者本人的画面，删掉了对他进行问询的对话部分。有趣的是，相较于观看了完整录像的参与者，那些只观看了删节版录像的参与者更认为说谎者很不诚实。由此 Levine 和 McCornack（2001）认为，探测效应的确存在，但并不是因为说谎者改变了他们的行为。

那么，谁应当为探测效应承担责任呢？按照 Levine 和 McCornack（2001）的观点，在试图判断某人是否说谎时，人们通常会依靠快捷方式，而非仔细审视被怀疑人的行为举止。一种常用的快捷方式被称为*启发式探索*（Levine & McCornack，2001）。它的原理是这样的：假设你在观察一个可疑的人，并需要判断他所说的是真话还是谎言，应同时假设这个可疑的人受到了进一步的问询。

这个时候，你往往不会认真关注被怀疑人的回答及行为，而会采用一种快捷方式。具体来讲，你会对自己说："在进一步问询过程中，继续说谎太难了，因此既然他经受了问询，他肯定只能说真话了。"基于这样的认知和推理，你断定经历过探测的人应当是诚实的。你的这一结论与被怀疑人的行为适应毫无关系，所以说它是一种快捷方式（Levine & McCornack，2001）。

在结束本节前，我们有必要指出，也有一些研究人员对是否存在行为适应提出过质疑。比如，与行为适应相反，Ekman（1985）提出了另一种可能存在的现象：当被怀疑欺骗时，一个原本说真话的人会变得很紧张不安，而他流露出的这一情绪会让观察者犯下被 Ekman 称为*奥赛罗失误*的错误，即观察者错误地以为紧张不安的行为是欺骗的指征。Henningsen、Cruz 和 Morr（2000）所进行的调查认同这一现象的存在。他们的调查发现，流露出紧张情绪的人常会被认为是在骗人。

挖掘出欺骗的线索：施加压力

在前面，我们曾提到提高识别欺骗能力的一个方法是让人们学会找出欺骗的线索。除此之外，按照 Hartwig 和 Bond（2011）的观点，另一个较为有效的策略就是设法让说谎的人和讲真话的人增加一些行为表现，然后据此进行识别。Aldert Vrij 及其同事（2011）提供了两个较为常用的方法。第一个方法被称为*认知负荷法*，它基于说谎比讲真话更增添精神负担这一假设。因此，当你向对方提出进一步的认知需求时，由于说谎者的认知存量有限，他就得比说实话的人更绞尽脑汁地思忖。举例来讲，Vrij、Mann、Fisher、Leal、Milne 和 Bull（2008）做过一个实验，他们让说谎者和讲真话的人从前往后或从后往前地说明事情发生的经过。结果，从后往前叙述经过的说谎者比从前往后叙述的说谎者更容易被识破，显然是因为这么做增加了他们的认知负担。

第二个方法被称为*策略性提问方式*，它建议对可疑的人采取各种提问方式，然后从他们的回答过程中辨别真伪（Vrij et al.，2011）。比如，审问者可以问一些说谎的人意想不到的问题，或者让他们针对某一话题讲出自己赞同的原因，然后再讲出不赞同的原因。在此过程中，注意观察他们的行为变化。在一次实验中（Levine，Shaw，& Shulman，2010），研究人员将一些在游戏过程中可能作弊的学生分成两组，分别问了两类问题。对第一组问的是一般性问题（比如，"你玩过打破砂锅问到底这个游戏吗？""你为什么经常玩（或者平时不爱玩）游戏？"）。对第二组问的则是一些更直接的、策略性的问题（比如，"你作弊了吗？”“你跟我说的是实话吗？”）。结果显示，第二组里的作弊者比第一组里的作弊者更容易露出破绽。

语境知识与欺骗识别：是什么情况

假设一位你完全不了解的中年女性告诉你，夹心巧克力是她最喜欢吃的糖；然后一个身材娇小、只有5岁的小女孩告诉你，她刚刚与她最喜欢的橄榄球队丹佛野马队签约，成了队里的新四分卫。假设两个人都在撒谎，哪一个更容易识别呢？显然，只要你稍微了解专业橄榄球队队员的身高和年龄，你就会意识到那个小女孩在撒谎。事实上，按照Blair、Levine和Shaw（2010）的观点，如果掌握语境信息（比如，专业橄榄球队的队员通常都是人高马大的男性），我们在本章开始时提到的50%的欺骗识别率会大幅度提高。比如Blair及其同事（2010）所进行的调查发现，裁判如果能了解队员们平日训练时的表现，就更有可能发现比赛时的作弊者。基于这样的调查，可以清楚一点，即掌握语境背景（比如，警方的审讯官如果能够得到来自目击证人的报告）对于识别欺骗是相当重要的。

总　结

欺骗是人与人交流中存在的一种多层面且复杂的现象。在本章中，我们探讨了对它的归纳和定义。我们还可以从本章中获悉，虽然人们并不很善于识别欺骗，但有一些因素确实有助于提升识别的准确率，另一些因素（比如，真理偏见）却会对识别的准确率造成干扰。我们也指出了一些区分讲真话的人与说谎者的行为特征，并对这些差异进行了解释和分析。

参考文献

Akehurst, L., Bull, R., Vrij, A., & Köhnken, G. (2004). The effect of training professional groups and laypersons to use criteria-based content analysis to detect deception. *Applied Cognitive Psychology, 18*(7), 877–891.

Ali, M., & Levine, T. (2008). The language of truthful and deceptive denials and confessions. *Communication Reports, 21*, 82–91.

Al-Simadi, F. A. (2000). Detection of deceptive behavior: A cross-cultural test. *Social Behavior and Personality, 28*(5), 455–462.

Anderson, D. E., Ansfield, M. E., & DePaulo, B. M. (1999). Love's best habit: Deception in the context of relationships. In P. Philippot & R. S. Feldman (Eds.), *The social context of nonverbal behavior. Studies in emotion and social interaction* (pp. 372–409). New York: Cambridge University Press.

Barnett, M. A., Bartel, J. S., Burns, S. R., Sanborn, F. W., Christensen, N. E., & White, M. M. (2000).

Perceptions of children who lie: Influence of lie motive and benefit. *Journal of Genetic Psychology, 161*(3), 381–383.
Blair, J. P., Levine, T. R., & Shaw, A. S. (2010). Content in context improves deception detection accuracy. *Human Communication Research, 36*, 423–442.
Bond, C. F., & Atoum, A. O. (2000). International deception. *Personality and Social Psychology Bulletin, 26*(3), 38–395.
Bond, C. F., & DePaulo, B. M. (2006). Accuracy of deception judgments. *Review of Personality and Social Psychology, 10*, 214–234.
Bond, C. F., & DePaulo, B. M. (2008). Individual differences in judging deception: Accuracy and bias. *Psychological Bulletin, 134*, 477–492.
Bond, C. F., Omar, A., Mahmoud, A., & Bosner, R. N. (1990). Lie detection across cultures. *Journal of Nonverbal Behavior, 14*, 189–204.
Braginsky, D. D. (1970). Machiavellianism and manipulative interpersonal behavior in children. *Journal of Experimental Social Psychology, 6*, 77–99.
Brandt, D. R., Miller, G. R., & Hocking, J. E. (1980a). The truth deception attribution: Effects of familiarity on the ability of observers to detect deception. *Human Communication Research, 6*, 99–108.
Brandt, D. R., Miller, G. R., & Hocking, J. E. (1980b). Effects of self-monitoring and familiarity on deception. *Communication Quarterly, 22*, 3–10.
Brandt, D. R., Miller, G. R., & Hocking, J. E. (1982). Familiarity and lie detection: A replication and extension. *The Western Journal of Speech Communication, 46*, 276–290.
Buller, D. B., & Burgoon, J. K. (1996). Interpersonal deception theory. *Communication Theory, 6*(3), 203–242.
Buller, D. B., Burgoon, J. K., White, C., & Ebesu, A. S. (1994). Interpersonal deception: VII. Behavioral profiles of falsification, concealment and equivocation. *Journal of Language and Social Psychology, 13*, 366–395.
Buller, D. B., Stiff, J. B., & Burgoon, J. K. (1996). Behavioral adaptation in deceptive transactions: Fact or fiction: Reply to Levine and McCornack. *Human Communication Research, 22*(4), 589–603.
Buller, D. B., Strzyzewski, K. D., & Comstock, J. (1991). Interpersonal deception: I. Deceivers' reactions to receivers' suspicions and probing. *Communication Monographs, 58*, 1–24.
Burgoon, J. K., & Buller, D. B. (2004). Interpersonal deception theory. In J. S. Seiter & R. H. Gass (Eds.), *Readings in persuasion, social influence, and compliance gaining* (pp. 239–264). Boston: Allyn & Bacon.
Burgoon, J. K., & Buller, D. B. (2008). Interpersonal deception theory: Purposive and interdependent behavior during deception. In L. A. Baxter & D. O. Braithwaite (Eds.), *Engaging theories in interpersonal communication: Multiple perspectives* (pp. 227–239). Los Angeles: Sage.
Burgoon, J. K., Buller, D. B., Dillman, L., & Walther, J. B. (1995). Interpersonal deception: IV. Effects of suspicion on perceived communication and nonverbal behavior dynamics. *Human Communication Research, 22*(2), 163–196.
Burgoon, J. K., Buller, D. B., Ebesu, A. S., & Rockwell, P. (1994). Interpersonal deception: V. Accuracy in deception detection. *Communication Monographs, 61*, 303–325.
Burgoon, J. K., Buller, D. B., Grandpre, J. R., & Kalbfleisch, P. (1998). Sex differences in presenting and detecting deceptive messages. In D. J. Canary & K. Dindia (Eds.), *Sex differences and similarities in communication: Critical essays and empirical investigations of sex and gender in interaction* (pp. 351–372). Mahwah, NJ: Erlbaum.
Burgoon, J. K., & Qin, T. (2006). The dynamic nature of deceptive verbal communication. *Journal of Language and Social Psychology, 25*, 76–96.
Camden, C., Motley, M. M., & Wilson, A. (1984). White lies in interpersonal communication: A taxonomy and preliminary investigation of social motivations. *The Western Journal of Speech Communication, 48*, 309–325.
Caso, L., Vrij, A., Mann, S., & De Leo, G. (2006). Deceptive responses: The impact of verbal and nonverbal countermeasures. *Legal and Criminological Psychology, 11*, 99–111.
Christie, R., & Geis, G. (1970). *Studies in Machiavellianism*. New York: Academic Press.
Cody, M. J., Marston, P. J., & Foster, M. (1984, May). *Paralinguistic and verbal leakage of deception as a function of attempted control and timing of questions*. Paper presented at the annual meeting of the International Communication Association, San Francisco.
Cody, M. J., & O'Hair, H. D. (1983). Nonverbal communication and deception cues to gender and

communicator dominance. *Communication Monographs, 50*, 175–192.

Comadena, M. E. (1982). Accuracy in detecting deception: Intimate and friendship relationships. In M. Burgoon (Ed.), *Communication yearbook 6* (pp. 446–472). Beverly Hills, CA: Sage.

DePaulo, B. M., Ansfield, M. E., Kirkendol, S. E., & Boden, J. M. (2004). Serious Lies. *Basic and Applied Social Psychology, 26*(2–3), 147–167.

DePaulo, B. M., & Kirkendol, S. E., (1989). The motivational impairment effect in the communication of deception. In J. C. Yuille (Ed.), *Credibility assessment* (pp. 51–70). Belgium: Kluwer.

DePaulo, B. M., Lindsay, J. J., Malone, B. E., Muhlenbruck, L., Charlton, K., & Cooper, H. (2003). Cues to deception. *Psychological Bulletin, 129*(1), 74–118.

DePaulo, B. M., Stone, J. I., & Lassiter, G. D. (1985). Deceiving and detecting deceit. In B. R. Schlenker (Ed.), *The self and social life* (pp. 323–370). New York: McGraw-Hill.

DePaulo, B. M., Zuckerman, M., & Rosenthal, R. (1980). Humans as lie detectors. *Journal of Communication, 30*, 129–139.

deTurck, M. A., Feeley, T. H., & Roman, L. (1997). Vocal and visual cue training in behavioral lie detection. *Communication Research Reports, 14*, 249–259.

deTurck, M. A., & Miller, G. R. (1985). Deception and arousal: Isolating the behavioral correlates of deception. *Human Communication Research, 12*, 181–201.

Ekman, P. (1985). *Telling lies*. New York: W. W. Norton.

Ekman, P., & Friesen, W. V. (1969). Nonverbal leakage cues to deception. *Psychiatry, 32*, 88–106.

Ekman, P., & Friesen, W. V. (1974). Detecting deception from the body or face? *Journal of Personality and Social Psychology, 54*, 414–420.

Elliot, G. C. (1979). Some effects of deception and level of self-monitoring on planning and reacting to a self-presentation. *Journal of Personality and Social Psychology, 37*, 1282–1292.

Feeley, T. H. (1996, November). *Conversational competence and perceptions of honesty in interpersonal deception*. Paper presented at the annual meeting of the Speech Communication Association, San Diego, CA.

Feeley, T. H., & deTurck, M. A. (1997). Case-relevant vs. case-irrelevant questioning in experimental lie detection. *Communication Reports, 10*(1), 35–46.

Feeley, T. H., deTurck, M. A., & Young, M. J. (1995). Baseline familiarity in lie detection. *Communication Research Reports, 12*(2), 160–169.

Feeley, T. H., & Young, M. J. (1998). Humans as lie detectors: Some more second thoughts. *Communication Quarterly, 46*(2), 109–126.

Forrest, J. A., & Feldman, R. S. (2000). Detecting deception and judge's involvement: Lower task involvement leads to better lie detection. *Personality and Social Psychology Bulletin, 26*(1), 118–125.

Forrest, J. A., & Feldman, R. S. (2000). Detecting deception and judge's involvement: Lower task involvement leads to better lie detection. *Personality and Social Psychology Bulletin, 26*, 118–125.

Frank, M. G., & Ekman, P. (1997). The ability to detect deceit generalizes across different types of high-stake lies. *Journal of Personality and Social Psychology, 72*(6), 1429–1439.

Geis, G. L., & Moon, Y. Y. (1981). Machiavellianism and deception. *Journal of Personality and Social Psychology, 41*, 766–775.

Geizer, R. S., Rarick, D. L., & Soldow, G. F. (1977). Deception judgment accuracy: A study of person perception. *Personality and Psychology Bulletin, 3*, 446–449.

Hart, C. L., Hudson, L. P., Fillmore, D. G., & Griffith, J. D. (2006). Managerial beliefs about the behavioral cues of deception. *Individual Differences Research, 4*, 176–184.

Hartwig, M., & Bond, C. F. Jr. (2011). Why do lie-catchers fail? A lens model meta-analysis of human lie judgments. *Psychological Bulletin, 137*, 643–659.

Hartwig, M., Granhag, P. A. & Strömwall, L. A. (2007). Guilty and innocent suspects' strategies during police interrogations. *Psychology, Crime, and Law, 13*, 213–227.

Henningsen, D. D., Cruz, M. G., & Morr, M. C. (2000). Pattern violations and perceptions of deception. *Communication Reports, 13*, 1–9.

Henningsen, D. D., Valde, K. S., & Davies, E. (2005). Exploring the effect of verbal and nonverbal cues on perceptions of deception. *Communication Quarterly, 53*(3), 359–375.

Hopper, R., & Bell, R. A. (1984). Broadening the deception construct. *Quarterly Journal of Speech, 70*, 288–302.

Kassin, S. M., & Fong, C. T. (1999). "I'm innocent!": Effects of training on judgments of truth and deception in the interrogation room. *Law and Human Behavior, 23*(5), 499–516.

Kim, R. K., & Levine, T. R. (2011). The effect of suspicion on deception detection accuracy: Optimal level or opposing effects? *Communication Reports, 24*, 51–62.

Kraut, R. E. (1978). Verbal and nonverbal cues in the perception of lying. *Journal of Personality and Social Psychology, 36*, 380–391.

Levine, T. R., & Kim, R. K. (2010). Some considerations for a new theory of deceptive communication. In M. S. McGlone & M. L. Knapp (Eds.), *The interplay of truth and deception: New agendas in communication* (pp. 17–34). New York: Routledge.

Levine, T. R., & McCornack, S. A. (1996a). A critical analysis of the behavioral adaptation explanation of the probing effect. *Human Communication Research, 22*(4), 575–588.

Levine, T. R., & McCornack, S. A. (1996b). Can behavioral adaptation explain the probing effect? Rejoinder to Buller et al. *Human Communication Research, 22*(4), 604–613.

Levine, T. R., & McCornack, S. A. (2001). Behavioral adaptation, confidence, and heuristic- based explanations of the probing effect. *Human Communication Research, 27*, 471–502.

Levine, T. R., Park, H. S., & McCornack, S. A. (1999). Accuracy in detecting truths and lies: Documenting the "veracity effect." *Communication Monographs, 66*(2), 125–144.

Levine, T. R., Serota, K. B., Shulman, H., Clare, D. D., Park, H. S., Shaw, A. S., Shim, J. C., & Lee, J. H. (2010). Sender demeanor: Individual differences in sender believability have a powerful impact on deception detection judgments. *Human Communication Research, 37*, 377–403.

Levine, T. R., Shaw, A., & Shulman, H. C. (2010). Increasing deception detection accuracy with strategic questioning. *Human Communication Research*, 216–231.

Lindskold, S., & Walters, P. S. (1983). Categories for the acceptability of lies. *Journal of Social Psychology, 120*, 129–136.

Littlepage, G. E., & Pineault, M. A. (1979). Detection of deceptive factual statements from the body and the face. *Personality and Psychology Bulletin, 5*, 325–328.

Lock, C. (2005). Psychologists try to learn how to spot a liar.

McCornack, S. A. (1992). Information manipulation theory. *Communication Monographs, 59*, 1–16.

McCornack, S. A. (1997). The generation of deceptive messages: Laying the groundwork for a viable theory of interpersonal deception. In J. O. Greene (Ed.), *Message production: Advances of communication theory* (pp. 91–126). Mahwah, NJ: Erlbaum.

McCornack, S. A. (2008). Information manipulation theory: Explaining how deception occurs. In L. A. Baxter & D. O. Braithwaite (Eds.), *Engaging theories in interpersonal communication: Multiple perspectives* (pp. 215–226). Los Angeles: Sage.

McCornack, S. A., & Levine, T. R. (1990). When lovers become leery: The relationship between suspicion and accuracy in detecting deception. *Communication Monographs, 57*, 219–230.

McCornack, S. A., Levine, T. R., Solowczuk, K., Torres, H. I., & Campbell, D. M. (1992). When the alteration of information is viewed as deception: An empirical test of information manipulation theory. *Communication Monographs, 59*, 17–29.

McCornack, S. A., & Parks, M. R. (1986). Deception detection and relational development: The other side of trust. In M. L. McLaughlin (Ed.), *Communication yearbook* 9 (pp. 377–389). Beverly Hills, CA: Sage.

Mealy, M., Stephan, W., & Urrutia, I. C. (2007). The acceptability of lies: A comparison of Ecuadorians and Euro-Americans. *International Journal of Intercultural Relations, 31*, 689–702.

Miller, G. R., Bauchner, J. E., Hocking, J. E., Fontes, N. E., Kaminski, E. P., & Brandt, D. R. (1981). "... and nothing but the truth": How well can observers detect deceptive testimony? In B. D. Sales (Ed.), *Perspectives in law and psychology. Vol. II: The jury, judicial, and trial process* (pp. 145–179). New York: Plenum.

Miller, G. R., deTurck, M. A., & Kalbfleisch, P. J. (1983). Self-monitoring, rehearsal, and deceptive communication. *Human Communication Research, 10*, 97–117.

Miller, G. R., & Stiff, J. B. (1993). *Deceptive Communication*. Newbury Park, NJ: Sage.

O'Hair, D., Cody, M. J., & Behnke, R. R. (1985). Communication apprehension and vocal stress as indices of deception. *Western Journal of Speech Communication, 49*, 286–300.

O'Hair, D., Cody, M. J., Goss, B., & Krayer, K. J. (1988). The effect of gender, deceit orientation and communicator style on macro-assessments of honesty. *Communication Quarterly, 36*, 77–93.

O'Hair, D., Cody, M. J., & McLaughlin, M. L. (1981). Prepared lies, spontaneous lies, Machiavellianism, and nonverbal communication. *Human Communication Research, 7*, 325–339.

Riggio, R. E., & Friedman, H. S. (1983). Individual differences and cues to deception. *Journal of Personality and Social Psychology, 45*, 899–915.

Riggio, R. E., Tucker, J., & Throckmorton, B. (1987). Social skills and deception ability. *Personality and Social Psychology Bulletin, 13*, 568–577.

Riggio, R. E., Tucker, J., & Widaman, K. F. (1987). Verbal and nonverbal cues as mediators of deception ability. *Journal of Nonverbal Behavior, 11*, 126–143.

Rosenthal, R., & DePaulo, B. M. (1979). Sex differences in eavesdropping on nonverbal cues. *Journal of Personality and Social Psychology, 37*, 273–285.

Seiter, J. S. (1997). Honest or deceitful?: A study of persons' mental models for judging veracity. *Human Communication Research, 24*(2), 216–259.

Seiter, J. S., & Bruschke, J. C. (2007). Deception and emotion: The effects of motivation, relationship type, and sex on expected feelings of guilt and shame following acts of deception in the United States and Chinese samples. *Communication Studies, 58*, 1–16.

Seiter, J. S., Bruschke, J. C., & Bai, C. (2002). The acceptability of deception as a function of perceivers' culture, deceiver's intention, and deceiver–deceived relationship. *Western Journal of Communication, 66*(2), 158–180.

Seiter, J. S., & Wiseman, R. (1995). Ethnicity and deception detection. *Journal of the Northwest Communication Association, 23*, 24–38.

Sporer, S. L., & Schwandt, B. (2007). Moderators of nonverbal indicators of deception: A meta-analytic synthesis. *Psychology, Public Policy, and Law, 13*, 1–34.

Stiff, J. G. (1996). Theoretical approaches to the study of deceptive communication: Comments on interpersonal deception theory. *Communication Theory, 6*, 289–296.

Stiff, J. G., Kim, H. J., & Ramesh, C. (1992). Truth biases and aroused suspicion in relational deception. *Communication Research, 19*, 326–345.

Strömwall, L. A., Granhag, P. A., & Landström, S. (2007). Children's prepared and unprepared lies: Can adults see through their strategies? *Applied Cognitive Psychology, 21*, 457–471.

Thackray, R. I., & Orne, M. T. (1968). Effects of stimulus employed and the level of subject awareness on the detection of deception. *Journal of Applied Psychology, 52*, 234–239.

Toma, C. L., & Hancock, J. T. (2010). Lying for love in the modern age: Deception in online dating. In M. S. McGlone & M. L. Knapp (Eds.), *The interplay of truth and deception: New agendas in communication* (pp. 147–164). New York: Routledge.

Vrij, A. (2000). *Detecting lies and deceit: The psychology of lying and the implications for professional practice*. Chichester, UK: John Wiley & Sons.

Vrij, A., Granhag, P. A., Mann, S., & Leal, S. (2011). Outsmarting the liars: Toward a cognitive lie detection approach. *Current Directions in Psychological Science, 20*, 28–32.

Vrij, A., Kneller, W., & Mann, S. (2000). The effect of informing liars about criteria-based content analysis on their ability to deceive CBCA-raters. *Legal and Criminological Psychology, 5*, 57–70.

Vrij, A., Mann, S. A., Fisher, R. P., Leal, S., Milne, R., & Bull, R. (2008). Increasing cognitive load to facilitate lie detection: The benefit of recalling an event in reverse order. *Law and Human Behavior, 32*, 253–265.

Warren, G., Schertler, E., & Bull, P. (2009). Detecting deception from emotional and unemotional cues. *Journal of Nonverbal Behavior, 33*, 59–69.

White, C. H., & Burgoon, J. K. (2001). Adaptation and communicative design: Patterns of interaction in truthful and deceptive conversations. *Human Communication Research, 27*(1), 9–37.

Zuckerman, M., DePaulo, B. M., & Rosenthal, R. (1981). Verbal and nonverbal communication of deception. In L. Berkowitz (Ed.), *Advances in experimental social psychology* (pp. 2–59). New York: Academic Press.

Zuckerman, M., & Driver, R. E. (1985). Telling lies: Verbal and nonverbal correlates of deception. In A. W. Siegman and S. Feldstein (Eds.), *Multichannel integrations of nonverbal behavior* (pp. 129–147). Hillsdale, NJ: Erlbaum.

Zuckerman, M., Koestner, R., & Alton, A. O. (1984). Learning to detect deception. *Journal of Personality and Social Psychology, 46*, 519–528.

动机诉求

本章概览

如果现实生活是一部动画片，那出现在作者家门口的销售人员就是爱发先生*了。作者的家中需要安装雨水槽。在一位邻居的推荐下，他联系了一家距离他家64公里的公司，请他们派人来实地丈量。来的那位销售人员40多岁了，头发都掉光了，开着一辆破旧的老爷车。他看上去很疲劳，而且衣冠不整。他从包里掏出记事本、计算器和一些沟槽样品。

作者在门口迎接他，问他："这个地方好找吗？"

那个销售人员回答说："方向没问题，可是路上太堵了，我还收了一张罚单。"

* 爱发先生是华纳的明星卡通角色，他是一个光头猎人，总是想捉住兔八哥，但经常被精灵古怪的兔八哥捉弄。——译者注

作者说："那太糟糕了。"

销售人员继续很不开心地说："我没有系安全带，因为它坏了，修它需要花300美元，我现在负担不起。"

由于销售人员蓬头垢面的外表，说话时也吐字不清，又不幸地收到一张罚单，作者对他充满了同情。因此，虽然他给出的报价比其他几家公司的报价略高一些，作者还是当即与他签了合同。他还能有别的选择吗？这位销售人员大老远地跑来，还遭遇了不幸，作者认为他与其他竞争对手在价格方面的差价可能还抵不上那张罚单的罚款，况且他显然非常需要这份订单。

可是在那位销售人员走后，作者又开始怀疑这是一个诡计。这个销售人员会不会对每位潜在的客户都说他在路上收到了罚单？他的安全带是不是根本没有坏？他说话时是不是故意结结巴巴，从而博得客户的同情并且拿到订单？作者始终没能查清楚那个"倒霉蛋"到底是不是真的很不幸，不过他安装的雨水槽还是很不错的。

无论那位销售人员的说法是真实的还是编造的，他的成功显然在很大程度上建立在同情基础上。他的不幸经历触动了作者的心弦，令作者为他感到难过，并且最终宁愿付高价把订单交给了他。如果销售人员诉诸怜悯的做法是刻意设计出来的，那它就属于*动机诉求*的一个事例，而动机诉求则是我们本章要讨论的话题。动机诉求通常被定义为外部刺激，但带有情感的本性，旨在加强个体采取行动的动力。所谓外部刺激指的是信息内容以外的刺激，它作为一种说服手段，试图改变人们的心情、感受或情绪。

内在动机与外在动机

动机诉求可以被认为是激发个体产生做某事的动机的企图，它对个体的行动能够形成外部刺激。*内在动机*是来自自身的驱动力（Deci，1975；Deci & Ryan，1978）。如果你"活着是为了工作"，那么你工作的动机就是内在的。*外在动机*则是由一些外在因素引发的（Petri，1991）。如果你"工作是为了活着"，那你每天工作的动机就是外在的。我们在这里讨论的所有动机诉求都应被视为外在诉求。动机诉求无处不在。或许有人会认为所有的情感诉求从道德的角度看都有必要引起质疑，但是Corbett和Conners（1999）认为，"因受情绪感染而引发的行动不应当受到谴责；事实上，这是一种非常正常的现象"（p.206）。我们先从营销中的情感诉求入手，对其进行分析探讨。

情感营销

按照依恋理论的说法，人们会因为使用同一品牌而建立情感关系（Thompson，MacInnis，& Park，2005）。苹果产品就是一个很好的例子，Mac（苹果个人计算机）、iPhone 和 iPad 的用户会因为使用同样的装备而建立一种特殊的情感关系，这种关系仅限于他们之间，那些没有使用苹果产品的人是无法介入的。营销人员利用这样的情感依恋增加产品对消费者的吸引力，培养他们对品牌的忠诚度，而且能产生非常明显的效果。

在美国非常流行的电视剧《广告狂人》（*Mad Men*）中，广告界的权威人士唐·德雷柏（Don Draper）就精准地诠释了这一理念。他的柯达客户想让他利用他们在幻灯机上的新转轮技术设计一场广告宣传，炫耀他们的产品。德雷柏建议他们放弃强调技术的想法，而把重点放在与消费者建立更深厚的情感关系上。他想了一个时间机器的点子，幻灯机上的新转轮可以让观众在时间的长河里游走，它能唤起人们的怀旧和追忆往昔的情结，并在彼此之间建立情感上的连接。德雷柏告诉他的客户，驱动人们消费的不是技术而是情感。

唐·德雷柏并不是唯一一个明白情感营销魅力的人。多年来，现实世界中的说服者们都已认可情感诉求的效力。不过以前的人们认为这样的诉求在一些情境下是能够起作用的，但在另一些情境下是无效的。具体来讲，他们认为一些决定，比如购买汽油、微波炉或者洗洁液，更偏重实用性，因此消费者会从实际需要考虑（Babin，Darden，& Griffin，1994）；而另一些决定，比如购买衣服，更偏重享受，因此消费者会受到寻求快感的驱使（Khan，Dhar，& Wertenbroch，2005）；还有一些决定，比如买车，则是上述情况兼而有之。两人座的敞篷车看上去是很酷，可是如果家里有5个人该怎么办啊？

但是近年来，人们的想法发生了很大的改变，他们认为相较于理智，情绪在消费时起着更大的作用。比如，Livingston（2007）就认为，"人们在采购时完全出于情绪方面的原因，然后再给自己的采购行动找个听上去有道理的理由"（p.16）。有些研究人员甚至极端地认为，所有消费者的采购行为均源于情绪而非理智（Robinette & Brand，2001；Zaltman，2003）。比如，Geuens、De Pelsmacker 和 Faseur（2011）就发现，无论是针对实用型产品还是享受型产品，情感性广告的效果远远好于非情感性广告。

虽然我们认同情绪在说服中起着非常重要的作用，但我们并不认为它可以决定我们所有的决定。大量的研究也证明，在说服过程中，如果信息接收者的参与程度很高，要想说服他们，就需要提供充足的证据和理由，或者就是 Petty 和 Cacioppo（1986）所称的中央处理。此外，理智与情感的区别有时并不那么清晰，有关这一点我们接下来会仔细探讨。

逻辑与情感诉求：模糊的界限

人们常常认为“逻辑”与“情感”是截然不同的，这样的认知可以追溯到亚里士多德的那个年代。他将逻辑、理智与激情、情绪分隔开来，认为它们起着完全不同的作用。但是这样的想法体现的是人为的二分法，而一则信息究竟属于逻辑范围还是情感范围与当事人的状况有很大关系（Becker，1963）。事实上，研究人员（Evans，Barston，& Pollard，1983；Oakhill & Garnham，1993；Reuchelle，1958）已经知晓，当人们接受一则信息时，他们倾向于将其视为符合逻辑和理智的；而当他们不接受一则信息时，他们就会将其纳入情感的范围。因此，当分歧发生时，人们常常会这样想，“我是理性的，他为什么那么情绪化呢？”

恐惧诉求：如果你不马上停止那么做，你会失明的

“如果你总是对眼，你的眼珠很可能就回不去了。”“不要拿着剪子跑步，否则你会戳到眼睛的。”“不要把豆子塞进你的鼻孔里，它们会在里面发芽的。”有哪个孩子没有从父母口中听过这些或者类似的警告？当本书的作者之一还是个非常淘气的小孩时，就有过把豆子塞进鼻孔拿不出来的经历。后来，他父母带他去了医院，医生设法把豆子取了出来。再后来，他就不得不忍受妈妈不停地对他说，“我早就告诉过你吧”。

恐惧诉求并不仅用于养育孩子的过程中，它在工作场所、公共卫生信息、广告等其他场合也随处可见。比如，在去头皮屑的洗发水、除臭剂、漱口水和痤疮药的广告中就常会发出遭到社会排斥的警告。电台的一些时事评论员甚至指责说，美国已经生活在恐怖文化中了（Altheide，2002；Glassner，1999）。无论是推销产品、拉选票还是提高收视率，说服者们都会使用恐吓战术来增加我们的焦虑。我们会害怕各种外来病，比如猪流感、疯牛病、禽流感和西尼罗河病毒；我们也

会对校园枪击、拐卖儿童、国土安全和公路暴力感到紧张。这个世界已经变成了一个可怕的地方。可是，吓唬人们或者增加他们的焦虑感真的有用吗？如果真有用，有什么用处？研究表明，恐惧诉求的效用取决于几个因素，下面我们就逐一加以解释。

恐惧的程度或强度：让人起鸡皮疙瘩的因素

对于恐惧诉求的早期研究认为，恐惧的程度与态度的转变之间存在负向关系（Janis & Feshbach，1953）。比如，如果希望人们注重牙齿清洁，那么适度的恐惧诉求比强烈的恐惧诉求更有效果。但是早期研究在方法论方面存在不少瑕疵，后期的研究对其结论并不支持（Higbee，1969；Ruiter，Abraham，& Kok，2001）。相反，它们认为，恐惧诉求与态度转变之间存在正向的线性关系——确切地说，施加恐惧的程度越强烈，信息接收者越会感到脆弱，因而也就越可能被说服（Boster & Mongeau，1984；Cho & Witte，2004；Mongeau，1998；Sutton，1982；Witte & Allen，2000）。不过在应用这一规则时，必须满足一些条件，这些条件被认为属于扩展并行处理模型的范畴。

扩展并行处理模型：除了恐惧本身，没有什么可恐惧的

扩展并行处理模型是Kim Witte发明的，它是在恐惧诉求方面被检验得最彻底全面，并且得到最广泛接受的一个模型（Maloney，Lapinski，& Witte，2011；Witte，1992，1994）。按照这一模型的说法，当某条信息引发了一个人的恐惧时，这个人可能会产生三种不同的应对反应。为了解释得更清楚些，我们通过一个假设加以说明。假设蒂米看到一个预防艾滋病的口号：性交—避孕套 = 艾滋病病毒。蒂米看到它的第一个反应可以是完全不予理会，因为他认为自己没有面临这样的危险。危险对他构成的攻击性决定了他是否应当引起重视，强调性交时不采取保护措施的高风险性是说服者试图让对方变得脆弱的一种方式。

如果蒂米认为自己确实处在风险中，他会产生第二种反应，即尽可能地避免危险。这种危险控制的努力会聚焦在减少威胁的积极措施方面，比如，使用避孕套或者完全停止性生活。蒂米可能产生的第三种反应是关注自己的恐惧。这种建立在恐惧控制基础上的反应其实就是“担心自己的恐惧”，它会由此导致当事人出现否认、回避或恐慌的状态。危险控制是一种更为有效的反应，因为它侧重于问题的解决方案；而恐惧控制正相反，它是无效的，因为它侧重于问题本身。因此在这样的情况下，当说服者使用恐惧诉求时，其目标应当是唤起对

方的恐惧意识，让他在感到脆弱的同时采取一些措施来控制危险而不是控制恐惧。激活当事人的危险控制意识有助于他采取积极的、建设性的措施。

现在我们已经知道，意识到自身的脆弱并且采取危险控制的措施是恐惧诉求的做法取得成功的根本。但要想使恐惧诉求有效果，还有一点必须考虑到，即当事人需非常清楚自己应当怎样做才能避免危险。这一要素在扩展并行处理模型中被称为是*知觉效能*。我们继续用上面的那个例子加以说明。蒂米必须相信避孕套能够有效地防止艾滋病病毒，而且它使用起来非常方便。它的效用就是模型中所称的*反应效能*。如果蒂米觉得避孕套经常破，他就不会认为它有用了。这时，说服者提供的有关避孕套的可靠性的数据可以增强反应效能。而它是否易于使用则属于模型中所称的自我效能。如果蒂米认为他不知道怎样使用避孕套，他仍然不可能使用它。这时，说服者就需要针对使用避孕套不方便的抱怨（比如，它会降低人的兴奋程度；它会令人扫兴等）做出正面回应，从而增加其自我效能。

反应效能和自我效能都是知觉效能中的重要组成部分，如果具备这些条件，当事人就很可能采用危险控制作为反应。可是如果缺失了它们中的任何一环，当事人就更可能陷入恐惧控制。事实上，一项元分析（Casey，Timmermann，Allen，Krahn，& Turkiewicz，2009）的结果完全证实了这一说法：高度的反应效能和自我效能与提高避孕套的使用率有着密不可分的关系。

所以说，在使用恐惧诉求时，说服者必须提供切实可行的、实用的解决方案，从而将对方引向危险控制的轨道上，并做出积极的回应。说服者一定要避免提出不切实际或者完全不可行的诉求，因为那样只会让对方产生恐惧控制并导致适得其反的结果。至于恐惧的强度，则是越高越好，不过构成的威胁程度绝对不能超过知觉效能，因为“一旦人们对威胁产生的认知超出了对效能产生的认知……就会从危险控制转变到恐惧控制”（Maloney，Lapinski，& Witte，2011，p.210）。在大量与健康有关的事情上，比如艾滋病病毒、青少年怀孕、皮肤癌等，扩展并行处理模型本身就对此做出了证实（Maloney，Lapinski，& Witte，2011）。

在围绕使用恐惧诉求时，如果我们不指出存在严重的道德关切，就太不负责任了。我们将在第十六章深入探讨这一问题，在这里我们先简单说一句，说服者在使用恐惧诉求时一定要谨慎。但是，如果有危害性的后果是真实的或者确实存在，我们还是认为说服者不仅可以使用恐惧诉求的方法，而且是绝对有义务这么做。

顺便澄清一下，豆子不会在鼻孔里发芽。

怜悯和内疚诉求：我太倒霉了，你太丢脸了

在每个劳动节*的周末，美国肌肉萎缩症协会都会在电视上举办募捐活动，依靠人们的同情心为该机构筹集资金。在电视募捐过程中，患有肌肉萎缩症的儿童会排队出现在屏幕上，触动观众的同情心，令其纷纷慷慨解囊。这一做法非常管用，自1966年首次播出后，它已经募集到了25.7亿美元。不过，与此同时，它也因为依靠观众的同情心获取资金而一直受到诟病。代表残障个体的机构认为，利用他人怜悯的做法让那些残疾人失去了尊严，令他们蒙羞，而且这么做太专断，会将患者边缘化（Taylor，2001）。反对者们也抱怨说，这样的节目弊大于利，因为它让人呈现出“破碎的一面”，需要“修复”，这使他们看上去不是正常人。

怜悯诉求是慈善机构得以存在下去的基本手段（Myers，2007）。你或许看过那个宣传片，片中有宠物惨遭虐待的令人心碎的画面，同时播放着莎拉·克劳克兰（Sarah McLachlan）演唱的背景音乐《天使》（*Angel*）。它是由美国防止虐待动物协会赞助拍摄的，是该协会迄今为止最成功的一次运作（Strom，2008）。可是，如果不利用人们的怜悯和内疚能够这样成功地筹到钱吗？有什么其他方法也能让钱源源不断地涌来吗？

一项调查认为，这几乎是不可能的。Eayres和Ellis（1990）让一些男性和女性受访者对10张慈善机构的宣传画做出评价。宣传画上的那些人都存在智商或学习能力方面的障碍，但有些画呈现的是他们负面的形象（比如，需要依靠他人、不能够做许多事情）；另一些画呈现的是他们积极的一面（比如，得到重视、积极向上）。研究人员发现，那些反映他们负面形象的画最能唤起人们强烈的同情和怜悯，因而也非常愿意为他们捐钱；而对于那些呈现他们积极形象的画，受访者在看过后则不太愿意捐款。就像研究人员们所说的那样，“这似乎验证了与慈善有关的宣传画如果想取得期望的效果，就得利用人们的同情和怜悯之情这一猜测”（p.356）。有意思的是，与此同时，受访者在看过那些呈现智障人士积极面的宣传画后纷纷表示，愿意参与慈善事业，奉献自己的时间为它做些力所能及的事情。这对寻求志愿者的慈善机构是件好事，但对需要资金援助的机构起不到帮助的作用。

---

* 这里的劳动节是指美国劳动节，时间是九月的第一个星期一。——译者注

至于内疚，一些研究人员发现，如果一个人对另一个人产生了内疚感，有利于他顺从对方的愿望（O'Keefe，2002）。研究表明，在内疚感的驱使下，人们更可能答应对方接下来提出的请求（Freedman，Wallington，& Bless，1967；Hibbert，Smith，Davies，& Ireland，2007；Lindsey，2005；Lindsey，Yun，& Hill，2007）。而且令人惊讶的是，就算提出请求的人或者从请求中获益的人并非人们产生内疚的根源，他们仍然会答应对方的要求。因此，不择手段的说服者会利用人们的内疚心理从那些正处在悲痛中的人的身上攫取钱财。一些不择手段的殡仪馆负责人就利用了消费者刚刚痛失挚爱的亲人这一时机，因为他们知道，当一个人处于悲痛状态时，比较容易被说服（Gentry，Kennedy，Paul，& Hill，1995）。Boster 和其他研究人员（Boster et al.，1999）也发现，由于没有及时报告一起作弊事件而感到内疚的学生更容易答应义务做实验的请求。

但是在使用内疚诉求时，有一点必须谨慎。人们由于冤枉或错怪了某人而感到内疚时，为了避免尴尬和减少再发生冲突的风险，他们通常希望不再与那个人互动。因此，在设计内疚诉求时，应当将重点放在自我感受中积极的一面，而不是让当事人继续丢面子（Boster et al.，1999）。

研究人员进行过一些调查，观察人们对那些患有疾病或者身体有残障的人的情感反应。人们对他人的缺陷或疾病（肥胖、失明、截瘫、艾滋病等）的反应取决于他们对那些毛病做出的因果推理（Blaine & Williams，2004；Weiner，Perry，& Magnusson，1988）。比如，研究人员分析了大学生们对一些身体有问题的人（肥胖、吸毒等）的情感反应。结果他们发现，这些学生的反应建立在他们认为那些缺陷是否可控的判断上。如果缺陷是不可控的（比如因腺体功能障碍导致的肥胖），学生们就会对他们给予很多的怜悯和同情。但如果缺陷是可控的（比如因吃得太多造成的肥胖），他们就会表现出愤怒，而且不愿意为这样的人提供帮助。因此，说服者如果为了筹集资金或出于其他目的而使用像内疚或怜悯这样的情感诉求，一定要确保受益人的疾患或困境不会被认为是咎由自取造成的。

幽默诉求：如果你已经听过了，就别让我再讲了

你恐怕不会认为喜剧演员是非常具有影响力的人，但是，某网站进行的一项有50万人参与的并且受到公认的非科学性调查，喜剧演员“囧叔”乔恩·斯图尔特（Jon Stewart）在2010年“最具影响力的人”的排行榜上位居首位。2011年，

他虽然列在第12位，但仍然在美国演员乔治·克鲁尼（George Clooney）、美国前总统巴拉克·奥巴马、美国有线新闻网主播安德森·库珀（Anderson Cooper）和社交网站脸书网的创始人马克·扎克伯格（Mark Zuckerberg）之前。为什么这样一位杜撰新闻节目的主持人能够具有这么大的影响力？首先，他深受年轻观众的喜爱，而这一年龄段的人群占比很大。其次，观众认为斯图尔特在使用讽刺手法时非常智慧和搞笑，同时他们可以从那些笑话中读出他暗含的严肃的政治和社会评论（Muller，2008；Washkuch，2008）。

在通过使用幽默发挥影响力方面，乔恩·斯图尔特绝非个案。在说服过程中使用幽默的现象随处可见。在所有广告中，幽默广告的占比是21%~48%（Toncar，2001）。在黄金时间播出的广告中，幽默广告占到了约1/5（Beard，2005）。幽默在会议室、法庭、教室、人际交谈、甚至教堂的讲坛上都很常见。借助幽默施加影响可以有各种各样的方法，幽默诉求可以是一个双关语、一个讽刺、一段趣闻逸事、一个影射、一个暗喻、一句反话、一出滑稽剧或者就是一个老掉牙的笑话。幽默可以用来针对自己，这种方式被称为自贬的幽默；也可以用来取笑他人。Berger（2011）将幽默分成了45种类型。

幽默作为间接施加影响的形式：不开玩笑了

通常，幽默本身并不具备说服的功效。幽默倾向于通过更迂回的方式发挥作用，有点类似Petty和Cacioppo（1986）所称的说服的周边路径（参见第二章）。幽默要助力说服，可以通过两种行之有效的方法：一种被称为*捕获注意*；另一种被称为*增加好感*（Eisend，2011；Gulas & Weinberger，2006；Nabi，Moyer-Guse，& Byrne，2007；Weinberger & Gulas，1992）。它们让我们明白了为什么艾伦·德杰尼勒斯、杰瑞·宋飞（Jerry Seinfeld）以及其他喜剧演员能够成为受欢迎的代言人。最近针对广告中的幽默成分进行的元分析发现，幽默对于增加关注度和对品牌产生积极的认知非常有效（Eisend，2009）。

幽默能够让说服变得容易的第三种方法是分散人们的注意力，从而避免发生争论（Nabi，Moyer-Guse，& Byrne，2007）。争论意味着要对一则带有说服性的信息进行反驳，这就需要动脑筋进行思考，可是人们听笑话时也需要动脑筋理解其含义，这样就使得他们没有精力再去思考和分析信息的内容了，所以说幽默规避了争论（Young，2008）。举例来讲，一项调查发现，参与者们在听了午夜喜剧演员［比如大卫·莱特曼（David Letterman）和杰·雷诺（Jay Leno）］讲了一大堆笑话后，就不太能对电视上发表的时政评论进行认真思考了。而另一组参与者由于没有听到这些笑话，就会认真对待那些时评。这就给说服者们提供了一个建议，当他们面对充满敌意的观众时，可以使用幽默来“软化”他们。

幽默为说服者提供帮助的第四种方法是扮演社会认同的角色。当着别人的面，我们都愿意经常开怀大笑。社会认同要求我们在看到别人的行为或反应后也予以配合（参见第六章）。在电视情景剧中之所以使用“笑声音轨”或者现场观众的笑声，就是为了起到社会认同的作用。研究人员发现，原本并不有趣的笑话可以通过插入预先录制好的笑声而变得好笑（Cupchik & Leventhal，1974；Leventhal & Cupchik，1975，1976）。发言人常常会在观众中安插“托儿”或者“内线”，让他们带头发笑或鼓掌，达到带动其他观众的目的。

幽默与可靠性

幽默能提升信息的可靠性吗？我们已经知道幽默能够增加人们对某条信息的好感，而好感有可能增强可靠性。可是，一项元分析发现，从整体看，使用幽默有降低可靠性的倾向（Eisend，2009）。我们认为，幽默对可靠性的影响取决于具体的信誉维度。总的来说，幽默对于提升企业或品牌的声誉是有益的；却可能削弱对专业知识或能力的认知（Chang & Gruner，1981；Gruner，1967，1970；Gruner & Lampton，1972；Tamborini & Zillman，1981；Taylor，1974）。

使用幽默还可以增强社会吸引力（Murnstein & Burst，1985；Wanzer，Booth-Butterfield，& Booth-Butterfield，1996）。而且，在社会交际场合，幽默对人的交际能力或展示其社交“技巧”也大有裨益（Wanzer et al.，1986）。因此，对待幽默，我们的建议是应当使用它，不过在需要展现专业知识的时候要慎重些。幽默在信誉的其他维度方面也能起到很好的作用。

自贬式幽默：尽情取笑自己

你应当让自己成为幽默诉求的目标吗？一方面，这样贬低自己似乎会减弱你的可信度；另一方面，取笑自己也可以提升自己的信誉。还是那句话，这个问题的答案取决于所涉及的信誉维度。敢于取笑自己表明你很友好，性格也不错（Graham，Papa，& Brooks，1992）。竞选总统的候选人常常会上晚间的喜剧节目，他们这么做是为了展示自己轻松随和的一面，希望选民觉得他们很自然、真诚和不做作。总统每年还会参加白宫记者协会举办的晚宴，并且在晚宴上像说单口相声那样尽情地嘲笑自己，也会遭到大家的起哄。

针对自贬式幽默展开的调查得出了非常复杂的结果（Chang & Gruner，

1981）。Hackman（1988）认为，自贬式幽默会降低人们对发言人的能力的评价。在这方面，我们的建议是，如果你认为自己的可信度还不够高，或者如果你觉得有必要加强你的可信度，就尽量避免使用自贬式幽默。如果你已经建立起了很不错的信誉，那么取笑一下自己身上的一些弱点能够让你显得更真诚、更随和。

那么幽默具有说服力吗

对于使用幽默能否增加说服效果的早期研究没有取得一致的结论（Gulas & Weinberger，2006；Skalski，Tamborini，Glazer，& Smith，2009；Weinberger & Gulas，1992）。考虑到幽默具有多种形式，这是完全可以理解的。不过，我们还是要面对这一问题。一些笑话确实比另一些笑话更有意思，而受实验室环境的局限性，进行一些调查时所使用的幽默的确不那么有趣。不过，最近的一次元分析发现，幽默至少在两个方面能对说服起促进作用：对品牌的看法和购买的意愿（Eisend，2009）。幽默虽然可以产生效果，但它并不比其他诉求，（如恐惧或自豪诉求）更具优势（Verma，2009）。另一项研究（Nabi，Moyer-Guse，& Byrne，2007）也发现，幽默诉求还能够产生睡眠者效应，即它会在人们身上慢慢滋长，在一段时间后显现出更明显的说服效果。

最大限度地发挥幽默潜力

有些人建议最大限度地发挥幽默的潜力，这当然是可行的，不过也要视具体情况而定。首先，如果你不善于讲笑话，就别这么做。其次，在讲笑话时，一定要讲与情境相关的笑话，也就是说，要将笑话与你想传递的信息内容结合起来。不相关的笑话，比如一个独立的笑话，是无效的（Gulas & Weinberger，2006；Weinberger & Gulas，1992；Weinberger & Spotts，1989）。最后，要在一个带幽默色彩的信息之后加上严肃的内容，从而让听众明白你的信息并不只是逗笑和搞怪。一定要借助通过使用幽默强调你想传递的信息中的严肃意义（Nabi，Moyer-Guse，& Byrne，2007）。

另一个非常重要的建议是不要太频繁地使用它。幽默过多会让听众以为你想讲的就是一些笑话而已（Gruner，1967；Nabi et al.，2007）。总之，如果连你都对自己要传递的信息不够严肃，又怎么能期望别人做到呢？类似的，如果所开的玩笑不适当，也会降低别人对你的信赖度（Derks，Kalland，& Etgen，1995；Munn & Gruner，1981）。

自豪感与爱国主义：把红色、白色和蓝色变成绿色*

在公众场合，政治家们喜欢站在退伍老兵旁边，挥舞自己国家的国旗，然后宣称他们的国家是世界上最伟大的国家（不管那个国家实际上是怎么回事）。这种做法有用吗？答案是非常肯定的。一些调查的结果均证明，使用得当的话，爱国主义的行为能够发挥很大作用。比如，Seiter 和 Gass（2005）对比了餐厅服务员们挣的小费，一类服务员在顾客的帐单上写上了爱国的话语（“让我们团结起来”）；而另一类服务员写的则是比较传统的说法（“祝你愉快”）。结果发现，使用爱国口号的服务员挣到了更多的小费。

哪怕是一枚小小的爱国徽章也可能改变人们的观点。在一次对选民态度的调查中，看到美国国旗的人立刻将其立场变得更趋向保守，而且在看到国旗后，选举的意愿也更倾向右翼（Carter，Ferguson，& Hassin，2011）。为什么会这样？因为作为爱国的象征，美国国旗与美国共和党的关联比跟民主党的关联更紧密。Han（1988）在调查时发现，爱国主义能够对于消费者购买国货而非国外品牌产生非常积极的影响，但这不一定会改变他们对国外品牌质量和可信度的认知。Pedic（1990）也发现，带有民族主义色彩的广告比不带民族主义色彩的广告更能产生期望的效果，当然前提是受众本人怀有强烈的民族主义情感。不过 Martin 和 Rogers（引自 Pedic，1990）进行的一项调查也显示，虽然带有民族主义色彩的广告更具效果，但并非所有的这类广告都能起到同样的作用。因此，爱国主义的诉求类型与它的有效性有着很大关系。

根据美国有线电视新闻网在2005年进行的一项民意调查，94% 的美国人认为自己“在一定程度上是爱国的”，只有5% 的人声称他们“不那么爱国”（Kornblum，2005）。因此，“9·11”恐怖袭击之后，爱国主义诉求在美国大行其道。不过即便这样，最近也有证据显示，虽然美国人仍认为自己是爱国的，但挥舞国旗的做法的效用正在逐渐减弱（Wellner，2002）。不仅如此，有时候，爱国主义诉求可能会适得其反，就像英国作家塞缪尔·约翰逊（Samuel Johnson）的那句名言所警告的，“爱国主义成了坏人们最后的避难所”。制造商们仍可以在本土品牌上做文章，但如果说服者们明显在打着爱国主义旗号谋取私利，或者

---

* 红色、白色和蓝色是美国国旗的颜色，绿色指美元的颜色。整体的意思是利用爱国主义赚钱。——译者注

过分渲染爱国主义，受众是不会买账的。

针对成人受众：性诉求

2004年，在“超级碗”比赛的中场休息时，珍妮·杰克逊（Janet Jackson）在更衣室里的“走光”让观众瞥见了她的裸胸，这令观众非常愤怒，以致那段时间该事件登上了谷歌热搜榜的前十。2012年，美国最高法院做出裁决，维持对美国广播公司120万美元的罚款，因为在它播出的《纽约重案组》（*NYPD Blue*）影片中，出现了夏洛特·罗丝（Charlotte Ross）的臀部。

不仅电视上充满了性诉求，平面广告也不例外。一项调查分析发现，有一半的平面广告将女性描绘为性对象（Stankiewicz & Rosselli，2008）。互联网也是如此。网络上色情的东西简直比动物粪便上的苍蝇还要多。广告界流行这样一句话，“色情能促销”。Reichert、LaTour 和 Ford（2011）也这样写道：“用色情的东西为像化妆品、时尚饰品和香水这样的商品做广告已经成为常态了。”（p.437）

虽然几十年来利用性诉求来为一些商品做广告已经成为一种固定模式了，但有两点发生了明显的变化：第一，性诉求变得更加公开了，如果说以前的这类广告还只是比较暧昧，那么现在已经完全明目张胆了；第二，广告针对的对象越来越趋向年轻观众，媒体也用性来诱惑越来越年幼的孩子（American Psychological Association，2010；Hill，2011）。

历史上，女性一直在广告中被设计成性目标（Snigda & Venkatesh，2011），这一做法遭到了女权主义者和一些媒体评论界的强烈谴责。按照客体化理论，女性更可能被物化，因此相较于男性，她们的形象往往是被动、服从和附属的（Mager & Helgeson，2011）。她们在广告中呈现出的样子也是没有头脑、沉默寡言的，而且比男性占据的空间少多了（Conley & Ramsey，2011；Eisend，2010）。

虽然媒体非常热衷于性诉求，但调查显示，仅仅靠增加色情内容并不能使想传递的信息更具说服力。汤姆·福特（Tom Ford）的香水广告就充满了色情的内容，可对它的调查分析发现，决定广告效果的并不是其显示出来的画面，而是观众的个性特征（Reichert，LaTour，& Ford，2011）。比如，寻求刺激的观众会因受到那种画面的冲击而兴奋不已，因此也就更可能接受其所宣传的产品。

男性作为性目标的现象也已经开始了（Rohlinger，2002），电视广告和平面广告中都已越来越多地使用男性作为性目标。不过，总体来讲，男性还是比女性更对性形象感兴趣（Reichert，LaTour，& Ford，2011）。有证据证明，所有美国人，无论男女，都显得比亚洲人更津津乐道于带有性色彩的东西（Sawang，2010）。

色情怎样促进销售

性诉求怎样才能起作用呢？一般来说，它们是说服的周边线索。整个性诉求的目的就是试图刺激受众的情绪反应，也就是一种性或肉欲的代替体验。因此，性诉求通常都是用视觉效果呈现出来的。如果一则广告中采用了性诉求的做法，那么它心照不宣的用意就是：(1) 如果你使用了某产品，你就会看上去或者在行为上表现得非常性感；(2) 如果你使用了某产品，你就会吸引其他性感的人。这就清楚地解释了性诉求为什么能够奏效。当然，这种广告很少会对其结果做出非常明确肯定的保证，只是将产品与性色彩很重的影像搭配在一起，从而让受众生出联想，自己得出它是性感的或能带给人感官享受的结论。

警告和注意事项

虽然性诉求能够起作用是事实，但在使用它时也需要十分谨慎（Sengupta & Dahl，2008）。第一，尽管它现在已经是一种普遍的存在了，但并不等于说它总能产生效果。一个在医药销售背景下进行的调查发现，一位露出乳沟的女性销售人员并没有比另一位衣着正常的女性更具说服力（Glick，Chrislock，Petersik，Vijay，& Turek，2008）。不过，环境确实很重要。在法国进行的一项调查发现，在酒吧里，男性的确更愿接近那些胸大的女性（Gueguen，2007）。但不能就此认为在学术环境中就很沉闷，关键是性诉求在专业环境中发挥作用的方式与其在社交场合的功能是不一样的，毕竟会议室不是酒吧。

第二，在一些情形下，目标观众会很讨厌使用性诉求。比如，在一些针对女性的广告中也常会出现性刺激的画面，如果女性将这样的广告理解为性别歧视，结果会适得其反。比如，2008年，维多利亚的秘密的销售额大幅下滑，迫使它不得不对其制作的广告进行大范围调整，原因就是它之前的广告让人感到太“淫荡”而不是“性感”，失去了许多年纪稍大但非常富有的女性顾客（Merrick，2008）。现在，广告商们在制作广告时都非常小心，一定要注意拿捏好性感与性别歧视的尺度。

第三，使用性诉求时还要小心，不能让它干扰人的注意力。如果一位消费者对杂志上性感的模特儿垂涎三尺，他的注意力很有可能从广告真正推介的产品上转移开。好几项调查都证明了这一事实（Bushman & Bonacci，2002；Judd & Alexander，1983；Steadman，1969）。广告商们常陷入这样的纠结中：性诉求如果太温和就不会引起人们的在意，可是色情成分太多又会分散人们的注意力。

第四，使用性诉求可能会带来可以想象的社会后果。媒体中将女性物化会导致女性的自我物化认知，即让女性把自己当作物质看待（Snigda & Venkatesh，2011），而这样的认知会削弱她们的自尊，使她们对自己的身体产生负面看法，甚至会让她们患上厌食症（Conley & Ramsey，2011；Kilbourne，1999）。现在的一些女性对自己的身材过分在意，对此我们不能全都责怪媒体，但我们的确认为，广告、电影和时尚界应当为人们对自己的外表产生的不安全感承担一定的责任。

温暖诉求：发自内心

一些广告会传递令人温暖、舒心的感觉，它们强调家庭、朋友和归属感，让我们对生活产生感伤或怀旧的滋味，这类广告就使用了温暖诉求。Aaker 和 Bruzzone（1981）发现，温暖是人们在形容广告时最常用到的五六个词语之一。在广告中使用温暖诉求是极为常见的（Asker，Stayman，& Hagerty，1986），在黄金时间播出的广告中，每五个中就会有一个使用温暖作为推广的主题（Aaker & Stayman，1990）。美国车险巨头 State Farm 的广告语“State Farm 守候着你，就像一位好邻居”显然使用了这一主题；Olive Garden 餐厅的广告“到了这里就和在家一样”也是如此。贺曼公司制作的贺卡、皮尔斯百利公司出品的“面团包包”和汉高公司用可爱的泰迪熊作标志的织物柔顺剂的广告全都如出一辙。保险公司、航空公司、医疗保健的提供者、餐馆和酒店都会使用温暖诉求来传递家、友好、随意和熟悉的形象（Goldman & Papson，1996）。

那么温暖诉求又是怎样发挥作用的呢？主要是通过联想，即将某种产品或某项服务与温暖、关心或友爱的形象联系在一起。这样一来，每当我们想到它们时，我们就会产生一种暖融融的感觉。

温暖诉求并不限于电视广告。一项调查发现，在帮助孩子养成良好的饮食习惯时，父母的情感关怀远比负面的施压有效得多（Lessard，Greenberger，& Chen，2010）。地产商们在推介要出售的房屋时，最常使用的词是：令人陶醉、温馨或者质朴。餐馆则夸口说他们做的菜里有家的味道。就连连速冻食品都称它们是按照传统方式用地道的家庭食谱烹制而成的。人际交往时，温暖可以通过行动传递给彼此，从而在他们中形成友情、联结或者同志间的爱。沃尔玛商场门口的迎宾人员就是温暖诉求的生动体现。餐厅的服务员面带微笑并在自我介绍时主动说出自己的名字，也是传递温暖的一种表现。

温暖诉求可以产生很好的效果，但它们的成功取决于它们的可信度。也就是说，如果希望诉求奏效，塑造的暖心形象一定要让人感到真诚（Aaker & Stayman，1989）。就像 Aaker 和 Bruzzone（1990）所指出的，这样的诉求“应当避免虚假、毫无意义和做作，因为那些认知会对情感反应造成干扰”（p.59）。总之，温暖诉求可以成为说服者的朋友，它可以让受众产生温暖、愉快的感受，是一种非常积极的做法。

讨好：拍马屁

你或许以为它的意思是“拍马屁”“巴结”或者“献媚”，但实际上，研究人员用讨好这个词只是想表达“奉承”这样一种激励诱因。研究人员已经对讨好进行过反复全面的调查研究了（Deluga & Perry，1994；Liden & Mitchell，1988；Tal-Or，2010）。奉承真的能让你畅通无阻吗？迄今为止，对研究做出的综合评估认为，奉承的确有用，而且非常有用（Gordon，1996）。比如，Watt（1993）进行的一项调查发现，相较于那些不会讨好的人，讨好者会被他们的上司认为更有能力、更有主动性并且更适合担任领导职务。另一项调查（Wayne，Kacmar，& Ferris，1995）也发现，下属使用讨好的策略能够令他们的上司和同事更满意。事实上，一项研究证实了讨好者确实可以得到不会讨好的人无法获得的益处。在对152对经理和雇员组成的参与者进行调查时，Deluga（引自 Kelleher，1997）发现，在得到经理好评一项，讨好者高出未讨好者5个百分点。还有，针对环境进行的两项调查——一项是在餐馆里进行的（Seiter，2007），另一项是在美发厅里进行的（Seiter & Dutson，2007）——同样发现，如果餐馆服务员和美发厅的发型师对他们的客人很恭维，就能得到更高的小费。

不过，你或许会问，难道被讨好的一方不知道，或者不怀疑，那些讨好都是刻意设计出来的，只是为了赢得好感吗？如果被讨好的一方看穿了这一伎俩会怎么样呢？令人惊讶的是，即便如此，讨好仍然管用，虽然可能不是那么管用。Chan 和 Sengupta（2010）发现，即使不可告人的动机非常明显，奉承仍能产生微妙但持久的影响。

研究人员已经确定讨好是有用的了，可它究竟是怎样发挥效用的呢？在它成功的背后隐藏着哪些秘密呢？对于讨好的效用有三个互为关联的解释（Dubrin，引自 Kelleher，1997）。第一，讨好行为能增加人的好感（“我喜欢你的这件外套”）。第二，讨好行为会让人产生亲近感（“你喜欢波尔卡舞曲是吗？真巧，我也喜欢！”）。第三，讨好可以达到树立社会形象的效果，使用积极的社会形象（“你今天的状态非常好”“你考虑得太周到了”）能够改变对方的自我认知，进而带来行为上的变化（Kraut，1973）。被恭维的人会努力让自己成为符合那一形象的人。

讨好有几种类型呢？在这方面撰写了第一本专著的 Edward Jones（1963）将讨好分成了三种基本类型。第一种类型被称为*其他增强*，比如恭维或奉承，但这一类型的讨好需要借助第三方来传递，可以使讨好显得更加真诚（“比夫对你的评价很高，他说你是他接触过的最好的老板”）。第二种类型被称为*意见一致*，即认同对方的说法、观点和意见。这一类型的讨好在操作时还可以略微调整一下，讨好者在起初并不接受对方的看法，可后来改变了主意，这就给人留下了一种印象：是对方令其产生了认同的（“好吧，你说服了我，歌帝梵牌巧克力确实比好时牌巧克力好吃”）。第三种类型被称为*自我展现*，即自我吹嘘或者展示自己的特别之处从而增加对方对自己的好评（“哎呀，我很想和你一起去打高尔夫球，可是这个周末我得去无家可归者中心帮忙”）。一些学者将*表现好感*视为第四种类型的讨好（Zin，Ngah，Ismail，Tajuddin，Abdullah，& Salleh，2010）。所以你可以看到，拍马屁的方式可不止一种呢。

你也许会认为通过讨好的方式产生影响是不道德的，对此我们也在一定程度上表示认同，不过前提是讨好者所使用的奉承、恭维或为对方树立的积极的社会形象都是不真实的。如果讨好者真的认同他给予对方的称赞，我们就不认为这有什么不道德的地方。事实上，如果赞扬是真诚的，这一方法能够在人际交往过程中产生“双赢”的效果。至于讨好行为的道德意义，我们将在第十六章展开更详尽的讨论。

复杂的情绪：其他诉求和诉求组合

还有许多其他类型的刺激诉求，限于篇幅，我们在这里不可能全都涉及。它们中还包括荣誉诉求、青春诉求、漂亮诉求、内疚诉求、自由诉求和环境诉求。事实上，几乎每一种人的情绪或驱动力都可以转化成一种刺激诉求。

刺激诉求也可能以多重组合的形式出现，比如，惩罚威胁可以与奖励许诺相结合。原告可以这样对被告说，“如果你配合，我会建议减你的刑。可是如果你不配合，我会要求对你进行严惩。”警方在审讯犯罪嫌疑人时使用的“红脸白脸”的方式也属于把积极诉求与消极诉求相结合（Inbau，Reid，& Buckley，1986；Kassin & McNall，1991）。一项调查发现，在对皮肤癌患者采用恐惧诉求时，加入一些幽默成分可以为其提供一个“安全边际”，从而降低他的紧张感（Mukherjee & Dube，2012）。

在为慈善事业筹款时，内疚常常与怜悯诉求一起使用（“如果你不出一份力，谁会帮助他们呢？”）。比如，人道对待动物协会里捍卫动物权益的人群就在过去几年中与《阁楼》（*Penthouse*）杂志合作，制作了一个反对穿戴动物皮毛的广告。性感的超模们在这个广告中声称，他们宁可裸体，也不会穿戴动物的皮毛。这显然就是性诉求与内疚诉求的组合。还有证据证明，人们在经历复杂情绪后，无法将它们全都记得很清楚（Aaker，Drolet，& Griffin，2008）。比如，坐过山车的经历会让人同时产生正面（比如，兴奋和愉快）和负面（比如，恐惧和不安）的情绪。可是一段时间后，他恐怕只记住了这一经历中令其兴奋、开心部分，或者令其害怕、不快的部分。

我们认为，将几种诉求结合起来使用有许多的好处。因为如果其中一种被证明无效，另一种或许会起作用。把它们组合在一起使用还可能产生更多的效果，就是说它们共同产生的效果会超出各自单独使用的效果。不过，组合使用的风险在于，它们可能看上去是矛盾的，或者会抵消彼此的效果。比如，将幽默诉求与怜悯诉求放在一块儿使用可能会让人觉得说服者不够真诚或者体贴。因此，在选择刺激诉求时，说服者一定要非常审慎。

总 结

刺激诉求是一种外在诱因，用来激发他人做事情的动力。对它的使用随处可见。试图将逻辑和情感诉求对立起来的尝试是无益的，因为虽然刺激诉求并不一定是理性的，但它们也绝对不是不理性的。我们在本章中共讨论了八种类型的刺激诉求：恐惧、怜悯、内疚、幽默、爱国主义、性、温暖和讨好。但它们其实只是说服者使用的诸多诉求中的一部分。调查研究已经证明，它们中的一些对于说服能够起到很有效的作用，但也有一些效果不太明显。研究还认为，在较为审慎的前提下，将几种刺激诉求结合起来使用可以得到更令人满意的结果。

参考文献

Aaker, D. A., & Bruzzone, D. E. (1981). Viewer perceptions of prime-time television advertising. *Journal of Advertising Research, 21*(5), 15–23.

Aaker, J., Drolet, A., & Griffin, D. (2008). Recalling mixed emotions. *Journal of Consumer Research, 35*, 268–278.

Aaker, D. A., & Stayman, D. M. (1989). What mediates the emotional response to advertising? The case of warmth. In P. Cafferata & A. M. Tybout (Eds.), *Cognitive and affective responses to advertising* (pp. 287–303). Lexington, MA: Lexington Books.

Aaker, D. A., & Stayman, D. M. (1990). A micro approach to studying feeling responses to advertising: The case of warmth. In S. J. Agres, J. A. Edell, & T. B. Dubitsky (Eds.), *Emotion in advertising: Theoretical and practical explorations* (pp. 53–68). New York: Quorum Books.

Aaker, D. A., Stayman, D. M., & Hagerty, M. R. (1986). Warmth in advertising: Measurement, impact, and sequence effects. *Journal of Consumer Research, 12*(4), 365–381.

Altheide, D. L. (2002). *Creating fear: News and the construction of crisis*. Hawthorne, NY: Aldine DeGruyter.

American Psychological Association. (2010). *Report of the APA task force on the sexualization of girls*.

Aristotle. (1932). *The rhetoric* (L. Cooper, Trans.). Englewood Cliffs, NJ: Prentice Hall.

Babin, B. J., Darden, W. R., & Griffin, M. (1994). Work and/or fun: Measuring hedonic and utilitarian shopping value. *Journal of Consumer Research, 20*(4), 644–656.

Beard, F. K. (2005). One hundred years of humor in American advertising. *Journal of Macromarketing, 25*(1), 54–65.

Becker, S. L. (1963). Research on emotional and logical proofs. *The Southern Speech Journal, 28*(3), 198–207.

Berger, A. A. (2011). *Ads, fads, and consumer culture* (4th ed.). Lanham, MD: Rowman & Littlefield.

Blaine, B., & Williams, Z. (2004). Belief in the controllability of weight and attributions to prejudice among heavyweight women. *Sex Roles, 51*, 79–84.

Boster, F. J., Mitchell, M. M., Lapinski, M. N., Cooper, H., Orrego, V. O., & Reinke, R. (1999). The impact of guilt and type of compliance-gaining message on compliance. *Communication Monographs, 66*, 168–177.

Boster, F. J., & Mongeau, P. A. (1984). Fear-arousing persuasive messages. In R. N. Bostrum & B. H. Wesley (Eds.), *Communication yearbook* 8 (pp. 330–375). Beverly Hills, CA: Sage.

Bushman, B. J., & Bonacci, A. M. (2002). Violence and sex impair memory for television ads. *Journal of Applied Psychology, 87*(3), 557–564.

Carter, T. J., Ferguson, M. J., & Hassin, R. R. (2011). A single exposure to the American flag shifts support toward Republicanism up to 8 months later. *Psychological Science, 22*(8), 1011–1018.

Casey, M. K., Timmermann, L., Allen, M., Krahn, S., & Turkiewicz, K. L. (2009). Response and self-efficacy of condom use: A meta-analysis of this important element of AIDS education and prevention. *Southern Communication Journal, 74*(1), 57–78.

Chan, E., & Sengupta, J. (2010). Insincere flattery actually works: A dual attitudes perspective. *Journal of Marketing Research, 47*, 122–133.

Chang, M., & Gruner, C. R. (1981). Audience reaction to self-disparaging humor. *Southern Speech Communication Journal, 46*, 419–426.

Cho, H., & Witte, K. (2004). A review of fear appeal effects. In J. S. Seiter & R. H. Gass (Eds.), *Readings in persuasion, social influence, and compliance gaining* (pp. 223–238). Boston: Allyn & Bacon.

Conley, T. D., & Ramsey, L. R. (2011). Killing us softly? Investigating portrayals of women and men in contemporary magazine advertisements. *Psychology of Women Quarterly, 35*(3), 467–478.

Corbett, E. P. J., & Connors, R. J. (1999). *Classical rhetoric for the modern student* (4th ed.). Oxford, NY: Oxford University Press.

Cupchik, G. C., & Leventhal, H. (1974). Consistency between expressive behavior and the evaluation of humorous stimuli: The role of sex and self-observation. *Journal of Personality and Social Psychology, 30*, 429–442.

Deci, E. L. (1975). *Intrinsic motivation*. New York: Plenum.

Deci, E. L., & Ryan, R. (1978). *Intrinsic motivation and self-determination in human behavior*. New York:

Plenum.
Deluga, R. J., & Perry, J. T. (1994). The role of subordinate performance and ingratiation in leader-member exchanges. *Group Organization Management, 19*(1), 67–86.
Derks, P., Kalland, S., & Etgen, M. (1995). The effect of joke type and audience response on the reaction to a joker: Replication and extension. *Humor, 8*(4), 327–337.
Eayres, C. B., & Ellis, N. (1990). Charity advertising: For or against people with a mental handicap? *British Journal of Social Psychology, 29*, 349–360.
Eisend, M. (2009). A meta-analysis of humor in advertising. *Journal of the Academy of Marketing Science, 37* (191–203).
Eisend, M. (2010). A meta-analysis of gender roles in advertising. *Journal of the Academy of Marketing Science*, 38, 418–440.
Eisend, M. (2011). How humor in advertising works: A meta-analytic test of alternative models. *Marketing Letters, 22*(2), 115–132.
Evans, J. St., B. T., Barston, J. L., & Pollard, P. (1983). On the conflict between logic and belief in syllogistic reasoning. *Memory and Cognition, 11*, 295–306.
Freedman, J. L., Wallington, S., & Bless, E. (1967). Compliance gaining without pressure: The effect of guilt. *Journal of Personality and Social Psychology, 7*, 117–124.
Gentry, J. W., Kennedy, P. K., Paul, K., & Hill, R. P. (1995). The vulnerability of those grieving the death of a loved one: Implications for public policy. *Journal of Public Policy and Marketing, 14*(1), 128–142.
Geuens, M., De Pelsmacker, P., & Faseur, T. (2011). Emotional advertising: Revisiting the role of product category. *Journal of Business Research, 64*(4), 418–426.
Glassner, B. (1999). *The culture of fear: Why Americans are afraid of the wrong things*. New York: Basic Books.
Glick, P., Chrislock, K., Petersik, K., Vijay, M., & Turek, A. (2008). Does cleavage work at work? Men, but not women, falsely believe cleavage sells a weak product. *Psychology of Women Quarterly, 32*, 326–335.
Goldman, R., & Papson, S. (1996). *Sign wars: The cluttered landscape of advertising*. New York: Guilford Press.
Gordon, R. A. (1996). Impact of ingratiation on judgments and evaluations: A meta-analytic investigation. *Journal of Personality and Social Psychology, 71*(1), 54–70.
Graham, E. E., Papa, M. J., & Brooks, G. P. (1992). Functions of humor in conversation: Conceptualization and measurement. *Western Journal of Communication, 56*, 161–183.
Gruner, C. R. (1967). Effect of humor on speaker ethos and audience information gain. *Journal of Communication, 17*(3), 228–233.
Gruner, C. R. (1970). The effect of humor in dull and interesting informative speeches. *Central States Speech Journal, 21*(3), 160–166.
Gruner, C. R., & Lampton, W. E. (1972). Effects of including humorous material in a persuasive sermon. *Southern Speech Communication Journal, 38*, 188–196.
Guéguén, N. (2007). Women's bust size and men's courtship solicitation. *Body Image, 4*, 386–390.
Gulas, C. S., & Weinberger, M. G. (2006). *Humor in advertising: A comprehensive analysis*. Armonk, NY: M.E. Sharpe.
Hackman, M. Z. (1988). Reactions to the use of self-disparaging humor by informative public speakers. *The Southern Speech Communication Journal, 53*, 175–183.
Han, C. M. (1988). The role of consumer patriotism in the choice of domestic music versus foreign products. *Journal of Advertising Research, 28*, 25–32.
Hibbert, S., Smith, A., Davies, A., & Ireland, F. (2007). Guilt appeals: Persuasion knowledge and charitable giving. *Psychology & Marketing, 24*(8), 723–742.
Higbee, K. L. (1969). Fifteen years of fear-arousal: Research on threat appeals. *Psychological Bulletin, 72*, 426–444.
Hill, J. A. (2011). Endangered childhoods: How consumerism is impacting youth and identity. *Media, Culture, & Society, 33*(3), 347–362.
Inbau, F. E., Reid, J. E., & Buckley, J. P. (1986). *Criminal interrogations and confessions* (3rd ed.). Baltimore: Williams & Wilkins.
Jaffe, C. A. (1996, October 16). "Shopping for your funeral makes financial sense." *Los Angeles Times*, pp. D3, D9.

Janis, I. L., & Feshbach, S. (1953). Effects of fear-arousing communications. *Journal of Abnormal and Social Psychology, 48*, 78–92.

Jones, E. (1963). *Ingratiation*. New York: Appleton-Century-Crofts.

Judd, B. B., & Alexander, M. W. (1983). On the reduced effectiveness of some sexually suggestive ads. *Journal of the Academy of Marketing Science, 11*, 156–168.

Kassin, S. M., & McNall, K. (1991). Police interrogations and confessions. *Law and Human Behavior, 15*, 233–251.

Kelleher, K. (1997, February 24). "Flattery will get you…everywhere." *Los Angeles Times*, pp. E1–E2.

Khan, U., Dhar, R., & Wertenbroch, K. (2005). A behavioral decision theory perspective on hedonic and utilitarian choices. In S. Ratneshwar & D. G. Mick (Eds.), *Inside consumption: Consumer motives, goals, and desires* (pp. 144–165). New York: Routledge.

Kilbourne, J. (1999). *Deadly persuasion: Why women and girls must fight the addictive power of advertising*. New York: Free Press.

Kopp, S. W., & Kemp, E. (2007). Consumer awareness of the legal obligations of funeral providers. *The Journal of Consumer Affairs, 41*(2), 326–340.

Kornblum, J. (2005, June 29). "So proudly we hail our freedom." *USA Today*, p. 4D.

Kraut, R. E. (1973). The effects of social labeling on giving to charity. *Journal of Experimental Social Psychology, 9*, 551–562.

Lessard, J., Greenberger, E., & Chen, C. (2010). Adolescents' response to parental efforts to influence eating habits: When parental warmth matters. *Journal of Youth Adolescence, 39*, 73–83.

Leventhal, H. (1980). Toward a comprehensive theory of emotion. In L. Berkowitz (Ed.), *Advances in experimental social psychology* (Vol. 13, pp. 140–207). New York: Academic Press.

Leventhal, H., & Cupchik, G. C. (1975). The informational and facilitative effects of an audience upon expression and evaluation of humorous stimuli. *Journal of Experimental Social Psychology, 11*, 363–380.

Leventhal, H., & Cupchik, G. C. (1976). A process model of humor judgment. *Journal of Communication, 26*(3), 190–204.

Liden, R., & Mitchell, T. (1988). Ingratiatory behaviors in organizational settings. *Academy of Management Review, 13*, 572–587.

Lindsey, L. L. M. (2005). Anticipated guilt as behavioral motivation: An examination of appeals to help unknown others through bone marrow donation. *Human Communication Research, 31*, 453–481.

Lindsey, L. L. M., Yun, K. A., & Hill, J. B. (2007). Anticipated guilt as motivation to help others: An examination of empathy as a moderator. *Communication Research, 34*(4), 468–480.

Livingston, S. (2007, November 26). Emotional intelligence. *Adweek, 48*(43), 16.

Mager, J., & Helgeson, J. G. (2011). Fifty years of advertising images: Some changing perspectives on role portrayals along with enduring consistencies. *Sex Roles, 64*, 238–252.

Maloney, E. K., Lapinski, M. K., & Witte, K. (2011). Fear appeals and persuasion: A review and update of the extended parallel process model. *Social and Personality Psychology Compass, 5*(4), 206–219.

Merrick, A. (2008, February 29). "Apparently, you can be too sexy." *Wall Street Journal*, p. B1.

Mongeau, P. (1998). Another look at fear-arousing appeals. In M. Allen & R. W. Preiss (Eds.), *Persuasion: Advances through meta-analysis* (pp. 53–68). Cresskill, NJ: Hampton Press.

Mukherjee, A., & Dubé, L. (2012). Mixing emotions: The use of humor in fear advertising. *Journal of Consumer Behavior, 11*, 147–161.

Muller, J. (2008, October 21). Journalism prof asks "Who can you trust?" *NPR*.

Munn, W. C., & Gruner, C. R. (1981). "Sick" jokes, speaker sex, and informative speech. *Southern Speech Communication Journal, 46*, 411–418.

Murnstein, B. L., & Burst, R. G. (1985). Humor and interpersonal attraction. *Journal of Personality Assessment, 49*, 637–640.

Myers, M. (2007). The use of pathos in charity letters: Some notes toward a theory and analysis. *Journal of Technical Writing & Communication, 37*(1), 3–16.

Nabi, R. L., Moyer-Gusé, E., & Byrne, S. (2007). All joking aside: A serious investigation into the persuasive effect of funny social issue messages. *Communication Monographs, 74*, 29–54.

Oakhill, J., & Garnham, A. (1993). On theories of belief bias in syllogistic reasoning. *Cognition, 46*, 87–92.

O'Keefe, D. J. (2002). Guilt as a mechanism of persuasion. In J. P. Dillard & M. Pfau (Eds.), *The persuasion handbook: Developments in theory and practice* (pp. 329–344). Thousand Oaks, CA: Sage.

Pedic, F. (1990). Persuasiveness of nationalistic advertisements. *Journal of Applied Social Psychology, 20*, 724–728.

Petri, H. (1991). *Motivation: Theory, research, and application* (3rd ed.). Belmont, CA: Wadsworth.

Petty, R. E., & Cacioppo, J. T. (1986). *Communication and persuasion: Central and peripheral routes to attitude change*. New York: Springer-Verlag.

Reichert, T., LaTour, M. S., & Ford, J. B. (2011). The naked truth: Revealing the affinity for sexual appeals in advertising. *Journal of Advertising Research, 51*(2), 436–448.

Reuchelle, R. C. (1958). An experimental study of audience recognition of logical and intellectual appeals in persuasion. *Speech Monographs, 25*(1), 49–58.

Robinette, S., & Brand, C. (2001). *Emotion marketing: The Hallmark way of winning customers for life*. New York: McGraw-Hill.

Rohlinger, D. A. (2002). Eroticizing men: Cultural influences on advertising and male objectification. *Sex Roles: A Journal of Social Research, 46*(3), 61–74.

Rohlinger, D. A. (2002.) Eroticizing men: Cultural influences on advertising and male objectification. *Sex Roles: A Journal of Research 46*(3/4): 61–74.

Ruiter, R. C., Abraham, C., & Kok, G. (2001). Scary warnings and rational precautions: A review of the psychology of fear appeals. *Psychology and Health, 16*, 613–630.

Sawang, S. (2010). Sex appeals in advertising: What consumers think. *Journal of Promotion Management, 16*, 167–187.

Seiter, J. S. (2007). Ingratiation and gratuity: The effect of complimenting customers on tipping behavior in restaurants. *Journal of Applied Social Psychology, 37*(3), 478–485.

Seiter, J. S., & Gass, R. H. (2005). The effect of patriotic messages on restaurant tipping. *Journal of Applied Social Psychology, 35*, 1–10.

Seiter, J. S., & Dutson, E. (2007). The Effect of compliments on tipping behavior in hair styling salons. The *Journal of Applied Social Psychology, 37*(9), 1999–2007.

Sengupta, J., & Dahl, D. W. (2008). Gender-related reactions to gratuitous sex appeals in advertising. *Journal of Consumer Psychology, 18*, 62–78.

Skalski, P., Tamborini, R., Glazer, E., & Smith, S. (2009). Effects of humor on presence and recall of messages. *Communication Quarterly, 57*(2), 136–153.

Snigda, S., & Venkatesh, S. (2011). Impact of female sexual objectification in advertising on women. *Advances in Management, 4*(12), 10–13.

Stankiewicz, J. M., & Rosselli, F. (2008). Women as sex objects and victims in print advertisements. *Sex Roles, 58*, 579–589.

Steadman, M. (1969). How sexy illustrations affect brand recall. *Journal of Advertising Research, 9*, 15–19.

Strom, S. (2008, December 26). Ad featuring singer proves bonanza for the A.S.P.C.A. *New York Times*, p. A-20.

Sutton, S. R. (1982). Fear-arousing communication: A critical examination of theory and research. In J. R. Eisner (Ed.), *Social psychology and behavioral medicine* (pp. 303–337). London: John Wiley & Sons.

Tal-Or, N. (2010). Indirect ingratiation: Pleasing people by associating them with successful others and by praising their associates. *Human Communication Research, 36*, 163–189.

Tamborini, R., & Zillmann, D. (1981). College students' perceptions of lectures using humor. *Perceptual and Motor Skills, 52*, 427–432.

Taylor, G. (2001, September 4). Disability activists protest: Say Lewis telethon offensive, object to use of pity. *Washington Times*, p. C-3. Retrieved on May 8, 2012, from the Lexis-Nexis Academic search engine.

Taylor, P. M. (1974). An experimental study of humor and ethos. *Southern Speech Communication Journal, 39*, 359–366.

Thomson, M., MacInnis, D. J., & Park, C. W. (2005). The ties that bind: Measuring the strength of consumers' emotional attachments to brands. *Journal of Consumer Psychology, 15*(1), 77–91.

Toncar, M. F. (2001). The use of humor in television advertising: Revisiting the U.S.–U.K. comparison. *International Journal of Advertising, 20*(4), 521–539.

Verma, S. (2009). Do all advertising appeals influence consumer purchase decision: An exploratory study. *Global Business Review, 10*(1), 33–43.

Wanzer, M. B., Booth-Butterfield, M., & Booth-Butterfield, S. (1996). Humor and social attraction: Are funny people more popular? An examination of humor orientation, loneliness, and social attraction.

Communication Quarterly, 44(1), 42–52.
Washkuch, F. (2008, October 27). Comedy news shows net serious interest. *PR Week*, p. 2. Retrieved on May 11, 2012, from the Lexis-Nexis Academic search engine.
Wasik, J. F. (1995, September/October). Fraud in the funeral industry. *Consumer's Digest, 34*, 53–59.
Watt, J. D. (1993). The impact of frequency of ingratiation on the performance evaluation of bank personnel. *Journal of Psychology, 127*(2), 171–177.
Wayne, S. J., Kacmar, K., & Ferris, G. R. (1995). Coworker response to others' ingratiation attempts. *Journal of Managerial Issues, 7*(3), 277–289.
Weinberger, M. G., & Gulas, C. S. (1992). The impact of humor in advertising: A review. *Journal of Advertising, 21*(4), 35–59.
Weinberger, M. G., & Spotts, H. E. (1989). Humor in U.S. versus U.K. TV and advertising. *Journal of Advertising, 18*(2), 39–44.
Weiner, B., Perry, R. P., & Magnusson, J. (1988). An attributional analysis of reactions to stigmas. *Journal of Personality and Social Psychology, 55*, 738–748.
Wellner, A. S. (2002, September). The perils of patriotism. *American Demographics*.
Witte, K. (1992). Putting the fear back into fear appeals: The extended parallel process model. *Communication Monographs, 59*, 329–349.
Witte, K. (1994). Fear control and danger control: A test of the extended parallel process model. *Communication Monographs, 61*(2), 113–134.
Witte, K., & Allen, M. (2000). A meta-analysis of fear appeals: Implications for effective public health campaigns. *Health Education and Behavior, 27*(5), 591–615.
Young, D. G. (2008). The privileged role of the late-night joke: Exploring humor's role in disrupting argument scrutiny. *Media Psychology, 11*, 119–142.
Zaltman, G. (2003). *How customers think*. Boston, MA: Harvard Business School.
Zin, S. M., Ngah, N. E., Ismail, R., Tajuddin, N. H., Abdullah, I. H., & Salleh, A. (2010). The effects of ingratiation on employee career success. *Canadian Social Science, 6*(6), 161–167.

第十四章

视觉说服

本章概览

形象就是一切

忽视和低估

形象的力量

形象怎样产生说服作用

形象性：有相同之处

索引性：眼见为实

句法的不确定性：不要在图像中寻找逻辑

艺术作为说服的手段：是蒙娜丽莎让我做的

画笔比刀剑更具威力

行动主义艺术：我必须抗议

电影的说服力：性、毒品和爆米花

表演：电影如何起到说服作用

广告中的形象：来自赞助商的话

炫目的视觉：这样你就会注意到我了

逆广告：你别想糊弄我

形象化的广告：物质主义就是幸福

冲击广告：将锐利的形象作为说服手段

新闻摄影的说服作用：相机也会撒谎

玩弄相机：摄影欺骗

想获得观众的注意吗？试着把你的衣服脱掉。你不会是第一个这么做的人。人道对待动物协会里的人就采用过这一做法来抗议穿戴皮草服饰。他们举办的“赤裸裸的真相”这一活动邀请了一些颇具吸引力的模特和名人参加，他们都没有穿外衣，并且打出了“我宁愿裸体也不穿皮草”的标语。表演艺术家、知名摄影师斯潘塞·图尼克（Spencer Tunick）也不甘示弱，他说服了墨西哥城的18 000名民众脱掉了衣服，集体拍了一张裸照。他将大规模的裸体视为集体反抗社会规范的一种形式。而且裸体的并不限于抗议者和艺术家。德国有一家超市提出要为裸体前来采购的顾客提供免费的日用品，结果来了200多位客人（Zimmerman，2012）。促销目的达到了！我们怀疑那些男性顾客敢不敢前往生鲜通道。

不过稍等一下。如果你决定下次给学生裸体上课，我们必须提醒你，裸体可能会使你极受关注，但是“视觉工具”也肯定会干扰你的授课内容，学生们都没心思听课了。而且，你或许会遭到许多学生的反感，因为有很多人对裸体是持反对态度的（Christy & Haley，2008）。估计至此我们已经引起大家的注意了，那么接下来我们就开始讨论形象在说服过程中的作用。

形象就是一切

我们生活在一个越来越视觉化的社会中。Gurri、Denny 和 Harms（2010）强调了这一趋势，他们说，“现在的视觉形象比以前多了很多，而且越来越多的人开始过度关注它们”（p.101）。看书看报的人越来越少，更多的人都在看电影和电视。就像 Metros（2008）观察到的：

> 政客们竞选时不是认真讨论问题，而是利用他们的视觉形象；战争会通过亲临战场的新闻记者的拍摄在电视上直接播出；刑事审判已经成了7天24小时向全球播放的事件；报纸不得不减少文字的篇幅，给图表和照片留出更多的空间；就连电台都在引导听众关注他们的网站，从那里获取更多的直观感受。（p.109）

在电视广告、杂志广告和广告牌上，形象是主要的，话语则是次要的。政治家们担心有损其形象的照片被曝光，比如当某个危机发生时，自己被拍到正在度假。互联网上充斥着各种形象；在脸书网、网络相册、优兔网和其他社交媒体上都是铺天盖地的形象；视频技术也越来越普及和流行。现在已经不只是大众媒体需要依靠可视线索了，抗议游行、静坐、集会、示威和罢工也都演化成了高度视觉化的行动，并希望借此达到煽动他人的目的。

即使是口头交流也需要依靠形象。公共演讲时肯定要使用视觉工具。现在的观众愿意看到非常炫目的、能够吸引人眼球的幻灯片，而文字被减少到只出现在要点处。

在本章中，我们将探讨形象对人的想法、态度和行为构成影响的一些重要方式。首先，我们要来认识一下视觉刺激的重要性以及它对说服起的作用。然后，我们会逐一讨论艺术如何成为说服的一种形式、电影的影响、广告中的形象以及新闻摄影对说服起的作用。

忽视和低估

Taewon Suh（1999）曾这样写道："20世纪的视觉形象已经成为传递信息的主要手段，下个世纪，这种现象可能会更加普遍"（p.3）。不过，虽然视觉对说服所起的作用在日渐增加，但这一话题在交流领域仍未得到足够的研究。过去的人们在研究说服时总是侧重于文字或语言对说服产生的影响。Messaris（1997）意识到了这一点，所以他指出，"虽然对说服性沟通的研究已经持续了200多年，但在这期间，学者们将大量精力放在了对文字和言语策略的研究上。除个别案例外，对视觉说服的系统性调查研究仍处在起步阶段"（p.vii）。

形象的力量

形象是有力量的，它们可以对我们起到文字起不到的作用。它们的效能在部分程度上源自它们的"真实性"，即我们平时所说的"百闻不如一见"。不过正如Gurri、Denny和Harms（2010）所指的那样，"视觉媒体也会让我们产生一种错觉，即透过窗户向外面的世界张望"（p.102）。形象的效用还与它的情感冲击力有关。Joffe（2008）强调，形象比文字更具优势，她说，"在效用方面，文字和语言信息与形象信息最大的区别就在于它们的情绪影响力"（p.84）。

虽然过去的研究侧重于文字，但仍有研究证明形象所具有的图片优势效应，因为图片比文字更容易识别和记忆（Hockley，2008；Stenberg，2006）。比如，一项调查对"只有文字"的广告与"既有文字也有图片"的广告进行了对比（Edell & Staelin，1983）。结果发现，那些"既有文字也有图片"的广告更容易被人们记住。对此的一个解释是，与文字不同，图片是通过两种模型进行处理的，人们在记忆时就可以通过任意一种模型记住它（Paivio，1986，1991）。形象还有一个优势，即可以很容易地跨越语言和文化的障碍。

形象怎样产生说服作用

是什么使得形象和其他视觉刺激能够产生说服作用？我们现在就来回答这个问题，我们主要借用Paul Messaris（1997）对说服过程中的形象所起的作用进行归类。他认为，形象通过三种基本方式发挥作用，即形象性、索引性和句法的不确定性。

形象性：有相同之处

形象之所以可以产生说服作用原因之一是它是一个图形符号，与其所代表的东西具有相似性。一个形象可以代表一个想法或者总结一个理念。人行道交叉路口的剪贴画小人就是这样一个图形符号；漫画家画的政治家们的讽刺画也属于图形符号。自由女神雕像、山姆大叔和秃头鹰都是美国的图形符号象征，因为它们代表了人、事件或某种情况。至于形象性图像是否非常准确地体现了它所代表的东西并不重要，只要人们能够看明白就行。这或许就是形象的重要之所：能够对观点和理念做出总结。就像 Messaris（1997）所指出的那样，“如果说有一样东西能够最清晰地将图片与语言和其他交流方式区别开来，那非形象性图像莫属”（p.3）。

最能说明形象的图形符号特性的例子是菲利普·莫里斯公司设计的万宝路男人，这一形象立刻在全世界得到了认可。他是位传说中的美国英雄，从他身上可以看到过去美国西部牛仔的理想化形象：一个强壮、自力的男人。他总是身处户外，特别是牧场。大多数人一眼就能认出他，根本无须看品牌。所以万宝路香烟成了世界上最流行的品牌（de Guzman，2007）。而且香烟盒上的这个男人也被称为“广告界中最被接纳的、一直为品牌赚钱的并且在美感方面极具吸引力的形象”（“Selling Tobacco”1990，p.84）。这就是偶像的魅力！

作为图形符号特性的一个方面，形象还具有选择性。它们可以渲染一些特征而弱化另一些。“茶党”集会的照片可以展示一个戴着三角帽的开心的追随者，从而渲染其积极的一面；也可以展示一个举着有拼写错误的牌子的愤怒抗议者的形象，借此突出其负面性。因此，形象在反映现实的同时，也能起到更加强调某些方面的作用，其手法既可以很巧妙，也可以很夸张。

形象的另一功能是它能够颠覆其所反映的现实（Messaris，1997）。一个形象可以让人信以为真，又冲破现实的限制。比如，一个忙于洗衣、做饭、打扫房间和照看孩子的妈妈可能会被画上四只手，而不是两只。一种止疼药的广告可能会把一个头疼剧烈难忍的人的头劈成两半。总之，形象可以虚拟并不存在的现实。

索引性：眼见为实

形象产生说服作用所借用的第二种方式是索引性（Messaris，1997）。这指的是形象具有记录所发生的事件的能力，特别是照片和录像。比如，伊拉克的被拘留者在阿布格莱布监狱遭到虐待的照片、美国士兵在已经被击毙的阿富汗叛乱分子身上撒尿的形象以及巴基斯坦儿童被无人机的导弹炸死的图片都是有力的证据，它们让许多中东人了解到美国根本没有把他们的生命当回事。

形象的索引功能还能起到推理或旁证的作用。比如，恐龙的脚印化石证明这一大型爬行动物的确曾在世界上游走过。而从犯罪现场获取的指纹则可以证明犯罪嫌疑人肯定到过那里。一个关于健康饮食的广告会让一个人举着自己以前穿过的一条很肥大的裤子，以此表明他过去有多么胖，而现在成功减掉了多少体重。

不过，形象的记录功能也是可以误导人的。Messaris（1997）就说过，“照片当然可以撒谎。时尚广告中模特儿的照片就会在经过处理后显得更加迷人”（p.xvii）。收看电视新闻时，我们会在画面上看到一位政治候选人在参观工厂时会把袖子撸得很高，戴着一顶安全帽。这样的形象可以让他看上去很朴素，与普通人没什么两样。可在镜头外呢？他还会保持这一把袖子撸得很高、戴着安全帽的形象吗？摄像机能够拍摄到的场景是有限的。

你或许还看到过这样的新闻画面：在美国境外，愤怒的当地居民焚烧美国国旗，以此抗议美国的对外政策。这时，似乎应当想一想：摄像机出现在那里是因为有抗议人群在焚烧国旗，还是因为人们发现有摄像机在拍摄，于是才开始焚烧国旗。因此，理性的观众应当对事件的视觉记录有所质疑。媒体上播出的事件甚至可能是编造出来的，因为摄像机和拍摄人员可以调整人们的行为，照片和录像也可以经过数字化处理达到所期望的但非真实的场面。

句法的不确定性：不要在图像中寻找逻辑

形象发挥说服作用的第三种方式是利用句法的不确定性。与文字不同，图像无法表达事情之间的准确关系。因此，Messaris（1997）曾指出，“视觉语法所缺乏的，特别是与口语相比，是一整套能够清晰表达的除时间和空间以外的因果关系、类比关系及其他关系的架构”（pp.xvii-xviii）。问题是形象缺乏逻辑运算符，无法清楚地表达假设关系、非此即彼关系以及其他各种人、物和事件之间的逻辑关系。比如，一张图片可以展示某人在使用健腹机前大腹便便的腹部赘肉；另一张图片则展示出这个人在使用健腹机锻炼后结实的腹肌，可是这些图片本身并没有清楚地解释它们之间的因果关系。

形象无法表达逻辑关系，比如，“A 造成了 B”“A 与 B 相类同”或者“A 或者 B 会发生”，这一客观事实有利也有弊。有利的是，在图片之间，可以通过联想将一件事与另一件事等同起来，而无须明确地表达出来，因此对说服者来说是有利的。说服者可以通过形象而非直截了当的文字将很微妙的联想显示出来。比如，广告商可以将某种产品与酷、性感或者漂亮的形象搭配在一起，从而给它包装上酷和性感的社会形象。

不利的是，形象不具备表达出准确关系的能力，需要靠观察者本人做出推测。在一个广告的画面上会出现一家人欢乐地开着他们的混合动力运动车，后备厢里露出皮划艇，向海边驶去。虽然广告商意在推介那款混合动力车，可是消费者们在看过这个广告后很可能也想去野营，或者买一个皮划艇，或者多花些时间与家人在一起。不过，这一不利因素影响不大，原因有二。第一，广告商们有着丰富的行业经验，知道怎样来操控灯光、拍摄角度和色彩，通过技术处理来达到他们想要的效果。第二，广告商们会根据需要或选用文字和语言表达清晰的意思，或选用图像含蓄地表达其用意，使他们收获最理想的效果。

现在，你们应该对形象的说服作用很了解了，接下来，我们就将注意力转向视觉刺激对我们产生影响的方式。让我们从艺术作为视觉形式所产生的影响开始。

艺术作为说服的手段：是蒙娜丽莎让我做的

利用艺术达到政治和宗教目的的做法可以追溯到古文明时代。事实上，艺术品——雕塑、绘画、陶瓷等——都是国家为了达到某些目的而出资设计和制作的。古希腊的雕塑和壁画教育人们有关希腊诸神和希腊神话中的道德要求。中世纪时，宗教组织会出于宗教目的赞助艺术。天主教的教堂里装饰有数以千计的艺术品，向教徒们宣扬天主教。仅举一个例子，米开朗琪罗为西斯廷教堂屋顶绘制的就是圣经里《创世纪》中的画面。世界各地博物馆里展出的许多最有名的绘画都得到了教堂或宗教捐助人的资助，借此传播宗教思想。

画笔比刀剑更具威力

政府也使用艺术进行政治宣传（Clark，1997）。欧仁·德拉克罗瓦（Eugène Delacroix）的那幅著名的绘画《自由引导人民》（1830）现在就悬挂在巴黎的卢浮宫。在画面上，神话中的自由女神一手拿着步枪，一手举着法国国旗，在法国大革命期间领导法国人民奋勇向前。通过这一形象，作品不仅颂扬了法国革命，也对其进行了浪漫化的处理。迭戈·里维拉(Diego Rivera)的作品《墨西哥历史》(1929—1935)是一幅大型壁画，绘制在墨西哥城国家宫殿的墙上。它一方面描绘了墨西哥农民先后遭到西班牙征服者、天主教教派、墨西哥军队和有钱的地主们的统治，另一方面又展现了被压迫者反抗压迫的斗争以及墨西哥革命最高潮时期的战争场面。这只是艺术深刻反映政治和社会现实的两个例子。

行动主义艺术：我必须抗议

如同我们在第一章中就指出的，不是所有的艺术都是为了艺术而创作的，艺术的作用不仅在于审美和装饰。当代艺术家们对于政治和社会事件也有着强烈的主张，而且他们会通过自己的作品将其表达出来。Berthold Brecht 说过的一句经常被引用的妙语准确地诠释了这一现象——“艺术不是反映现实的镜子，而是塑造现实的锤子”(引自 McLaren & Leonard，1993，p.80)。

抗议艺术和社会行为艺术就是这一现象在现代社会中的体现。艺术家们借助艺术对社会进行批判或者敦促社会变革(Hobbs & Woodard，1986；Lippard，1984)。行为艺术家们希望普通大众也能参与他们的艺术行为，从而增强公众的社会意识。就像 Felshin (1995)所指出的那样，这些艺术家们“试图‘改变话语权’，让个体、群体也能参与公共事务的决策，最终引发社会改革”(p.26)。比如，一位名叫班克西(Banksy)的著名涂鸦艺术家夜里在公共场所的墙上和建筑物上到处涂鸦(Pryor，2007)。在他的作品中，有取自《绿野仙踪》里的人物多萝西和托托，他画出了戴着乳胶手套的防暴警察正在搜查多萝西随身携带的篮子的场景。他想借用此形象暗示政府对社会治安过度紧张，甚至到了偏执的状态。

在解读过程中产生意识

行为艺术家们怎样对他人产生说服影响呢？一种方式就是让对方在解读行为艺术的过程中产生某种意识。行为艺术通常会展示一些稀奇古怪、令人不安或者非常异样的东西。艺术家希望借此引起观众的好奇心，进而让他也参与进来。在试图理解行为艺术作品的过程中，观众的相关意识会有所加强。解读需要人的积极思考或者我们在前面已经提到的大脑的中央处理，而这些很可能让观众最终彻底改变其立场。

举例来讲，苏珊娜·蕾茜(Suzanne Lacy)曾经设计了一场名为《五月里的三周》(*Three Weeks in May*)的公开展览(1977)，旨在增强人们对强奸罪的意识。她在洛杉矶的一个购物中心挂出了两张当地地图，然后每天都在前一天发生过强奸案的地方用红色的大写字母写下“强奸（RAPE）”这个词。没过几天，地图上就写满了这个词，许多地方还出现了重叠。这个展览通过图形让前来购物的消费者意识到这一犯罪行为涉及的范围及其严重性。她的目的就是要让公众公开讨论这一通常不被报道的犯罪行为。在地图的一侧，她还列出了强奸咨询中心的名称、地址和电话号码。

在参与过程中产生意识

另一种方式则是让观众在参与过程中产生某种意识。Felshin（1995）曾经说过，“参与是社会改革的催化剂”（p.12）。举例来讲，瓦法·比拉尔（Wafaa Bilal）曾在芝加哥的一个美术馆里建了一个互动装置，起名为“国内紧张局势”（Bilal & Lydersen，2008）。比拉尔是一位伊拉克行为艺术家，在美国政治避难。他在一个有机玻璃房间里待了1个月，人们可以在网上观察他，还可以用一个机械控制的彩弹枪向他射击，这一切可在每天的24小时内随时发生。他们可以在他熟睡时向他的头部射击，或者在他站起来时朝他的腹股沟开枪。一共有来自120个国家的6万多名陌生人向他开过枪。一段时间后，一些具有同情心的观众自发形成了一个“人体盾牌”，试图阻挡其他人向比拉尔开枪。结果又有些人对该系统进行了黑客攻击，使得枪击速度变得更快。在这个行为项目结束时，房间已经被油漆浸透了，比拉尔也患上了创伤后应激障碍。

那么观众的参与又意味着什么呢？显然，许多人对在网上朝一个陌生人开枪丝毫没有不安的感觉，但也有一些人对此做法自己的道德原则。这个项目暴露了西方人与中东人在文化、族群和宗教上的紧张关系。通过允许虚拟的陌生人向他开枪，比拉尔侧重于了解生活在现代社会中的人们对于暴力是多么不当回事。事实证明，人们的确对杀戮很冷漠和无动于衷。当无辜的平民被无人机发射的导弹炸死时，他们仅仅被定义为“附带损害”。在和平稳定的社会里生活的人们在享受安逸的同时对生活在冲突地区的民众的遭遇一无所知，也毫不关心。

合作艺术的另一个例子是艾滋病纪念拼布，它是克里夫·琼斯（Cleve Jones）和其他人在十多年前设立的（Jones & Dawson，2000）。这块拼布也被称为名字项目，是一个民间艺术项目，为的是纪念那些死于艾滋病的人。它由数千个0.9米 ×1.8米的被子组成，每一块被子纪念一位逝者。它首次于1987年在华盛顿国家广场展出，之后又在1992年和1996年再次展出。现在由于积累的面积太多了，已经很难把它们集中在一个地方展出。事实上，艾滋病纪念拼布已经成了世界上最大的社区艺术项目，其中的一部分在世界各地巡回展出过。

艾滋病纪念拼布可以通过各种方式起到说服作用。我们常常听到艾滋病患病人数的统计数字，但拼布用人的脸代替了数字。每一块拼布都是手工制成的，是对某个具体的人的纪念。当人们看到拼布时，他们看到的是鲜活的生命而非抽象的数字。其实，制作拼布这一选择本身就带有说服性。当初克里夫·琼斯一下子就被这一想法吸引了，因为它是一种美国传统的民间艺术形式。拼布令人产生对家的联想，可是艾滋病被认为是一种淫乱的同性恋男性的疾病，而拼布就是要破除人们的这一错误认知。正如Jones和Dawson(2000)所指出的那样，"通过使用拼布作为团结、家庭和社区的象征，我们可以燃起战胜疾病的希望；我们可以发起一场运动，欢迎所有的人——男人和女人，同性恋和异性恋，不同年龄、族群、信仰和背景的人——都参与其中"(p.108)。

艾滋病纪念拼布提升了民众对于这一疾病的认知，而且它也团结到了更多的人。不知道怎样寄托哀思的死者的亲人们通过制作一块拼布找到了表达情感的方法，所以说它的确是一种参与艺术。据说，看过拼布的学生们减少了对同性恋的憎恶，同时也增强了认真对待性行为的意识。这一事实本身足以说明拼布作为一件艺术品所起到的说服作用。

行为艺术家们的做法常常引起争议，而这恰恰是他们要达到的目的。正是由于他们的艺术激发了人们的兴趣、关注甚至愤怒，才使得它们具有了影响力。激进主义艺术家们的主要目标就是唤起公众对各类社会和政治问题的意识和关切（Felshin，1995；Hobbs & Woodard，1986；Lippard，1984；Von Blum，1976，1994）。艺术会对现存的社会秩序发起挑战，还敢于激起人们的愤怒情绪，它不怕冒犯任何人。但另一方面，它也能够增强人们对周围环境和所发生的事情的意识，让他们对一些原以为理所当然的现状产生怀疑，改变他们对一些事情的看法，令他们对自己长久以来所形成的观念重新进行思考。在此过程中，艺术就发挥了说服的作用。

电影的说服力：性、毒品和爆米花

在获得美国移动影像博物馆颁发的一个奖项时，斯蒂芬·斯皮尔伯格(Steven Spielberg)在他的致辞中说，"电影是世界上最有力量的武器"（引自Fuller，1995，p.190）。电影之所以能够产生如此大的影响力源自几个因素。第一，它具有潜在的观众口碑效应。在美国或其他国家，观看电影的人数都达到数百万。事实上，电影是美国最主要的出口商品之一，因此它能影响的观众人数实在是太多了。第二，电影通常都是以叙事风格呈现出来的，而故事带给人的真实感和可信度是其他传播媒体达不到的。当我们看一部电影时，我们会陷入一种“自愿停止怀疑”的状态。为了跟上剧情的节奏，我们会在电影勾勒出的世界中忘掉自我，包括自己的思考和推理能力。第三，当人们坐在电影院里看电影时，他们并没有想到自己会被说服，他们觉得只是在消遣而已。因此他们没有什么提防或戒备心理，而是会敞开来面对电影中呈现出的所有说法或做法，这恰恰是电影能够产生说服作用的地方。我们认为这也是电影中盛行产品植入——在电影的场景中放上某些品牌的产品——的原因之一。最后，电影是精雕细琢的作品，在制作过程中需要缜密的策划并关注所有细节，哪怕是一个特写镜头或者音乐中的一个高潮处理都会增加大银幕的震撼感。所以，电影所传递的信息是经过深思熟虑和精心策划的。现实生活中的说服者，比如销售人员、律师或者政客，绝不可能花这么多的时间和精力专注于他们想要传递的信息。

电影可以有意也可以无意地发挥说服作用。关于艾尔·戈尔的纪录片《难以忽视的真相》（*An Inconvenient Truth*）的用意就非常明确，就是要加强人们对气候变暖的重视。迈克尔·摩尔（Michael Moore）的纪录片，又被有些人称为“仿纪录片”，也总是旗帜鲜明地宣扬某些观点。但有些影片则是在看似不经意间起到了说服的作用。比如，电影《朱诺》（*Juno*）、《女服务员》（*Waitress*）和《一夜大肚》（*Knocked UP*）都是很巧妙地表达了反对堕胎的观点。这几部电影里的女主角都经历了意外怀孕，但她们都选择了把孩子生下来，而不是堕胎。在影片《朱诺》中，艾伦·佩姬（Ellen Page）扮演的争强好胜的朱诺去了一家堕胎诊所，诊所的环境阴暗且毫无生气，冷冰冰的前台接待员递给了她一个夹着纸的写字板，让她写下所有的性交往经历。朱诺逃离了这家诊所，选择把孩子生下来。

表演：电影如何起到说服作用

电影可以通过多种途径、从多层面发挥说服的作用。一些风格的电影具有独特的影响能力。纪实电影，比如《肯尼迪》（*JFK*）或者《泰坦尼克号》（*Titanic*），在对事实进行客观叙述的同时加入了主创人员的主观解释，从而说服了观众（Simpson，2008）。戏剧和浪漫喜剧可以塑造传统的或非传统的性别角色。而暴力电影，比如《低俗小说》（*Pulp Fiction*）、《杀死比尔》（*Kill Bill*）和《天生杀人狂》（*Natural Born Killers*），可能会让人们对暴力或攻击行为变得不那么敏感。下面，我们就进一步了解一下让说服发挥作用的一些重要方式。

对外输出价值观

电影，尤其是美国电影，会对外输出西方的价值观。如同一位评论员所指出的那样，“好莱坞电影是最大的文化输出，全球的观众达到了数十亿”（Hey, 2001, p.4）。即使是生活在世界上偏远地区的人们也通过电影《洛基》（*Rocky*）知道了西尔维斯特·史泰龙（Sylvester Stallone）是谁；通过电影《风月俏佳人》（*Pretty Woman*）知道了朱莉娅·罗伯兹（Julia Roberts）是谁。美国电影体现了西方的价值观。史泰龙扮演的洛基是一个蓝领工人，但他通过努力奋斗实现了自己的梦想；而朱莉娅·罗伯兹扮演的妓女则是一个心地善良的女人。

当然，并不是所有人都对美国电影所反映的价值观感到认可。外国观众常常会对将男女间的淫乱、暴力和毒品通过电影输入他们的文化深感愤怒（其实，许多美国人也对这些情节非常不满）。还有人对电影中过度地渲染物质主义和奢华消费不能接受。不过，与此同时，美国电影也宣扬了许多正面的内容，比如自由、人权和平等。这里的重点是，电影巧妙地传播了西方的价值观，将其分享给了身处其他文化中的人们。

从积极的方面看，电影可以起到传播正能量和亲社会的价值观的作用。比如，电影《海底总动员》（*Finding Nemo*）以正面形象展现了残疾人士的生活，让观众能够正常看待他们。电影《阿甘正传》则意在表明拥有像诚实和同情心这样的价值观可以克服智力或身体方面的阻碍。命运可能会让我们经历苦难，但阿甘让我们明白，如何应对困境决定了我们能成为怎样的人。电影《死亡诗社》（*Dead Poets Society*）宣扬的是个人主义和不妥协的精神，以及就像电影里的主题句“珍惜当下”说的那样，过最充实的生活。

普及大众文化

电影产生说服作用的第二种方式是能在国内外普及大众文化。电影里的时尚元素、发型、习惯、生活方式和流行俚语都常常被观众模仿（Chansanchai, 2001；Unterberger, 2001）。如果你年龄足够大或者喜欢复古时尚，你可能会记得随着由约翰·特拉沃尔塔（John Travolta）领衔主演的迪斯科电影《周末狂热》（*Saturday Night Fever*）的上映，白色、三件套西装一下子变成了时尚装束。《死亡幻觉》（*Donnie Darko*）和《乌鸦》（*The Crow*）则让“哥特派庄严摇滚乐”变得流行起来。在看过电影《斯巴达300勇士》（*300*）后，许多男人都开始去健身房，希望锻炼出腹肌来。由于电影具有形象性图像表示功能，所以它可以对流行趋势和生活方式起到理想化和浪漫化的作用，并且是传播时尚的重要工具。

建模行为：社会认同

电影产生说服作用的第三种方式是建模行为。人们会受电影角色的影响来判断怎样的行为在社会环境中是适宜的。艾伯特·班杜拉（Albert Bandura）的社会认知理论认为，青少年们会观察媒体上出现的一些行为，然后在自己的现实生活中加以模仿（Bandura，1986，1989）。十几岁的孩子在看过有关约会或者男女关系的电影后，比如《美国派》（*American Pie*）、《坏女孩》（*Mean Girls*）和《我恨你的十件事》（*10 Things I Hate About You*），可能会按照电影中的行为尝试着应对自己遇到的爱情或者男女关系（Behm-Morawitz & Mastro，2008）。而且任何年龄段的人都会无意识地模仿一些电影中的情节或行为。

电影中的人物会因剧情的需要表现出一些冒险、不安全或暴力的行为，这很可能会让观众误以为它们是正当的。比如，电影中的人物在开车时很少系安全带；发生性行为时也不采取保护措施；常常抽烟、吸毒、酗酒和非常莽撞地开车，还可能杀人。无论这些行为是不是有意的，由于它们在电影中很普遍，就会让人们觉得它们是可接受的。比如，有明显的证据证明，青少年们在电影中看到太多的吸烟镜头后很可能染上这一习惯。Heatherton 和 Sargent（2009）进行的一项调查显示，受电影里吸烟镜头的影响而开始抽烟的青少年的人数是未受此影响而自动吸烟者的3倍多。

培养理论：这是一个残忍、可怕的世界

另一些调查针对的是电视上不断出现的暴力情节所形成的影响。培养理论认为，人们在电视上看到的暴力场面越多，就越可能认为我们生活在一个残忍、可怕的世界里（Gerbner，Gross，Morgan，& Signorielli，2002）。除了会对世界形成负面的看法外，暴力场面还可能增加他们自身的攻击和反社会的行为。John Murray（2008）指出，“在对电视暴力造成的影响进行了长达50年的调查研究后，我们得出了不容置疑的结论，即经常观看媒体上的暴力场面与自身攻击性立场、观念和行为的增加有着密切的关系”（p.1212）。至于电影在这方面对观众的行为产生的影响，曾执导过电影《天生杀人狂》的导演奥利弗·斯通（Oliver Stone）这样说过，“电影是一种非常强大的媒介，它就像毒品一样，不仅能进入你的眼睛，还能渗入你的大脑。它会刺激你，因此极具危险性”（引自 Leiby，1995，p.G1）。

观众认同

电影产生说服作用的第四种方法是增加观众的认同度。看电影的观众常常特别喜欢某个演员或者他们扮演的某个角色。你或许就认识一些安吉丽娜·朱莉或者约翰尼·德普（Johnny Depp）的“超级影迷”。有时候，电影中人物的经历可能会与观众的自身经历有相似之处，这就更会令观众对角色产生认同感。如果你曾有过被放逐、很迂腐、遭遇失败或者被误解的经历，那电影《大人物拿破仑》（*Napoleonic Dynamite*）、《幽灵世界》（*Ghost World*）、《我盛大的希腊婚礼》（*My Big Fat Greek Wedding*）或《红粉佳人》（*Pretty in Pink*）一定会打动你。电影就是用这样的方式将观众与其联结在一起。

即使观众与电影中的人物没有共同之处，观众认同仍可能发生。我们中没有一个人见过外星人（至少绝大多数人没有过这样的经历），但这并不妨碍我们对《外星人》（*E.T.*）一类的电影产生认同，因为我们都有过失去至亲的经历。我们中也没有一个人是怪物，但我们仍会接纳《怪物史莱克》（*Shrek*）这样的电影，因为我们常常有自己是局外人的感觉。

长期存在的刻板印象

电影对公众的认知形成影响的最后一种方法是培养和延续业已固定的印象。好莱坞通常为少数族裔、女性、过胖的人群、老人等设定比较有限的角色，并对他们进行模式化处理（Benshoff & Griffin，2009）。这就会让人以为这些人群只能在社会上扮演这些角色。虽然在现在电影中，少数族裔的成分有所增加，但人物类型仍是可预料的模式。比如，来自中东地区的人常常被设定为恐怖分子，如果不是恐怖分子，也只能当个出租车司机。拉丁裔角色总是在电影里从事毒品交易或者是黑帮团伙的成员。亚裔角色在好莱坞电影里则总是精通武术，但是他们往往表现得情感木讷或者性冷淡（Whitty，2001）。虽然现在的状况有所改变，但进展仍很缓慢。

同样的，非裔美国人也早就被定型了（Entman & Rojecki，2001），男性在电影里一般都是运动员、毒贩或者音乐家（Waxman，2000）；女性总是扮演漂亮的妻子、女朋友或者妓女这类角色。在表现哥们义气的电影里，非裔美国人通常都是很搞笑的好友。艾迪·墨菲（Eddie Murphy）、马丁·劳伦斯（Martin Lawrence）、克里斯·罗克（Chris Rock）和克里斯·塔克（Chris Tucker）都扮演过这样的角色。不过现在情况确实有了一定的改善。哈利·贝瑞（Halle

Berry)、杰米·福克斯（Jamie Foxx)、丹泽尔·华盛顿（Denzel Washington）和弗瑞斯·特惠特克（Forest Whitaker）都曾因出色的演技而获得奥斯卡最佳男/女演员的奖项。他们的成功也让电影制作人和观众相信，非裔美国人应当在电影里受到重视。

说到角色的定型，女性的状况仍未得到明显的改观。除极个别的角色外，领衔主演的女演员都必须苗条漂亮（Benshoff & Griffin，2009）。而且她们能够扮演的角色也很有限：母亲、妻子、情妇和女朋友。这一现象并不令人吃惊，要知道，在电影编剧中，女性不到10%，女性导演甚至连6% 都占不到（Maher，2009）。应当承认，电影中开始出现了一些非传统意义上的女性角色，但这样的角色还是太少了，尤其是老年女性角色。

如果要说希望，那就是年轻一代的电影观众变得越来越包容了（Welkos，2001）。最近几部反映多族群、多文化的电影的票房收入相当不错就充分证明了这一点，比如像《追风筝的人》（*Kite Runner*)、《喜福会》（*Joy Luck*）和《贫民窟的百万富翁》（*Slum Dog Millionaire*)。由于年轻人的文化愿意接纳更多的非裔美国人、亚裔美国人和拉美裔美国人，电影制片人们为了满足这些观众的新需求会拍摄更多地涉及多族群的电影。

广告中的形象：来自赞助商的话

Woodward 和 Denton（1999）曾这样写道："广告无疑是我们这个社会中最具说服力的一种形式"（p.286）。当我们在想典型的说服案例时，首先映入脑海的一定是广告。在美国，每年花在广告上的费用高达约2800亿美元，而所有其他国家的广告费用总和也有2410亿美元（Berger，2011）。各种估算都认为，普通人每天可以接触到3000多条广告（Dupont，1999；Simons，2001；Woodward & Denton，1999)，有的估算甚至比这一数字还要高。如果把所有用在广告上的钱分配出去，每个美国公民可以分到差不多800美元，其他国家的人则可以分到约40美元（Berger，2011)。我们中的多数人一生中看过了太多的广告，因此都称得上是"纸上谈兵"的广告专家。事实上，普通美国人每天花在看广告上的时间差不多有1小时（Salter，2009)，在其一生中占用了两年多的时间。

广告，无论是刊登在电视上、杂志上、网络上还是其他媒体上，都需要形象，而且这一视觉成分对它的效果至关重要。苹果的"买个苹果机"广告就充分利用了视觉比喻，对比了约翰·霍德曼（John Hodgman）扮演的普通计算机与贾斯廷·朗（Justin Long）扮演的苹果机。前者方方正正、古板、缺乏生气；后者则炫目耀眼、随意、充满生机（Livingstone，2011）。古风品牌的广告曾经一经播出就因其幽默成分和视觉手法引发了病毒式传播。这则广告在拍摄时是一气呵成的，一位迷人的肌肉男虽然在不停地走动，但目光始终对着镜头，并且宣称，“一切皆有可能，只要你的男人使用古风，就会和我一样，香气迷人”。它使得该品牌的销量增长了一倍多（Summers，2012）。视觉导向的广告以各种方式施展它们的魔力，对此，我们不可能逐一展开解悉，因此我们在这里只聚焦其中四个最重要的方法。

炫目的视觉：这样你就会注意到我了

广告商们在说服消费者购买产品时都会遇到的一个挑战就是五花八门的媒体推介太多了。大家为了拉拢消费者，都在争相吸引人们的眼球。在这样激烈竞争的环境下，要想与众不同，实在是太难了。幸亏有了计算机特技，广告商们可以借助这一先进技术设计出以前绝对想象不到的视觉影像。因此，如果广告制作得太普通，肯定会在那些令人瞠目的视觉盛宴面前败下阵来，特别是面对那些本来就对其内容不太感兴趣的观众时。

逆广告：你别想糊弄我

广告商们面对的另一个挑战就是消费者们对广告越来越反感，他们不再相信美国广告业。而这种怀疑立场恰恰成了逆广告现象形成的前提。逆广告，有时候也被称为“颠覆广告”，迎合的就是那些不信任媒体的消费者。它们嘲笑和讽刺传统广告，借此来赢得消费者对它们的接纳和认可（Axelton，1998；Beato，1999）。

许多逆广告只是对传统广告进行恶搞，但也有一些的目的仍然是推销产品或服务。美国最大的红石榴种植和制造商 POM Wonderful 通过赞助摩根·斯普尔洛克（Morgan Purlock）制作的嘲讽植入式广告的短片《史上最卖座的电影》（*The Greatest Movie Ever Sold*）故意恶搞自己。美国第四大保险公司 Geico 则设计了一个关于保险的“品尝试验”的广告来取笑保险公司的那些对比广告。片中的消费者在品尝了一杯贴着“Geico”商标的饮料后直呼“哇！真带劲！”而他们在尝过贴着另一家保险公司商标的饮料后却咧着嘴说“呸，难喝死了！”

一则反对吸烟的广告也属于逆广告的一个例子。画面上的两个牛仔出现在市区的商业中心，一个在弹吉他，另一个在唱歌。可是那个唱歌的牛仔在唱歌时需要通过一个手持装置，那个装置固定在他的脖子上（其实它是一个电子喉），因为他已经做了喉切除手术。他唱道："你并不一定会因吸烟而死，有时你可能只会失去一叶肺；是的，你并不一定会因吸烟而死，有时你可能只会被割去舌头。"这则广告模仿了万宝路香烟里粗犷而神秘的牛仔形象。

从本质上讲，逆广告意在告诉观众，"你是了解我们的，你那么聪明不可能被欺骗"。但实际上，这一策略本身就是为了吸引被折腾得筋疲力尽的消费者。广告商们刻意表现得非常尊重观众的智商，并且反复地强调这一点。当消费者对广告越来越持怀疑态度时，他们会抓住这一机会并加以利用。因此，可以说逆广告或者颠覆广告是广告行业的一个新的发展阶段。

形象化的广告：物质主义就是幸福

除了使用炫目的视觉效果和逆广告的方式，广告商们还会通过将自己的品牌与理想化的形象或生活方式联系在一起的方式树立其正面形象，这种方式被称为*形象化广告*，它是现代广告界最常使用的做法。形象化广告利用的是图像的句法不确定性这一特点，因为图像不包含逻辑运算符，所以它们无法将其意思清晰地表达出来。不过，这反而成了件好事，因为将一种产品与一个正面形象配搭在一起就实现了不需要言语即可说明一切的效果。Messaris（1997）对此给予了特别强调，他说，"借助图片暗示取代言语表达从视觉广告出现的第一天起就被看作其最大的优势。"（p.xix）

我们来看一些这方面的实际事例。石油公司不希望你在想到他们的产品时脑海中出现沾满油污的海滩和浑身粘满焦油的鸟，他们希望你能把他们与环保联系在一起。于是，雪佛龙（Chevron）就在其广告中将其塑造成濒危物种的守护者。

形象化广告常常将某一品牌描绘成理想生活方式的体现，让人感觉认同它就能拥有渴望的生活方式，于是我们在购买这一品牌的产品时会认为自己实际上是在购买想要的生活方式。它们中的有些品牌属于奢侈品，很有声望，但不少消费者还是买得起（比如拉尔夫·劳伦和梅赛德斯）；有些属于令人渴慕的品牌，很少有人能够买得起，却都希望有一天能拥有它（比如阿玛尼和劳斯莱斯）；还有些则属于天然或纯正的品牌（Gilmore & Pine，2007；Rosica，2007），这类产品朴实无华，一点也不做作。现在市场上充斥着假货和冒牌货，因此有些消费者更青睐纯正的东西。相较于大规模生产的商品，这些有着历史或故事的小众品牌更受消费者的欢迎。有机产品、手工制品和手工精酿的啤酒都属于这一类产品。如果你花一些时间关注一下电视和杂志上的广告，你就会觉察到广告商们极力为产品打造的正面形象或联想。下面列举的是一些最常见的联想：

- **社会地位与精英主义**：为名车、名表做的广告常常会把这些商品与声望和成功联系在一起；而为名酒、行李箱、珠宝及其他高档品做的广告则暗示这些商品是品位和精致的象征。
- **性或浪漫**：为香水、内衣和护发产品做的广告总会与性感、魅力和浪漫有关。许多香水广告让人觉得用了它，自己就会变得更加性感，或者其他性感的人就会纷至沓来。
- **与公益有关**：有些品牌会借着公益事业推销自己的产品。他们声称，消费者不是在买商品或者服务，而是在帮助贫困饥饿的孩子、挽救正在消失的雨林或者保护濒危动物（Adkins，1999；Pringle & Thompson，1999）。美国休闲鞋品牌 TOMS 和慈善机构 Product Red 都采用了这一方式。冰激凌制造商 Ben & Jerry 也对公众宣布要将他们利润的一个百分点捐给社会公益事业。
- **权力、速度和力量**：为工具、卡车、运动型多功能汽车、计算机和营养品做的广告会把购买这些产品与赋予用户权力联系在一起。道奇卡车号称“非常结实”；雪佛兰卡车则“像岩石一样坚固”，所以如果你能开上这样的车，你的身材也会变得很健硕。而如果你能拥有最新款的、运算速度最快的计算机，你就能成为“超级用户”。
- **青年文化**：一些产品在营销时会将其与青年文化、叛逆和另类生活方式联系起来。软饮料、服装、快餐食品、滑板、小型电子产品、化妆品和许多其他产品或服务都属于希望显得时髦、流行或者很酷的商品，因此在为这些商品拍摄广告时通常会使用手持摄相机，并且模拟“电视真人秀”，采用快速编辑技术。
- **安全和可靠**：为银行、保险公司和退休金账户做的广告会极力树立安全和可靠的形象，因为消费者对于他们的钱财和退休金需要安全和放心的感觉。
- **场所和归属感**：为食品、餐厅、家具和其他家居用品做的广告总是要营造出家的气氛，因为广告商们希望你在想到这些产品时能有一种温暖、舒适和熟悉的感觉。

上面列举的只是广告商们在为产品做广告时试图联结的一些价值理念或生活方式。今后当你再看广告时，可以留意一下它们想让观众产生的联想。在过去几十年里，香烟广告给人的印象是吸烟是一件很酷的事，但是近年来，反对吸烟的广告已经让人意识到吸烟不是什么值得炫耀的习惯了。两个广告的出发点都源自对生活中什么是真正的“酷”的解读，对吗？因此，在对一则广告做出评价时，应当重点思考这三个问题：

1. 这个产品与怎样的形象或生活方式联系在一起？
2. 这一形象或生活方式是积极可取的吗？它们是我所渴慕或追求的吗？
3. 购买这一产品真的能赋予我那样的形象或生活方式吗？如果真的可以，是通过怎样的方式将这些赋予我的？

冲击广告：将锐利的形象作为说服手段

冲击广告的特点就是挑战人们对品位和规矩的接受边界（Lazar，2003；McCarthy，2000）。其目的是用不容置疑的方式来推销产品。有的冲击广告很粗俗，有的很色情，有的比较幽默，有的令人作呕。一些冲击广告采用了咄咄逼人的方式。

贝纳通（Benetton）在广告中提倡“摒弃仇恨”，于是它设计了让世界各国领导人互相亲吻的画面。经过数字修改的图像让巴拉克·奥巴马与乌戈·查韦斯（Hugo Chávez）接吻；安吉拉·默克尔（Angela Merke）和尼古拉斯·萨科齐（Nicolas Sarkozy）搂着脖子互吻（Osborne，2011）。善待动物组织的广告也常常利用极具冲击性的画面引发公众的关注。在一个名为“谈论性”的广告中，父母催促他们的女儿快点找个性伙伴。父亲对女儿说，“你得出去，不要放过任何一个机会”；母亲则自信地称，“我的女儿肯定能办到”。然后片尾处打出了一行字幕：“父母不应当这样对待孩子，同样的，人们也不能这样对待猫和狗。”这种将不负责任的父母与不负责任的宠物主人相提并论的做法令很多观众非常反感，但该组织的广告就希望达到这样的效果。冲击广告就是靠挑起争议和引发关注来打破传统做法、吸引观众眼球的。

冲击广告的做法有时更过分。运动品牌锐步（Reebok）的那则由说唱歌手50美分（50 Cent）领衔主演的“我就是我”的广告就引起了强烈的争议。在广告中，这位歌手的说唱内容带有明显的暴力色彩。他数到九，这是他被打倒的次数。这则广告因过分渲染暴力在播出后遭到观众的强烈谴责，锐步后来不得不把它撤下。在英国，读者有一次在报纸上看到了一张整版广告，上面是一个刚出生不久的婴儿，嘴里竟含着一只蟑螂！数以百计的读者马上对此发出了抗议。这个广告是伯纳多（Bernardo's）赞助的，它是一个儿童慈善机构，他们刊登这幅广告的目的是让人们对生活在贫困中的儿童的处境引起关注。后来，英国广告标准管理局下令禁止再刊登这幅广告。

考虑到这类广告很常见，人们不禁要问：它们真能起到说服作用吗？Dahl、Frankenberger 和 Manchanda（2003）进行的一项调查发现，事实的确如此。这几位研究人员认为，“广告中的冲击内容极大地增加了人们对它的关注度，也给人留下了深刻的印象，并且对他们的行为产生了积极影响”（p.1）。其他的调查也支持冲击广告的有效性（Scudder & Mill，2009）。不过，冲击广告一定要把握好尺度。如果它们的冲击力度不够，就无法引起公众的注意和讨论，从而达到期望的效果；可是如果它们的冲击力度过大，也会引起消费者的不满和抗议。而与此同时，消费者对令人震惊的图像的容忍和接受程度是逐渐增加的。一位评论员对此给出的总结是，冲击广告有点类似吸毒成瘾的过程，为了达到期望的效果，需要不断加大剂量，直至消费者最终因吸毒过量而倒下（Black，引自Klara，2012）。

新闻摄影的说服作用：相机也会撒谎

即使不配文字，照片本身也会讲述故事。由于新闻摄影是一门非常专业的课程，因此我们就不再花大量篇幅对其展开讨论了。我们只想强调一点，即照片的确具有强大的表达力量，而且可以影响人们对事件的认知。有时，它们在人的情感层面产生的震撼作用甚至超过文字。就像 Zumwalt（2001）指出的那样，“照片中隐藏着巨大的潜力，可以点燃人的情绪”（p.B12）。由于照片不需要观看的人识字或者掌握某种语言，因此比需要依靠文字传递的信息得到更多人的理解。不过，在后面我们会发现，照片也不一定都能准确地反映实际情况。

许多著名照片都是历史事件或时代的标志性反映（Hariman & Locaites，2007）。十有八九，你看过乔·罗森塔尔（Joe Rosenthal）于1945年拍摄的那张美国海军在硫磺岛升星条旗的照片。这张照片表现出了美国要打赢太平洋战争的坚定决心。你或许也看过约翰·费罗（John Filo）于1970年在肯特州立大学为一位女大学生拍摄的照片，她跪在一名被国民警卫队杀害的同学的尸体旁边。这张照片象征着抗议运动和政府之间的分裂以及20世纪60年代后期呈现出来的代沟。还有一张照片你应该也看到过，是尼克·尤特（Nick Ute）于1972年拍摄的，照片上一个9岁的越南女孩正赤身裸体地在路上奔跑，因为她所生活的村子被燃烧弹炸毁了。它是许多美国人感受的缩影，他们都认为美国在越南卷入了一场非正义的战争。

照片可以反映社会问题和争议。照片还能够记录文字无法表达的事件。俗话说，“一图胜千言”。由于照片具有相似性特征，因此它们会在大众心目中留下深刻的印象。它们还具有试金石的功能，可以从中了解到群体对事件的道德评判。现在，许多手机都带有拍照的功能，这就催生了更多的业余摄影爱好者，而且他们拍摄的照片可以立即被上传到脸书网、推特网以及其他社交媒体上。

玩弄相机：摄影欺骗

但是关于照片，还有很重要的一点需要牢记，那就是它们并不全都能对事件做出客观、公正的反映。作为图像，它们的记录功能有时可能带有误导性，甚至是欺骗性，因为照片反映的是摄影记者的观点，所以它显然仅代表一种观点。摄影师决定了哪些画面将进入他的摄影机镜头，而哪些不值一拍。他同时掌控着拍摄的距离、角度、灯光和快门速度等。最终还是由他来决定哪些照片值得冲洗出来，怎样剪辑和修剪它们，以及把它们交给哪个出版物刊发。

我们可以举几个例子来说明历史上以及当今的一些人所共知的照片如何轻而易举地操控媒体，达到了欺骗公众的目的。1994年6月27日，《时代》（*Times*）在其封面上刊登了一幅犯罪嫌疑人 O. J. 辛普森（O. J. Simpson）的照片，照片的色彩非常暗，令其显得邪恶和阴险。2000年，威斯康星大学麦迪逊分校在学校宣传册中特意加入了一张非裔学生作为球迷为学校足球比赛加油的照片，其用意显然是为了体现该校学生的族群多样化。2005年，《新闻周刊》（*Newsweek*）在其封面上将美国著名女企业家、有“家居女王”之称的玛莎·斯图尔特（Martha Stewart）的头像剪贴到了另一个模特儿的身体上。国家摄影记者协会指责这一做法“严重违反了职业道德”。2003年，《洛杉矶时代》（*Los Angeles Times*）在其首页刊登了一个英国士兵的照片。照片上，他用步枪对着伊拉克平民并命令他们坐着不许动。该照片的摄影师布莱恩·沃斯基（Brain Walski）后来承认，他对图像进行了数字修改，于是报社解雇了他。2006年，新闻摄影记者阿德南·哈吉（Adnan Hajj）因类似的不当行为被路透社解聘。

除了新闻摄影，普通照片也不一定是现实的真实写照。带有政治攻击性的广告通常会表现出某位政客最不堪的一面；而时尚杂志则尽可能展现模特儿最曼妙的身姿。当人们在线约会时，一般都会修饰自己的照片，让自己看上去更具魅力（Hancock & Toma，2009）。这些例子都说明，眼见并不一定为实，不能因为某人声称拍摄到了某个图像就肯定该图像真实可信、未加修改。专栏14.1提供了一些有用的建议，可以帮助你不被照片或其他视觉媒体欺骗。

专栏 14.1　小心：保持对视觉欺骗的警觉

图像，无论出现在电视广告、电影、杂志、新闻摄影、网页还是其他媒体中，都能够产生强有力的说服影响，它们会让我们间接地产生一种“身临其境”的感觉。但正是出于这一原因，我们必须对旨在说服我们的视觉内容保持警觉。我们都在超市看到过配有伪造照片的小报，上面称“火星人出现在最高法院”或者其他类似的胡说八道。我们当然知道像这样的图像是不可信的，可是我们未必能够立即识破被操控的其他图像。政客们会利用图像达到宣传的效果；律师也会通过操控图像达到证明被告清白或者有罪的目的（“如果它不能成立，你必须宣布被告无罪”）。媒体会利用图像提高收视率（“电影11点就开始了，敬请关注！”）；广告商则借助图像推销产品（“现在就能得到你想要的身材！”）。了解到这些后，我们想对评估带有说服性图像给出下列建议：

1. 努力提高你的视觉素养，即对视觉传播客观的分析和评估能力（Felton，2008）。如同Messaris和Moriarty（2005）所指出的，“视觉素养可以被理解为是一种潜在的对抗手段，能够对于电视、印刷物和网络广告、视觉新闻以及其他形式的娱乐图像和信息试图对观众的绑架做出理性的应对”（p.482）。
2. 不要轻易相信“眼见为实”。照相机也会撒谎（Brugioni，1999）。你所看到的很可能是经过刻意修改的图像。比如，当你在杂志封面上看到一个模特儿时，不要以为他在生活中真有那么漂亮或英俊。封面上的照片可能经过了数字修改，去除了瑕疵，增白了牙齿，让头发的颜色更闪亮、更有光泽等。
3. 对网上的图像尤其要小心。现在，任何人都可以用计算机和手机上的图像处理软件修图。当你不能确定一个图像的真伪时，可以使用互联网上相关的渠道协助你加以识别。
4. 在观看电视上的真人秀节目时请记住，参演者在现实生活中并非如此。真人秀节目是经过精心策划而制作出来的，参赛选手和嘉宾都是在表演，他们所有的表现都是制作人事先安排好的，为的是获得最戏剧化的效果。而且画面也会被剪辑，尽量让参赛选手看上去比其本人更勇敢、更聪明，或者更不诚实、更不配合和更疯狂。然后，主持人可能鼓励或奖励某些行为，而劝阻另一些行为。你不会真的相信每位上杰瑞·斯普林格（Jerry Springer）节目中的嘉宾都是自己做主扔椅子的吧？
5. 在看纪录片时，也要记住，它们并不一定客观地反映了事件的全过程。因为它们要宣扬某些观点，所以制作人常常会采用一些拍摄技巧，比如，重摄（重新拍摄一些场景，完全不使用原先的画面）；替换或修改部分画面（拍摄一些类似或相关的东西，但并非最初的东西）；压缩时间（将数十年甚至数百年里发生的事情浓缩在1.5小时的影片中）；合成人物（将几个不同的人物合并在一个人身上）。虽然这些拍摄技巧能让故事更流畅地展开，叙述起来也更能打动人，但它们是以有失公正为代价的。迈克尔·摩尔拍摄的《华氏“9·11”》（*Fahrenheit 9/11*）和摩根·斯普尔洛克（Morgan Spurlock）拍摄的《超码的我》（*Supersize Me*）就属于这一类型，它们被称为“伪纪录片”或者“惊悚纪录片”，因为影片中的导演本人的偏见表现得过于强烈了。

6. 对减肥、整容手术、营养品的广告以及电视购物广告中的图像也要非常谨慎。以减肥产品的广告为例：通常会先出现一个人在服用减肥产品之前的照片，照片上的人相貌平平、姿势难看、皮肤苍白、头发蓬乱、衣服缺乏品位、布光的效果也很差；接着与之形成对比的是服用减肥品后的照片，照片上的这个人会变得面带微笑、身材挺拔、发型时尚、化着淡妆、脸上的光线也恰到好处。可是广告敢称这两张照片都未加修饰吗？对显示疗效的那张照片，广告会承认“效果因人而异”吗？如果一种减肥产品声称顾客在服用产品的 2 周后就减了 13 千克，可是你发现在那张证明效果的照片上，那个人的头发比前一张长了许多，你就该意识到这两张照片的间隔绝对不止 2 周。证明疗效的鉴定文件以及所配的照片往往都存在“草率下结论”的误区。

7. 图像的背景和所配的字幕也会产生重要影响。在卡特丽娜飓风灾害后，报纸上马上登了两张幸存者在洪水中跋涉的照片。美联社也登过一张照片，上面是一位非裔男子紧紧抱着六罐包装在一起的百事可乐，旁边配着字幕，“在哄抢杂货店后，一个年轻人正穿过齐胸深的洪水……”（Ralli，2005）。另一张来自法新社盖蒂图片社的照片则将镜头对准一对白人夫妇，配的字幕是，“在从当地的杂货店里找到了面包和苏打水后，两位居民吃力地穿过齐胸深的洪水……”从这两幅照片所配的文字中就能觉察到明显的双重标准：非裔人的行为是哄抢；白人的行为则是出于需要。

总 结

在本章中，我们探讨了包括但并不限于图像的各种视觉刺激方式对说服产生的作用。我们虽然没能涉及所有方面，但我们在这里讨论了图像如何借助图像的形象性、索引性和句法的不确定性原理起到说服的作用，这些同样适用于其他类型的视觉传播。我们的社会已经变得越来越视觉化了。现在，越来越多的人都是通过电视而非报纸了解新闻的；更可能选择看电影而不是读书。于是，说服者们就充分利用了这一趋势，为了达到说服目的而大量使用图像。基于在本章中学到的内容，你今后在观看电视广告、电影和出版物上的广告时应当擦亮眼睛，留意说服者所使用的策略。总之，我们希望你能在视觉说服方面成为一个更智慧的消费者。

参考文献

Adkins, S. (1999). *Cause related marketing: Who cares wins.* Oxford, UK: Reed Educational.

Axelton, K. (1998, March). Ads with attitude: Can you afford to use anti-advertising? *Entrepreneur Magazine.*

Bandura, A. (1986). *Social foundations of thought and action: A social cognitive theory.* Englewood Cliffs, NJ: Prentice-Hall.

Bandura, A. (1989). Social cognitive theory. In R. Vasta (Ed.) *Annals of child development, 6. Six theories of child development* (pp. 1–60). Greenwich, CT: JAI Press.

Beato, G. (1999, May/June). Does it pay to subvertise? The critics of corporate propaganda co-opt its best weapon. *Mother Jones.*

Behm-Morawitz, E., & Mastro, D. E. (2008). Mean girls? The influence of gender portrayals in teen movies on emerging adults' gender-based attitudes and beliefs. *Journalism & Mass Communication Quarterly, 85*(1), 131–146.

Benshoff, H. M., & Griffin, S. (2009). *America on film: Representing race, class, gender, and sexuality at the movies* (2nd ed.). Malden, MA: Blackwell Publishing.

Berger, A. A. (2011). *Ads, fads, and consumer culture (4th ed.).* Lanham, MD: Rowman and Littlefield.

Bilal, W., & Lydersen, K. (2008). *Shoot an Iraqi: Art, life, and resistance under the gun.* San Francisco: City Lights.

Brugioni, D. A. (1999). *Photo fakery: The history and techniques of photographic deception and manipulation.* Dulles, VA: Brassey's Publishers.

Chansanchai, A. (2001, August 19). "Starring in school: Teens are taking back-to-school fashion cues from five stylish celebrities." *The Baltimore Sun*, p. 5N.

Christy, T. P., & Haley, E. (2008). The influence of advertising context on perceptions of offense. *Journal of Marketing Communications, 14*(4), 271–291.

Clark, T. (1997). *Art and propaganda in the twentieth century.* New York: Harry N. Abrams.

Dahl, D. W., Frankenberger, K. D., & Manchanda, R. V. (2003). Does it pay to shock? Reactions to shocking and nonshocking advertising among university students. *Journal of Advertising Research, 43*(3), 1–13.

De Guzman, N. F. (2007, July 31). Special feature: The power of advertising; where there's smoke, there's Marlboro. *Business World.*

Dupont, L. (1999). *Images that sell: 500 ways to create great ads.* Ste-Foy, Quebec: White Rock Publishing.

Edell, J. A., & Staelin, R. (1983). The information processing of pictures in print advertisements. *Journal of Consumer Research, 10*(1), 45–61.

Entman, R. M., & Rojecki, A. (2001). *The black image in the white mind: Media and race in America.* Chicago: University of Chicago Press.

Felshin, N. (Ed.). (1995). *But is it art? The spirit of art as activism.* Seattle: Bay Press.

Felton, P. (2008, November/December). "Visual literacy." *Change*, 60–63.

Fuller, L. K. (1995). Hollywood is holding us hostage: Or, why are terrorists in the movies Middle-Easterners? In Y. R. Kamalipour (Ed.), *The U.S. media and the Middle East: Image and perception* (pp. 187–197). Westport, CT: Greenwood Press.

Gerbner, G., Gross, L., Morgan, M., & Signorielli, N. (2002). Growing up with television: The cultivation perspective. In J. Bryant & D. Zillmann (Eds.), *Media effects: Advances in theory and research* (2nd ed., 17–41). Hillsdale, NJ: Erlbaum.

Gilmore, J. H., & Pine II, B. J. (2007). *Authenticity: What consumers really want.* Boston: Harvard Business School Press.

Gurri, M., Denny, C., & Harms, A. (2010). Our visual persuasion gap. Parameters: *U.S. Army War College, 40*(1), 101–109.

Heatherton, T. F., & Sargent, J. D. (2009). Does watching smoking in movies promote teenage smoking? *Current Directions in Psychological Science, 18*(2), 63–67.

Hancock, J. T., & Toma, C. L. (2009). Putting your best face forward: The accuracy of online photographs. *Journal of Communication, 59,* 367–386.

Hariman, R., & Locaites, J. L. (2007). *No caption needed: Iconic photographs, public culture, and liberal democracy*. Chicago: University of Chicago Press,

Hey, S. (2001, November 12). "So will the Brits play the baddies?" *The London Independent*, p. 4.

Hobbs, R. H., & Woodard, F. (Eds.). (1986). *Human rights/human wrongs: Art and social change*. Iowa City: University of Iowa Museum of Art.

Hockley, W. E. (2008). The picture superiority effect in associative recognition. *Memory& Cognition, 36*(7), 1351–1359.

Joffe, H. (2008). The power of visual material: Persuasion, emotion, and identification. *Diogenes, 217,* 84–93.

Jones, C., & Dawson, J. (2000). *Stitching a revolution*. San Francisco: HarperCollins.

Klara, R. (2012, February 20). Advertising's shock troops. *Adweek, 53*(7), 26–27.

Lazar, D. (2003, December). Shockvertising. *Communication Arts, 45*(7), 198–201.

Leiby, R. (1995, December 3). "Movie madness: Does screen violence trigger copy-cat crimes?" *The Washington Post*, p. G1.

Lippard, L. R. (1984). *Get the message?: A decade of art for social change*. New York: E. P. Dutton.

Livingstone, R. (2011). Better at life stuff: Consumption, identity, and class in Apple's "Get a Mac" campaign. *Journal of Communication Inquiry, 35*(3), 210–234.

Maher, K. (2009, February 4). "What do women want? Surely not this; Can anything stop the inane decline of the chick flick?" *The Times* (London, U.K.), pp. T2, 14–15.

McCarthy, M. (2000, June 20). " 'Shockvertising' pushes envelope, risks backlash." *USA Today*, p. 6B.

McLaren, P., & Leonard, P. (1993). *Paulo Freire: A critical encounter*. New York: Routledge.

Messaris, P. (1997). *Visual persuasion: The role of images in advertising*. Thousand Oaks, CA: Sage.

Messaris, P., & Moriarty, S. (2005). Visual literacy theory. In K. Smith, S. Moriarty, G. Barbatsis, & K. Kenney (Eds.), *Handbook of visual communication* (pp. 481–502). Mahwah, NJ: Lawrence Erlbaum Associates.

Metros, S. E. (2008). The educator's role in preparing visually literate students. *Theory into Practice, 47,* 102–109.

Murray, J. P. (2008). Media violence: The effects are both real and strong. *American Behavioral Scientist, 51*(8), 1212–1230.

Osborne, A. (2011, December 18). After controversy over adverts that showed world leaders kissing, Alessandro Benetton insists good retailing is not about making people angry. *Sunday Telegraph*, London, U.K. Retrieved on July 4, 2012, from the Lexis-Nexis Academic database.

Paivio, A. (1986). *Mental representations: A dual coding approach*. New York: Oxford University Press.

Paivio, A. (1991). Dual coding theory: Retrospect and current status. *Canadian Journal of Psychology, 45*, 255–287.

Pringle, H., & Thompson, M. (1999). *Brand spirit: How cause-related marketing builds brands*. Chichester, UK: John Wiley & Sons.

Pryor, F. (2007, February 8). "On the trail of artist Banksy." BBC News.

Ralli, T. (2005, September 5). "Who's a looter? In storm's aftermath, pictures kick up a
different kind of tempest." *The New York Times*, p. 6.

Rosica, C. (2007). *The authentic brands: How today's top entrepreneurs connect with customers*. Paramus, NJ: Noble Press.

Salter, B. (2009, March 26). 8 hours a day spent on screens, study finds. *New York Times*, p. B-6.

Scudder, J. N., & Mill, C. B. (2009). The credibility of shock advocacy: Animal rights attack messages. *Public Relations Review, 35,* 162–164.

"Selling tobacco: Defending the rights of the Marlboro man." (1990, April 21). *The Economist, 315*, p. 84.

Simons, H. W. (2001). *Persuasion in society*. Thousand Oaks, CA: Sage.

Simpson, K. E. (2008). Classic and modern propaganda in documentary film. *Teaching of Psychology, 35*(2), 103–108.

Stenberg, G. (2006). Conceptual and perceptual factors in the picture superiority effect. *European Journal of Cognitive Psychology, 18*(6), 813–847.

Suh, T. (1999). Visual persuasion. *Communication Research Trends, 19*(3), 1–15.

Summers, N. (2012, April 2). Click on this ad already! *Newsweek, 159,* p. 58. Retrieved on July 4, 2012, from the Lexis-Nexis Academic search engine.

Unterberger, L. (2001, July 16). "Mimicking a movie star." *The Milwaukee Sentinel Journal*, p. 4E.

Von Blum, P. (1976). *The art of social conscience*. New York: Universe Books.

Von Blum, P. (1994). *Other visions, other voices: Women political artists in greater Los Angeles*. Lanham,

MD: University Press of America.
Waxman, S. (2000, December 21). "1999 saw more roles for minorities in film, TV." *The Washington Post*, p. C7.
Welkos, R. W. (2001, July 2). "Multiethnic movies ringing true with youths." *Los Angeles Times*, p. A1.
Whitty, S. (2001, August 26). "Who are the Asians on screen? New stereotypes no better than old." *The San DiegoUnion Tribune*, p. F2.
Woodward, G. C., & Denton, R. E. (1999). *Persuasion and influence in American life* (3rd ed.). Prospect Heights, IL: Wadsworth.
Zimmerman, N. (2012, June 22). Supermarket offers free groceries to first 100 naked shoppers.
Zumwalt, J. (2001, November 13). "How a powerful image can shape a war." *Los Angeles Times*, p. B12.

第十五章

更深奥的说服形式

本章概览

颜色的说服作用：那边的草总是更绿
出生时的颜色编码：根深蒂固
颜色产生的联想：一个金发女郎走进了酒吧……
颜色与品牌：蓝色巨人（IBM 公司的别称）、红牛（功能饮料）和 Pink（维多利亚的秘密）
斑斓的色彩：不是只有黑或白
颜色与情绪：心情靛蓝
颜色与行为：色彩让我这么做
潜意识的影响：是隐藏的信息，还是愚蠢的想法
实验室与真实世界
潜意识的界定
潜意识广告：无中生有
阈下启动：听起来很耳熟
没那么快：阈启动的局限性
次声信息：建议的作用
反向掩蔽和反向讲话：魔鬼让我这么做
广告商们的实际意图
神经语言程式学：皇帝的新装
音乐的说服作用
音乐在中央和周边暗示中的作用
音乐在广告和销售中的作用
背景音乐：疯狂购物
音乐视频与说服：嘻哈音乐有害吗
武器化的音乐：嘈杂的声音具有怎样的杀伤力
注意事项：面对可能不愉快的局面
香气与说服
香水：瓶中浪漫
爱情是痛苦的
环境气味：空气中有种特别的气味
注意事项及限制

在前面的十几章里，我们讨论的主要都是相对“主流”的说服方式，在本章中，我们要探讨更加深奥的说服形式。本章涉及的话题通常没有引起重视，甚至完全被忽视了，但我们认为它们对于学生和外行来讲是非常有趣的部分。我们之所以将它们归纳在本章中，一方面是因为它们很有意思；另一方面是因为针对它们已经得出了一些研究结果；此外，也是为了揭穿一些围绕着它们出现的离奇传说或迷信说法。我们将要涉及的话题包括颜色、阈下说服、反

向掩蔽或说反话、神经语言程序学、音乐的说服作用以及气味在说服中扮演的角色。

颜色的说服作用：那边的草总是更绿

亚利桑那州的警长乔·阿尔约帕（Joe Arpaio）曾被称为“美国最厉害的警长”。他不仅可以让男性囚犯带着锁链干活，还要求他们穿粉色的内衣，直到上诉法院推翻了这一做法。一位法官认为，“很显然，选择这样一个颜色意味着男性身份的丧失”（Williams，2012，p.AA-2）。不管我们是否认同阿尔约帕的这一做法，有一点表现得很清楚，颜色可被用作权力和控制的工具。

在这一节，我们就来讨论一些颜色对人产生影响的方式。我们赋予颜色的意义一部分源于生物学；一部分源于文化和社会化（Genschow，Reutner，& Wanke，2012）。在本质上，红色常常具有警告或者戒备的含义，代表着毒性；而在人类社会，它也经常是危险的体现。比如，若忽视红色的停车标志或者闯红灯，你就会冒一定的风险。

出生时的颜色编码：根深蒂固

无论我们是否意识到，颜色对我们的生活确实影响重大——绝不仅限于内衣颜色的选择。以服装颜色为例，在美国和西欧的多数地区，新出生的女孩儿总是被裹在粉色的襁褓里；新出生的男孩儿的襁褓则是蓝色的。由此可以看出，借着颜色，性别差异从人一出生就开始了（Paoletti，2012）。在西方的古代，描写好男孩时总是说他戴着白色的帽子，而坏男孩都戴着黑帽子，好与坏也通过颜色区分开了。商界的总裁们通常都会穿着显示其“权力”的颜色，以此凸显他的身份地位。一直以来，新娘们都习惯穿白色的婚纱，因为白色象征着纯洁。学校要求学生一律穿校服是为了让学生将注意力放在学习上，而不是关注彼此的衣着。士兵和猎手穿迷彩服则是为了不被发现。科学家们在实验室里穿着白色的外衣也是为了体现他们工作的专业性。帮派成员借助颜色来区分他们的势力范围。体育迷们会穿着特别颜色的衣服，甚至在脸上涂上油彩，彰显他们对某个球队的支持。

颜色产生的联想：一个金发女郎走进了酒吧……

在第三章里，我们讨论了态度联想的重要性，我们认为颜色也会产生重要的联想。比如，最近头发的颜色成了人们判断他人的标准，有些人认为金发女郎都比较傻或者没头脑；另一些人却认为她们更有趣。在政治领域，美国各州会因其政治倾向被贴上“红色”或“蓝色”的标签。我们还根据衣领的颜色对职业进行了归类：白领、蓝领、粉领或绿领。颜色所代表的含义会影响我们的信仰、立场和行为。比如，公司夸耀他们的绿色倡议无疑有助于提升他们的公共形象，因为绿色已经不再专属环保人士了。

看到红色

为了进一步证明颜色引发的联想对人的观点和行为所产生的影响，我们以在特殊背景下的红色对人产生的影响为例加以说明，这个特殊背景就是给学生的作业或试卷打分。有没有老师用鲜红的墨水给你的试卷打分？它是不是让你感觉自己像个失败者？如果你确有这样的感觉，那你一点也不孤独。对红笔效应的研究已经促使许多学区建议老师们不要再使用红笔批改作业或阅卷了，因为学生们会把它和失败联系在一起。你或许不相信，但事实的确如此，红色对学生和老师的影响都很大。调查证明，在学习开始时和学习过程中，哪怕只在一瞬间看到红色，都可能让学生想到失败，影响他们的正常发挥（Elliot，Maier，Binser，Friedman，& Pekrun，2009；Elliot，Maier，Moller，Friedman，& Meinhards，2007；Lichtenfeld，Maier，Elliot，& Pekrun，2009）。而且，使用红色的笔批改作业或阅卷会对老师产生影响。相较于使用蓝色的笔，使用红笔的老师会发现学生更多的错误，导致他们在给学生打分时更严苛（Rutchick，Slepian，& Ferris，2010）。因此我们的建议是：下次交作业或论文时，顺便给老师一杆紫色的笔。如果你是老师、经理或其他评估人员，请尽量不要使用负面颜色的笔，以免造成对方的抵触。要知道，即使是正面的评价，如果用红笔写出来，也不会引起对方的注意。

颜色与品牌：蓝色巨人（IBM 公司的别称）、红牛（功能饮料）和 Pink（维多利亚的秘密）

公司不仅会使用特别的标识来突出自己的品牌，也会考虑它的颜色。比如，如果我们告诉你一个音乐播放器是白色的，你会想到哪个品牌？肯定是苹果的 iPod。颜色是许多品牌的标识符，比如麦当劳的金拱门、可口可乐的红色以及荷兰拉博银行的橘色和蓝色。据说，颜色可以将品牌的识别率提高 80%（Goldstein，2011）。慈善事业也会借助颜色得到更多人的支持，坚强生活基金会的黄色腕带和苏珊·G. 科曼乳癌防治基金会的粉红丝带就属于这样的例子。

在一些情形下，颜色甚至可以成为品牌的同义词，比如，UPS 无处不在的普尔曼式棕色卡车，或者好时巧克力橙色、黄色和棕色的包装纸。而且，某一品牌特设的个性色彩通常也是其商标的组成部分。德国电信特定的品红色就是其商标的颜色；蒂凡妮极具特色的知更鸟蛋蓝同样也是它的商标颜色。欧文斯—康宁甚至将它用于玻璃纤维隔离层中的粉红色阴影作为其商标颜色。本书的一位特别容易轻信别人的作者曾经买了一个约翰·迪尔牌拖拉机，在很大程度上就是因为他喜欢它外表喷涂的黄绿相间的很显庄重的颜色，而这也是该品牌的商标色（见图 15.1）。由于颜色对品牌的重要性，因此各公司都非常在意在自己的标识或商标中使用的颜色。雀巢在推出一款新品种的巧克力时使用了紫色包装，结果吉百利马上以商标侵权提出诉讼并赢得了这场官司（Clark，2011）。高跟鞋设计师克里斯提·布鲁托（Christian Louboutin）也曾因其设计的价格高昂的鞋使用了红色的鞋底而遭到伊夫·圣·洛朗（Yves Saint Laurent）的起诉。

图15.1
作者在户外开着他信赖的约翰·迪尔拖拉机

斑斓的色彩：不是只有黑或白

这个社会不是色盲。我们常常借助颜色指代族群或民族，虽然它们并不是一回事。许多颜色被用来对人群进行分类，所以每个人都有一个代表他的颜色，不过遗憾的是，这样的分类并不是中性的。事实上，基于颜色的社会标签具有很强的轻蔑意味。研究显示，肤色非常影响人们对吸引力（Wade，2008）、工作前景（Harrison & Thomas，2009；Wade，Romano，& Blue，2004）、薪水（Goldsmith，Hamilton，& Darity，2007）、选举（Hochschild & Weaver，2007；Weaver，2012）和罪犯判刑（Blair，Judd，& Chapleau，2004；Eberhardt，Davies，Purdie-Vaughns，& Johnson，2006）的认知。

肤色主义：谁是他们当中最漂亮的？

在世界上的许多地方，“白”比“黑”仍享有更多的特权，这种偏见被称为肤色主义（Glenn，2009）。与深色皮肤的人相比，浅肤色的人拥有更多的社会和经济优势。肤色主义并不等同于种族主义。比如，在社会经济活动中，一个肤色较浅、有着非洲血统的人可能会比一个肤色较深的西班牙人得到更多的机会。一位电视评论员指责保守的退伍军人团体曾在一个攻击广告中通过将奥巴马总统的肤色加深，来利用肤色主义偏见（Drum，2012）。

色彩情结：美貌是肤浅的吗

这种根据肤色对人进行分类的做法不仅存在于不同民族间，也存在于同一族群内部。印度的等级制度就是一个例子。在非裔美国人的社区，肤色浅的人的获益明显多于肤色深的人，这种现象被称为色彩情结（Russell，Wilson，& Hall，1992）。这样的偏见在人很小的时候就被内化了。比如，一项调查发现，学龄前的非裔女孩就已经表现出了更希望自己的洋娃娃是白人女孩，而不是非裔女孩（Kurtz-Costes，DeFreitas，Halle，& Kinlaw，2011）。另一位学者也发现，在非裔美国女性中，至少存在40种肤色术语，比如，“高黄”“山核桃棕”和“蓝黑色”（Wilder，2010；Wilder & Cain，2011）。由于对颜色高度敏感，因此女歌手碧昂丝就因在杂志和唱片的封面上刻意让自己的肤色变浅而被指责“不真实”（Wilson，2012）。纪录片《黑暗的女孩》（*Dark Girls*；Duke & Berry，2012）深刻揭露了在“肤色统治”下，深肤色人群被污名化的社会问题。

颜色与情绪：心情靛蓝

我们常常用颜色来形容情绪。你可能会听到某人说，“我感觉很沮丧（I'm feeling blue)”“他看上去很生气（he's seeing red)”“她嫉妒死了（she was green with envy)”或者“我太高兴了（I'm tickled pink)”。最近的一次元分析显示，不同的颜色确实能够对我们的情绪状态产生影响（Jalil，Yunus，& Said，2012）。很显然，个体对色彩的喜好是他对某个颜色接纳与否的决定因素。总体来讲，暖色系，比如红色、橘色和黄色，往往更具有刺激性；而冷色系，比如蓝色、绿色和紫色，通常代表镇定。正如Gobe（2009）所解释的那样，“长波长的颜色容易激发人的情绪（比如，红色就是最具刺激性的颜色，它吸引人注意的速度最快，超过了所有其他颜色）；而短波长的颜色则能起到安抚作用（比如，蓝色可以降低人的血压、心率和呼吸节奏）”（p.80）。与此归纳相吻合，男性认为女性穿红色外衣比穿蓝色外衣更性感迷人（Elliot & Niesta，2008；Niesta，Kayser，Elliot，& Feltman，2010）。类似的，观察人员用暖色系装饰的房间更容易让人兴奋；而用冷色系装饰的房间让人更感觉宁静（Yildirim，Hidayetoglu，& Capanoglu，2011）。因此，如果你想让你新开的商店熙熙攘攘，就用暖色系装修；如果想让它给人一种放松的感觉，就选用冷色系装修。

制服的颜色也会引发人的不同情绪反应。假设你是一个小孩子，要去医院接种疫苗，护士所穿的制服颜色会对你的焦虑感产生影响吗？非常可能！一项调查发现，在孩子眼里，蓝色制服比白色制服更能让他们安静下来（Albert，Burke，Bena，Morrison，Forney，& Krajeksi，in press）；但对成年患者来说，穿白色制服的护士显得更职业，工作起来有能力且高效；而如果护士穿印花图案的制服，会被认为有爱心、细心，也比较容易接近（Skorupski & Rea，2006）。因此，前者可能更适合急诊科的护士，后者则对重症监护室的护士更适宜。

接下来，我们再讨论另一种制服的颜色。假设你刚刚被警察拦了下来，这时警察所穿制服的颜色会对你的情绪产生影响吗？调查显示，穿一身黑制服的警察最吓人（Johnson，2005），因为黑色代表威严，要求得到更多的尊重和专注（Nickels，2008）。而如果警察穿一件浅蓝色衬衣和海军蓝的裤子，会让人感到更热情、友好和诚恳（Johnson，2005）。警察究竟应该穿哪种颜色的制服取决于他想给别人留下怎样的印象。

颜色与行为：色彩让我这么做

颜色会影响消费者对商品的印象以及他们的购买决定，因为颜色是产品提供给我们的第一线索，先于我们通过触摸、闻或品尝而获得的感觉，所以产品包装的颜色至关重要（Lichtle，2007）。如果颜色与产品搭配不当，是会失去消费者的。如果碱式水杨酸铋*的包装是灰色的，你会买它吗？如果家用抽水马桶清洁剂会把你卫生间马桶里的水变得红色，你还会喜欢它吗？我们猜想你恐怕不会。颜色可以让消费者对产品产生第一反应。在一项调查中，研究人员先给了参与者一支或橘色或绿色的笔，然后让他们对两种软饮料做出评价。一种是装在橘色容器里的芬达橘汁；另一种是装在绿色容器里的雪碧。这时，笔的颜色起到了外围暗示作用。拿着橘色笔的参与者对芬达的评价更高；而拿着绿色笔的参与者对雪碧的评价更高（Berger & Fitzsimons，2008）。

颜色影响行为的一些方式有点不可思议。以快餐为例，当把快餐放在红色的餐盘里，或把饮料装在红色的杯子里时，人们不会吃 / 喝太多（Genschow，Reutner，& Wanke，2012）。为什么会出现这种情况呢？一方面是由于生理原因；另一方面是由于社会条件所起的作用，因为红色会让人产生回避反应。如同我们在前面所指出的那样，红色常常让人联想到危险、风险和危害。这一发现或许显得无足轻重，可是想想当前美国及世界各地儿童肥胖症流行的状况，如果通过改换餐盘和杯子的颜色就能让孩子们少吃点，那么这一举措绝对值得引起父母、学校和健康机构的关注和重视。

颜色与攻击性的关系：黑衣人

针对队服的颜色是否会对运动成绩产生影响已经进行了大量的研究。穿上黑色的队服会不会让运动员认为自己是个坏人？一项早期的研究（Frank & Gilovich，1988）发现，美国国家橄榄球联盟和美国冰球联合会里身穿黑队服的运动员在比赛中被罚的分更多。这一方面是因为选手本身有更强的攻击性；另一方面是因为裁判的选择性认知。后来针对2008—2010年美国冰球联合会里出现的比赛判罚现象进行了一项专门的调查，希望从中证实颜色与攻击性之间是否真的有关系，可是结果没有发现身穿黑色或红色运动衣的选手比身穿白色运动衣的选手更具攻击性（Caldwell & Burger，2011）。最近的一项调查重新证明

---

* 用于治疗腹泻、上腹隐痛等症状的药物。——译者注

了它们之间确有关系，调查的数据来自冰球联合会25个赛季的52 098次比赛。数据显示，穿黑色队服的选手比穿白色队服的选手被判罚的次数多，平均每场比赛的受罚时间达2分钟（Webster，Urland，& Correll，2012）。穿上黑色的衣服会让运动员在冰上变得很凶恶。不过这里也有"是鸡生蛋，还是蛋生鸡"的问题，即到底是黑色的队服让团队变得更具攻击性，还是具有攻击性的团队都愿意选择黑色的队服？

红色汽车与交通罚单？没那么快

人们普遍认为红色的汽车更容易收到交通罚单，而且比例非常高。对此，民间流传的说法是爱开快车的司机都喜欢红色的汽车；红色汽车更引人注目；警察就爱与红色汽车过不去。但是，这些说法都缺乏实证支持。一项调查（Newman & Willis，1993）发现，开红色汽车的司机收到的超速罚单确实比较多，可是开灰色和棕色汽车的司机也收到了很多同样的罚单。也就是说，在这项调查中，没有发现超速驾驶行为与汽车颜色有明显的关系。另一项调查发现，说到交通罚单，相较于黄色和棕色汽车，红色汽车确实被更多次提及，但同时被提到的还有绿色和白色的汽车（Cherry & Andrade，2001）。这样的结果让某都市传奇网站将红色汽车会收到更多罚单这一说法列为一个城市传说。不过从安全的角度看，红色汽车并不可能引发更多的交通事故（Furness，Connor，Robinson，Norton，Ameratunga，& Jackson，2003；Lardelli-Claret，Luna-del-Castillo，Jimenez-Moleon，Femia-Marzo，Moreno-Abril，& Bueno-Cavanillis，2002）。

颜色显然不是说服的决定性因素，但它的确在说服过程中扮演着一个非常重要的辅助角色。它会通过引发联想、刺激人的立场或成见、挑起情绪反应和改变行为等方式对说服起促进或阻碍作用。

潜意识的影响：是隐藏的信息，还是愚蠢的想法

围绕潜意识影响这一话题存在大量的错误信息。大多数美国人认为，潜意识信息不仅在广告中很普遍，而且很有效果（Broyles，2006）。公众对潜意识说服的认知始于20纪50年代，当时James Vicary声称他让"吃爆米花"和"喝可口可乐"的字幕在电影银幕上快速闪过。据称，爆米花的销量因此增加了将近58%，可乐的销量也增加了18%（Rogers，1992—1993），并且由此诞生了一个城

市传说。不过，Vicary从未向他人展现过这一场景，他所谓的实验只是一场炒作。

实验室与真实世界

真实的情况是，潜意识效应已经在有控制的实验室环境中得到过清晰且令人信服的记录，但几乎从未在现实情境中被证实。即使现实生活中出现了一些类似的事例，它们也属于个案，而不是在“操控心理下”实现的。大多数所谓的使用了潜意识的案例看上去更像是故意炒作的噱头。比如，一些迪士尼电影中就出现过植入的形象，但它们大多是艺术家们或者动画师们的恶作剧行为，并不是什么真正的阴谋。需要提醒你的是，这些案例证明，潜意识信息确实存在，但并不能证明它一定可以发挥作用。

潜意识的界定

我们先从清除围绕潜意识这一术语形成的一些困惑入手。事实上，这一术语的含义是在人类意识的阈值以下。因此，潜意识刺激是在一种无意识状态过程中发生的，它与在有意识状态下形成的阈值以上的信息形成了鲜明的对照。如果一个形象快速闪过以致人无法对它留下印象，它就属于潜意识层面的；可如果这个形象虽然一闪而过但人能够对它留下印象，它就属于阈上层面的。潜意识并不是隐秘难辨的。弄清楚阈上和阈下意识的区别非常重要。电影和电视中的产品植入不属于潜意识刺激，因为广告商们想让观众注意到他们的产品或标识。

潜意识广告：无中生有

20世纪七八十年代时，“流行心理学”方面的书籍和杂志上的文章让人们觉得，杂志广告中的每一个冰块里都隐藏着一个生殖器的象征物。Brian Wilson Key 在他那些关于潜意识广告的非常畅销但缺乏科学性的书中大肆鼓吹这一观点（Key，1972，1976，1980）。我们特别留意了他所谈及的那些广告，虽然能从中识别一些他所提到的象征符号或形状，但我们认为他的说法与盯着云看的结果差不多。如果一个人长时间使劲地盯着云看，他肯定能看出橡皮鸭子、圣母玛利亚或者其他一些依稀可辨的形状。

植入形象

从20世纪70年代中期开始，一直持续到20世纪90年代中期，这方面的研究更趋于严谨，它们大多聚焦植入形象这一现象。所谓植入形象，就是在广告中将企图植入的形象掩盖或隐藏起来。不过，研究人员仍无法证实隐藏的形象会让人想要得到或购买某样东西这类故弄玄虚的说法（Gable，Wilkens，& Harris，1987）。比如，Vokey 和 Read（1985）进行的一项调查就发现，带有性暗示的广告并没有显示出比普通广告更有效的结果。

这样的结果让 Trappey（1996）在他的元分析中得出了这样的结论："结果既没有显示出重大的正面效应，也没有显示出负面效应……因此可以说潜意识广告对消费者的行为影响甚小"（p.527）。在对50年来的研究进行回顾后，Broyles（2006）宣布："潜意识广告是无效的"（p.405）。最近出版的一些书，比如 Bullock 撰写的《推销员的销售秘诀》（*The Secret Sales Pitch*，2004）也因宣扬未加证实的潜意识广告而受到指责（Broyles，2006）。2011年，Jeff Warrick 拍摄并播出了一部名为《规划国家？》（*Programming the Nation?*）的纪录片，片中针对潜意识广告所使用的大量证据都是过时的，而且只是在坊间流传的逸事，并未得到考证（Catsoulis，2011）。

证明其存在并不等于证明其有效

需要牢记的一个重点是，潜意识信息的存在并不能证明它的有效性。比如，我们承认在一些迪士尼电影中存在潜意识信息，可是它们产生了什么影响呢？除了给阴谋论者提供了一些素材外，在观众中又引发了哪些效应呢？如果不只是恶作剧，它们会对推动迪士尼面向家庭的娱乐商业模式起到怎样的作用呢？

阈下启动：听起来很耳熟

在潜意识能够对广告产生影响方面实在缺乏足够的证据，但是在实验室研究方面，一种被称为阈下启动的方法取得了巨大的成功（Bargh，2002；Kouider & Dehaene，2007）。针对隐蔽启动研究进行的元分析发现，这一方法获得了强有力的支持（Van den Bussche，Van den Noortgate，& Reynvoet，2009）。事实上，启动的证据非常令人信服，以致 Brintazzoli、Soetens、Deroost 和 Van den Bussche（2012）公开宣布，"在实验室环境中，无意识阈下知觉的存在已经不再受到质疑了"（p.824）。

阈下启动的方法虽然有许多种，但其典型的启动过程通常是这样的：首先，参与者先看到一个隐蔽的信息，即用一串符号覆盖一个单词。比如可以用符号##### 覆盖住单词“盐”。接着将覆盖物去掉，于是阈下启动开始呈现。“盐”这个单词可能会出现大约30毫秒，速度之快让参与者意识不到。然后，一个可以看得很清楚的目标词，比如辣椒，取代了那个阈下启动词。这时，刚才受到单词“盐”阈下启动的参与者会比没有此经历的参与者更快地认出这个目标词“辣椒”。

优先需要或驱动力的重要性

如果希望启动有效果，首先必须有一个优先需要或驱动力（Strahan，Spencer，& Zanna，2002；Verwijmeren，Karremans，Stroebe，& Wigboldus，2011）。也就是说，要想让一个人对食物产生阈下启动，这个人必须处于饥饿状态；要想让一个人对饮料产生阈下启动，这个人必须处于渴的状态。需要或驱动状态能够增加对启动的接受性。比如在受控的环境下，参与者们先分别看到高兴或不悦面孔的阈下形象（Winkielman，Berridge，& Wilbarger，2005）。接着，他们会被要求品尝柠檬味的饮料。他们每个人都要说出自己渴不渴、有多渴，然后就可以想喝多少喝多少。结果看到笑脸的参与者比看到生气面孔的参与者喝得更多，但这里有一个前提——而且是至关重要的前提——参与者必须处于渴的状态。如果参与者不渴，那无论他事先看到了哪个面孔，都不会对饮用量构成影响。因此，启动就像是一个触发器，但只有那些渴的人才有触碰它的需求。

其他调查研究也得出了近似的结论。在一次调查中，Bermeitinger、Goelz、Johr、Neumann、Ecker和Doerr（2009）要求参与者们完成一项必须高度集中注意力的任务。他们中有一半的人之前得到了很好的休息；另一半则已经很疲劳了。在完成任务前，所有参与者都在阈下启动状态下看到了右旋糖片的标识。结果疲劳的参与者吃掉的糖片远远超过了并不疲劳的参与者。调查人员由此得出结论，“参与者对某一特殊产品的选择会受到阈下信息的影响，但前提是他必须受一个与潜意识刺激相一致的动机驱使”（p.325）。

没那么快：阈启动的局限性

虽然阈启动这一方法已经在实验室的受控环境下得到了证实，但我们还是有必要指出它在实际应用中的局限性。实验室里的参与者没有受到其他因素的干扰，他们会集中精力关注启动信息。由于它转瞬即逝，所以它产生的效应不可能持久。因此，Brintazzoli及其同事（2012）提醒说，“潜意识信息形成的影响非常短暂，这就令人严重怀疑其在日常生活及广告中的有效性”（p.825）。现实世界与实验室里的环境完全不同，充斥着媒体的喧嚣，无数的阈上刺激都试图引起我们的注意，人们根本做不到始终只关注阈下信息。据我们所知，尚未有研究证实商业广告通过使用阈下启动的方法取得了成功。

顺便问一句，你有过突然间觉得自己很聪明或者特别喜欢这本书的感觉吗？我们之所以问这个问题，是因为我们在本书第362页的顶端植入了一则“阈下”信息。它的字体特别小，你注意到了吗？你对它有什么想法吗？它对你产生什么作用了吗？

次声信息：建议的作用

你希望知道降低你的血压、提高你的记忆力、减轻你的体重、释放你体内的自然治愈能力、改掉磨磨蹭蹭的毛病和买彩票中奖的方法吗？这些只是潜意识自助录音带和CD中列出的一部分内容。但问题是这类方法根本不起作用（Benoit & Thomas，1992；Greenwald，Spangenberg，Pratkanis，& Eskenazi，1991；Mitchell，1995；Spangenberg，Obermiller，& Greenwald，1992；Staum & Brotons，1992）。除了提供舒缓的声音外，环境音乐中隐藏的不断重申的信息毫无用处。相信就其本身而言，虽能够让人发生改变，但这一变化不过是安慰剂效应，与录音带和CD中的内容一点关系也没有。安慰剂效应遵循了一个古老的观念，即“凡事无好坏，庸人自扰之”。

反向掩蔽和反向讲话：魔鬼让我这么做

邪恶的、反向掩蔽的歌词会使易受影响的青少年自杀吗？这是原告在诉讼中对奥兹·奥斯朋（Ozzy Osbourne）的唱片公司提出的指控。该指控认为《奥兹的风暴》（*Blizzard of OZ*）专辑中反向掩蔽的歌词导致了一个青少年的自杀（Harmon，1995）。还有两个孩子的父母也提出了类似的诉讼，因为这两个孩子在听了犹大牧师（Judas Priest）乐队的《釉面品质》（*Stained Class*）专辑中反向掩蔽的歌词后自杀了（Goleman，1990；Phillips，1990）。对于这两个案件，法官最终判决被告胜诉，理由是歌词内容与青少年死亡之间没有任何因果关系。作者听过这两个专辑，但没有产生一点自杀倾向。不过，贾斯汀·比伯的音乐倒是另一回事！不开玩笑，没有可靠的研究证明，听反向讲话会造成任何影响。就像Smith（2011）所指出的那样，“心理研究没有发现证据可证明听众会受反向信息内容的影响，无论是有意识的还是无意识的”（p.539）。

从反向讲话中推测其含义是可能的，但它们或许只是巧合而已。一些摇滚歌曲里确实有反向掩蔽的歌词，比如，披头士乐队的歌曲《革命9》（*Revolution Number 9*）和英国平克·弗洛依德（Pink Floyd）乐队的《再见蓝天》（*Goodbye Blue Sky*）。但是，与阈下信息的情形一样，它们只是出现了而已，并不能证明其有效。针对反向掩蔽的科学研究均无法证明它会对听众产生影响（Kreiner, Altis, & Voss, 2003；Langston & Anderson, 2000；Swart & Morgan, 1992；Vokey & Read, 1985）。

广告商们的真实意图

广告商们对阈下意识、次声信息以及反向讲话都不感兴趣，他们真正想做的是将他们的产品与良好的形象或理想的生活方式联系在一起。产品植入是达到这一目的的方式之一（Galacian, 2004）。每年在电影和电视中植入产品的花费高达60亿美元（PQ Media, 2010）。根据Morgan提供的数据（2005），“在电视节目中，每半小时会有15~30种产品植入”（p.62）。摩根·斯普尔洛克在2011年拍摄的纪录片《史上最卖座的电影》中嘲讽的就是这种现象。

产品植入可以非常明显，也可以是略带含蓄，但绝对不是潜意识的。有些产品的植入方式可能让人几乎没有察觉到，但即便如此，它们仍属于一种有意识的说服形式。总之，我们认为消费者在现阶段还无须担心阈下广告的骚扰。

神经语言程式学：皇帝的新装

你以前听到过这样的说法吗？只要你说出几个神奇的词，你就能让任何人做任何你想让他们做的事。有些人想让你相信这样的鬼话，他们声称可以教你通过几个简单的步骤就让别人为你着迷。还有些人则称他们的方法能够帮你约到心仪的对象、克服恐惧症、治愈抑郁、提高拼写能力、避免感冒，甚至让你的胸部或阴茎变大！

千万不要急着掏钱包啊！这些家伙们所采用的伎俩源自神经语言程式学（Neuro-Linguistic Programming），简称NLP，它将语言学、心理学和催眠术混杂在一起（Gow, Reupert, & Maybery, 2006）。它是由Richard Bandler和John Grinder（1975, 1979）提出并发展的，介于流行心理学和垃圾科学之间。它因像托尼·罗宾斯（Tony Robbins）这类的作家所写的自助类书籍以及其他人的巡回演讲而日益流行。尽管它被鼓吹得天花乱坠，但能证明其实际作用的证据少之又少。大多数信誉度高的专家都不能接受借着这一话题写书、演讲或组织培训赚钱的做法，并且谴责它根本就是一种伪科学（Corballis，1999；Gumm，Walker，& Day，1982；Heap，1988，2008；Sharpley，1984，1987；Thaler Singer & Lalich，1996）。

神经语言程式学的基本观点是一个人内在无意识的大脑决定着他会对说服性信息做出怎样的反应。所有说服者需要做的就是使用一些聪明的语言策略，然后它们瞬间就能为另一个人的反应“编程”。据称，一些词语或非言语行为具有催眠的力量，并且能够唤起人们潜意识的反应。宣扬这一说法的人认为，他们可以激活一个人的主要表征系统，而它体现在人的五感中。

举例来讲，一个销售人员通过消费者使用的语言、举止和眼神，感觉到他属于“视觉”导向的人后，就会采用强调该产品视觉特点的信息对其进行说服，比如，“你可以看到……”“看一下……”“注意这里……”。而如果消费者侧重于“听觉”，销售人员就会调整他的销售策略，改说，“我知道你听说……”“听上去这应该是你所喜欢的……”不过，你或许会问，销售人员怎么会知道消费者是侧重于视觉还是听觉？根据神经语言程式学的说法，如果顾客先向上张望，然后再左看（记忆）右看（发明），他就更愿意接受视觉信息；如果顾客先朝水平方向张望，然后再左看（记忆）右看（发明），那他就更愿意接受听觉信息（Lankton，1980）。

虽然神经语言程式学声称一些词和短语具有催眠功能，但这一说法很令人怀疑，因为它本身的含义就很模糊，而且说它有效的证据大多来自坊间的趣闻逸事。我们承认，人们会对一些词语（比如，免费或大减价）做出条件反射般的反应，但这并不是说一些特殊的词、短语和非言语暗示具有催眠的效果。比如，在一项研究中，研究人员对比了一则包含神经语言程式学的间接信息与另一则没有包含神经语言程式学的直接信息（Dixon，Parr，Yarbrough，& Rathael，2001）。结果他们发现，直接信息的效果比间接信息的效果明显得多，因此他们得出结论，“神经语言程序可能并不是增强信息说服力的有效方法”（p.549）。

在我们看来，神经语言程式学依靠大量错误的征兆推理。当一位顾客上看、下看、左看、右看时，这可能意味着他大脑的某一半球正在运转；但也完全可能是因为房间里有强光从另一个方向向他照来，或者因为销售人员站得离他太近，又或者他感兴趣的某个商品正好在那个视线方向。如果一位顾客揉搓他的鼻子，按照神经语言程式学的解释，可能意味着这位顾客觉得销售人员的说法让人反感；但实际上，它也可能是由于顾客的鼻子正好发痒。在这方面，神经语言程式学很像皇帝的新装——人们相信皇帝穿了新衣服只是因为别人这么认为。它的基本假设实在无法让人接受，一位神经科学家将其称为“神经领域里的胡说八道”(Miller，1986)。

音乐的说服作用

你有没有过这样的经历，听到一段广告歌曲后，脑海中总是出现它的歌词，一整天都挥之不去？音乐的确是说服过程中的一个重要因素，90%的电视广告里都配有某种类型的音乐（Oakes & North，2006)。接下来，我们就仔细探讨一下音乐是如何通过各种方式对说服起到促进作用的。

音乐在中央和周边暗示中的作用

歌词确实可以起到说服作用，麦当劳的那首著名歌曲的歌词“你今天应该休息一下”就是这样一个例子。当歌词发挥说服作用时，它们通常是通过Petty和Cacioppo（1986a，1986b)所称的中央线路达到目的的，即歌曲的歌词得到了听众的认真思考和反应。20世纪60年代的反战抗议歌曲就是其典型代表，现在流行的说唱和嘻哈歌词也是如此。

不过，音乐也可以通过周边线路产生说服效果。当听众听到音乐声，但并没有驻足仔细倾听时，周边处理就在发挥作用。比如，你可能更喜欢在有背景音乐的环境下学习。背景音乐能够在人并未完全意识到的情形下影响他的情绪或心情。

音乐在广告和销售中的作用

音乐与品牌：像岩石一样……

音乐常被用来提升品牌的形象，它可以在品牌与消费者之间建立正面、积极的联想。比如，雪佛兰汽车的那首《像岩石一样……》(*Like a Rock......*)就加深了人们对该品牌皮卡车很结实的印象。当美国劳氏公司想吸引更多的年轻消费人群时，该公司在其关于家居装饰的活泼、快乐的广告中配上了威格摩尔（Gin Wigmore)演唱的《不要停下》(*Don't Stop*)。塔吉特（Target)在其名为“色彩改变一切”的广告宣传片中选择了复古版的儿歌《云雀》(*Allouette*)，旨在营造一种有趣好玩的气氛。某一种产品配合某一首歌曲能够强烈影响人对该产品的想象（Zander，Apaolaza-Ibanez，& Hartmann，2010)。搭配得越契合，人们就越会产生强烈的联想。

现在，品牌经常在歌词中出现。事实上，近40%的音乐视频里都会提到品牌的名字（Schemer, Matthes, Wirth, & Textor, 2008），其中酒水品牌的植入最为常见（Primack, Nuzzo, Rice, & Sargent, 2011）。比如，布斯塔·莱姆斯（Busta Rhymes）风行一时的歌曲《传递拿破仑干邑》（*Pass the Courvoisier*）就使得这一干邑品牌的销量增加了30%（Emling, 2004）。嘎嘎女士的歌曲《电话》（*Telephone*）中提到了至少八种品牌，包括奇迹鞭沙拉酱、维珍移动和宝丽来。它们中的一些是付费代言歌曲，但大部分都不是。

纯粹接触效应：听到即相信

音乐有助于产品销售的另一种方式是借助纯粹接触效应（Wang & Chang, 2004；Zajonc, 1968），我们在第九章中曾谈及这一效应。不停地接触某一不熟悉的刺激物会让你在一段时间后喜欢上它。如果一则广告里有一首流行歌曲或者悦耳的韵律，它的不断播放可能使人喜欢上这一产品（Hargreaves, 1984；Obermiller, 1985）。不过，它也可能导致另一种情况，即过度重复一首歌或一段旋律会让人不堪其扰。

音乐作为助忆装置

在广告中，音乐还可以发挥助忆装置的作用（Yalch, 1991）。所谓助忆装置就是有助于回忆的记忆辅助工具。一些旋律可以帮助消费者想起某种产品并长久地记住它。奥斯卡·迈耶（Oscar Mayer）的博洛尼亚歌曲就是这样一个例子，围绕着这一产品名字的旋律能令人产生正面的联想。试着在歌唱时说出产品的名字："请给我一块 ________"" ________ 在这里，就像一位好邻居"。如果你熟悉这些广告，你就能准确地说出它们的名字：奇巧维化巧克力（Kit Kat）和国营农场（State Farm）。根据North、Mackenzie、Law和Hargreaves（2004）的研究，合适的音乐可以使人们对品牌的记忆率提高96%。如果希望音乐起作用，旋律一定要朗朗上口，因为里面的歌词是经过语音处理而非语义处理的。

背景音乐：疯狂购物

零售商们非常依赖背景音乐。一些商店，比如A & F、星巴克和维多利亚的秘密，都有自己的店内音乐。背景音乐已经被证明可以影响人的心情（Bruner, 1990；Weisenthal, Hennessy, & Totten, 2003）、调节购物的速度（Ding & Lin,

2011；Garlin & Owen，2006）、提高体育成绩（Boutcher & Trenske，1990；Elliott，Carr，& Savage，2004）、降低就医时的焦虑感（Pelletier，2004；Rudin，Kiss，Wetz，& Scottile，2007）和提升工作绩效（Mayfield & Moss，1989；Miller & Schyb，1989）。在我们最喜欢的调查之一中，研究人员在一家酒馆里一会儿播放法国音乐，一会儿播放德国音乐，同时留意观察哪种酒卖得最多。结果很明显，当店里播放法国音乐时，法国酒就卖得比较好；当播放德国音乐时，德国酒就卖得更好（North，Hargreaves，& McKendrick，1999）。也就是说，顾客对背景音乐的情感反应影响了他们的购买决定。

Kampfe、Sedlmeier 和 Renkewitz（2010）在元分析后得出了这样的结论，整体来看，背景音乐对人的情绪和行为具有作用不大但持续的影响。考虑到背景音乐只是诸多环境暗示中的一种，这样的结论应当算是比较谨慎的。但是随着背景音乐变得越来越普遍，有些人认为，在成为一种习惯做法后，人们会渐渐对它感觉麻木（Kampfe，Sedlmeier，& Renkewitz，2010）。

音乐视频与说服：嘻哈音乐有害吗

关于音乐视频对年轻人观念和行为的影响，已经有许多人发表了相关的论述。现在常见的音乐视频一般时长3分钟，艺术家们通过它宣传自己喜欢的品牌或提倡的生活方式。毫无疑问，音乐视频对时尚、流行趋势、流行语、性文化和社会行为规范都会产生影响。现在的问题是，它们能够产生怎样的影响以及它们对社会生活究竟有益还是有害。

年轻人的父母和媒体的评论界一直在指责音乐视频总是颂扬物质主义和财富（Kalis & Neuendorf，1989）、过度渲染性行为（Hansen ，1990；Kister & Lee，2012）和提倡性别歧视（Barongan & Hall Naayama，1995；Peterson & Pfost，1989）。大约有75% 的音乐视频都包含与性有关的内容（Samson & Grabe，2012）。

其中，说唱音乐遭到的抨击尤为强烈。一些学者认为，“青少年暴力、帮派的兴起与团伙犯罪、毒品泛滥和强暴女性都与说唱音乐的影响有很大的关系”（Reyna，Brandt，& Tendayi，2009，p.362）。一些批评人士警告，经常接触嘻哈音乐和说唱音乐会导致年轻人染上吸毒、酗酒和厌女症（Adams & Fuller，2006；Chen，Miller，Grube，& Waiters，2006；Parker-Pope，2007）。

作为回应，为视频音乐辩护的人们则认为，嘻哈音乐和说唱音乐给予被剥夺了所有权力的人发声的机会，同时也是公民表达诉求的一种方式（Reyna et al., 2009)。支持者们指出，一些音乐视频对社会政治生活表达了重要的看法，另一些只不过真实地反映了当下社会中存在的极端物质主义和严重的性别歧视。嘻哈和说唱艺术家们也回应说，主流媒体对他们所使用的反映城市生活严酷现实的语言和表现形式进行了歪曲（Brown & Campbell, 1986；Chambers & Morgan, 1992；Cummings & Roy, 2002；Tiddle, 1996）。比如，Dyson（1993）就认为说唱音乐是非裔美国人表达抵抗的一种方式。他强调，说唱音乐将社会抗议、音乐创作和文化表述融为一体。Lynch（2003）也认为，嘻哈音乐使不同族群和不同文化的人群走到了一起。

无论人们对音乐视频所传递出的信息持正面还是负面的看法，有一点是不容否认的，那就是这一音乐形式确实会影响人的观念、信仰、倾向、动机和行为，而且对青少年来说尤其如此，因为他们是音乐视频最主要的观众（Council on Communications and Media, 2009）。不过，另一方面，我们也不要急于在青少年看音乐电视与之后的行为之间做直接的因果推理，毕竟还有许多其他途径也会影响他们的行为。

武器化的音乐：嘈杂的声音具有怎样的杀伤力

强迫人听让人恐惧的音乐是一项酷刑吗？对于麦莉·赛勒斯的音乐，人的忍受程度能达到多少？据报道，在伊拉克战争期间，美国军队曾使用音乐作为一种“折磨手段”（Connor, 2008）。其中一首就是巴尼恐龙（Barney the Dinosaur）的《我爱你，你爱我》（*I Love You,You Love Me*）。国际特赦组织正在调查审讯时使用音乐这一现象。

音乐还被用作威慑物。2009年，美国边境巡警委托发行了一张名为《移民歌谣》（*Migra Corridos*）的唱片，其中包括墨西哥通俗歌谣，警告人们非法越境的危险。不过美国边境巡警没有披露是其操纵唱片中的歌曲在几十个墨西哥广播电台播出的（Surdin, 2009）。音乐可以像铁丝网那样用来驱赶人群吗？

据报道，古典音乐也曾被用来驱赶快餐店和便利店里的无家可归者、乞丐和帮派成员（Morrison, 1996）。一位官员曾经说过，“如果你是个硬汉，又喜欢听摇滚或者说唱音乐，你就不会坐在那里听柴可夫斯基”（Holt, 1996, p.2）。位于悉尼附近的罗克代尔城采用了一种被称为“曼尼洛方式”的做法，来劝阻青少年们在深夜时还聚集在公园里，美国音乐家巴瑞·曼尼洛（Barry Manilow）的音乐通过麦克风从晚上9点一直播到午夜（Hirsch, 2007）。我们真想知道，这座城市有没有支付曼尼洛先生版权费？

注意事项：面对可能不愉快的局面

在你希望用音乐说服别人前，先要记住下面几点注意事项：第一，如果想让音乐发挥说服作用，必须选对音乐，即音乐的类型一定要与产品、品牌、目的和受众相契合；第二，音乐的音量不可以超过信息中的言语内容，比如在销售环境中，要把音量调低，确保销售人员可以与消费者正常交流；第三，对于极为关注信息内容的受众，音乐能够产生的效果可能不太大，而对于那些喜欢对信息进行周边处理的受众，音乐具有很大的影响潜力，也是应该重点聚焦的人群（Park & Young，1986）。在大多数情形下，音乐是言语说服的有益补充，但不可能取代言语说服。

香气与说服

虽然很少有书籍或文献涉及这一话题，但气味在说服过程中确实发挥着重要作用。香水销售可是一项大生意。每年，香水和香氛产品的销售额可以达到250亿~300亿美元（Goldberg，2009）。只要想到那些你能买到的香氛产品，就会令人产生美好的感觉：你可以给自己身上喷古龙水或香水；让你的车里也充满香味；在家里各处放置空气清新剂。你也可以使用带有香味的除臭剂、香皂、洗衣液、洗洁精和手纸。除了个人用品外，在工作场所和购物场所营造芬芳的环境也变得越来越重要了。在本节中，我们就来探讨一下香水和香味能够发挥的影响。

香水：瓶中浪漫

香水产业是一个靠鼻子获胜的产业，可真正将它卖出去是靠它的实际香味还是由此引发的联想？光靠香味是无法把香水卖出去的，它许诺的浪漫才是关键的卖点。与香水有关的营销主题需要围绕与浪漫、好奇心、声色和性的联想。CK 的香水广告声称，“在疯狂与迷恋之间存在摆脱不了的萦绕”（为其迷恋香水所做的广告）。而 Fcuk 品牌的香水广告就没有这么含蓄了，它直截了当地喊出了，“床的气味”。

爱情是痛苦的

通过形象和影射，香水广告给人留下了这样一种印象，使用它会让人极具性吸引力。可是香水真有这么大的影响力吗？它们真的能帮你吸引异性、赢得情人的芳心或者让你对自己感觉更好吗？针对这些问题进行的实证研究所得出的结论很复杂，一些研究证明香味的确可以增加吸引力；另一些却不这么认为（Baron，1983；Cann & Ross，1989）。

Hirsch（引自 Stolberg，1994）进行过一项很有趣的实验，对香水的诱惑力提出了质疑。他找了一些学医的男学生参与他的实验。在让他们闻各种香味时，包括香奈尔5号香水和 CK 的迷恋香水，在他们的生殖器上装配了血压监测仪，旨在测量他们性唤起的程度。结果呢？使他们血压持续增高的唯一气味竟然来自肉桂面包！这一结果似乎更加证实了那句老话：要赢得男人的心，得先赢得他的胃。这一实验结果也引发了许多质疑，毕竟把一个装置装在一个人的生殖器上无法完全准确地掌握其在现实生活中的性唤起状况（至少对多数人来讲是这样的）。在实验室环境下，参与者的反应与他们平时的反应不可能完全一样。

不过一定要记住，香味只是影响吸引力的因素之一，影响吸引力的因素还包括外表、性格和共同的兴趣等。如果认为只凭香味就能保持长久的关系，不是太天真，就是太愚蠢。

环境气味：空气中有种特别的气味

虽然对于香味与吸引力之间关系的研究不太多，但在环境气味给人造成的影响方面已经有了大量的研究。我们在这里重点探讨产生影响的三个方面：情绪或心情、工作绩效和购物行为。

气味与情绪：我忧郁吗？

医疗环境中的香味已经被证明能够对患者起到镇定作用。比如，患者在进行核磁共振扫描时，香草和向日葵香精（类似婴儿奶粉的气味）的气味可以减轻他们的焦虑感（Redd & Manne，1991；Stolberg，1994）。研究人员还发现，即使在非医疗环境下，气味也会对人的情绪产生影响。比如，在一次实验中，研究人员让大学生们写一篇有关童年记忆的短文。他们中一半的学生待在一个有温和花香的房间里写作；另一半则待在一个没有任何气味的房间里。结果，待在有香味房间中的学生在写作时使用的表达开心和积极意义的词汇是待在没有气味房间中的学生的3倍多。接下来，学生们被要求引导一位哑剧演员把他们的童年记忆表演出来，这是我们在该实验中最喜欢的部分。75% 的待在有香味房间中的学生在指导哑剧演员表演时会抚摩他；而在那些待在无香味房间里的学生中，只有15%的人会这么做（Welsh，2011）。

还有一个实验我们也非常喜欢，因为它采用的方法比较特别（Hanisch，1982）。这个实验是检测令人愉快的香味能否减少女性对蜘蛛的恐惧。研究人员在参与者面前的不同距离处晃动蜘蛛。在这期间，有时候她们会闻到很好闻但并不熟悉的香味；有时候则什么气味也没有。香味的确降低了她们的焦虑程度，而且当蜘蛛距离她们很近时，她们也能接受；可是如果没有香味，她们就做不到了。不过，研究人员没有提及蜘蛛是否也喜欢香味。

气味与工作绩效：闻到了效率

香味产生影响的一个方面就是提高工作效率。一些研究显示，当人们做事情时，温和的香味能够加快其做事的速度，并且提升准确率和效率（Hirsch，引自 Stolberg，1994；Rotten，1983；Sugano & Sato，1991；Warm，Parasuraman，& Dember，1990）。比如，Baron 和 Kalsher（1998）就发现，在模拟的驾驶任务中，周围芬芳的气味能够使驾驶员有更出色的表现。而且 Baron（1997）还发现，如果购物中心里的气味很好闻（比如，烘焙咖啡或烘烤饼干的气味），顾客主动帮助陌生人的次数会比没有这些气味时多出2倍。

环境气味与消费者行为

为了激发顾客的购物行为，越来越多的零售店在其内部使用了沁人心脾的气味。这种在空气中制造香氛的做法能够让客人买更多的东西吗？一些调查已经证实，环境中的香味确实能够增加顾客的满意度（Douce & Janssens，2011；Morrison，Gan，Dubelaar，& Oppewal，2011），提升他们对商品的评价（Bosman，2006），延长他们的购物时间（Knasko，1989；Teerling，Nixdorf，& Koster，1992）。不过即便如此，研究人员似乎仍然觉得，购物决定是一件非常复杂的事情，不可能单凭气味做出，而且也不是所有的研究都认为香气具有说服效果。比如，在购物中心进行的一项调查就发现，环境中的气味对销售并没有产生影响（Teller & Dennis，2012）。不仅如此，有一项调查还发现，一旦消费者了解到环境中的香味是一种人为操纵的营销手段，反而会对品牌、商店以及本打算采购的商品产生怀疑的态度（Lunard，2012）。

注意事项及限制

在你急着买空气清新剂前，一定要仔细研究和对比。为了不花冤枉钱，请记住以下几点：第一，每个人对气味的喜好千差万别，适合一个人的香味不一定适合另一个人。比如，本书的作者之一竟然喜欢从远处传来的臭鼬的气味。第二，如同我们在潜意识研究那节中所指出的，有些所谓的效果其实是安慰剂效应。研究人员期望气味能够影响行为，于是他们就会用此来解释观察到的现象。第三，总是重复使用某种香氛会让人产生对抗条件反射的结果，即原来令他们喜欢的气味开始让他们反感了。比如香草的气味通常被认为具有使人放松的效果，可是如果孩子每次接种疫苗时闻到的都是这种气味，它就可能变得令人讨厌。第四，在使用香氛来影响人的方面，还应有道德和健康的考量。人们对于他们反感的东西可以选择闭上眼睛或者看别的地方，但是他们无法选择停止呼吸或者把鼻子堵住。至于道德方面的考量，我们将在第十六章展开讨论。

总 结

在本章中，我们讨论了一些比较深奥的说服形式：颜色、阈下信息、次声信息、反向掩蔽和反向讲话、神经语言程式学、音乐的说服作用和气味的说服作用。尽管公众对潜意识说服是比较接纳的，但它的效果只限于严格受控的实验室环境。在现阶段，阈下启动在商业上仍是不可行的。植入单词或形象、次声信息以及反向掩蔽的做法也未被证明能够对人产生影响。神经语言程式学是一种普遍现象，但也没有得到证实。音乐是说服过程中的一个重要因素，它可以通过各种方式对说服起到促进作用，比如强化广告中的形象、作为一种助忆配置和影响受众的情绪。虽然大多数说服研究者对气味没有特别重视，但在使用得当的情况下，它也是说服的一个非常有力的工具。环境中的香气可以改善情绪、提升工作绩效并且影响消费者的行为。

参考文献

颜色

Albert, N. M., Burke, J., Bena, J. F., Morrison, S. M., Forney, J., & Krajeksi, S. (in press). Nurses' uniform color and feelings/emotions in school-aged children receiving health care. *Journal of Pediatric Nursing*.

Berger, J., & Fitzsimons, G. (2008). Dogs on the street, Pumas on your feet: How cues in the environment influence product evaluation and choice. *Journal of Marketing Research, 45*, 1–14.

Blair, I., Judd, C., & Chapleau, K. (2004). The influence of Afrocentric facial features in criminal sentencing. *Psychological Science, 15*(10), 674–679.

Caldwell, D. F., & Burger, J. M. (2011). On thin ice: Does uniform color really affect aggression in professional hockey? *Social Psychology and Personality Science, 2*(3), 306–310.

Cherry, T. L., & Andrade, P. (2001). Bright cars and outsiders: Evidence of asymmetric estimates in vehicular speeds. *Journal of Applied Social Psychology, 31*(12), 2538–2544.

Clark, N. (2011, November 16). Cadbury wins right to the colour purple. *The Independent* (London), p. 54. Retrieved on June 6, 2012 from Lexis-Nexis Academic search engine.

Drum, K. (2012, May 7). Dark money group darkens Obama's skin color in ad. *Mother Jones*.

Duke, B., & Berry, D. C. (Co-directors and co-producers). (2012). Dark girls. Duke Media and Urban Winter Entertainment, USA.

Eberhardt, J., Davies, P., Purdie-Vaughns, V., & Johnson, S. (2006). Looking deathworthy: Perceived stereotypicality of Black defendants predicts capital sentencing outcomes. *Psychological Science, 17*(5), 383–386.

Elliot, A. J., Maier, M. A., Binser, M. J., Friedman, R., & Pekrun, R. (2009). The effect of red on avoidance behavior. *Personality and Social Psychology Bulletin, 35*, 365–375.

Elliot, A. J., Maier, M. A., Moller, A. C., Friedman, R., & Meinhardt, J. (2007). Color and psychological functioning: The effect of red on performance attainment. *Journal of Experimental Psychology: General, 136*, 154–168.

Elliot, A. J., & Niesta, D. (2008). Romantic red: Red enhances men's attraction to women. *Journal of Personality and Social Psychology, 95*, 1150–1164.

Frank, M. G., & Gilovich, T. (1988). The dark side of self- and social perception: Black uniforms and aggression in professional sports. *Journal of Personality and Social Psychology, 54*(1), 74–85.

Furness, S., Connor, J., Robinson, E., Norton, R., Ameratunga, S., & Jackson, R. (2003). Car colour and risk of car crash injury: Population based case control study. *British Journal of Medicine, 327*(7429), 1455–1456.

Genschow, O., Reutner, L., & Wänke, M. (2012). The color red reduces snack food consumption and soft drink intake. *Appetite*, 58, 699–702.

Glenn, E. N. (Ed.). (2009). *Shades of difference: Why skin color matters*. Palo Alto, CA: Stanford University Press.

Gobé, M. (2009). *Emotional branding: The new paradigm for connecting brands to people*. New York: Allworth Press.

Goldsmith, A. H., Hamilton, D., & Darity, W., Jr. (2007). From dark to light: Skin color and wages among African-Americans. *Journal of Human Resources, 42*(4), 701–738.

Goldstein, T. (2011). Brand packaging: Solving the mystery of shelf impact.

Harrison, M. S., & Thomas, K. M. (2009). The hidden prejudice in selection: A research investigation on skin color bias. *Journal of Applied Social Psychology, 39*(1), 134–168.

Hochschild, J. L., & Weaver, V. (2007). The skin color paradox and the American racial order. *Social Forces, 86*(2), 643–670.

Jalil, N. A, Yunus, R. M., & Said, N. S. (2012). Environmental colour impact upon human behavior: A review. *Procedia: Social and Behavioral Sciences, 35*, 54–62.

Johnson, R. R. (2005). Police uniform color and citizen impression formation. *Journal of Police and Criminal Psychology, 20*(2), 58–66.

Kurtz-Costes, B., DeFreitas, S. C., Halle, T. G., & Kinlaw, C. R. (2011). Gender and racial favoritism in Black and White preschool girls. *British Journal of Developmental Psychology*, 29, 270–287.

Lardelli-Claret, P. Luna-del-Castillo, J. D., Jiménez-Moleón, J. J., Femia-Marzo, P., Moreno-Abril, O., & Bueno-Cavanillas, A. (2002). Does vehicle color influence the risk of being passively involved in a collision? *Epidemiology, 13*(6), 721–724.

Lichtlé, M.-C. (2007). The effect of an advertisements' colour on emotions evoked by an ad and attitude towards the ad. *International Journal of Advertising, 26*(1), 37–62.

Lichtenfeld, S., Maier, M. A., Elliot, A. J., & Pekrun, R. (2009). The semantic red effect: Processing the word red undermines intellectual performance. *Journal of Experimental Social Psychology*, 45, 1273–1276.

Newman, M. C., & Willis, F. N. (1993). Bright cars and speeding tickets. *Journal of Applied Social Psychology, 23*(1), 79–83.

Nickels, E. (2008). Good guys wear black: Uniform color and citizens impressions of police. *Policing: An International Journal of Police Strategies & Management, 31*(1), 77–92.

Niesta Kayser, D., Elliot, A. J., & Feltman, R. (2010). Red and romantic behavior in men viewing women. *European Journal of Social Psychology*, 40, 901–908.

Paoletti, J. B. (2012). *Pink and blue: Telling the boys from the girls in America*. Bloomington: Indiana University Press.

Russell, K., Wilson, M., & Hall, R. (1992). *The color complex: The politics of skin color among African-Americans*. New York: Anchor Books.

Rutchick, A. M., Slepian, M. L., & Ferris, B. D. (2010). The pen is mightier than the word: Object priming of evaluative standards. *European Journal of Social Psychology, 40,* 704–708.

Skorupski, V. V. J., & Rea, R. E. (2006). Patients' perceptions of today's nursing attire: Exploring dual images. *Journal of Nursing Administration, 36,* 393–402.

Wade, T. J. (2008). Skin color biases: Attractiveness and halo effects in the evaluation of African Americans. In R. Hall (Ed.), *Racism in the 21st Century* (pp. 135–150). Springer: New York.

Wade, T. J., Romano, M., & Blue, L. (2004). The effect of African American skin color on hiring preferences. *Journal of Applied Social Psychology, 34*(12), 2550–2558.

Weaver, V. M. (2012). The electoral consequences of skin color: The "hidden" side of race in politics. *Political Behavior, 34,* 159–192.

Webster, G. D., Urland, G. R., & Correll, J. (2012). Can uniform color color aggression? Quasi-experimental evidence from professional ice hockey. *Social Psychological and Personality Science, 3*(3), 274–281.

Wilder, J. (2010). Revisiting "color names and color notions": A contemporary examination of the language and attitudes of skin color among young black women. *Journal of Black Studies, 41,* 184–206.

Wilder, J., & Cain, C. (2011). Teaching and learning color consciousness in Black families: Exploring family processes and women's experiences with colorism. *Journal of Family Issues, 32,* 577–604.

Williams, C. J. (2012, March 8). Ruling in jail dress code: New trial ordered in death of Arizona inmate forced to wear pink underwear. *Los Angeles Times*, p. AA-2.

Wilson, J. (2012, January 17). Beyoncé accused of skin lightening in new album promo ad. *Huffington Post.*

Yildirim, S., Hidayetoglu, M., & Capanoglu, A. (2011). Effects of interior colors on mood and preference: Comparisons of two living rooms. *Perceptual and Motor Skills, 112*(2), 509–524.

阈下刺激

Bargh, J. A. (2002). Losing consciousness: Automatic influences on consumer judgment, behavior, and motivation. *Journal of Consumer Research, 29*(2), 280–285.

Benoit, S. C., & Thomas, R. L. (1992). The influence of expectancy in subliminal perception experiments. *Journal of General Psychology, 119*(4), 335–341.

Bermeitinger, C., Goelz, R., Johr, N., Neumann, M., Echer, U. K. H., & Doerr, R. (2009). The hidden persuaders break into the tired brain. *Journal of Experimental Social Psychology, 45*, 320–326.

Brintazzoli, G., Soetens, E., Deroost, N., & Van den Bussche, E. (2012). Conscious, but not unconscious, logo priming of brands and related words. *Consciousness and Cognition, 21*, 824–834.

Broyles, S. J. (2006). Subliminal advertising and the perpetual popularity of playing to people's paranoia. *Journal of Consumer Affairs, 40*, 392–406.

Bullock, A. (2004). *The secret sales pitch: An overview of subliminal advertising*. San Jose, CA: Norwich.
Catsoulis, J. (2011, August 19). Powers of hidden persuasion. *New York Times*, p. 4.
Gable, M., Wilkins, H., & Harris, L. (1987). An evaluation of subliminally embedded sexual stimuli. *Journal of Advertising, 16*(1), 26–30.
Galacian, M. L. (Ed.). (2004). *Handbook of product placement in the mass media: New strategies in marketing theory, practice, trends, and ethics*. New York: Haworth Press.
Goleman, D. (1990, August 14). Research probes what the mind senses unaware. *New York Times*, pp. B7–B8.
Greenwald, A. G., Spangenberg, E. R., Pratkanis, A. R., & Eskenazi, J. (1991). Double-blind tests of subliminal self-help audiotapes. *Psychological Science, 2,* 119–122.
Harmon, A. (1995, October 1). High-tech hidden persuaders. *Los Angeles Times*, pp. A1, A28–29.
Key, W. B. (1972). *Subliminal seduction: Ad media's manipulation of a not so innocent America*. Englewood Cliffs, NJ: Prentice Hall.
Key, W. B. (1976). *Media sexploitation*. Englewood Cliffs, NJ: Prentice Hall.
Key, W. B. (1980). *Clam-plate orgy: And other subliminal techniques for manipulating your behavior*. Englewood Cliffs, NJ: Prentice Hall.
Kouider, S., & Dehaene, S. (2007). Levels of processing during non-conscious perception: A critical review of visual masking. *Philosophical Transactions of the Royal Society of London. Series B, Biological Sciences, 362*(1481), 857–875.
Kreiner, D. S., Altis, N. A., & Voss, C. W. (2003). A test of the effect of reverse speech on priming. *Journal of Psychology, 137*(3), 224–232.
Langston, W., & Anderson, J. C. (2000). Talking back [wards]: A test of the reverse speech hypothesis. *Skeptic, 8* (3), 30–35.
Mitchell, C. W. (1995). Effects of subliminally presented auditory suggestions of itching on scratching behavior. *Perceptual and Motor Skills, 80*(1), 87–96.
Morgan, M. (2005). Review of the book *The psychology of entertainment media*. Blurring the lines between entertainment and persuasion. *Mass Communication & Society, 8*(1), 61–74.
Phillips, C. (1990, July 16). Trial to focus on issue of subliminal messages in rock. *Los Angeles Times*, pp. F10–F11.
PQ Media (2010). New PQ media research finds European product placement spending held steady in 2009, despite global advertising recession, but relaxed rules and economic recovery will drive double-digit growth in 2010–2014 period.
Rogers, S. (1992–1993). How a publicity blitz created the myth of subliminal advertising. *Public Relations Quarterly, 37*(4), 12–17.
Smith, J. (2011). Turn me on, dead media: A backward look at the re-enchantment of an old medium. *Television & New Media*, 12(6), 531–551.
Spangenberg, E. R., Obermiller, C., & Greenwald, A. G. (1992). A field test of subliminal self-help audiotapes: The power of expectancies. *Journal of Public Policy and Marketing, 11*(2), 26–36.
Spurlock, M., (Director), Spurlock, M., & Chilnick, J. (Writers). (2011). *The greatest movie ever sold*. [DVD]. Culver City, CA: Sony Pictures Home Entertainment.
Staum, M. J., & Brotons, M. (1992). The influence of auditory subliminals on behavior: A series of investigations. *Journal of Music Therapy, 29*(3), 130–185.
Strahan, E. J., Spencer, S. J., & Zanna, M. P. (2002). Subliminal priming and persuasion: Striking while the iron is hot. *Journal of Experimental Social Psychology*, 556–568.
Swart, L. C., & Morgan, C. L. (1992). Effects of subliminal backward-recorded messages on attitudes. *Perceptual and Motor Skills, 75*(3, Part 2), 1107–1113.
Trappey, C. (1996). A meta-analysis of consumer choice and subliminal advertising. *Psychology & Marketing, 13*(5), 517–530.
Van den Bussche, E., Van den Noortgate, W., & Reynvoet, B. (2009). Mechanisms of masked priming: A meta-analysis. *Psychological Bulletin, 135*(3), 452–477.
Verwijmeren, T., Karremans, J. C., Stroebe, W., & Wigboldus, D. H. J. (2011). The workings and limits of subliminal advertising: The role of habits. *Journal of Consumer Psychology, 21*, 206–213.
Vokey, J. R. (2002). Subliminal messages. In J. R. Vokey and S. W. Allen (Eds.), *Psychological sketches* (6th ed., pp. 223–246). Lethbridge, Alberta: Psyence Ink.
Vokey, J. R., & Read, J. D. (1985). Subliminal messages: Between the devil and the media. *American*

Psychologist, 40(11), 1231–1239.

Warrick, J. (Producer and Director). (2011). *Programming the nation?* Ignite Productions. International Film Circuit, USA.

Winkielman, P., Berridge, K. C., & Wilbarger, J. L. (2005). Unconscious affective reactions to masked happy versus angry faces influence consumption behavior and judgments of value. *Personality and Social Psychology Bulletin, 31*(1), 121–135.

神经语言程式学

Bandler, R., & Grinder, J. (1975). *The structure of magic: A book about language and therapy*. Palo Alto, CA: Science and Behavior Books.

Bandler, R., & Grinder, J. (1979). *Frogs into princes*. Moab, UT: Real People Press.

Corballis, M. C. (1999). Are we in our right minds? In S. Sala (Ed.), *Mind myths: Exploring popular assumptions about the mind and brain* (pp. 25–41). New York: John Wiley & Sons.

Dixon, P. N., Parr, G. D., Yarbrough, D., & Rathael, M. (1991). Neurolinguistic programming as a persuasive communication technique. *Journal of Social Psychology, 126*(4), 545–550.

Gow, K., Reupert, A., & Maybery, D. (2006). NLP in action: Theory and techniques in teaching and learning. In S. M. Hogan (Ed.), *Trends in learning research* (pp. 99–118). New York: Nova Science Publishers.

Gumm, W. B., Walker, M. K., & Day, H. D. (1982). Neurolinguistic programming: Method or myth? *Journal of Counseling Psychology, 29*(3), 327–330.

Heap, M. (1988). Neurolinguistic programming—An interim verdict. In M. Heap (Ed.), *Hypnosis: Current clinical, experimental, and forensic practices* (pp. 268–280). London: Croom Helm.

Heap, N. (2008). The validity of some early claims of neuro-linguistic programming. *Skeptical Intelligencer, 11*, 1–8.

Lankton, S. (1980). *Practical magic*. Cupertino, CA: Meta.

Miller, L. (1986, April). Megabrain: New tools and techniques for brain growth. *Psychology Today, 20,* 70–72.

Sharpley, C. F. (1984). Predicate matching in NLP: A review of research on the preferred representational system. *Journal of Counseling Psychology, 31*(2), 238–248.

Sharpley, C. F. (1987). Research findings on neuro-linguistic programming: Non supportive data or an untestable theory. *Journal of Counseling Psychology, 34*(1), 103–107.

Thaler Singer, M., & Lalich, J. (1996). *Crazy therapies: What are they? Do they work?* San Francisco: Jossey Bass.

音乐

Adams, T. M., & Fuller, D. B. (2006). The words have changed but the ideology remains the same: Misogynistic lyrics in rap music. *Journal of Black Studies, 36*(6), 938–957.

Barongan, C., & Hall Nagayama, G. C. (1995). The influence of misogynous rap music on sexual aggression against women. *Psychology of Women Quarterly, 19*(2), 195–207.

Boutcher, S. H., & Trenske, M. (1990). The effects of sensory deprivation and music on perceived exertion and affect during exercise. *Journal of Sport and Exercise Psychology, 12*(2), 167–176.

Brown, J. D., & Campbell, K. (1986). Race and gender in music videos: The same beat but a different drummer. *Journal of Communication, 36*, 94–106.

Bruner, G. C., II (1990). Music, mood, and marketing. *Journal of Marketing, 54*, 94–104.

Chambers, G., & Morgan, J. (1992, September 12). Droppin' knowledge: A rap roundtable. *Essence*, 83–120.

Chen, M. J., Miller, B. A., Grube, J. W., & Waiters, E. D. (2006). Music, substance use, and aggression. *Journal of Studies on Alcohol, 67*(3), 373–381.

Connor, A. (2008, July 10). Torture chamber music. *BBC Magazine*.

Council on Communications and Media. (2009). Impact of music, music lyrics, and music videos on children and youth. *Pediatrics*, 124, 1488–1495.

Cummings, M. S., & Roy, A. (2002). Manifestations of Afrocentricity in rap music. *Howard Journal of Communications, 13*(1), 59–76.

Ding, C. G., & Lin, C. H. (2011). How does background music tempo work for online shopping? *Electronic*

Communication Research and Applications, Published online November 2011.
Dyson, M. E. (1993). *Reflecting black: African-American cultural criticism*. St. Paul: University of Minnesota Press.
Elliott, D., Carr, S., & Savage, D. (2004). Effects of motivational music on work output and affective responses during sub-maximal cycling of a standardized perceived intensity. *Journal of Sport Behavior, 27*(2), 134–147.
Emling, S. (2004, May 23). Hip-hop fans: "I'll have what he's having." *Atlanta Journal Constitution*, 1A.
Garlin, F. V., & Owen, K. (2006). Setting the tone with the tune: A meta-analytic review of the effects of background music in retail settings. *Journal of Business Research, 59*, 755–764.
Hansen, C. H., & Hansen, R. D. (1990). The influence of sex and violence on the appeal of rock music videos. *Communication Research, 17*, 212–234.
Hargreaves, D. J. (1984). The effects of repetition on liking for music. *Journal of Research in Music Education, 32*, 35–47.
Hirsch, L. (2007). Weaponizing classical music: Crime prevention and symbolic power in the age of repetition. *Journal of Popular Music Studies, 19*(4), 342–358.
Holt, D. (1996, April 24). Fighting crime with violins. *Dallas Morning News*, 31A.
Kämpfe, J., Sedlmeier, P., & Renkewitz, F. (2010). The impact of background music on adult listeners: A meta-analysis. *Psychology of Music, 39*(4), 424–448.
Kalis, P., & Neuendorf, K. A. (1989). Aggressive cue prominence and gender participation in MTV. *Journalism Quarterly, 66*(1), 148–154, 229.
Kistler, M. E., & Lee, M. J. (2010). Does exposure to sexual hip-hop music videos influence the sexual attitudes of college students? *Mass Communication and Society, 13*, 67–86.
Lynch, T. (2003). Hip-hop's bad rap is undeserved. *Broadcasting & Cable, 133*(51), 20.
Mayfield, C., & Moss, S. (1989). Effects of music tempo on task performance. *Psychological Reports, 65*(3, Part 2), 1283–1290.
Miller, L. K., & Schyb, M. (1989). Facilitation and interference by background music. *Journal of Music Therapy, 26*(1), 42–54.
Morrison, P. (1996, April 26). City brass hopes piped-in classics drive out loiterers. *Los Angeles Times*, A3.
North, A. C., Hargreaves, D. J., & McKendrick, J. (1999). The influence of in-store music on wine selections. *Journal of Applied Psychology, 84*(2), 271–276.
North, A. C., Mackenzie, L. C., Law, R. M., & Hargreaves, D. J. (2004). The effects of musical and voice "fit" on responses to advertisements. *Journal of Applied Social Psychology, 34*(8), 1675–1708.
Oakes, S., & North, A. C. (2006). The impact of background musical tempo and timbre upon ad content recall and affective response. *Applied Cognitive Psychology, 20*, 505–520.
Obermiller, C. (1985). Varieties of mere exposure: The effects of processing style and repetition on affective response. *Journal of Consumer Research, 12*(1), 17–30.
Park, C. W., & Young, S. M. (1986). Consumer response to television commercials: The impact of involvement and background music on brand attitude formation. *Journal of Marketing Research, 23*, 11–24.
Parker-Pope, T. (2007, November 6). For clues on teenage sex, experts look to hip-hop. *New York Times*, 5.
Pelletier, C. L. (2004). The effect of music on decreasing arousal due to stress: A metaanalysis. *Journal of Music Therapy, 41*(3), 192–214.
Peterson, D. L., & Pfost, K. S. (1989). Influence of rock videos on attitudes of violence against women. *Psychological Reports, 64*, 319–322.
Petty, R. E., & Cacioppo, J. T. (1986a). *Communication and persuasion: Central and peripheral routes to attitude change*. New York: Springer-Verlag.
Petty, R. E., & Cacioppo, J. T. (1986b). The elaboration likelihood model of persuasion. In L. Berkowitz (Ed.), *Advances in experimental social psychology* (Vol. 19, pp. 123–205). New York: Academic Press.
Primack, B. A., Nuzzo, E., Rice, K. R., & Sargent, J. D. (2011). Alcohol brand appearances in US popular music. *Addiction, 107*(3), 557–566.
Reyna, C., Brandt, M., & Tendayi, G. V. (2009). Blame it on hip-hop: Anti rap attitudes as a proxy for prejudice. *Group Processes Intergroup Relations, 12*(3), 361–380.
Rudin, D., Kiss, A., Wetz, R. V., & Sottile, V. M. (2007). Music in the endoscopy suite: A meta-analysis of randomized controlled studies. *Endoscopy, 39*(6), 507–510.
Samson, L., & Grabe, M. A. (2012). Media use and the sexual propensities of emerging adults. *Journal of*

Broadcasting & Electronic Media, 56(2), 280–298.

Schemer, C., Matthes, J., Wirth, W., & Textor, S. (2008). Does "passing the Courvoisier" always pay off? Positive and negative evaluative conditioning effects of brand placements in music videos. *Psychology & Marketing, 25*(10), 923–943.

Surdin, A. (2009, March 15). South of the border: Popular ballads about the perils of immigration have a surprising heritage: Made in—and by—the United States of America. *Washington Post*, p. E-1. Retrieved on June 22 from the Lexis-Nexis Academic search engine.

Tiddle, C. (1996, December 2). Tales from 'hood need to be told. *Los Angeles Times*, p. F3.

Wang, M.-W., & Chang, C. (2004). The mere exposure effect and recognition memory. *Cognition and Emotion, 18*(8), 11055–1078.

Weisenthal, D. L., Hennessy, D. A., & Totten, B. (2003). The influence of music on mild driver aggression. *Transportation Research, Part F: Traffic Psychology and Behaviour, 6*(2),125–134.

Yalch, R. F. (1991). Memory in a jingle jungle: Music as a mnemonic device in communicating advertising slogans. *Journal of Applied Psychology, 76*, 268–275.

Zajonc, R. B. (1968). Attitudinal effects of mere exposure. *Journal of Personality and Social Psychology Monograph Supplement, 9*(2, Pt. 2), 1–28.

Zander, M. F., Apaolaza-Ibáñez, V., & Hartmann, P. (2010). Music in advertising: Effects on brand and endorser perception. In R. Terlutter, S. Diehl, & S. Okazaki (Eds.), *Advances in advertising research* (Vol. 1, pp. 127–140). Weisbaden, Germany: Gabler Verlag.

气味

Baron, R. A. (1983). "The sweet smell of success?" The impact of pleasant artificial scents (perfume and cologne) on evaluations of job applicants. *Journal of Applied Psychology, 68*, 709–713.

Baron, R. A. (1997). The sweet smell of...helping: Effects of pleasant ambient fragrance on prosocial behavior in shopping malls. *Personality and Social Psychology Bulletin, 23*, 498–503.

Baron, R. A., & Kalsher, M. J. (1998). Effects of a pleasant ambient fragrance on simulated driving performance: The sweet smell of...safety? *Environment & Behavior, 30*(4), 532–552.

Bosmans, A. (2006). Scents and sensibility: When do (in)congruent ambient scents influence product evaluations? *Journal of Marketing, 70*(3), 32–43.

Cann, A., & Ross, D. A. (1989). Olfactory stimuli as context cues in human memory. *American Journal of Psychology, 102*, 91–102.

Doucé, L., & Janssens, W. (2011). The presence of a pleasant ambient scent in a fashion store: The moderating role of shopping motivation and affect intensity. *Environment and Behavior, 20*(10), 1–24.

Goldberg, K. (2009, December 30). Sweet smell of success: Sales of luxury perfumes grow by 10 percent. *Washington Times*, p. 1. Retrieved on June 25, 2012, from the Lexis-Nexis Academic search engine.

Hanisch, E. (1982). The calming effect of fragrances and associated remembrances. *drom Report* "The nose: Part 2," pp. 18–19.

Knasko, S. C. (1989). Ambient odor and shopping behavior. *Chemical Senses, 14*, 718.

Knasko, Susan C. (1989), Ambient Odor and Shopping Behavior, *Chemical Senses, 14*(94): 718.

Lunard, R. (2012). Negative effects of ambient scents on consumers' skepticism about retailers' motives. *Journal of Retailing and Consumer Services*, 19, 179–185.

Morrison, M., Gan, S., Dubelaar, C., & Oppewal, H. (2011). In-store music and aroma influences on shopper behavior and satisfaction. *Journal of Business Research, 64*, 558–564.

Redd, W. H., & Manne, S. L. (1991). *Fragrance administration to reduce patient anxiety during magnetic resonance imaging in cancer diagnostic work-up*. Report to the Fragrance Research Fund (now the Olfactory Research Fund).

Rotten, J. (1983). Affective and cognitive consequences of malodorous pollution. *Basic and Applied Social Psychology, 38*, 213–228.

Stolberg, S. (1994, June 29). Trying to make sense of smell. *Los Angeles Times*, pp. A1, A20, A21.

Sugano, H., & Sato, H. (1991). Psychophysiological studies of fragrance. *Chemical Senses, 16*, 183–184.

Teerling, A., Nixdorf, R. R., & Koster, E. P. (1992). The effect of ambient odours on shopping behavior. *Chemical Senses, 17*, 886.

Teller, C., & Dennis, C. (2012). The effect of ambient scent on consumers' perception, emotions, and behavior: A critical review. *Journal of Marketing Management, 28*, 14–36.

Warm, J. S., Parasuraman, R., & Dember, W. N. (1990). *Effects of periodic olfactory stimulation on visual sustained attention in young and older adults*. Progress Report No. 4 to the Fragrance Research Fund (now the Olfactory Research Fund).

Welsh, J. (2011, June 16). Smell of success: Scents affect thoughts, behaviors.

第十六章

说服中的道德考量

本章概览

- **说服通常都是不道德的吗**
- **动机影响了方法**
- **道德、文化与中央或周边处理模式**
- **在研究说服时无法回答的道德问题**
- **我们的方法：道德说服的特点**
  - 道德与我们的说服模型
  - 作为恋人的说服者
  - 经验不足的人、走私犯和侦探
- **前面章节中出现的道德争议**
  - 道德与信誉
  - 道德与交流者的特征
  - 道德与欺骗
  - 使用威胁作为依从获得策略的道德考量
  - 道德与恐惧诉求
  - 道德与情感诉求
  - 道德与讨好
  - 道德与视觉说服
  - 道德与潜意识影响

曾经有过这样的说法，“世界上最危险的动物是大学里学过一学期心理学的新生。”如果此话属实，排在第二的无疑是刚刚上过说服课程的大一新生。因为如果你给一个孩子一把玩具锤，他肯定会认为自己看到的每样东西都需要锤一下（Kaplan，1964）。同样的，一个刚学完说服课程的学生认为他应该抓住每一个机会来测试新掌握的技能。往好里说，这会让被说服者很恼火；往坏里说，如果说服者的做法被认为很不道德，这么做会损害甚至彻底毁掉他与被说服者间的关系。与锤子一样，说服也是一个很有用的工具，可是人不可以用它随便锤别人。

基于这个以及其他原因，我们将在本章讨论说服企图中的道德考量。虽然这已经是本书的最后一章，但这绝不等于说它不重要。我们之所以将它放在最后一章探讨，是因为我们要将贯穿全书的所有道德关切都列出来并逐一展开论述。在本章中，我们试图将一些与道德相关的问题都提出来并予以回答，同时也尝试着对说服在怎样的情况下符合道德规范给出了指导建议。

在本书前面的章节中我们毫不犹豫、毫无保留地教了你如何成为一个更有效的说服者；同时也告诫了你怎样成为一个对说服性信息有辨别力的消费者。因此，我们深感有义务就说服的道德运用提供一些建议，让你知晓哪些做法是可接纳的，哪些是不妥当的。在你打算在不知情的室友、毫无防备的教授、无意识的家人、可怜的同事或倒霉的陌生人身上尝试你学到的说服技巧前，我们希望你能明白尊重他人的尊严、关心他人的幸福和运用你的能力行善而不是作恶的重要性。我们非常严肃地认为，与说服能力相伴的是说服时应当承担的道德责任，而且我们不认为在道德层面上存在任何“灰色地带”。当然，对于我们的指导建议，你完全可以有自己的不同意见。你可以根据自己的道德标准进行认真思考，然后对道德与不道德的说服行为做出甄别。

说服通常都是不道德的吗

说服经常面临的一项指责就是它是不道德的。一些人认为，说服都是人刻意操控的，是一种单方面的沟通方式。他们认为沟通应当重在合作、信任和达成一致。我们对此的看法是，这样一种沟通方式和人际交往当然是非常崇高的，但也过于理想化了。如果人与人之间无法取得一致该怎么办？如果他们彼此的目的相悖又该怎么办？出现这种情况时，说服是必不可少的。当形势没有处在最佳或绝妙的状态时，说服是人们必须依赖的路径；而当他们的需要没有得到满足或者他们的人际关系不够理想时，他们同样需要借助说服寻求解决办法。

在第一章中我们就已经指出，说服本身并不是一个不好的词，但当人与人之间的分歧较大时，为了说服他人，它常常用来做些不好的事情。不过，试图说服他人并不一定是单方面的，它完全可以是双向的，并且事实也常常如此。在很多时候，说服都可以取得令双方满意的结果。而且说服与合作一点也不对立，它完全可以建立在互相信任和互相尊重的基础上。只要关系中的双方是平等的，每一方都可以自由地影响另一方。

如同我们在第一章中所述，说服能够起不少积极的和亲社会的作用。比如，说服可以用来增强公众对诸如虐待配偶、无家可归者和艾滋病病毒传播等社会问题的关注。无论你喜欢与否，说服都是无处不在的。至于有些说服者表现得很不道德，我们应当了解不道德的说服企图的招数以及它们为什么能够得逞。

我们并不否认说服会被人操控，因为它就是一个工具，而工具就有可能被误用。不过，出现这种情况时，我们应当责备的是使用工具的人，而不是工具本身。打个比方，当某人使用英语贬低或蔑视他人时，没有人会因此认为我们应当废除英语这一语言。那么为什么当说服被不道德地使用时，人们会指责说服这一做法而不是说服者呢？退一步讲，就算一些说服工具（比如恐惧诉求）具有很大的伤害性，也和锯子比卷尺更危险的性质是一样的。在使用这类说服工具时，哪怕它们的出发点是为对方着想，也需要采取更有力的防护措施。

动机影响了方法

与我们用工具打比方一样，James McCroskey 也说过，“说服方法本身在伦理上是中立的”（McCroskey，1972，p.269）。与他的观点相反，Jacksa 和 Pritchard（1994）认为，“实际上，任何交流行为都是道德观点的体现”（p.12）。我们承认道德与说服紧密交织在一起，但我们认为，说服企图中的道德考量主要源自说服者的动机或目的，所使用的方法是次要的。在我们看来，说服的方法只有承载说服者目的的道德潜质。

为了进一步阐明我们的观点，我们假设有三个说服者，他们分别使用一种说服策略：欺骗、恐惧诉求和讨好。仅仅根据他们所使用的策略，就能判断他们中的谁最道德或者谁最不道德吗？我们认为这是不可能的。在不了解使用该策略的目的的前提下，我们无法对策略本身做出道德方面的评价。表 16.1 列出了这三种策略，以及它们背后隐藏的两种完全不同的动机。从中可以看出，如果与善意的动机组合在一起，策略的使用似乎就是正当的；可是如果与不当的动机组合在一起，策略的使用就是极其不合理的。

表 16.1　动机影响了方法

在我们看来，说服者的动机影响了他所使用的方法，如同下面列举的例子。

策略或方法	好的动机或目的	坏的动机或目的
欺骗	试图向某人隐瞒为其举办生日聚会的惊喜	企图诈骗一位老人毕生的积蓄
恐惧诉求	试图说服孩子绝对不要搭陌生人的车	威胁一个雇员如果拒绝其上司的性骚扰就要降她的职
讨好	试图让一个因为考试成绩不佳而沮丧的朋友高兴起来	为了继承遗产，过分关注一位垂死的亲人

因此，我们认为，说服者动机中的道德考量体现在其所使用的策略上。策略本身是中立或无道德区分的，直到它与某个具体的动机或目的结合在一起，

整个说服企图（动机和策略）才有了道德与不道德的分别。

把我们的观点说得再深刻一些，就连某些形式的胁迫也可以被理解成为达到某个目的的正当做法（按照我们在前面提过的模型，胁迫是说服的一种“边界”处理方式）。比如，父母可能强迫孩子接种疫苗。精神病患者或者妄想症患者可能会受到严格控制，以防止他们伤害自己或他人。再设想一个“定时炸弹”即将引爆的场景：恐怖分子宣称要在24小时内在一座大城市里引爆一枚放射性炸弹，由此造成的辐射可能导致成千上万人死亡。政府特工人员已经抓到了一个恐怖分子，可他拒绝交代。如果特工人员认为对其动刑很可能令其吐露炸弹的位置从而前去拆除。那么，为了数千人的生命，特工人员用胁迫获取情报在道德上说得过去吗？此时，会被残害的人数（100人、1000人、10000人）重要吗？特工人员在动刑后获取情报的把握（10%、50%、90%）重要吗？

道德、文化与中央或周边处理模式

我们完全承认，一些说服策略似乎在伦理上更为可取。比如，使用理性的推理会比使用讨好或依靠魅力显得更正当；使用事实和数据会比使用情感诉求更具合理性。这凸显了西方社会对逻辑和理性思维的普遍偏好，它与 Petty 和 Cacioppo（1986）所称的中央处理是相吻合的。你应当还记得我们在第二章讨论过的详尽可能性模型，它认为说服的中央处理路径涉及对信息的积极思考和仔细审视，而周边路径则基于信息来源的可信度、形象思维或社会暗示。在美国文化中，中央路径是人们在说服时更愿意采用的。

不过，并不是所有文化都看重理性的线性思维。在其他文化中，它们可能更在意取得想法或行为一致性的其他方式。举例来讲，在一些亚洲文化中，人们强调符合群体规范的重要性，他们不愿意挑战现状或制造麻烦。在这样的文化中，间接影响策略更受推崇（比如，暗示或强调服从群体规范的重要性），而不是直接策略（比如，争论、公开分歧）。对间接策略的偏好反映出这些文化非常看重避免冲突和保住面子（Ting-Toomey，1988，1994；Ting-Toomey & Kurogi，1998；Wiseman et al.，1995）。

即使在西方文化中，虽然多数人偏好理性的说服，但也有例外的时候。如果一个人过于讲求逻辑或者太缺乏情感，就像电影《星际迷航》中的人物斯波克先生，也会被认为“冷漠”“精于算计”或者“无情”。做人更可取的品格应当是富有同情心、具备共情力和对他人的恳求做出回应。因此，尽管一些说服形式可能比其他形式在伦理上更可取，但对文化和环境因素也需予以考虑。

在研究说服时无法回答的道德问题

我们在上文中已经指出，说服行为的道德考量主要源自说服者的动机。可是，有关说服的研究都倾向于聚焦说服的方式（策略和手段），而不是说服者的动机上。因为这个原因，说服研究对于回答什么是善意的说服、什么是恶意的说服缺乏充分的认知。当今社会上存在许多有争议的话题，比如堕胎、协助自杀、同性恋婚姻等，可是对说服的研究无法告诉说服者应当站在争议的哪一边，它也不能启发说服研究去判断什么动机或价值观是对的、什么是错的。于是，说服研究者倾向于把做这些决定的责任留给道德哲学家、宗教领袖、司法体系以及其他的道德仲裁人员。

就具体的策略而言，许多专业机构都制定了伦理准则。报社记者、电视新闻主持人和电台的评论员都要受到国家组织或政府机构制定的行为守则的约束。比如，报社记者不可以刊登内容未经两个独立来源核实的事件。就连口碑营销协会都制定了道德规范。但是在网络上，几乎什么都可能出现，因为尚无明确的规定。博主可以把他想发的任何东西都发到博客上。不过，关于网络上仇恨言论和网络欺凌的立法已经在酝酿中了。

或许，说服研究者应当把更多的精力放在他们正在调查的策略和手段会被怎样使用上。不过，需要明白的是，让研究人员事先就搞清楚某种说服工具会被怎样使用是很有难度的。如果一种说服工具显然会被用于行善或作恶，那研究人员又能做什么呢？在专栏16.1中，我们列出了你可能在伦理课上学过的著名伦理学方法。不过在现实生活中，人们倾向于把这些方法结合起来使用，使我们中的大多数人都成了伦理相对主义者。限于本书的篇幅，我们无法在这里对伦理学和道德哲学展开全面的讨论。不过幸运的是，如果你想对道德与说服有更多了解，你可以阅读一些在这方面写得非常不错的著作（Christians，Rotzoll，& Fackler，1991；Jacksa & Pritchard，1994；Johannesen，1983；Johannesen，Thayer，& Hardt，1979；Nilsen，1966；Rivers，Christinas，& Schramm，1980）。

专栏 16.1 伦理学方法

- 目的与手段：围绕着说服的方式或手段是否道德的争议，以结果的可取性作为判定标准。那是不是说如果说服的目的是善意的或可让人接纳的，在说服时使用武力或胁迫就是正当的？
- 结果论 / 目的论伦理观：强调后果或结果的伦理学方法。说服者应当充分权衡他行为的利弊，那些利大于弊的行为就是道德的。
- 道义论体系 / 责任伦理：伦理方法应当聚焦道德需要，而非特定的结果。人有义务遵守道德行为规则，因此可能会出于道德考量而不计后果地采取一些行动。
- 非道德主义（又称马基雅维里主义）：这一伦理方法允许说服者不择手段地采取任何做法，只要不犯法或者不在乎社会舆论的谴责。说服者最看重自身的利益，其他的都无所谓，因此面对这样的人一定要小心，否则上当受骗只能自认倒霉，今后吸取教训。
- 情境伦理学 / 相对主义：这一伦理方法认为不存在绝对的道德，也没有什么伦理守则，而且没有一种道德准则适用于所有的文化、人、时代和场合，任何一条规则都有例外的时候。说服的方式可能有好坏之分，但它们最终是好是坏取决于情境、受众、事件本身的性质以及其他相关因素。
- 普遍主义：这一方法认为，有普遍存在并且不可改变的“可做”和“不可做”的道德划分，而且道德和价值观可以转化为持久的行为准则。无论针对什么人、在哪里、什么时候，有些行为永远都是正当的，而有些永远都是错误的。比如，折磨人的做法就永远都是不可行的。一些普遍的人权必须得到坚决捍卫。普遍主义中存在“强硬”和“温和”的派别，就是说，一些人的观点比起别人更绝对。
- 平等主义（又称“黄金法则”）：这一伦理方法强调“己所不欲，勿施于人”的做法，就是说，如果你希望别人怎样对待你，你也要用同样的方法对待别人。它更现代的说法是：“善有善报，恶有恶报。”
- 自由市场伦理观：该方法源自自由市场或资本主义的一个标志：买者自负，即提醒顾客小心上当。它认为对说服性信息不应当有什么事前约束，受众应自行对其进行分析判断并承担最终的责任。
- 功利主义（约翰·斯图尔特·密尔）：这是一个目的论的方法，基于追求最多数人的最大利益这一原则。电影《星际迷航》将其改编为“平衡多数人的需要与一个人的需要”。
- 美德伦理学：该方法侧重于人的品格，而非具体的道德准则或行为。每个人都应当善良，并养成好品格。与其对照检查什么能做、什么不能做的清单，不如扪心自问，“我希望成为怎样一个人？”

说服研究者无法区分好的说服做法和不好的说服做法与其他领域研究人员的处境很相似。比如，针对克隆人的胚胎所引发的争议就蕴含着许多道德考量。从事这方面研究的科学家们深知他们的研究带有伦理色彩，但大多数时候，他们仍重点关注与克隆有关的科学问题而非道德问题。毕竟，连政治家们和神职人员都无法在道德问题上形成一致的看法。

说服研究者与他们的情况差不多：他们只是对更深入地搞清楚说服怎样起作用感兴趣，他们不太在意某种策略或方法是否可以使用，也不关心出于怎样的原因才可以使用说服的做法。我们并不否认说服研究者应当对他们所考查的策略或方法中的道德因素引起重视，我们只是想指出，研究者更感兴趣的是技术类型的知识体系，而非操控这些技能的大脑思维。不过，我们也完全认同，就如同玛丽·雪莱（Mary Shelley）小说中的弗兰肯斯坦博士*，说服研究者应当从道德层面上对其发现和传播的知识负起责任。

我们的方法：道德说服的特点

我们在伦理学领域不具备专业知识，显然也没有特瑞莎修女那样的道德品质，但我们仍感到有责任提出自己总结的道德指导原则和建议。就如同我们认为说服的权力要求说服者在道义上承担责任一样，我们在教别人说服的技能时，也有义务告诫他们怎样做才是道德的。由于我们的观点不是源于单一的伦理观点，因此我们的方法最适合被定义为情境伦理学或者相对主义（参见专栏16.1）。我们不期望你将我们的建议视为真理，但我们确实希望你能认真思考我们提供的指导原则和意见。我们认为，你对说服中的道德因素思考得越多，就越可能成为一个负责任的说服者。

道德与我们的说服模型

在我们的说服模型中（参见第二章），我们对纯粹与边缘的说服案例进行了区分，并且给出了五个区分标准：纯粹说服案例是刻意的；信息接收者对此也有清醒的认识；信息接收者可以对说服信息自由做出选择；说服通过语言或象征性行动表现出来；说服的过程需要两个或者更多的人参与。我们认为，对说服者来说，前四个标准都具有重要的道德含义。

意向性

一些学者认为，只有刻意的影响企图才能被称为说服。但是从道德的角度出发，这样的观点是有问题的。我们认为它会让说服者不对非刻意说服造成的后果承担责任。如果一个说服者的行为导致了未曾预料的有害后果，只要随便地说一句，“这不是我的本意”，就能摆脱应当承担的责任。或者，一个说服者

* 弗兰肯斯坦博士是英国作家玛丽·雪莱在1818年创作的长篇小说《科学怪人》（*Frankenstein*）中的主角。他是个热衷生命起源的生物学家，用不同尸体的各个部分拼凑了一个巨大的人体怪物。——译者注

的影响企图用错了对象，他也可能只说一句，“我其实不是针对你的”，就能了事。研究已经证明，非刻意的信息，比如碰巧听到的族群诽谤，也同样有损一个人在别人眼中的形象（Greenberg & Pyszczynski，1985；Kirkland，Greenberg，& Pyszczynski，1987）。因此，我们认为，即使是意外的后果，说服者也要承担责任。

意识

按照我们的模型，参与者应当对纯粹说服案例有清醒的意识，而边缘说服案例则不需要参与者有这样的意识。我们认为，所有参与方都对说服过程有充分知情权的说服才是道德的。因为一个人只有知道自己是某个说服企图的目标，才可能采取主动，抗拒它或者提出自己的主张来反对它。

自由选择／自由意志

在我们的模型中，纯粹说服案例中的参与者对于是否接受或认同说服信息可以自由做出理性的决定；而边缘说服案例却在不同程度上存在胁迫的成分。很显然，我们认为，允许对方做出自由选择的说服企图比不允许对方自己做出选择更加道德。自由选择包括质疑他人说服企图的权利、用自己的观点反驳对方的可能性和拒绝接受对方说服信息的决定。一般来讲，给予一个人越多的自由说“不”，说服企图就越符合道德标准。这也解释了为什么上面提到的意识是说服过程中的一个重要成分，因为如果一个人没有意识到自己是说服的目标，他就无法做出接受还是拒绝的选择。

语言和象征性行动

按照我们的模型，纯粹说服案例大多借助语言（口语或书面文字）和象征性行动（抗议游行、静坐等）来表达，而边缘说服案例的表现形式通过非言语或行为方式，凭借外表的魅力或行为操控来改变他人的行为均属于边缘说服案例。我们认为，整体来讲，使用语言和象征性行动进行说服比使用非言语或行为的方式更道德。我们赞同前者的原因是，基于语言的说服企图更容易被识别，也更容易被理解和接受；而非言语诉求的说服企图不易被察觉。

当然，说服者让对方明白自己是非言语或行为说服方式的目标也是完全可能的。比如，静坐和抗议游行显然是非言语说服的例子。如果受众了解到说服者使用了非言语或行为的策略，那么基于语言的说服和基于非言语的说服之间在道德层面上就没有什么差别了。

作为恋人的说服者

在其广受好评的一篇论文中，Wayne Brockriede（1974）提出了这样一个看法：根据辩论者对待别人的态度，可将其分为三种类型。他认为，第一类人是“骗子”，他们靠着要花招、编瞎话、施展魅力、讨好奉承和欺骗达到目的。骗子们不会平等地对待对方，而是把他们当作不知情的受害者。第二类人是“强奸犯”，他们借用威胁、武力和胁迫获胜，通常会采取恫吓、人身攻击、威逼和最后通牒的手段得逞。与骗子一样，他们也视对方低人一等，甚至根本不把对方当人看。第三类人是“恋人”，他们尊重对方的人格尊严，彼此间的关系建立在平等基础上。他们视彼此为伙伴，坦诚接纳对方的不同观点，并努力寻求一个能令双方都满意的解决方案。

我们认为，Brockriede 对辩论者的分类同样适用于解释说服者与其受众间的关系。在他的归纳的基础上，我们总结了作为恋人的说服者所拥有的三个基本特征或品质。第一个品质是尊重。遵守道德规范的说服者会肯定对方的自我价值，因此他们所使用的策略或方法都对对方的尊严给予了高度重视。与之形成对比的是，缺乏道德的说服者总是对对方表现出蔑视的态度，并且希望对方是容易上当受骗的傻瓜。

第二个品质是平等。在说服过程中，如果双方处在平等的地位，那么他们之间的关系就是非常道德的。因为如果关系不平等，地位或权力就很可能——无论是有意的还是无意的——对地位较低的人构成选择障碍，而位高权重者会不由自主地使用“胡萝卜”或“大棒”的方式迫使对方顺从。而且地位低的人很自然就认为，如果他们服从，就能得到奖励；如果不服从，就会受到惩罚。

我们认为，即使在权力上存在差别，符合道德标准的说服也是可能的，但前提是权力大的一方要允许沟通在平等的基础上进行。比如，在组织机构中，“自上而下的沟通”和“自下而上的沟通”都意味着不平等。为了将这种不平等现象的影响降到最低，上司应当在沟通时首先声明，他所说的只是建议，绝非命令。同时，他也要乐于改变自己的观点。同样的情况也适用于父母与孩子间的沟通，即父母对孩子也只是给出建议，而不是命令，并且愿意接受孩子的一些想法。

第三个品质是包容。说服过程中的每一方都必须对另一方有足够的耐心，让对方充分表达看法。每一方都应开放地接受对方意见中的可取之处，确保沟通是双向的。我们认为，如果一个人想影响他人，那他一定要愿意被他人影响。

换位思考在这一过程中扮演着非常重要的角色。说服者要做好倾听的准备，让对方充分表达。如果一个人只想着“我要说服他，但我可不能被说服”，那这个人就不可能容忍对方或对方表达的观点。总之，我们认为如果具备了这三种品质，说服过程就会令人感到愉快，而且在道德层面也是非常可取的。

经验不足的人、走私犯和侦探

Robert Cialdini 被许多人称为现代依从获得从研究之父，他也将说服者分成了三种类型（Cialdini，1999）。第一类人是经验不足的人，他们由于缺乏经验，使用的策略或方法没有效果，结果浪费和失去了说服的机会。他们只是比较笨拙而已，并不能因此就认为他们的做法是不道德的。第二类人是走私犯，他们非常清楚自己要做什么，但是会采取很不道德的手段达到目的。比如，如果他们认为欺骗能助他们马上实现目标，他们会毫不犹豫地使用这一做法。第三类人是侦探，不同于第一类人，他们知道怎样说服才能产生效果；也不同于第二类人，他们在选择策略或方法时会进行道德考量。按照 Cialdini 的说法，之所以称这类说服者是侦探，是因为他们会仔细研究说服情境，然后找出最有效也最合乎道德规范的方案。因此，在他看来，侦探是最理想的说服者。他认为，无论是个体还是机构（营销人员、广告商、公司等），在说服时都应当像侦探一样。不过，他也指出，问题是一些说服人员意识不到这样做的长久益处。他说，“不断地使用错误的说服策略最终会导致心理和财务方面的自我毁灭”（Cialdini，1999，p.94）。比如，如果车行的老板总是要求销售人员不择手段地把车卖出去，那么短时间里卖出去的车可能不少，但从长远看，员工的士气会受到严重影响，后续的交易量会逐渐减少，公司的业务最终将蒙受巨大损失。因此，Cialdini 认为，即使不为被说服者着想，坚守道德原则最终也能使说服者本身实现利益最大化。

前面章节中出现的道德争议

以上是我们对道德的说服给出的指导建议，接下来，我们来关注和探讨一下本书前面章节中出现的在说服策略和方法方面引发的道德争议。我们将聚焦一些重点问题并试着给出答案。

道德与信誉

围绕着将说服信息源的信誉作为说服工具引发了一些道德争议（参见第四

章)，其中，最主要的有下面几个：

1. 让名人为他并不使用或缺乏专业知识的产品或服务代言是不道德的吗？
2. 我们应该对政治家、专业运动员和名人把更多的期望吗？对于曝光的错误判断和言过其实，这些人应承担怎样的责任？
3. 如果受众对某一信息源过于信赖或依靠，那么权力的使用是否会变成权力的滥用？比如，电视上的福音传道者可以对他的追随者施加很大的影响，以致后者无法自己做出判断和独立思考吗？

当名人为自己并不使用的产品代言时，通常自己会露出马脚。名人可以因违反合同而被起诉。好莱坞影星查理兹·塞隆（Charlize Theron）就遇到过这样的情况。她为蕾蒙威（Raymond Weil）手表代言，却被人拍到在公开场合戴着另一品牌的手表。歌手杰西卡·辛普森(Jessica Simpson）和演员泰瑞·海切尔(Teri Hatcher）也因类似的违规行为遭到过起诉。有时候，如果产品卖得不好，名人代言反而会适得其反。比如，卡戴珊姐妹就遇到过500万美元的诉讼，原因就是她们为一款名为 Quick-Trim 的减肥产品代言，并声称它帮她们减掉了许多体重，但指控认为她们在广告中所说的都是“虚假的、误导人的和没有事实根据的”(Kotz & Haupt，2012；para.1)。另一起类似的诉讼对准了著名篮球运动员沙奎尔·奥尼尔（Shaquille O’Neal），因为他过分吹嘘佩戴能量手环的好处，称它可以利用“全息能量”来优化人体的能量流(Malinowski，2011)。

说服信息源经常会说或做一些有损他们信誉度的事情，这对政治候选人、运动员和名人来说简直就是丑闻，对他们的形象是极其不利的。现在，推特比以往任何时候都更容易让人因说错话而遭殃。前国会议员安东尼·韦纳（Anthony Weiner)就是典型的发推特不当的牺牲品，他把自己与一个女孩在一起的色情照片误发到了他的公共推特账号上，然后又谎称他的账号遭到了黑客的袭击。不久他就被迫辞职了。喜剧演员吉尔伯特·戈特弗里德（Gilbert Gottfried)在日本刚遭遇毁灭性海啸袭击后就在推特上发了一系列无聊的笑话，结果美国家庭生活担保公司立刻取消了他作为其代言人的资格。演员艾什顿·库奇（Ashton Kutcher)在不了解乔·帕特诺（Joe Paterno)卷入了杰里·桑达斯基（Jerry Sandusky)猥亵儿童案的实情前就草率地发推文为他辩护。面对新环境，那句古语“三思而后行”或许应该再加上“和发推特”。

由于信誉发挥的是外围暗示的功能，因此，如果将其作为说服的主要方式可能会造成短路，并且是一种短视的做法。我们始终认为，将重点放在中央处理的说服诉求比那些侧重周边处理的方式更可行。同时，前者在道德层面上也更具优势，因为它们允许信息接收者自己进行分析，思忖证据，经过思考后再做决定。

我们认为，用信息源的信誉度取代深度思考在道德上也是不可取的。如果确实有必要用信誉来增强信息的说服力，一定要使用切实可靠的信息源。所谓“切实可靠”，指的是所使用的代言人应当在给出建议或推荐时的确具备相关的专业知识。比如，泰格·伍兹对高尔夫球非常在行，让他为一家高尔夫球俱乐部代言就是可以让人信赖的。但是他对吸尘器并不了解，因此让他推荐吸尘器就不一定比普通人的选择更有效果。

道德与交流者的特征

在第五章中，我们已经指出，一些说服信息的接收者很容易受说服的影响。比如，小孩子就很难对电视广告里出现的玩具的功能做出判断，他们不知道有些是不能随便使用的。患上绝症的患者对于商家兜售的具有神奇效果的药物完全没有抵抗能力。老年人，特别是那些智力已经开始衰退的老人，非常容易被骗子们欺骗。初来乍到的移民也是极易上当受骗的群体，因为他们都比较单纯，又有语言的障碍。针对类似这样的特殊人群，一些在说服时面临的道德问题很有必要引起重视：

1. 在试图说服儿童时，应当采取哪些道德防护措施？
2. 在试图说服弱势群体时，说服者应承担哪些道德责任？

对于第一个问题，我们强烈主张在对待儿童时必须小心谨慎。现在的孩子常要面对无数广告的狂轰滥炸。在美国，少年儿童每年平均会看到40 000条广告（Committee on Communications，2006）；青少年每天会接触到10~20条有关快餐的广告（Council on Communications and Mass Media，2011）。年幼的孩子是很容易被骗的。根据美国儿科学会发表的一份政策声明，“研究已经表明，儿童——未满8岁的孩子——在认知和心理方面都对广告毫无防备”（2009，p.2563）。他们无法区分广告中出现的场景与现实生活中的实际情况的差别，更不可能注意到广告后面所附的免责声明。虽然各种私人和公共机构已经规范了针对儿童的大众传播信息的内容，但仍有广告商们因违规而受到指责。就如同

Treise、Weigold、Conna 和 Garrison（1994）所指出那样：

> 为孩子做的广告会向他们推介一些其实对他们有害的产品，比如：糖（Gore，1989）；用言过其实的做法先操控他们，然后又让他们感到失望；制造他们与父母因购买某一产品而引发的冲突；引诱他们尝试酒精饮料或毒品（Atkin，1987）；让他们在区分产品与广告时产生困扰（Kunkel，1988；Englehardt，1987）。（p.60）

尤其令人关切的是，儿童对媒体暴力的接触。美国儿科学会（2009）已经警告说，“对媒体暴力的接触，包括电视、电影、音乐和视频游戏，对儿童和青少年的健康和成长都构成了严重的威胁（Policy Statement-Media Violence，2009，p.1495）。对媒体暴力的接触会增加孩子的社会和人身攻击性（Gentile，Mathieson，& Crick，2011；Murray，2008）。而且更令人吃惊的是，在针对儿童所做的广告中，暴力的成分一点不比成人广告少，有时甚至更多（Jones，Cunningham，& Gallagher，2010）。

除了遵守那些已经制定的约束条款外，我们还建议试图说服青少年或对其施加影响的人士遵循三个基本原则：第一，在说服孩子前，一定要征得其父母或法律监护人的许可。比如，如果你想让邻居的孩子相信圣诞老人和复活节兔子都是虚构出来的，你应当先与孩子的父母沟通并征得他们的同意。未经许可的说服不仅侵占了孩子父母享有的权利，还可能让你惹上官司。第二，在与孩子沟通时，要尽量使用他们能够听懂和理解的词或概念。说服信息的内容应与所针对的孩子的年龄及其发展水平相吻合。第三，说服时，一定要做到将孩子的最大利益放在心上。雷诺烟草公司在使用现已不再使用的“骆驼乔”做广告时有没有考虑过它会影响谁的利益？批评人士指责说，使用这一卡通人物显然是在引诱未成年的青少年学抽烟（Bromberg，1990）。在我们看来，以孩子为目标来唤醒公众意识的信息（比如，反对使用麻醉品或者不要随便接近陌生人）在道德方面不存在什么问题，而以孩子为目标来挣钱盈利的广告就很难说了，需要认真审核。

至于第二个问题，很显然，在一些情况下，弱势群体更容易被说服者作为说服的目标。举例来讲，相较于住在城外富人区的人，居住在城里的人们更可能受到许多烟酒广告的影响。可以说，居住的环境越差，受的影响越大（Kwate & Lee，2006）。

我们认为，只要坚持上面提到的互相尊重、关系平等和彼此容忍的价值理念，对于弱势群体或个人的关切就能够逐步得到重视。在说服这样的人群时，一方面一定要考虑人际关系或跨文化的敏感性，包括对对方感受和观点的共情能力；另一方面要抵御想利用对方的恐惧、软弱和优柔寡断的企图。对于正常的、知情的消费者，“买者自负”的说法或许说得过去；但对于弱势群体，这么说就是在为欺骗找借口。

道德与欺骗

对欺骗和欺骗识别的研究是说服研究领域中与道德联系得最紧密、也最敏感的一个方面。第十二章涉及一些与此相关的问题，其中最重要的、需要再次加以探讨的问题是：

1. 欺骗可能是正当的吗？或者换一个问法，诚实永远都是最好的选择吗？

虽然有一些人可能 认为撒谎在任何情形下都是不对的，但我们认为，有太多的时候，善意的谎言对关系中的双方都是有益的。在夸别人的衣服好看、称赞岳母的厨艺或者告诉聚会的主办人你很开心时，使用一点欺骗应该是无伤大雅的。即使在需要坦率的时候，我们也认为诚实与无情的诚实之间有着巨大的差别。

我们的观点是，虽然社会有时可以接纳欺骗的做法，但我们必须洞察说服者的真实动机。我们可以问这样一个问题：“这个谎言在为谁的利益着想？”那些自私的谎言绝对是不道德的；而为他人利益考虑的谎言可被理解为道德的。研究显示，其他人也持同样的观点。比如，Seiter、Bruschke和Bai（2002）进行过一项调查，他们让一些中国人和美国人为对各类谎言的接受程度打分。来自两种文化背景的人们给出的答案几乎相同：他们都认为出于自私目的的谎言是不可接受的；但为别人考虑的谎言在整体上是可取的。在对欺骗的道德价值进行评估时，我们应当清楚地意识到，赤裸裸的谎言和虚假陈述只是欺骗中的一种，欺骗还包括隐瞒信息或者故意把意思表达得模棱两可。后者比前者在道德层面上可取一些。比如，相较于直截了当地回答而让对方过于痛苦或难堪，你可以委婉地表达一些内容。因此，隐瞒信息和模棱两可的表达都可能是在为对方着想。

对于“诚实是最好的选择”这一说法还要指出的一点是，只有在说服环境中具备那些道德因素（比如，互相尊重、关系平等和接纳彼此的观点）时，诚实才能取得好效果。如果没有这些前提，诚实表达自己想法的人很可能会被解雇、受到惩罚或者遭到嘲笑。

使用威胁作为依从获得策略的道德考量

在第十一章中，我们讨论了一些与依从获得有关的策略和方法，其中就有威胁这一项。研究显示，在一般情况下，使用威胁的手段确实比不使用它更能达到使人依从的目的（Gass & Canary，1988；Heisler，1974；Nevin & Ford，1976；Tittle & Rowe，1973）。但是使用它虽然有效，也引发了严重的道德关切。因此，我们就重点讨论一下在说服过程中使用威胁手段的道德考量：

1. 使用惩罚威胁道德吗？应当在怎样的情况下使用惩罚威胁？

每一个说服企图都可能引发道德问题，但是，相较于其他说服策略，我们认为说服者在使用威胁的方法时尤其应当警惕，原因是多方面的：第一，我们认为它是不道德的，因为它会给被说服者造成心理困扰。第二，威胁往往利用了双方关系中权力或地位的差异，我们在前面已经明确指出，建立在平等关系基础上的说服更符合道德原则。第三，向对方发出威胁暗示或采取威胁手段都会极大地损害他的精神面貌和自尊。第四，威胁的做法会对彼此的关系造成毁灭性的破坏，因此从长远看，弊大于利。第五，使用威胁会让对方对威胁者产生怨恨，甚至导致后期的攻击性行为。所以如果你采取了威胁的方式，今后一定要多加小心！第六，威胁不能只是说说而已，时常需要真正实施，而这对于威胁者和被威胁者来说都不是什么令人愉快的经历。第七，威胁者给别人树立了一个不好的形象，可能会让他们效仿。你敢说我们就肯定不喜欢采用威胁的方法吗？

那么，在怎样的情况下，说服者可以考虑使用威胁的做法呢？我们的建议是，虽然有时使用它是不可避免的，但无论如何，不要让它成为首选策略。如果实在找不出其他亲社会的做法，或者它们都不起作用了，再考虑用它，而且前提一定是为对方或社会的最大利益着想。举例来讲，假设配偶或亲密伴侣中的一方正在通过酗酒来摧残自己，另一方请求他参加匿名戒酒者互助会或者寻求其他帮助都未奏效，可以考虑采用威胁的方法，比如，对他说，“如果你不想寻求帮助，我就要离开你了。”先向他发出这样的威胁，之后如果需要也可以真的这么做。从长远考虑，这符合双方的利益。

尽管允许出现这样的特殊情况，但是采用威胁的手段还是会在社会上造成许多不良的后果，因此，使用它的合理性实在少之又少。说服者在考虑使用它时应当问问自己，这是不是达到目的的唯一方法；或者如果只能借助于使用威胁的手段，实现这样的目标是否还有意义。很多时候，我们怀疑使用威胁是威胁者的反射行为，而且可能成为他的习惯做法。如果说服者能够更全面地思考可供选择的策略，应当能够找到其他亲社会的做法，这对于促进和保持彼此间的关系更有益。

道德与恐惧诉求

悲观沮丧的场景随处可见。一些时事评论员认为，我们已经生活在一个“恐惧文化”中了（Glassner，1999；Ropeik & Gray，2002；Siegel，2005）。媒体上大量的报道让人感觉危险无处不在（Altheide，2002）。在这样的状况下，我们在第十三章中提到的恐惧诉求确实是非常有效的。但是，在使用恐惧诉求时也应当非常谨慎，确保通过它产生积极的反应（比如危险控制）而不是造成恐慌（比如恐惧控制）。因此，我们在这里针对使用恐惧诉求是否道德提出两个问题：

1. 渲染“恐惧文化”道德吗？
2. 使用恐惧诉求在道德上可取吗？如果可取，应当在怎样的条件或情况下使用？

许多说服者在恐吓我们时是有其既得利益考虑的。政治家们想得到我们的选票，媒体想提高收视率。就像新闻界常说的那样，“越血腥，越吸引眼球”。药品生产企业则企图卖给我们更多的处方药。可是使用这种恐吓的方法是正当的吗？以罕见的外来疾病为例，在过去的五六年里，公众已经先后接到了有关猪流感（简称H1N1流感）、疯牛病（简称BSE）、西尼罗热、非典、“食肉”病毒（又称坏死性筋膜炎）和亚洲禽流感等的各种警告。但如果你知道其实在美国没有一个人死于疯牛病，或许会感到有点吃惊（A Mad Cow Warning，2012）。即使在全球范围内，死于该病的患者也不到200人。疯牛病的发病率是1/1 000 000（Geraghty，2009）。与之形成对比的是，在美国每年有差不多100人因水痘而死。可是，水痘似乎没有疯牛病那么吓人，因此它也没有引起媒体的太多关注。

有的行业不遗余力地用外来疾病吓唬公众。比如，看看这些年来出版的这些书：《瘟疫》（*Plague; Orent, 2004*）；《即将到来的瘟疫》（*The Coming Plague; Garrett, 1994*）；《对信任的背叛：全球公共卫生的坍塌》（*Betrayal of Trust: The Collapse of Global Public Health; Garrett, 2000*）；《秘密特工：来自新传染疾病的威胁》（*Secret Agents: The Menaace of Emerging Infections; Drexler, 2002*）。有关令人恐惧的外来疾病的书非常好卖。如果你觉得对这些疾病已经略知一二了，那么还有新发现的外来疾病，你肯定没有听说过：致死性家族性失眠症（因睡眠不足导致的死亡）、枫糖浆尿毒症（是的，它能使你的尿液闻起来有一股枫糖浆的气味，但它也会损坏你的大脑并致人死亡）和脑虫（它的医学术语是脑囊尾蚴病）。不过不用担心，用不了多久，就会有不甘落后的作家写出《枫糖浆尿毒症傻瓜书》了。

还有的说服者会利用公众对各种罪犯案件的恐惧谋利。我们已经听到太多有关劫车、校园枪击案、高速公路枪击案、入室抢劫、连环杀人和儿童性骚扰的案件。但实际上，美国当前的暴力犯罪率是30多年来最低的（Schwartz，2008；"Violent Crime"，2005）。以儿童绑架案为例，在备受瞩目的波丽·克拉斯（Polly Klaas）和安珀·海格曼（Amber Hagerman）案件被曝光后，父母们对绑架谋杀案都感到极度恐慌。这类案件的确很恐怖，但同时又是极罕见的。事实上，在美国，孩子被绑架和杀害的风险差不多是1/1 300 000（Ropeik，引自 Wilson et al.，2005）。相比之下，孩子死于流感的概率是1/130 000，比被谋害的概率高多了。我们这样讲绝不是说父母不应当对孩子的健康和安全担心，而是认为如果父母只想着给孩子身上装芯片，却没有记住给孩子接种流感疫苗，那么他们的恐惧就不够理性。

现在，新媒体和社交媒体的流行让人们变得比以往更加容易恐惧。我们已经接到了有关网络欺凌、网络跟踪和网络恐怖的警告。社交媒体上的内容既没有经过事实核对，编辑时也没有仔细校对，而且一条推文、一条短信或一个帖子瞬间就可以像病毒一样传播开来。比如，由于社交媒体上不停地传播食人脸僵尸的消息，美国疾病防控中心不得不发表声明称根本不存在"僵尸来袭"的可能性（Campbell，2012）。类似的，自从网上流传发现一具美人鱼尸体的消息，美国海洋和大气局也不得不发表声明予以否认，称"没有证据证明发现了水生类人动物"（Lynch，2012，p.A12）。美国联邦机构尚未否认吸血鬼或狼人的存在，这是不是应当引起我们的关切？

我们无法阻止恐惧传播者的做法，我们能做的只是提醒你在分析评估恐惧诉求时，最好使用中央处理而非周边处理的方法，同时了解一些相关的数据

(Ropeik & Gray，2002；Siegel，2005；Simhan，2004)。比如，在驾车时，你可以提防公路暴力(每年此类案件的死亡人数是40人)，但更应当记着系好安全带(根据国家公路交通安全管理局提供的数据，每年有9200人因此而身亡)(Advocates for Highway and Auto Safety，2005)。在海滩上，你可以担心鲨鱼来袭的风险（在美国，每年会有3起同类的死亡事件)，但更应当注意不要因长时间过度暴露于阳光下而患上皮肤癌的危险（美国每年有8000人因此病故)。你可以对外来疾病保持警惕，比如西尼罗河病毒（2004年，美国有100人因感染这一病毒死亡)，但也要知道，你同样可能被闪电击中（在美国，每年因此死亡的人数也是约100人)，或者在浴缸里被淹死（在美国，每年因此死亡的人数超过300人)。因此，完全没有必要因僵尸或美人鱼而恐慌。

对于第二个问题，即在怎样的情况下使用恐惧诉求是合理的，我们认为，如果恐惧诉求中提及的危险是真实并且实际存在的，就不仅是可接纳的，而且对唤起人们的恐惧意识是必要的，因为人们应当被告知潜在的风险或危害。在使用恐惧诉求时，应当遵循两项指导原则。第一，在告知恐惧诉求的同时要向对方提供具体的、关于避免有害后果的建议，让他们做到防患未然。第二，说服者还需要告诉对方，当危险真的出现时，应当怎样办。在我们看来，如果所谓的危险被严重夸大或者根本就是杜撰出来的，绝对不可以使用恐惧诉求。同样，如果不告知对方怎样避免伤害，也没必要使用恐惧诉求。如果在危险发生时什么也不能做，吓唬他们又有什么意义呢?

道德与情感诉求

一些人认为，情感诉求紧紧抓住了对方的心弦，利用对方的情感而非理性，因此是不可取的。他们说，说服的定位应当是人的大脑而不是内心，更不能是下半身。为了回应这一关切，我们提出下面几个与道德有关的问题：

1. 利用他人的情感在道德上可接受吗?
2. 在情感诉求中，有些类型的诉求是不是比其他诉求在道德层面上更可取或者更符合道德原则?

对第一个问题，我们给出的是一个不完全肯定的回答。但是在第十三章中，我们已经指出，理智与情感诉求的区别实际上是人为的。人们倾向于将他们认同的信息视为“符合逻辑的”或者“理性的”；而将他们不能接受的信息看作“情绪化的”。如果能将理性与情感区分清楚，我们认为它们是互补的。因此，只要不用情感完全代替理性地思考，说服时使用情感诉求是没有任何问题的。但我们不赞同将它作为说服的唯一方式，或者当它与合理的推理和证据出现矛盾时，仍坚持使用它。如同我们在前面声明的，我们更希望对说服信息进行中央处理。如果用情感诉求这一周边处理方式完全取代中央处理方式，就是不可取的。

对于第二个问题，我们倾向于认为，从道德层面看，正面的、亲社会的诉求是可接纳的；而负面的、造成不和谐的诉求是不可接纳的。当人们提到情感诉求时，往往想象的是“负面的”诉求，比如，同情、内疚或者羞愧。但是，不要忘记，情感诉求也有积极的一面，它可以鼓舞人，令人感到开心和振奋，它还能够激励人更努力、更出色和更全力以赴。我们不认为给予人们情感激励的教练、教师、政治家和神职人员的行为是不道德的。相反，正面的情感诉求在说服过程中可以发挥合理的作用，是对使用推理和证据的有益补充。

道德与讨好

我们每个人都称自己很讨厌拍马屁，当然，如果别人对我们拍马屁，可能就要另当别论了。Jones（1963）在对这一话题所进行的开创性研究中将拍马屁现象委婉地称为讨好，但定义它是一种“不正当的”策略行为（参见第十三章）。因此，讨好听起来是一种不道德的做法。我们在这里想对这一问题进行讨论：

1. 讨好究竟是一种不道德的行为，还是对事情坦诚的称赞呢？

有时候，我们倾向于认为讨好是一种欺骗，讨好者在奉承他人时是虚伪的。可是如果讨好者给予别人的褒奖确实发自内心呢？我们认为，如果说服者不是口是心非的话，他表扬或称赞他人的做法就没有任何不妥之处。事实上，在对说服进行道德与非道德考量时，这是我们能够做出明确区分的问题。我们认为，真诚的赞扬是道德的；虚伪的夸奖是不道德的。发自内心的赞扬可以为交流双方营造双赢的环境，使彼此获益。当说服者真情实意地赞美对方时，他实际上在向对方表达自己的尊重，而尊重是有道德的说服的基本要素之一。

道德与视觉说服

常言道，一张图胜过万语千言，一个误导人的图像是不是也相当于无法胜数的胡言乱语呢？就像我们在第十四章中指出的那样，图像具有极强的影响力。

但与此同时，它也很可能误导人。因此，我们要在这里提出这样一个问题：

1. 在使用图像以及其他类型的视觉说服方式时，应当同时承担哪些社会责任？

优兔网已经不仅仅是一个娱乐媒介了，它越来越成了视频新闻的平台。观众期望在这里看到目击者的报道和新闻事件的原始镜头（PEW Research Center，2012）。它既可以吸引公众的眼球，也可能成为误报误传的渠道。2012年，电影制作人杰森·拉瑟尔（Jason Russell）在优兔网上传了一部纪录片，揭露非洲军阀约瑟夫·科尼（Joseph Kony）和他招募的被称为“上帝抵抗军”的儿童兵对平民的暴行。在6天里就有100万人点击收看了这个视频，创下了优兔网的历史纪录（Van Grove，2012）。像奥普拉·温弗瑞和贾斯汀·比伯这样的名人都在推特上发文表达了他们的愤怒，并且谴责为什么这样一个恶魔还可以逍遥法外。可是不久之后，评论界就开始指出影片中有不少事实错误（Vassanji，2012）。科尼本人早就不在乌干达了，“上帝抵抗军”也在2005年被赶出了乌干达。影片中说招募到的儿童兵多达30 000人，但实际上已经缩减到200人左右。除了这些事实错误，评论人士还指责说这部纪录片的拍摄手法显示非常傲慢和居高临下（Wickham，2012）。

我们不想在这里责备优兔网，也不想责备拉瑟尔在上传影片前没有认真核实其反映的内容是否全都属实。但我们认为，名人不应该在尚未了解实际情况前就急于表态。优兔网、推特以及其他社交媒体都不会对上传内容进行审核或者对事实进行核对。作为一名观众，我们在像小鸡玛德那样惊惶失措地高喊“天要塌下来了”前，应当先确认事实真相。

道德与潜意识影响

与许多其他人不同，我们没有受到使用阈下信息的困扰。为什么呢？因为，坦率地讲，我们根本不相信它在实验室以外的场景中能够发挥作用。到目前为止，所有的研究都认为，阈启动在商业上是不可行的。因此，我们提出了下面这个道德问题，但更多的是把它视为一个原理问题，而不是真正关心它的实际意义。

1. 可以使用阈下信息吗？如果可以，它们应当受到政府或有关机构的管控吗？

对于这个问题的前半部分，我们对它的回答与是否可以使用巫术娃娃的回答是一样的。一方面，我们希望大家不要像我们那样在娃娃的身上扎图钉；另一方面，如果人们这样做了，我们也不会感到不安。就如同我们在第十五章中指出的那样，阈启动是会发挥作用的，但它的效果很难明显地呈现出来，而且转瞬即逝。现阶段，在条件合适的情况下，它可以强化一个人既有的目标、需要或价值取向，但绝对无法使他做自己不想做的事情。在广告中“植入”或者隐藏形象的做法已经被证明是无效的，就如同安插次声口语信息一样。除了对将潜意识作为一个原理问题讨论有兴趣外，我们对它的实际使用完全不担心。如果不择手段的说服者企图用这类信息对我们发起狂轰滥炸，那更好啊，因为这样他们会把自己的时间和精力都浪费在毫无结果的做法上，不可能再想出更有效的方法来说服我们了。

总　结

在本章中，我们明确了这样一个观点，即从本质上讲，说服并不是一种不道德的行为。相反，我们认为，它可以促进各种积极的、亲社会的行为和事业。事实上，说服是一个功能超强的工具，既可用于最高尚的目的，也会被最卑鄙的动机利用。所以说，人类的说服能力可能是福，也可能是祸。我们的看法是，某一说服行为是否道德主要取决于说服者的出发点，其次才是他所使用的策略和方法。

基于我们设计的说服模型，从道德层面上看，我们认为纯粹说服比边缘说服更可取；也就是说，比起其他方式，有意的、信息接收者也知情并且可以做出自主选择、说服过程借助语言或象征性行动的说服方式更符合道德原则。此外，我们还提供了三个道德的说服应当具备的特质——尊重、平等和容忍。

最后，我们对一系列与说服有关的涉及道德问题的话题和争议进行了探讨。在回答这些问题时，我们要尽可能做到坦诚客观——既没有回避问题，也不想声称自己对真理和道德问题拥有绝对的话语权。同时，我们也希望你能从自己的道德信仰出发对它们进行深刻地思考，而不是让别人（包括我们）告诉你哪些做法是可行的，哪些是不可接受的。只有自己想清楚了，才能在说服时对道德予以重视并谨慎地使用说服策略。

在本书中，我们告诉了你一些能够产生影响的方法，它们大多已经被证明非常有效。遗憾的是，我们无法为你提供与之相配的良心（出版商说那样的话，这本书的价格会太高），因此我们只能让你自己的良心引领你。在思考采用哪种说服策略时，请一定不要只考虑你企图说服的目标，也要考虑你想与他建立怎样的关系。我们可以非常肯定地告诉你，为了一时的依从而牺牲与之长久的关系太不值得了。相互间的影响需要彼此不断地给予和获得，而绝不是一味地获得、获得、获得。我们认为，如果你能做到考虑对方在先而说服在后，从长远看，一定会比考虑说服在先而对方在后更成功。

参考文献

Advocates for Highway and Auto Safety. (2005, September). *Buckling up*.

Altheide, D. L. (2002). *Creating Fear: News and the construction of crisis*. New York: Aldine de Gruyter.

A Mad Cow Warning. (2012, May 2). Editorial. *Los Angeles Times*, p. A12.

American Academy of Pediatrics (2009) Policy Statement—Media violence. *Pediatrics, 124*(5), 1495-1503.

Brockriede, W. (1974). Arguers as lovers. *Philosophy and Rhetoric, 5*, 1–11.

Bromberg, M. S. (1990). Critics fume at cigarette marketing. *Business and Society Review, 73*, 27–28.

Campbell, A. (2012, June 1). Zombie apocalypse: CDC denies existence of zombies despite cannibal incidents.

Christians, C. G., Rotzoll, K. B., & Fackler, M. (1991). *Media ethics: Cases and moral reasoning* (3rd ed.). New York: Longman.

Cialdini, R. B. (1999). Of tricks and tumors: Some little-recognized costs of dishonest use of effective social influence.*Psychology & Marketing, 16*(2), 91–98.

Committee on Communications. (2006). Children, adolescents, and advertising. *Pediatrics, 118*(6), 2563–2569.

Council on Communications and Mass Media. (2011). Policy statement: Children, adolescents, obesity, and the media. *Pediatrics, 128*(1), 201–208.

Drexler, M. (2002). *Secret agents: The menace of emerging infections*. New York: Penguin Books.

Garrett, L. (1994). *The coming plague Newly emerging diseases in a world out of balance*. New York: Penguin Books.

Garrett, L. (2000). *Betrayal of trust The collapse of global public health*. New York: Hyperion.

Gass, R. H., & Canary, D. J. (1988, May). *An experimental examination of threat of punishment and promise of reward on motivation*. Paper presented at the annual meeting of the International Communication Association, New Orleans.

Gentile, D. A., Mathieson, L. C., & Crick, N. R. (2011). Media violence associations with the form and function of aggression among elementary school children. *Social Development, 20*(2), 213–232.

Geraghty, L. N. (2009, January 13). "Cancer, heart disease, mad cow, oh my! Should you worry about scary diseases?"

Glassner, B. (1999). *The culture of fear: Why Americans are afraid of the wrong things*. New York: Basic Books.

Greenberg, J., & Pyszczynski, T. (1985). The effect of an overheard ethnic slur on evaluations of the target: How to spread a social disease. *Journal of Experimental Social Psychology, 21*, 61–72.

Heisler, G. (1974). Ways to deter law violators: Effects of levels of threat and vicarious punishment on cheating. *Journal of Consulting and Clinical Psychology, 42*(4), 577–582.

Jacksa, J. A., & Pritchard, M. S. (1994). *Communication ethics: Methods of analysis* (2nd ed.). Belmont, CA: Wadsworth.

Johannesen, R. L. (1983). *Ethics and human communication* (2nd ed.). Prospect Heights, IL: Waveland Press.

Johannesen, R. L., Thayer, L. O., & Hardt, H. (1979). *Ethics, morality, and the media: Reflections on American culture*. New York: Hastings House.

Jones, E. (1963). *Ingratiation*. New York: Appleton-Century-Crofts.

Jones, T., Cunningham, P. H., & Gallagher, K. (2010). Violence in advertising: A multilayered content analysis.

Journal of Advertising, 39(4), 11–36.
Kaplan, A. (1964). *The conduct of inquiry*. New York: Thomas Crowell.
Kirkland, S. L., Greenberg, J., & Pyszczynski, T. (1987). Further evidence of the deleterious effects of overheard derogatory ethnic labels: Derogation beyond the target. *Personality and Social Psychology Bulletin, 13*(2), 216–227.
Kotz, D., & Haupt, A. (2012, March 5). The dangers of Kardashian-endorsed Quicktrim. *U.S. News and World Report*.
Kwate, N. O. A., & Lee, T. H. (2006). Ghettoizing outdoor advertising: Disadvantage and ad panel density in Black neighborhoods. *Journal of Urban Health: Bulletin of the New York Academy of Medicine, 84*(1), 21–31.
Lynch, R. (2012, July 7). NOAA dashes dreams of mermaids. *Los Angeles Times*, p. A12.
Malinowski, E. (2011, January 26). Basketball stars sued over energy-bracelet endorsement. *Wired*.
McCroskey, J. C. (1972). *An introduction to rhetorical communication* (2nd ed.). Englewoood Cliffs, NJ: Prentice-Hall.
Murray, J. (2008). Media violence: The effects are both real and strong. *American Behavioral Scientist, 51*(8), 1212–1230.
Nevin, J. R., & Ford, N. M. (1976). Effects of a deadline date and veiled threat on mail survey responses. *Journal of Applied Psychology, 61*, 116–118.
Nilsen, T. R. (1966). *Ethics of speech communication*. Indianapolis: Bobbs-Merrill.
Orent, W. (2004). *Plague: The mysterious and terrifying future of the world's most dangerous disease*. New York: Simon & Schuster.
Petty, R. E., & Cacioppo, J. T. (1986). *Communication and persuasion: Central and peripheral routes to attitude change*. New York: Springer-Verlag.
PEW Research Center, Project for Excellence in Journalism. (2012, July 16). A new kind of news emerges on YouTube.
Rivers, W. L., Christians, C. G., & Schramm, W. (1980). *Responsibility in mass communication* (3rd ed.). New York: Harper & Row.
Ropeik, D., & Gray, G. (2002). Risk: *A practical guide for deciding what's really safe and what's really dangerous in the world around you*. New York: Houghton Mifflin.
Schwartz, E. (2008, June 11). "Crime rates shown to be falling." *U.S. News & World Report*.
Seiter, J. S., Bruschke, J., & Bai, C. (2002). The acceptability of deception as a function of perceivers' culture, deceiver's intention, and deceiver-deceived relationship. *Western Journal of Communication, 66*(2), 158–180.
Siegel, M. (2005). *False alarm: The truth about the epidemic of fear*. New York: John Wiley.
Simhan, R. (2004, August 24). "Fears and facts: Most people worry about high-profile hazards but ignore common—and often deadlier—dangers." *Sacramento Bee*, p. E1.
Ting-Toomey, S. (1988). Intercultural conflict styles: A face–negotiation theory. In Y. Y. Kim & W. Gudykunst (Eds.), *Theories in intercultural communication* (pp. 213–235). Newbury Park, CA: Sage.
Ting-Toomey, S. (1994). *The challenge of facework: Cross-cultural and interpersonal issues*. Ithaca, NY: SUNY Press.
Ting-Toomey, S., & Kurogi, A. (1998). Facework competence in intercultural conflict: An updated face negotiation theory. *International Journal of Intercultural Relations, 22*, 187–225.
Tittle, C. R., & Rowe, A. R. (1973). Moral appeal, sanction, threat, and deviance: An experimental test. *Social Problems, 20*(4), 488–498.
Treise, D., Weigold, M. F., Conna, J., & Garrison, H. (1994). Ethics in advertising: Ideological correlates of consumer perceptions: Special issue on ethics in advertising. *Journal of Advertising, 23*(3), 59–69.
Van Grove, J. (2012, March 12). Kony 2012 video fastest to hit 100M views, draws scrutiny of BBB. Venturebeat.
Vassanji, M. G. (2012, March 26). The trouble with "Kony 2012." *MacLean's, 125*(11), p. 32.
Violent crime remains at lowest level. (2005, September 26). *Los Angeles Times*, p. A17.
Wickham, D. (2012, March 13). Kony video inspires, but misses the larger point. *USA Today*, p. 7A.
Wilson, B. J., Martins, N., & Marske, A. L. (2005). Children's and parents' fright reactions to kidnapping stories in the news. *Communication Monographs, 72*, 46–70.
Wiseman, R. L., Sanders, J. A., Congalton, K. J., Gass, R. H., Sueda, K., & Ruiqing, D. (1995). A cross-cultural

analysis of compliance gaining: China, Japan, and the United States. *Intercultural Communication Studies*, *5*(1), 1–17.